南海海洋文化研究

（第三卷）

王崇敏　主编

社会科学文献出版社

SOCIAL SCIENCES ACADEMIC PRESS (CHINA)

序

2018 年 5 月，海南大学与中国对外关系史学会在海南省文昌市清澜港联合召开"第四届南海《更路簿》暨海洋文化研讨会"，研究南海海洋政治、历史、文化、考古、法律等领域的 100 多位专家学者应邀参加。

著名专家刘庆柱（中国社会科学院）、高之国（国际海洋法庭）、李国强（中国社会科学院）、汪前进（中国科学院大学）、曲金良（中国海洋大学）、李金明（厦门大学）、孙光圻（大连海事大学）、傅崐成（厦门大学）、刘义杰（海洋出版社）等专家学者，在会议上作了主题发言，与会学者围绕南海历史、考古、文化、交通、地名和海南独有的《更路簿》，开展了深入的学术交流。

南海占据我国海洋总面积 2/3 以上，南海海洋文化是中华文化的重要组成部分，南海海上丝绸之路具有起源时间早、线路长、涉及国家多等特点。几千年来，中国人在这片浩瀚的蓝色海域上辛勤耕耘，创造了极其丰厚的海洋文化，对世界海洋文化和文明产生了深远影响，许多问题并不能期望一两次学术会议就得到解决，还有更多的领域如海洋气候、自然地理、区域经济、渔业发展、海洋生物等几乎是我们历次会议的研究空白。我们热切期待有更多的专家学者关注南海问题，将我国的南海研究推向深入。

王崇敏

2019 年 4 月

目　录

海洋理论·政治·法律

南海历史与文化

海上交通·文化交流

南海造船与航海技术

宗教信仰·风俗

其　他

海洋理论·政治·法律

新时代背景下中国海洋文化理论研究的
基础性认识探析*

洪　刚**

党的十九大报告指出：中国特色社会主义进入了新时代，要加快建设海洋强国。加快建设海洋强国，就需要从根本上认识新时代对海洋发展提出的新要求，正确地认识和评价中国海洋发展历史和价值传统，科学地确立海洋发展的目标方向，在对外海洋对话交流中既确切地表达中国和平发展海洋事业的愿望又确保国家海洋文化安全。这些目标的实现需要通过深入地开展海洋文化理论研究来做出回答，需要通过从历史自觉、价值自觉和主体自觉等维度开展理论分析，探索新时代中国海洋文化发展的新认识、新定位、新方略，通过历史视角、价值取向、体用观念创新，实现新时代中国海洋文化建设的理论自信和道路自信，成为世界海洋文化建设的重要参与者、贡献者、引领者，为构建人类命运共同体贡献中国智慧和中国方案。本文将对这一理论工程的基础性认识问题进行探析，解析开展中国海洋文化理论研究的时代背景、目的意义和思路方法。

一　新时代中国海洋文化理论研究的时代背景

在世界范围内，人们通过对文化的反思来不断审视人与其生存的自然与社会的关系，文化日益成为当今世界人文社会科学领域关注的核心语汇，各个领域的知识精英从哲学、文化学、政治学、社会学、人类学和历

---

　　*　本文发表于《中国海洋经济》2018 年第 2 期。

　　**　洪刚，大连海洋大学。

史学等角度开展了广泛的研究。一个世纪以来，文化研究呈现出爆炸式、碎片化的研究态势，自从泰勒（Edward Burnett）第一个提出现代性的文化定义，对文化的思考可谓百家争鸣、精彩纷呈：从西方马克思主义的代表人物葛兰西的"文化霸权"（cultural hegemony），到法兰克福学派的"文化批判"（cultural criticism）；从美国精神分析家埃里克松的"文化认同论"（cultural identity），到亨廷顿的"文明冲突论"（the clash of civilizations）；从理性主义文化认知到解构主义、后殖民主义、后现代主义和伯明翰学派多元并举的文化争鸣等，文化研究在微观批判视域和宏观理论建构等方面，以后浪推前浪的波澜壮阔之势展开争鸣，以实现社会发展的价值追寻和文化坐标的现世规范。

海洋经济发展带来的显性成就与海洋争端引发的现实隐忧挤占了对海洋文化的思考空间，现代消费社会与无止境的物质需求深深异化了生态可持续的人海关系，文化的反思与约束力被大大地消解，世人的海洋文化心理结构在现代与传统、利我与排他、封闭与对话的矛盾中不断被扭曲撕扯，海洋文化的交流与对话陷于失范与无序境地，共识性的海洋文化理念亟需形成。

随着"蓝色浪潮"不断兴起，波及全球的海洋经济、海洋科技和海洋军事较量相继展开，人们越来越意识到：文化不仅是提升个人生命品质的力量之源，更是增强综合国力的重要组成部分。种种显性硬实力激烈竞争的背后，海洋意识、海洋理念等海洋文化问题越发显得至关重要。海洋文化在海洋发展竞争中的地位和作用越来越突出，尤其是民族国家出现以来，各个国家的综合国力的竞争日趋激烈，不仅包括经济、科技军事力量等硬实力的竞争，更包括民族文化、思想观念、意识情感等软实力的竞争。文化的力量，深深熔铸在国家的生命力、创造力和凝聚力之中。

中国拥有悠久的海洋文化历史和深厚的海洋文化传统，历经数千年的历史发展，中华民族在创造了灿烂的农业文化的同时，也积累了深厚的海洋文化传统，形成了影响深远的"环中国海海洋文化圈"，这些都成为中国海洋文化研究的宝贵的文化资源和历史财富。自15世纪以来，我们更多地看到了西方海洋"发迹"的"现实"，而对中国海洋发展的历史认识也出现了偏差，出现了对中国海洋文化发展的不自信。近代一个多世纪以来，本土文化受到挑战，在文化理念上不断引进并不同程度地接受了"欧洲中心论",从而出现了对自身文化本体本位认识的诸多问题。伴随全球性海洋时代的到来,社会转型期各种文化思潮相互荡涤,多元文化的交织与碰撞造成了文化秩序规范失位,现代文化对传统文化的日益消解造成了价值信仰迷失,形成了社会集体文化焦虑,进而出现了文化认同的危机,对中国海洋文化的历史传统认识出现误区,其价值意蕴受到遮蔽。

当前,面对我国和世界海洋发展的种种困境与认识误区,在世界海洋文化多元化的发展背景下,中国有必要有责任,找到一条人海和谐的可持续发展之路,"成为全球生态文明建设的重要参与者、贡献者、引领者"①,而其宝贵的文化资源就深深地扎根于中国悠久的文化传统之中,在"一带一路"发展和加快建设海洋强国过程中,实现中国海洋文化传统价值资源提升与转化,使海洋发展走上和平、和谐、可持续发展之路既是关乎中国海洋发展的重要问题,也必然会对世界海洋发展模式提供理论资源,发挥借鉴和启示作用。

从我国海洋文化研究环境来看,海洋文化是文化整体图谱在海洋研究领域的映射,中国的文化研究是在与西方文化研究的相互对照与自身传统内在省思双重维度下展开的。自鸦片战争以来,从洋务运动的器物革新,到戊戌变法的制度之变,再到新文化运动的文化追问,中国近代文化思想界苦苦求索,在中国与西方、传统与现代、守持与拓新的文化视域中,形成了马克思主义文化派别,从新角度探索时代之中国文化的价值与意蕴,形成了蔚为壮观的文化研究图景。中国人文社会各个领域的传统与价值思考几乎全在此广阔的图景中展开,海洋文化研究同样深深植根于这一文化研究的土壤之中,具体地反映着这一文化研究的理论格局与理论流变。

从我国社会发展的现实基础看,加快建设"海洋强国"的发展要求和共建"21世纪海洋丝绸之路"倡议的提出,成为中国海洋文化发展的现实背景。现代化进程中所蕴含的文化理性精神、文化转化机制和文化创造性实践构成了当前中国海洋文化研究的理论前提。

当前,从整体上看,海洋文化的理论研究还没有引起各个领域的足够重视,海洋文化仍是海洋经济和海洋科技发展的注释与补充;在文化研究

---

① 习近平:《决胜全面建成小康社会夺取新时代中国特色社会主义伟大胜利——在中国共产党第十九次全国代表大会上的报告》,《人民日报》2017年10月18日。

领域，海洋文化研究尽管已在具体内容和历史考察方面取得了巨大发展，但没有形成主题学科领域和完整的理论体系；在国际上，中国海洋文化还没有形成独立的话语体系，竞争力和影响力还不强。因此，深入挖掘我国海洋文化的历史与内涵，是推动我国海洋文化发展的需要，也是增强国民海洋意识，实现我国海洋事业可持续发展的需要。开展海洋文化理论研究，就是要增强海洋文化理论对中国当前蓬勃开展的海洋建设事业的理论解释力与现实针对性，进而凸显当代中国海洋文化的时代价值与历史意义。

二 开展中国海洋文化理论研究的目的

在全球海洋发展中，中国如何走自己的路，如何为国民谋求更多福祉，如何为人类海洋事业发展做出更大的贡献，"这需要首先解决一个最根本的问题，即适宜海洋发展的文化观问题。文化观即是关于人类、人生、世界、国家、民族的人文思想、文化观念，这个理想、观念决定国家、民族的意志、决策与行动"①。开展中国海洋文化理论研究的目的主要体现在以下几个方面。

第一，正确认识中国海洋文化传统及其价值。伴随着中国海洋文化研究的勃兴，人们在中国海洋文化的历史发展、价值取向等方面一直存在着认识的误区。因而，有必要从文化自觉的角度出发，从历时性的视野客观全面地认识中国海洋文化的历史，从共时性视野洞察中国海洋文化独特的价值意蕴，以探索中国海洋文化的现实价值取向。

在人类漫长的历史发展过程中，各个国家和民族都在世界舞台上扮演着自己的角色，一个国家、一个民族扮演什么角色，走什么样的发展道路，很大程度上受到文化观念的影响。如何看待西方海洋发展的历史及其影响？中国海洋文化发展要确立什么样的目标和战略？选择怎样的手段和方式？有什么样的理念支撑和逻辑演绎？说到底，对这些问题的认识离不开对我国历史和文化、传统与现实的认识。中国海洋文化具有鲜明的和平性和开放性，并形成了一以贯之的和平发展海洋事业的传统，中国在历史

---

① 曲金良：《中国海洋文化观的重建》，中国社会科学出版社，2009。

上形成了一个涵盖了多个方面的文化共同体，即所谓的"中华文化圈"或"汉字文化圈"。中国环海疆域也带有海洋文明的性质，这种传统不应成为新时代中国海洋文化发展的负担，而应成为中国走上海洋强国的强大动力，成为推动中国海洋文化建设的的重要力量。因而，中国海洋文化发展战略的确立，必须建立在正确把握中国的海洋国情、正确认识中国海洋历史、正确认同我们的文化传统包括海洋文化传统的基础之上。

第二，实现中国海洋文化传统价值资源的创造性转化与创新性发展。中国当代的海洋文化建设，要从多元、和谐、和平的文化理念上强调海洋文化的全部内涵、整体功能和民族特色，逐渐确立中国海洋文化的话语体系，开拓创新中国新时代海洋文化理论体系，为我国参与世界多元海洋文明交流对话提供有力的理论支撑和价值导向。提升全民族的海洋意识和海洋文化素质，实现中华海洋文化传统价值资源的现代转化，服务于海洋强国和文化强国战略，更好地与世界多元海洋文明对话，为世界海洋和平永续发展提供思想资源。

面对海洋文化建设，人们总会想到为什么做和怎样做。怎样做涉及的是方法、手段和技术问题；为什么做，要达到什么目的，则是理念、认识和文化问题。多年来，人们在中国海洋事业的发展中技术问题不断得到解决和改进，而对海洋事业发展的理念和认识则亟需明确和提升。一方面，海洋文化软实力的提升是当前进行海洋文化研究的主要诉求，其理论资源既包括其他海洋强国的经验借鉴，也包括中国海洋发展过程中的传统资源与价值。对"中国海洋文化"的基本问题做进一步探讨，正确认识并总结中华海洋文化发展的传统资源及其价值，为我国海洋软实力提升提供历史资源与启示，以增强我国当前海洋发展的理论自信与道路自信，最终实现海洋强国的发展战略。另一方面，当今世界海洋竞争日益激烈，"蓝色圈地运动"并未停歇，由此带来的环境破坏、海洋争端连续不断，人类的生存环境和生存安全受到威胁。而中国海洋文化中所体现的和平利用海洋，与其他国家友好交往的传统价值观念与文化传统将表现出巨大的历史价值，将为世界海洋文化的发展提供良好的借鉴与参考，这也是中国海洋文化对世界海洋发展的巨大贡献。

第三，彰显海洋文化研究的理论价值与现实意义。中国海洋文化研究内容丰富，主题庞杂，尤其是近些年来，与海洋文化相关的论文和著作数目越来越庞大，但是这些成果意指的内容差别较大，海洋文化到底是什么、包括哪些内容、历史上怎么样、需要如何看待、要如何发展等基础性关键性的问题并没有根本解决。在当前加快建设海洋强国和维护国家海洋权益的时代背景下，亟待深化海洋发展认识的整体观照和价值分析，而不仅仅是某一具体问题的重复性的论断，这就需要对已有的研究加以梳理和提炼，集中阐明主要论域，揭示主要论争焦点，并对相关内容进行深入思考和阐释，为进一步深入探讨奠定基础。

中国有着悠久的海洋交往史，但由于受到长期的陆主海从的大陆观念影响，中华海洋文化的光辉被长久地遮蔽了。近些年来，随着海洋发展越来越受到关注，海洋科技、海洋经济发展迅速，伴随海洋权益争端愈演愈烈，海洋军事和海洋法律也越来越多地受到重视，相关领域一时成为显学。但是，作为一种软能力量，海洋文化及其理论还没有引起足够关注，还没有进入中国主流学术界，海洋文化研究长期处于交叉研究地带，分散在人文社会科学学术研究边缘。虽然自 20 世纪 90 年代以来，海洋文化研究成果已然有大幅度提升，同时也出现了众多研究机构，但总体上讲，中国海洋文化研究的整体性和系统性不强，对海洋事业发展的影响力和贡献度还有待提升。

通过海洋文化理论研究的主体性回归，可以改变西方话语体系和价值标准的一维模式，在海洋文化的历史认识、评价标准、宏观评价和海洋文化发展战略建构等方面，从中国海洋历史传统价值中汲取营养，以高度的文化自觉，进行基于自身海洋历史和传统的文化建构、文化选择和文化思考，增强对中华民族自身文化传统尤其是海洋文化传统的信心。

三 开展中国海洋文化理论研究的意义

继承和弘扬中华优秀海洋文化传统，增强我国海洋软实力，是海洋强国的必由之路。因而，努力发掘我国历史传统中的海洋历史资源进行创造性转化和创新性发展，对实现我国海洋强国的发展战略有重要意义，具体表现在以下几个方面：

第一，增强我国海洋文化研究的主体自觉。主体自觉就是指海洋文化研究中的本体本位意识，即是海洋文化研究的身份问题，而身份问题对于文化研究来说至关重要。大航海时代以来，由海洋连通的世界联系越来越紧密，海洋经济为主要内涵的海洋全球化与以之为载体的多元海洋文化之间矛盾不断凸显。海洋的全球化发展打破了原来以海洋区域发展为核心的海洋文化割据态势，异质性的多元海洋文化交流与对话越来越深入，各个海洋文化主体与他者的交流与碰撞日益显现。

伴随几个世纪以来西方海洋经济全球发展的波澜壮阔之势，其所承载的西方海洋文化的价值标准和价值理念也表现出明显的单向度态势，其他民族和国家，要么基于历史和现实的挤压被动地接受了异质的他者海洋文化，要么基于现实追赶的实用主义原则和便利方式，主动地接受了这种文化殖民而忽略了自身的海洋文化传统，在此背景下，走上了不同的海洋发展道路。

中国海洋发展历史资源丰富，同时在新的社会转型期又有许多独特的"中国问题"，因而当代中国海洋文化的研究有其自身的历史使命和时代精神。通过长时期以来向西方的学习，当前中国有必要也有能力建立起具有中国主体性的海洋人文研究，建立海洋文化研究的中国话语体系，发出中国声音，彰显中国风格，不能一再依赖西方语境下的抽象理论，要以扎根海洋中国的研究方法和理论诠释中国海洋文化。从主体自觉出发，以文化哲学的视角来考察海洋文化的传统与变迁，对于古老的中国来说可以在以西方海洋文化为主导的海洋文化格局中更好地展示中国海洋文化传统、中国海洋文化风格和中国海洋文化价值。在此背景下形成的中国海洋文化主体自觉，不仅关涉如何面对本民族的海洋文化传统，同时也可以回答在世界多元海洋文化对话与海洋全球化的过程中，如何更好地处理世界海洋文化共性和本民族海洋文化个性的文化张力，为其他国家的海洋文化发展提供参考与借鉴。

第二，丰富充实海洋文化研究的理论体系。当前的海洋文化理论研究还没能完全克服欧洲中心史观，学者万明对于这一点如此评论："当前海洋史的话语体系，仍是以'西方中心论'为主的话语体系，许多研究流于表层，缺乏深入研究；名为建构理论体系，却是把中国的成说填入到现成的西方话语框架当中。"① 因此，当前中国海洋文化研究的重要任务就是全

---

① 万明：《海洋史研究的五大热点》，《国家航海》2001年第7期。

面客观地认识我国海洋文化的历史结构和现实形态，用基于文化哲学角度的中国海洋文化理论研究，是对海洋发展中"古之中国"和"外之古今"的海洋文化形态与理论进行历史和理论分析之后，将马克思主义指导思想与中国海洋发展现状进行创造性的结合，探索既反映时代合理性又反映历史必然性的新时代中国海洋文化理论，以发挥其理论解释力和现实针对性，为中国海洋文化建设提供智力支持和理论支撑。

近些年国内学术界针对海洋文化的研究已经蓬勃开展，形成了海洋历史专题研究、海洋基础理论研究和海洋当代问题研究等研究领域，取得了丰硕的研究成果，国内著名的海洋文化研究学者从不同的专业背景和学术角度开辟了宏大的研究视野，建构出体现时代精神的论证框架，与此同时，也在呼唤从文化哲学的角度对海洋文化整体研究进行整合梳理，对其进行哲学层面的宏观考量与价值分析，以建构扎实的学理体系和规范的研究范式，以提升海洋文化研究的学科定位和理论影响，形成更加完整周延的研究图谱。

第三，为开展海洋国民教育提供理论资源。海洋事业的发展是我国经济社会全面发展的内在要求，在海洋强国建设过程中，人们越来越认识到：在海洋发展的硬实力背后，海洋文化、海洋意识等海洋软实力问题越发显得重要。提升海洋软实力已成为我国海洋发展的必然要求，也是建设海洋强国的重要组成部分。

我国海洋软实力的提升，有两大理论资源可以借鉴：一是西方海洋强国的历史经验，二是我国海洋发展历史中宝贵的传统资源。一个多世纪以来，我国传统文化受到挑战，在文化理念上不断引进并不同程度地接受了"西方中心论"，出现了对中国海洋发展本体本位认识的诸多问题；15 世纪以来，我们更多地看到了西方海洋"发迹"的"现实"，而对中国海洋发展的历史认识出现了偏差，出现了对中国海洋建设与发展的不自信。事实上，中国海洋文化有着极其丰富的传统资源，正确认识并总结我国海洋文化发展的传统资源及其价值，可以为我国海洋软实力的提升提供历史经验与启示，更好地指导海洋发展实践。因此，深入挖掘我国海洋文化传统资源的价值与内涵，是推动我国海洋软实力发展的需要，也是增强国民海洋意识、实现海洋强国战略的需要。在实践上，将有利于提高全民的海洋意识和全球意识，在战略问题上形成共识，并将这种海洋意识和理论成果转变为自觉的实践行动。

第四，助力国家海洋发展战略，服务海洋文化建设实践，为海洋发展提供人文保障。随着我国社会发展的推进，海洋文化建设问题越来越引起国家海洋管理部门、沿海地方政府、学术界以及社会各界的关注。在世界海洋竞争日益激烈和文化软实力日益凸显的背景下，我国提出了建设海洋强国和文化强国的发展战略和实施共建"一带一路"倡议，作为文化强国的重要方面和海洋强国的理论支撑，继承和创新我国海洋文化优秀传统，实现我国新时代海洋文化的大发展大繁荣，已经成为我国当代经济社会发展和学术研究面临的艰巨而紧迫的历史任务。

中国海洋文化的历史资源价值研究与转化正是以我国海洋强国、文化强国发展战略为现实目标，以继承和发展我国优秀传统文化为使命，以繁荣文化学术研究、促进国民海洋素质提升和海洋文化大发展大繁荣为己任，通过理论研究，面对海洋发展的社会实践，反映海洋文化建设的基本状况，考察分析目前发展趋势和存在的问题，通过理论思考提出发展对策和建议，为我国新时代海洋事业发展提供实践和决策参考。党的十九大报告指出，要实现陆海统筹，加快建设海洋强国，教育部《完善中华优秀传统文化教育指导纲要》要求进一步加强新形势下中华优秀传统文化教育，中华海洋文化传统是中华优秀传统文化的重要组成部分。在此形式下，如何传承、弘扬和培育中华海洋文化传统，提高海洋发展的软实力，是摆在理论工作者面前的一个重大而紧迫的课题。

四　开展中国海洋文化理论研究的思路方法

弘扬中华优秀海洋文化传统，加强我国海洋文化建设，亟待解决和回答的问题包括："海洋文化"是什么？与其他学科和范畴有什么样的关系？中国海洋文化发展经历了怎样的历史进程？中国有没有"海洋文化"？中西方海洋文化相对比有什么不同特点，是什么决定的，对历史有什么不同的影响？黑格尔在其《历史哲学》中所说"中国尽管濒临海洋却没有海洋文化"的依据是什么？在今天，我们如何看待这些评价和认识？又该如何认识中西海洋文化理念和模式对人类文明发展的作用？我们该如何面对中国海洋文化传统资源？又该如何以马克思主义为指导思想，用新时代中国特色社会主义理论指导新时代中国海洋文化的创造性转化与创新性发展？对这些问题的思考和回答构成了新时代中国海洋文化理论研究的思考路径。

当前，建设、传承和弘扬中国海洋文化，挖掘中华优秀文化传统中海洋文化传统资源及价值，从而提升我国海洋软实力，是摆在我们面前的一个重大而紧迫的课题，新时代中国海洋文化理论研究需要对"海洋文化"和"中国海洋文化"的基本问题进行梳理和探索，主要围绕以下方面展开：

从文化自觉的角度诠释中国海洋文化的理论研究，对"中国海洋文化"的概念和研究方法等基本理论范畴进行梳理；从海洋文化哲学视角对海洋文化的概念进行修正和重构。

对中国海洋文化的历史进行回顾和总结，分析中国海洋文化认识误区的外在表现和内在原因，正确认识中国海洋文化发展的历史过程，实事求是地反映中国海洋发展陆海兼具的历史事实；明确中国海洋文化发展的历史使命，以形成中国海洋文化发展的历史认识自觉。

分析中国海洋文化的内在逻辑，讨论中国海洋文化价值理念面临的现实困境及其根源；明确中国海洋文化发展的价值取向，以形成中国海洋文化发展的价值取向自觉。

分析中国海洋文化发展的实践背景和实践环境；探讨在海洋强国背景下，中国海洋文化中的传统资源价值及其转化途径；解析培育中国海洋文化过程中新的现实依据和思想资源；探讨增强我国海洋文化发展的现实路径和策略，以形成中国海洋文化发展的主体实践自觉。落实和展拓以上研究思路，就需要对中国海洋文化理论进行严格而科学的内涵界定和方法论指导，深入分析当前海洋文化研究的方法论倾向及其原因，进而实现中国海洋文化研究的方法论自觉。

可以说，包括海洋文化在内的文化理论研究，如果想获得持久的理论生命，都需要吸收本土的传统学术资源。毫无疑问，同样作为财富，"黄金"的价值有目共睹，但"点金术"或许比"黄金"更具有吸引力。在海洋文化理论研究中，作为"点金术"的方法论和研究模式相对于结论来说更有启发性和建设性意义。

目前，我们面对中国传统思想文化资源表现出两种认识倾向，具体反映到海洋文化研究领域中表现为两个方面：一种是以所谓西方的范式或话语的"标准模式"和"学术规范"对中国海洋历史资源和价值进行"剪裁式"的梳理和探究，以西方海洋发展模式作为参照标准，得出或同于规律或异于规律的结论，再一厢情愿地照此改造和形塑当前中国海洋发展；另一种是通过"寻章摘句"以"六经注我"的方式将中国海洋文化传统思想通过富于主观色彩的组合并加以诠释，得出主观设定的结论，并以此设定的结论作为注脚。这两种倾向在我们的研究中都会自觉不自觉地存在，使我们无法全面本原地反映传统文化资源，同时，这种情形越是突出，越加表明有科学的方法论指导并能自觉地运用是多么地必要。

那么，这两种情况存在的原因是什么呢？中国社科院霍桂桓先生从文化哲学角度对此进行了分析。

第一种情况的存在是因为，长久以来，西方学术研究的影响是广泛而深刻的，其以自然界物质对象为主所构成的"物事"为研究对象，从自然科学研究中因袭而来，自然科学研究对象的特点是客观化、平面化、形式化和精确化的，而作为"人事"的包括海洋文化在内的社会科学和文化现象却是以人的社会性为基础的，其重要特征是以人的主观性的情感因素和社会因素为主要内容的。这样一来，自然科学以"物事"为研究对象的研究方法就显得捉襟见肘了。我国学者以拿来主义平移的方式用于社会科学研究，以此研究模式探讨和研究中国传统思想中以社会生活为主的"人事"，因而表现为研究模式和研究对象的错位。说得远一些，近代以来，以西方为代表的自然科学取得的巨大成就以及对人类生活带来的巨大改变，使自然科学的研究模式和研究方法不仅深刻地影响着西方世界，也在全世界广泛影响开来；不仅影响着自然科学领域的学术研究，也表现在包括人文社会科学在内的各个领域，事实上也包括西方的社会科学研究，使得从那时起的各领域的学术研究都留有以物事研究为对象的唯理智主义研究模式的深深的烙印。如果再说得远一些，这个影响不仅是学术研究方法论意义上的，作为事实描述而非价值评价，这也是西方文明和方式在世界范围内包括学术研究的诸多领域大行其道的重要因素。在这种模式下研究中国海洋文化传统及新时代海洋文化建设，其结论必然是与其设定的价值坐标偏离的，是缺少时代价值意义的。

对于第二种情况而言，无论研究者采用什么样的研究模式，采用"六经注我"的方式的突出问题就是忽视了研究主体和研究对象在时间空间的差异，以"穿越"的方式直接"代入"，而没有经过任何中间环节。就中国海洋文化研究来说，历史上不同时期的海洋发展及其文化现象是根植于特定历史时期的生产发展水平、王朝制度安排、地缘政治结构和文化价值观念诸多背景之中的，重要的是就中国海洋历史来说，其存在的空间还表现出突出的王朝海事和民间海事的二元结构，而这一点在农耕历史和文化中却没那么明显。因而这种直接的"代入"会表现出明显的选择性、片面性和随意性，容易造成对过往海洋历史的错解错读，偏离原始语境而主观地演绎发挥。

相比于自然科学领域"物事"研究的方法论，以"人事"为研究对象的理论研究方法论显得困难重重，但也天地广阔。困难越是突出，困难的解决就越有必要和价值。从文化哲学的角度来说，可以从以下几个方面进行初步的准备。一是如实采用以"人事"为研究对象的研究方法。以"人事"为研究对象的研究必须真正面向现实的和不断生成发展的海洋文化现象。二是如实呈现研究者本身的历史坐标。研究者作为社会个体中的一员，其视角与诉求也是现实社会个人在各种社会互动过程和生成过程中的客观反应，是造成海洋文化中"人事"不同于地"物事"的重要因素，其个体坐标是现实的、鲜活的，而不是符号化、凝固化的。三是充分重视研究对象的动态发展和生成变化。要自觉地重视海洋文化历时性动态发展维度，在有效性限度内使用唯理智主义方法，将海洋文化研究对象的历时性动态特点与共时性静态特点有机结合起来。四是重视中国传统文化思想的启示作用。西方哲学传统的唯理智主义模式不仅主导了自然科学研究，也深刻影响了人文社会科学研究，不仅在西方学界大行其道，也左右了中国学界的方法论选择，即使在海洋文化这样的人文研究领域也受到了唯理智主义的影响，这对于研究中国海洋文化理论的中国学者来说不能不说是一个遗憾。相反，中国传统思想体现出重生成、重体验、重描述、重综合、重内心修养的基本特征，这正是研究当代中国海洋文化理论的宝贵理论资源和优势，理应为研究者所重视。

那么，连通海洋文化研究对象与理论认识之间的"中间环节"是什么呢？这个中间环节就是基于方法论自觉和价值认识自觉基础上，真正面对现实的和持续生成发展变迁的当代中国海洋文化历史实践，探讨当代中国人海关系互动的基本内容和特征走向，探究由社会个体以及由因此而体现的海洋社会"人事"特征，最终从根本上认识海洋人文世界的本质内容和特征。

以科学合理的模式对传统资源进行提炼和转化，这种自觉表现在为了解决以上两个问题而努力实现当前海洋文化研究的本体本位的自觉。本体与本位分别针对以上两种研究倾向，既着眼于海洋历史文化的共时性维度，从横向社会结构及形态的视角，看到其在"彼时"静态的文化表现（这正是目前很多学者在从事的有意义的工作）；同时，又着眼于海洋历史文化的历时性维度，从纵向社会结构及形态的视角，考察其在"现时"动态的发展中含义的重大变化，从而实现方法论的自觉。

这种方法论自觉的意义，不仅表现在对"现时"海洋文化理论研究上，同时对"彼时"的海洋文化也意义重大。因为这种方法论下的研究对于过往的那一特定历史时空的海洋文化的研究反映了彼时横向社会结构中人与海的互动过程，也时刻折射着现时的研究者对于这种研究方法和研究过程自身的反思与批判。其共通的价值体现就是都体现了与自然海洋的客观研究对象不同的本质，即作为"人事"的"人海关系"这一海洋文化主题与作为"物事"自然海洋的本质差异。因为有着深深的"人事"烙印的海洋文化的重要特点就在于它是"鲜活"的，有生命力的，包括着在场的人的价值与意义。不管是历史的存在，还是现实存在，能够将二者真正连接起来的，反映社会结构和人海互动的"鲜活"的"生命气息"，而不是穿越时空的直接"代入"，不是破碎的、经主观拣选加以拼凑的"躯壳"，那充其量是可以隐约捕捉历史影子的作为考古学对象的"木乃伊"，如果这样，研究者对于中国海洋文化传统思想资源的追寻和探讨也就降格成为只涉及这些文化传统的共时性的复述和表达，不能真实恰当地把握其本质和灵魂，因为没有这方面方法论的自觉，海洋文化理论研究本身的价值和意义就被大大地消解了。

南海诸岛渔业史的特点、理论和体例探析[*]

赵全鹏[**]

南海诸岛渔业史是我国海洋渔业史中的一个组成部分，因关系我国南海主权问题，所以也是一个特殊部分的渔业史。自南海主权争端以来，我国学术界对渔民开发和经营南海诸岛渔业的历史十分关注，产生了丰硕的研究成果。然而这些研究成果也存在不足，首先主要以论文形式呈现，研究的领域也是针对渔民地名、开发时间等具体问题，比较零散；其次在时间范畴上主要集中于唐宋之后，尤其是明清之后，时间叙事也不完整；最后从研究出发点上主要是服务国家南海主权，对南海诸岛渔业的历史叙事缺乏系统性、完整性，没有把南海诸岛渔业史放在一个历史环境和社会环境中去认识，造成对南海诸岛渔业史的认识是割裂的、抽离的。究其原因，除了争取国家主权的时代背景之外，这与南海诸岛渔业史本身的研究基础也有关系，所以要完整的呈现南海诸岛渔业的历史事实，首先需要探讨一下南海诸岛渔业史基础性的一些问题。

一 南海诸岛渔业史的特点

南海诸岛渔场与我国其他海域的渔场存在着很大的不同，所以南海诸岛渔业史与我国其他海域的渔业史也存在着很大的差异，在距离大陆的位置、作业地点、采捞海产类型、渔具渔法等方面，都有着区别于其他渔场的独特特点。

───────────

* 本文为 2017 年度国家社科基金重大项目（17ZDA189）的阶段性成果。

** 赵全鹏，海南大学旅游学院。

1. 远海岛礁型渔场

与我国其他海洋渔场不同，南海诸岛是距离陆地很远的岛礁型渔场。南海诸岛约有 300 多个岛礁沙滩，由岛屿、沙洲、暗礁、暗滩、暗沙等组成，按照自然分布情况，分为东沙群岛、西沙群岛、中沙群岛和南沙群岛等四个群岛，统称为南海诸岛。南海诸岛在地域上分布范围广，最东端为黄岩岛，最西端是万安滩，最南端是曾母暗沙，最北端是北卫滩，除西沙群岛中的高尖石由火山熔岩生成外，其余岛礁全部是珊瑚礁构成。渔民作业的地点是在南海诸岛岛礁上及附近海域，利用的资源主要是珊瑚、砗磲、紫贝、玳瑁、海龟以及海鸟等海洋资源，一般采取在岛礁上拾取、抓获的方法，而不是在海洋中捕捞鱼类，所以渔具和渔法十分简单。

2. 外部环境对南海诸岛渔业的促进性

南海诸岛地处南海海洋深处，远离大陆海岸，渔民需要凭借洋流和季风航行才能到达，还要冒着台风、触礁和迷航等风险，每年往返一次，一次需要半年时间之久，这就需要具备较高的航海技术条件。南海诸岛渔业开发的外部环境主要涉及以下几个方面：其一，华夏文明对海洋珍宝的巨大需求。我国早在先秦时期就对产自南海海域的紫贝、玳瑁等海洋珍宝有需求，甚至形成了贝币时代，秦始皇统一六国后，"废贝行钱"，改以黄金（上币）、铜（下币）等金属材料为货币，不过产自海洋的紫贝、玳瑁、珊瑚、珍珠、砗磲等物产的价值并未随之消失，在有些时代甚至比金银等金属货币还要贵重，唐代欧阳询在所著《艺文类聚》卷八四《宝玉部》，宋代李昉在所著《太平御览》卷八〇二—八一三《珍宝部》，明代曹昭所著《格古要论》，清代张英、王士祯等纂《渊鉴类函·珍宝部》等文献中都将出自海洋中的玳瑁、贝、珊瑚、砗磲、珍珠等列入重要财富。其二，海上丝绸之路的开通为南海诸岛渔业提供了技术条件。西汉汉武帝派使者从日南、徐闻、合浦等港口出发，经北部湾沿越南海岸南下，经过今天南海沿岸的柬埔寨、泰国、马来西亚到达印度洋沿岸的缅甸、印度和斯里兰卡等国家，首次开辟了途径南海的海上丝绸之路航线。海上丝绸之路的开通不仅促进了中外货物、人员的交流，也开辟了从华南大陆、海南岛抵达南海诸岛的航线，丰富和提高了造船、航海等方面的知识和技术，为我国渔民开发南海诸岛渔业提供了诸多方面的条件，形成了南海诸岛渔场开发的技术环境。其三，国外朝贡和贸易的刺激。中国古代社会对珊瑚、珍珠、玳珸、砗磲等海洋珍宝的巨大需求，除了促进我国沿海渔民对这些物产的开发，同时也刺激国外向中国朝贡和贸易此类珍宝。但是相对于东南亚、南亚甚至罗马帝国等番外国家，南海和南海诸岛也盛产珊瑚、紫贝、玳瑁、砗磲、明月珠等海洋物产，距离中原消费市场更近，近在咫尺，在交通上又是海上丝绸之路的交通要道，开发上更为便利。在巨大利益驱动之下，我国华南沿海地区的渔民很早就开始冒着波涛之险在海洋中采捞，起初在近海，随着海上丝绸之路发展创造的各种航海条件，渔民逐渐深入深海中的南海诸岛采捞。所以，要充分认识外部环境对南海诸岛渔业的影响。

3. 现有文献对渔民生产活动记载的滞后性

历史研究以史料为依托，但是南海诸岛渔业史的史料明显滞后于渔业活动。目前，我国学术界研究南海诸岛渔业史依托的史料主要是海南渔民的《更路簿》，另外辅助于考古、渔民口述、地方志、官员游记、笔记、民国政府调查报告、媒体和西方文献等，在所有这些类型的史料中，尤其是海南渔民《更路簿》占据重要地位，这些文献虽然充分说明了我国渔民在南海诸岛渔业生产的历史事实，但是也存在着不足之处，除了考古所发现的渔业证据属于唐宋时期的之外，其他文献主要是明清时期的，尤其是民国时期的。海南渔民《更路簿》是 20 世纪 70 年代广东博物馆、厦门大学和海南地区有关部门深入渔村对渔民在南海诸岛生产情况进行调查，并发现多种"南海航道更路经"，至今已经发现 30 多种。对于《更路簿》内容形成的年代，学术界一般认为是在明清时期。但是，海南渔民的《更路簿》是一种成熟的航海作业经验和知识，单单从常识角度判断，《更路簿》上的岛礁地名、航线等相关知识的形成和定型在海南渔民社会中需要一个漫长的探索、交流、总结和传播的过程，这个过程需要的时间应该很长。此外，渔民口述文献只是民国时期的，渔民口述文献是其生产经历，而1949 年前到南海诸岛捕捞的海南渔民目前基本都已去世，现有渔民多为1949 年后尤其是改革开放以后的。

4. 渔民来源的地域性

在不同群岛上渔民来自不同的地域，早期到东沙群岛采捞的渔民主要来自疍家人的前身鲛人、龙户、蜑户等，唐宋之后到西沙、中沙和南沙群岛采捞的主要来自海南岛。海南岛是雷州半岛地脉伸入南海之中、距离南海诸岛最近的一个大岛屿，从海南岛南部的榆林港到西沙群岛约 150 海里，具有十分便利的地理和交通条件。据明清时期至中华国民时期的许多历史文献记载，在南海诸岛渔场生产的渔民大多来自我国的海南岛，如1867年（清同治六年）英国 Rifieman（来福号）在南海诸岛测绘时发现："各岛俱有海南渔民之足迹，以捕取海参、介贝为活，颇多常年居留于此，而由海南居民每岁遣小舟来此，供给粮食，易取参贝。"直到在1945年抗日战争胜利后，中华民国政府内务部委员郑资约参与收复南海诸岛时仍发现："赴西沙、南沙者，多属海南岛人，尤以（海南）文昌县籍者为最多。"所以，需要侧重于分析海南渔民到南海诸岛生产的历史渊源、动因和社会条件。

5. 南海诸岛渔业史的非渔业性

南海诸岛渔业史的早中期其实并非是去捕鱼，而是采捞珊瑚、紫贝、玳瑁、海龟、砗磲和燕窝、鸟类等，因为这些物产在华夏文明社会中属于珍宝或者奢侈品，价格高，获利多。同样，早中期到南海诸岛冒险作业的渔民身份也十分复杂，有海盗，有渔民，或兼而有之。

南海诸岛渔业的上述特点决定了南海诸岛渔业史叙事的特殊之处，在渔民的来源、生产的动机、捕捞的物产类型，渔具渔法以及消费的方式上，都与其他海域的渔业史存在着明显的差异。

二 南海诸岛渔业史研究理论

历史研究是基于史料或者说证据还原历史事实的，但是以目前南海诸岛渔业史史料的存量情况，很难认识南海诸岛渔业史的全貌，所以，除了运用史学理论，还需要借鉴其他理论的辅助加以分析，首先要弄清楚南海诸岛渔业运行的机理，然后才能完整的还原南海诸岛渔业史的发生、运行和轨迹。

1. 南海诸岛渔业是一种市场经济行为，需要借助经济学理论分析

据考察，海南渔民每年立冬后，东北信风开始盛行，就趁东北信风扬帆南下，直至第二年清明后，西南信风兴起回航，一年往返一次，时间约六个月。海南渔民到南海诸岛作业以半年为期，按照季风往返。在自然经济条件下，渔业生产的空间和场域是很小的，主要围绕渔民、渔业设施、渔具和渔法、鱼产品类型等环节进行叙事，而在市场经济下，就必然存在着一个从生产、流通、交换到消费的环节和过程，这些环节不是在一个空间或场域中完成的，涉及的地域范围很广，比如生产环节在南海诸岛，流通在番禺（广州）、合浦、泉州等，消费在中原地区等。如果把渔民在南海诸岛生产、流通、分配和消费等几个环节放到现存的文献中看，生产环节因处于南海深处，华夏文明的边缘，较晚、较少被主流文献记载，渔民在漫长生产过程中积累的航海知识（主要保留在《更路簿》中）又是相对滞后的知识，而流通、消费环节在华夏文明中心的中原地区，记载的文献较早、较多。所以，从经济学理论角度认识和确定南海诸岛渔业发生的场域和轨迹，能完整的再现南海诸岛渔业发生的领域，而不是单纯的局限在生产环节，需要从消费、流通环节入手，再追溯到南海诸岛渔业生产环节。从华夏文明中心追溯到南海诸岛渔业，并根据市场经济运行的特征，从消费、流通和生产环节完善南海诸岛渔业的叙事。

2. 南海诸岛渔业史是社会环境下促成的，需要借助社会学理论分析南海诸岛渔业与华夏社会的关联性

促使我国渔民冒着生命危险前往南海诸岛渔业开发的动力是社会消费，这个社会即是在古代文明高度发达的华夏社会。华夏社会很早就产生对海洋物产的消费并形成一个庞大的消费中心，早在原始社会末期，地处黄河流域的农业文明已经与亚洲大陆东、南沿海渔业文明之间形成了天然的地域产业分工，内陆和沿海部落之间已经开始进行少量的海、陆物产交换。自进入青铜器时代后，随着大陆农业文明的迅速发展，陆地与东、南沿海渔业之间的农、渔物产交换越来越频繁、类型越来越丰富、数量也越来越多。在长期消费海洋物产的过程中，华夏民族逐渐增强了对海洋物产的需求和海洋意识，进而走进海洋深处开发海洋物产，这是促使中国古代渔民走进海洋深处、开发南海诸岛渔业资源的源头。南海诸岛渔场位于南海海域中心，在造船、航海等技术条件低下的传统社会里，渔民为什么要冒着波涛之险到深海里生产？究其原因，南海诸岛渔场的开发依赖于华夏文明的发展，正是华夏文明对海贝以及玳瑁、珊瑚、珍珠、砗磲等海洋物品的需求才促使我国沿海渔民从东海到南海，从近海到深海直至到南海诸岛进行捕捞，离开华夏文明，南海诸岛渔业不可能发生那么早，华夏文明决定了南海诸岛渔业史发生的时间和走向。并存在一个由东海到南海、由近海到远海，由中国到国外的发展过程，南海诸岛渔业是华夏社会体系中的一个有机组成部分。所以将南海诸岛渔业叙事放入华夏文明体系中，从华夏文明对海洋物产的需求入手，更能清晰的发现南海诸岛渔业开发的背景和驱动力，从发展历史脉络和社会环境中完善南海诸岛渔业叙事。

3. 南海诸岛渔业是一种文化事象，需要借助文化学理论对南海诸岛渔业的各个节点进行深描

首先，许多文化现象并不是孤立存在的，而是相互关联的，尤其是比较成熟的文化事项，必然涉及其他多种相关的文化现象，鉴于南海诸岛渔业发生空间、场域的边缘性所造成的文献困乏，文中尽可能对每个节点进行深描，从相关文化现象中论证核心文化事项。既完善了南海诸岛渔业叙事，同时又使其具有立体感、厚重感，所以尽量利用有限的史料。其次，南海诸岛渔业有生产、流通、分配和消费等市场运行的环节，每个环节又可以细分为各个流程，比如生产环节涉及港口、开航、住岛作业、流动作业等。每个环节都需要交代清楚，但是有关南海诸岛渔业史的文献很少，或者是集中在民国之后，这就需要用有限的资料去说明众多环节的问题，所以一些史料不得不重复利用，确保意义的完整。

三 南海诸岛渔业史的体例和结构

历史叙事是以时间作为基本线索的，但是也有纪传体，也有纪事本末体，分别以人物和事件作为叙事的线索。无论采用何种体例，都是根据历史事件发生的特点最大限度的呈现历史的事实。从宏观上，历史事实在时间上是不可逆的，直线的，但是历史事实会在不同空间上同时发生，多头并进，花开几朵，需要单表一枝。就像一棵树，总体上是向上生长的，但是会长出许多枝杈；就像一条河流，总体上是向大海的方向流动，但是中间会有许多支流；无论选择哪一条主干、支流，都不是这棵树、这条河流的全部事实。

南海诸岛渔业市场经济和场域的特点，决定了其发生的空间和社会领域就像一条河流和一棵大树，有干流和支流、主干和枝杈；南海诸岛渔业史文献的存量特点使我们不能以渔业生产为线索，按部就班、平铺直叙，必须从末梢开始追根溯源。基于南海诸岛渔业史发生的特点，以时间为线索、运用常规的史学体例很难完整的展现历史事实，完成对该领域的叙事，所以采取"万壑朝宗"的叙述思路，即从末梢（社会消费、流通端）、外围（殖民者）、追溯（海南岛渔民）等方式，分别从南海诸岛渔业发生的领域进行叙述，各自独立但又目标一致，最终在唐宋、明清—民国时期汇成一体，所以各章节如同河流的支系和主干的关系，这样安排当然会在时间上没法衔接，甚至重叠，在细节上可能存在着内容重复的问题，但力求历史事实的完整。

1. 南海诸岛渔业史的起始时间

南海诸岛分为东沙、西沙、中沙和南沙等四个群岛，因距离大陆的远近、发现的早晚等，渔业开发的时间也不同。东沙群岛最早开发，晋代裴渊《广州记》中曰："珊瑚洲，在（东莞）县南五百里，昔人海中捕鱼，得珊瑚。"文中记载我国古代渔民在南海中的岛礁（珊瑚洲）附近捕鱼、采珊瑚。裴渊是晋代（公元 3 至 5 世纪）人，籍贯、生平已不可考，著有《广州记》，该书已佚失，但篇目和内容保存在《补晋书艺文志》、《太平御览经史图书纲目》、《北堂书钞》等诸多文献之中。裴渊在《广州记》中的这段史料至少提供了以下信息：一是根据方位判断，文献中所说的"珊瑚洲"应是东沙群岛；二是裴渊提到"昔人"在珊瑚洲捕鱼，那么至少在晋代之前已有渔民在此捕鱼；三是我国渔民在东沙群岛捕鱼时发现珊瑚。晋代（265～420）距离西汉汉武帝（前 140～前 87）开通海上丝绸之路已经过去 350～550 年，这一时期除裴渊记载我国渔民在南海中捕鱼、采珊瑚外，记载南海物产和航行的文献较多，而直接记载渔民在东沙群岛上生产活动的文献较少，究其原因：一则是因东沙群岛地处浩渺无际的深海，远离华夏文明中心，主流社会很少知晓渔民在海上的活动情况，而渔民没有能力记录自身的活动；二则因当时人们古代地理知识的局限，一般用"南海"指称海洋珍宝的来源，而"南海"的名称在当时比较笼统，既包括"南海海上丝绸之路贸易"的物产，也包括南海海域出产的物产。即使在"南海海上丝绸之路贸易"物产中，海南岛及广东、广西沿海也是一个泛海到番禺（广州）贸易的地区，所有这些差别在早期文献中并未作区分，所以不排除一些海洋物产出自东沙群岛以及更远的深海岛屿。关于西沙、中沙和南沙群岛捕鱼的时间，存在着一些分歧：一种观点是唐宋时期，如陈启汉认为，自唐宋时期中国渔民就在西沙群岛至少有不定期的居留，进行捕捞等生产活动，当时这里已是广东、海南沿海地区的远洋渔业基地；李金明认为，我国人民至少自唐代以来就一直居住在西、南沙群岛从事生产活动；林金枝认为，唐宋时代居民遗址在西沙群岛甘泉岛的被发现，是我国人民在西南沙群岛进行开发活动的见证。另一种观点是宋元时期，如吴凤斌认为，宋元以来已为我国渔业据点。

2. 海南岛渔业在南海诸岛渔业中的地位问题

明清时期至中华国民时期的众多历史文献记载，在南海诸岛渔场生产的渔民大多来自海南岛，如 1867 年（清同治六年）英国 Rifieman（来福号）在南海诸岛测绘时发现："各岛俱有海南渔民之足迹，以捕取海参、介贝为活，颇多常年居留于此，而由海南居民每岁遣小舟来此，供给粮食，易取参贝。"直到在 1945 年抗日战争胜利，中华民国政府内务部委员郑资约参与收复南海诸岛时仍发现："赴西沙、南沙者，多属海南岛人，尤以（海南）文昌县籍者为最多。"历史文献之所以大多记载海南渔民，说明海南渔民在南海诸岛占有重要的地位，一是海南岛是雷州半岛地脉伸入南海之中、距离南海诸岛最近的一个大岛屿，面积约 3.4 万平方公里，从海南岛南部的榆林港到西沙群岛约 150 海里，具有十分便利的地理和交通条件。二是历史上海南处在海上丝绸之路必经的通道上，最迟到东汉、三国时期，海上丝绸之路上的航船返程时已经从深海经过。东晋时期，法显和尚从印度乘船海上归来，从马六甲海峡经南海直驱广州，"东北行，趣广州，常行时正可五十日便到广州"。即是穿过南海诸岛的航线，中间没有停顿，这种航行方式主要是对信风和洋流的认识和利用。唐宋时海南岛有发达的航路，（1）海南至广州、福建海路。儋州至广州："若泛海乘船，使便风至广州七日七夜，如无便风即不可。"琼州至广州："泛大船使西风帆，三日三夜到地名崖门；从崖门山入小江，一日至新会县；从新会县入，或便风十日到广州，路经黎冈州，皆海之险路。约风水为程，如无西南风，无由渡海，却回舡本州石镬水口驻泊，候次年中夏，西南风至，方可行船。"（2）海南至东南亚各国。从万州（今海南万宁）向南渡海可至许多国家，赤上国："在州南。渡海，便风十四日经笼岛即至。其国亦海中一洲。"丹丹国："振州东界，舟行十日至。"这些条件是解释为什么古代文献大多记载海南渔民开发南海诸岛。

3. 南海诸岛渔业涉及的领域

正因南海诸岛渔业的外向性（或者市场性），造成南海诸岛渔业存在的空间不是封闭性的（或者说局限在南海诸岛渔场），需要从消费端的华夏文明社会中寻找。需要从市场交换的场所去寻找，而市场交换场所有一个历史时代变化过程，从早期的番禺（广州），到近代西方殖民时期的新加坡、香港等。其次，南海也是华夏文明和西方文明发生碰撞的前沿地带，早在16世纪初，西方国家开始在全球范围内进行殖民活动，南海海域因其特殊的地理位置成为西方殖民者通往东亚的前沿和通道。西方国家的商人、探险者、测绘者等各色人等来往穿梭于南海之中，也遭遇到正在南海诸岛上生产居留的我国渔民。最初，我国渔民成为西方殖民者眼中的地理知识咨询者，这些渔民也从荒无人迹的深海岛屿走上西方媒体和文献。再次，在国外列强觊觎下，中华民国时期政府部门为维护南海诸岛主权加强了对南海诸岛资源的调查和管理，先后多次派遣政府部门、学者和媒体联合组成的考察组对东沙、西沙等群岛进行考察或者接受，在此过程中，遭遇到正在南海诸岛上以传统方式作业的海南岛渔民，海南岛渔民才逐渐走进主流文献，进入社会大众的视野。另外，中华民国政府成立后开始注重发展实业，民族工业逐渐兴起，民族公司进入南海诸岛渔场的同时，也开始进入海南渔民的传统生产领域，在许多方面与渔民发生接触，南海诸岛渔业进入不同的社会层面。

区域海洋环境合作与我国海洋的借鉴与启示[*]

王秀卫^{**}

《联合国海洋法公约》高度重视海洋环境保护合作，特别规定了各国在全球性或区域性的基础上为保护和保全海洋环境进行合作的义务①，明确规定了区域海洋环境保护合作的内容。经过几十年的建设，区域海洋环境保护公约、议定书已经成为国际海洋合作的最丰富、最成功的部分。2017 年 11 月 16 日，国家发改委和国家海洋局公布了《"一带一路"建设海上合作设想》②，此设想致力于进一步推进与沿线国家战略对接和共同行动，推动建立全方位、多层次、宽领域的蓝色伙伴关系，保护和可持续利用海洋和海洋资源，实现人海和谐、共同发展，共同增进海洋福祉，共筑和繁荣 21 世纪海上丝绸之路③。设想中的三条蓝色经济通道沿线既有太平洋、印度洋、北冰洋，也有地中海、红海、波罗的海等区域海（Regional Seas），其中两条通道经过南海通达非洲、南太平洋，体现了南海这一区域海无可替代的战略价值。笔者认为，要打造蓝色伙伴关系，研究沿线国家

---

   * 本文为国家社科基金重大项目"南海《更路簿》抢救性征集、整理与综合研究"（17ZDA189）、"南海低敏感领域合作机制研究"（12XFX035）的阶段性研究成果。

 ** 王秀卫，海南大学法学院。

  ① 《联合国海洋法公约》第 197 条规定：各国在为保护和保全海洋环境而拟订和制订符合本公约的国际规则、标准和建议的办法及程序时，应在全球性的基础上或在区域性的基础上，直接或通过主管国际组织进行合作，同时考虑到区域的特点。

  ② 根据该设想，我国将与沿线国家和地区合作建设中国—印度洋—非洲—地中海、中国—大洋洲—南太平洋以及中国—北冰洋—欧洲三条蓝色经济通道，并建议：推动区域海洋环境保护。加强在海洋环境污染、海洋垃圾、海洋酸化、赤潮监测、污染应急等领域合作，推动建立海洋污染防治和应急协作机制，联合开展海洋环境评价，联合发布海洋环境状况报告等。

  ③ 《两部门发布"一带一路"建设海上合作设想》，http://money.163.com/17/1117/09/D3EE1LPG002580S6.html，2017－11－17 访问。

区域海洋环境保护机制，对"一带一路"海洋环境保护工作意义重大，南海作为区域海，在"一带一路"不断推进的实践中，应该也必将不断加强与沿线国家及区域的交流与合作，其先进成功经验也必将为南海区域海洋环境保护合作提供借鉴，促进南海海洋环境保护区域合作日渐完善。

一 区域海洋环境保护合作发展概况

作为人类历史上第一次严重海洋污染事件，1967 年的"托雷—坎永"号①事故不仅促成了 1969 年《国际油污民事责任公约》等一系列预防和处理海洋油污污染的国际公约的诞生，也促使联合国大会通过了一系列海洋环境保护问题的决议②，将海洋环境保护问题作为国际社会共同面临的重要议题，同时，在受污染严重的北海周边国家积极促成下，《应对北海油污合作协议》（也称《波恩协议》）于 1969 年 6 月 9 日签定，两个月后协议生效，成为全球区域海洋环境保护合作的起点。

成立于 1972 年联合国人类环境会议的联合国环境规划署（UNEP）非常重视全球以及区域海洋环境的保护与治理，在 1974 年即提出了"区域海洋规划"（Regional Seas Program，RSP），旨在对海洋环境和资源进行可持续的管理和利用，从而减缓世界海洋和沿海地区的加速污染和退化③。在 UNEP 推动和区域海周边国支持之下，目前全球已经形成 19 个区域海洋环境保护项目，共达成 71 个区域海洋国际条约。其中，UNEP 管理（UNEP administered Regional Seas programmes）的七个区域海洋项目为：加勒比海（Caribbean Region）、东亚海（East Asian Seas）、东非（Eastern Africa Region）、地中海（Mediterranean Region）、西北太平洋（North – West Pacific Region）、西非（Western Africa Region）、里海（Caspian Sea）。非 UNEP（Non – UNEP administered Regional Seas programmes）管理的区域海洋项

---

① 笔者注：油轮在英吉利海峡触礁，有大约 8 万吨原油泄漏，污染了英国 100 多千米的海岸线，造成英吉利海峡和英、法海岸线的重大污染。

② 笔者注：包括《海洋问题的国际合作》（2414 号决议）、《防止开发海床所引起的海洋环境污染》（2467B 号决议），以及 1969 年《改善、防止和控制海洋污染的有些措施》（2556 号决议）等。

③ Brandy Vaughan, Financing the Implementation of Regional Seas Program Conventions and Action Plans, UNEP, www. unep. org/regionalseas 2006 年访问。

目为黑海（Black Sea Region），东北太平洋（North‒East Pacific Region），红海（Red Sea）、亚丁湾（Gulf of Aden）、波斯湾（ROPME Sea Area），南亚（South Asian Seas）、东南太平洋（South‒East Pacific Region）、太平洋（Pacific Region）。独立区域海洋项目（Independend Regional Seas programmes）为北冰洋（Arctic Region）、南极（Antarctic Region），波罗的海（Baltic Sea），东北大西洋（North‒East Atlantic Region）。上述 19 个区域海洋不同程度涉及 143 个国家和地区，其中基本包括了目前"一带一路"沿线国家和地区，因此，对上述区域海洋环境保护协定进行研究，有助于我国更好的开展"一带一路"海洋环境保护合作，其成功经验也尤其值得南海区域各国借鉴。

1. 概念

所谓"区域海洋"，其实并无权威官方概念界定，按照联合国环境规划署的描述，"区域海洋被认为是生态系统应受保护的海洋区域，以及海岸与岛屿国家因此而受惠于国际合作的海洋区域"①。区域海环境保护工作尤其需要各国切实开展合作，第一，由于区域海洋往往由两个或两个以上国家大陆或岛屿、群岛包围，也往往是繁忙的航道，因此，承载了较多的陆源污染和船舶污染，并且富含油气资源的海域还会存在较大的油污开采及运输导致的油污污染的风险；第二，区域海洋一旦造成污染，也会反过来严重影响沿海国的海岸地区经济、社会发展和居民的人身、财产安全，因此，从这个角度上讲，区域海洋的海洋环境脆弱、污染风险高、污染损害大；第三，由于各国经济社会发展程度不一，人口环境资源情况各异，对于属于"regional common"的海洋环境而言，各国可能在开展保护的方式方法和程度等方面各不相同，甚至有的国家不愿意主动承担维护区域海洋环境的国际义务，因此，单单依赖任何一国或地区都无法根本解决区域海洋的环境保护问题。综上，将区域海洋作为海洋环境保护的重点发展领域，非常合乎联合国环境规划署的根本宗旨，也有利于区域各国的共同利益。区域海洋规划提出后，得到了大部分区域海洋沿海国的支持，也得到联合国环境规划署理事会的赞赏。

---

① A. Vanllega., Sustainable Ocean Governance: A Geographic Perspective, London : Routledge, 2001, p. 1.

由于不同区域海洋周边国家的国际关系、政治经济发展水平均各不相同，因此，区域海洋环境合作的紧密程度和效果也不一样。目前可将区域海洋环境保护合作模式粗略分为以下几种：地中海模式①。地中海沿海国家数量众多，分处三个大洲，政治、经济、文化差异大，因此，地中海的海洋环境保护合作采用了"综合加分立"模式，即签定一揽子公约，另外附加议定书，这一模式实际上也是国际环境法发展的成功经验，《联合国气候变化框架公约》《控制臭氧层维也纳公约》《联合国生物多样性公约》等著名国际环境公约都成功的应用了"公约加议定书"模式，先取得原则性一致意见，然后通过逐年的缔约方大会，就不同议题进行具体谈判，最终达成协议。地中海模式也被联合国环境规划署推广到其他区域海洋合作项目中。波罗地海模式。波罗地海周边被陆地包围，有瑞典、芬兰、俄罗斯、立陶宛、拉脱维亚、爱沙尼亚、波兰、德国、丹麦等国家，人口9000多万，也是世界上最繁忙的航道之一，地理位置重要，海洋环境面临严重威胁，《保护波罗的海海洋环境公约》于1974年通过，与其他配套的政府宣言、行动计划、建议等形成了全面综合的海洋环境保护体系，在区域海洋环境保护领域起到良好的示范作用。南极、北极模式。另有学者将南极、北极的海洋环境保护模式也作为区域海洋环境保护的组成部分，笔者略有疑义。有人认为，南海区域的海洋环境保护是以1959年《南极条约》为核心的条约体系发展起来的一个区域性法律制度，北极已经形成北极理事会（环北极国家包括加拿大、丹麦、芬兰、冰岛、挪威、瑞典、美国和俄罗斯）的"区域"治理模式，共同探讨合作保护北极环境，通过并发布了《北极环境保护战略》，签署了《北极环境保护宣言》和《北极海上搜救协定》②，笔者认为，虽然南极、北极的环境保护模式各有可资借鉴之处，但仍应明确，南极也好，北极也罢，都不应该属于"区域海"，而是"洋"，其法律性质、法律地位有着根本的区别，不应适用《联合国海洋法公约》一二一条关于闭海、半闭海的相关规定。

---

① 地中海沿岸国家较多，包括欧洲国家西班牙、法国、摩纳哥、意大利、马耳他（岛）、斯洛文尼亚、克罗地亚、波斯尼亚黑塞哥维那、黑山、阿尔巴尼亚、希腊；亚洲国家：土耳其、叙利亚、塞浦路斯（岛）、黎巴嫩、以色列、巴勒斯坦自治政府；非洲国家：埃及、利比亚、突尼斯、阿尔及利亚、摩洛哥等19个国家和地区。

② 参见朱建庚《海洋环境保护的国际法》，中国政法大学出版社，2013，第163页。

2. 区域海洋环境保护展望

2016年10月1日，在韩国仁川召开的第18届全球区域海洋条约和行动计划大会上，联合国环境规划署公布了2017～2020年的"区域海洋战略指针"（Regional Seas Strategic Direction），指针认为，无论是渔业还是气候变化管控，海洋和沿海地区的环境都至关重要，过去几十年，国际社会对于海洋环境的全球、区域和国内治理都日益重视，1982年里约会议提出了可持续发展的概念，从而成为全球环境保护包括海洋环境保护的重要指导理念。区域海洋项目作为联合国环境规划署最重要的区域环境保护机制，拥有143个国家和地区的19个海洋区域，对于人类可持续利用海洋和长远福祉关系重大。2015年9月，联合国通过了《2030可持续发展议程》，该议程范围广泛，涉及社会、经济和环境的可持续发展，特别关注到海洋的可持续利用。2017年6月，联合国召开环境大会，主题也是蓝色伙伴关系和海洋环境保护合作。我国作为区域大国，正在积极推进"一带一路"倡议，与沿线区域海洋环境保护组织开展合作极为重要。可以看到，作为全球海洋环境保护的重要力量，区域海洋环境保护合作将会持续发力，并在"一带一路"生态环境保护中对构建多元主体参与的生态环保合作格局发挥重要作用。

二 区域海洋环境保护的主要制度

1. 信息共享与及时通知制度

及时通知信息共享对于区域海洋环境保护合作至关重要，几乎每个条约中都有关于信息收集、共享和传播的条款（总条款数量达493条）。在缺乏合作的闭海或半闭海区域，虽然各国事实上地理位置接近，但由于顾及"主权"、"信息安全"等因素以及可能存在的政治、外交矛盾，不愿意将本国特别是领海、专属经济区的海洋环境、资源信息及其动态与他国共享，对于争议海域、未划界海域就更加敏感而缺乏互信和合作，人为的海洋界线也封锁了海洋环境信息的流通和共享。因此，加强区域成员国之间，区域海洋环境合作平台与其他区域平台之间，区域平台与联合国等国际组织以及区域外国家必要的信息交换共享，有助于节约信息收集成本，提高信息完整性和准确度，有助于准确评估区域海洋环境与资源现状及发展趋势，并发现存在的问题。另外，区域合作的情况也应定期进行总结和通报，即形成报告机制（reporting mechanism），联合国环境规划署定期发布 "regional seas reports and studies"，2011 年联合国环境规划署提出的《关于加强区域渔业组织与区域海洋环境保护项目之间合作的建议》中第二条就提到，"基于互惠的目的，加强区域渔业组织与区域海洋环境保护项目之间的数据和信息交换"。

这是指当发生污染海洋环境事故或危险时，污染来源国应每一时间将污染事故原因、地点、影响范围及已采取措施等通报给区域内所有成员国，以俾区域海洋环境保护合作组织及各成员国尽快反应，做出正确决策，从而最大限度减少对海洋环境的危害。由于环境污染往往具有广布性、流动性，如大气、河流、海洋等均具有无法控制的整体效应，因此，环境污染或者危险一旦发生，最明智的选择就是第一时间及时通报，并协同采取预案，以减少损失扩大，任何想隐瞒事实的侥幸心理都只会使损失继续扩大，从而产生不可逆转的危害。

2. 国内环境立法力求与区域海洋环境保护公约相衔接

各国的国内环境保护立法包括海洋环境保护法律法规、以及相关的环境质量标准、污染物排放标准、排海重点污染物总量控制制度、排污许可制度、环境影响评价制度等法律制度。这里讲的统一是指，一方面，各国国内法都应进行制定或修订，从而使得国内环境保护法律法规与区域海洋环境保护公约相一致。根据各国实践，无论是国家签署的国际公约在国内无须转化，直接适用从而产生法律效力，还是国家签署国际公约后，需通过国内立法转换才产生法律效力[1]，国际条约都具有较高的规范效力。以我国《海洋环境保护法》为例，其诸多条款实际上体现了《联合国海洋法公约》、《国际油污民事责任公约》等国际法律规范的内容，如海洋环境域外管辖权、政府对于海洋生态损害的索赔权等制度；另一方面，各成员国在具体的排海重点污染物目录、环境质量标准、污染物排放标准、总量控制、最佳可得技术标准等环境管理基准手段上应尽可能保持一致，否则会造成有些排污行为在某国合法，在另一国则超标而成为非法行为，不利于区域海洋环境的协同保护。如《保护黑海的战略行动计划》要求缔约方到1996 年制定共同的环境质量指标，并在可能的情况下制定统一的排放标

---

[1] 罗国强：《论国际条约的国内适用问题》，《兰州学刊》2010 年第 6 期。

准，另外，几乎所有的防治污染公约或者议定书都含有合作制定标准的义务内容①。对于一些可能会危及区域海洋整体利益的立法、决策和建设项目，应合作制定环境影响评价准则，确保各区域内各缔约国以共同的标准开展环境保护工作②，或者通过相互通知、交换信息和磋商，开展区域环境影响评价合作③，并以适当形式向区域海洋环境保护合作组织提交环境影响评价报告④。关于环境影响评价的合作条款非常普遍，在各条约及议定书中出现达 65 条之多。另外，在各国专属经济区之外海域建立共同开发、渔业资源的配额制以及渔业资源共同养护等制度性协商对于区域海洋环境共同保护也非常有益。

3. 成员国执法与司法协同

在区域海洋环境保护公约及其议定书等形式的区域协定基础上，各国环境立法的协同和统一为区域海洋环境保护执法协同提供了可能。各区域组织依据本区域海洋环境保护公约及议定书，共同拟定并执行区域海洋污染控制行动计划和方案，商定具体的实施措施以及实施路线及时间，并定期审查修订。⑤ 笔者认为，区域海洋环境保护执法协同至少应包括以下几个方面：渔业配额的制定和监督、休渔期等渔业资源养护和保护执法、环境事故如石油钻井平台爆炸、船舶油污泄漏、核污染等重大海洋环境损害的应急反应（response to pollution incident）、海洋生态修复等长期活动等，都极其依赖区域各成员国的通力合作，特别是政府各执法部门之间的高效信息通报和行动一致。

4. 在科学技术研究领域切实合作

海洋科研是开展其他海洋活动的基础。海洋科研对象的全球性、多学科性和高投入性等特点，决定了海洋科研国际合作的必要性。作为区域合作的基础，成员国之间开展海洋环境保护、生态修复领域的科学研究合作也是非常有益的经验，也会极大的促进各国积极、正面的海洋环境保护合作。关于科学技术合作的条款在区域海洋环境保护条约中比比皆是，如

---

① 于铭、徐祥民：《世界区域海治理立法研究》，人民出版社，2017，第 262 页。
② 如《〈保护和发展大加勒比区域海洋环境公约〉陆源及陆上活动污染议定书》第 7 条。
③ 如《巴塞罗那公约》第 16 条。
④ 于铭、徐祥民：《世界区域海治理立法研究》，人民出版社，2017，第 271 页。
⑤ 如《保护地中海免受陆源和陆上活动污染议定书》第 7 条。

《巴塞罗那公约》第12条规定：各国"同意尽可能直接合作"，"酌情通过在科学技术领域有资格的区域性或国际性组织进行合作"。《赫尔辛基公约》第24条"科学和技术合作"规定：缔约国可以直接或者通过适当的国际组织为实现公约目的，在科学、技术和其他研究领域开展合作，并且交换数据和其他科学信息，为便利研究，各国应协调各自政策以利于此种科学研究获得行政许可和顺利开展。

5. 平台和纠纷解决机制

区域海洋环境保护合作条约的有效执行必需有稳定、高效的平台支撑，无论其名称为委员会、理事会还是海洋环境保护组织，都具有明确的决策机制、行政机制和监督机制，这样才能保证区域海洋环境保护目标的稳定和实现。目前区域海洋环境保护公约的执行机构主要包括"单一区域性组织"（如东南大西洋渔业组织）、"缔约国会议＋秘书处"（如《巴塞罗那公约》《里海海洋环境保护公约》等）、"缔约国会议＋委员会"（《布加勒斯公约》等）三种模式。区域海洋环境保护公约缔约国往往会约定纠纷解决机制，友好磋商、协商解决，如果无法达成一致，则依公约可以寻求中立第三方（机构或个人）的介入解决，包括国际法院、国际常设仲裁法庭等机制。大部分公约都会有一条纠纷解决条款（settlement of dis-putes），有的甚至约定仲裁庭的组成和规则①。

三 区域海洋环境保护合作对南海低敏感领域合作的借鉴

南海是区域海，也是半闭海，《联合国海洋法公约》在规定区域海洋环境合作同时，也着重规定了闭海、半闭海沿海国家的合作义务②。基于

---

① 参见《2002年加勒比地区渔业协定》第30条"仲裁庭的组成"、第31条"仲裁庭的程序规则"。

② 《联合国海洋法公约》123条规定："闭海或半闭海沿岸国在行使和履行本公约所规定的权利和义务时，应互相合作。为此目的，这些国家应该尽力直接或通过适当区域组织：（1）协调海洋生物资源的管理、养护、勘探和开发；（2）协调行使和履行其在保护和保全海洋环境方面的权利和义务；（3）协调其科学研究政策，并在适当情形下在该地区进行联合的科学研究方案；（4）在适当情形下，邀请其他国家或国际组织与其合作以推行本条的规定。

区域海洋环境保护公约共性的考察，可以发现区域合作的共同意愿、正确的指导思想、固定的合作平台和争端解决机制、财务机制以及全理的信息共享、立法协同、执法合作等制度的建立对于区域海洋保护合作至为重要。成功的区域海洋环境保护合作对于"一带一路"海上合作以及南海低敏感领域合作甚至"南海行为准则"的谈判都应具有重要的借鉴意义。1996 年，联合国环境规划署首倡了"南海大海洋项目"，其从全球环境基金（GEF）获得资助。联合国环境规划署向全球环境基金秘书处提交了项目开发援助建议，提议对"联合国环境规划署/全球环境基金《扭转南海与泰国湾环境退化趋势》项目"进行援助，该项目获得批准，参与国家包括中国、泰国、越南等七国。① 中国与东盟各国外长及外长代表于 2002 年 11 月 4 日在金边签署了《南海各方行为宣言（DOC)》。应该说，《南海各方行为宣言》为南海低敏感领域合作奠定了坚实的基础，之后，中国与东盟国家通过举办政府间会议、制定行动计划等方式开展了一系列合作。在亚洲，中国与印尼、泰国、马来西亚、越南、斯里兰卡、马尔代夫、柬埔寨、印度、韩国等签署了双边海洋领域合作文件，建立了东亚海洋合作平台、中国—东盟海洋合作中心、中国—东盟海洋科技合作论坛等合作平台②。在合作经费方面，2011 年 11 月 18 日，中国总理温家宝 18 日在印尼巴厘岛出席第十四次中国与东盟领导人会议时宣布，中方将设立 30 亿元人民币的中国—东盟海上合作基金，逐步形成中国—东盟多层次、全方位的海上合作格局。之后每年中国都与东盟国家就低敏感领域合作召开专家论证会等形式的磋商③。

我国作为南海区域的唯一大国、金砖国家成员国、全球第二经济体以及南海争端当事国，应主动依托《联合国海洋法公约》规定，充分借鉴区域海洋环境保护合作机制的先进成熟经验，在人类命运共同体、区域命运共同体的思想指引下，培育南海"社区"观念，通过"一带一路"倡议和泛南海地区经济圈建设，不断紧密与南海周边国家合作，逐渐培育国家互信，加强经济依存度，共同处理区域共同事务，保护海洋环境、养护海洋

---

① 李建勋：《南海低敏感领域区域合作：生态环境保护法律机制》，《黄冈师范学院学报》2015 年第 4 期。
② 参见周超《开放：海洋国际合作助力开放共赢》，《中国海洋报》2017 年 6 月 2 日。
③ 《中越双边合作指导委员会第六次会议在京举行》，http：//www.gov.cn/ldhd/2013 – 05/11/content_ 2400819. htm，2016 – 7 – 1 访问。

生物资源。

1. 逐步推进南海区域海洋环境保护条约或协定的达成

目前，中国和东盟国家已就"南海行为准则"（COC）的案文进行了首次磋商，但结果如何尚未可知。笔者建议，在 COC 磋商的同时，不妨碍中国与南海周边国家开展双边、多边或者特殊领域如渔业、海洋保护区等的具体合作，并以达成协议的方式不断推进南海区域各国的互信，因此，南海低敏感领域完全可以"双轨"或者"多轨"，这也有利于发挥低敏感领域合作的正面影响，提升 COC 的磋商节奏，最终达成合理的框架协议，也促成南海区域海洋环境保护公约的生成。

2. 成立双边或多边南海区域合作平台

依托现有合作平台，在《南海各方行为宣言》《联合国海洋法公约》基础上，成立双边直至多边的南海区域合作平台（如南海合作理事会①），内设南海海洋环境保护合作理事会，负责海洋环境监测以及环境事故预警、应急、处置合作；南海渔业资源养护合作理事会，负责天然渔业资源调查、休渔期、渔业执法合作包括争议海域的合作执法；南海环境损害纠纷解决委员会，负责组织环境损害评估、索赔并管理赔偿基金。

3. 逐步推进海水水质标准、污染物排放标准统一

比较南海周边国家对于近海、远海的海水水质标准，就会发现其中差别较大②。以海水水质标准分类为例，中国海水水质标准将海水分为四类③，泰国分为七类④，印度尼西亚分为三类⑤，马来西亚分为四类⑥。越南在最

---

① 高之国：《南海地区安全合作机制的回顾与展望：兼议设立南海合作理事会的问题》，《边界与海洋研究》2016 年第 2 期。
② 见 http://wepa - db. net/3rd/en/topic/waterstandard/index. html（亚洲水环境伙伴关系网站），访问日期 2018 年 4 月 7 日。
③ 第一类：适用于海洋渔业水域，海上自然保护区和珍稀濒危海洋生物保护区。第二类：适用于水产养殖区，海水浴场，人体直接接触海水的海上运动或娱乐区，以及与人类食用有关的直接的工业用水区。第三类：适用于一般工业用水区，滨海风景旅游区。第四类：适用于海洋港口水域，海洋开发作业区。
④ 第一类：保护区。第二类：珊瑚保护。第三类：自然资源保护。第四类：水产养殖。第五类：接触水的运动（water - contact sport）。第六类：接触水的运动（water - proximity sport）。第七类：工业园区。
⑤ 第一类：港口和港口海洋。第二类：海洋游憩用水。第三类：海洋生态系统。
⑥ 第一类：保护区、海洋保护区、海洋公园。第二类：海洋生物、渔业、珊瑚、珊瑚礁、娱乐和海水养殖。第三类：港口、油气田。第四类：红树林河口及河口水。

新颁发的 2015 年《国家海水水质标准》（QCVN 10 – MT：2015/BTNMT）中，依照"沿海"、"近海"和"远海"三个海域设置了 3 个不同的水质标准区域。并在"沿海"下按照海洋区域使用功能的不同，又划定了"水产养殖及海洋生物保护区"、"海滩及海上运动区"以及"其他区域"3 个不同的水质分类标准①。另外，各国具体污染物的控制限值也各不相同。

根据区域海洋环境保护合作的成功经验，不同的海水水质标准和污染物排放标准，不利于保护区域海洋环境，容易产生"劣币驱逐良币"等环境负外部性效应，应通过区域海洋环境保护平台逐步推进区域内各国采纳一致的海洋环境质量标准，并通过严格执法保证标准实施，为提高各国行动积极性，可考虑设立海洋环境保护基金，帮助行动有困难的国家或相关产业，并对海洋生态保护、修复者进行生态补偿。

4. 开展协同执法行动

可以根据由易至难的过程，通过一些环境事故、环境问题的共同应对，再建立一些专项执法协同机制，如渔业资源破坏的协同执法机制，最后形成统筹海洋环境保护执法协同机制，这些执法协同机制也有利于成员国之间其它领域的互信和合作，这一点对于南海低敏感领域合作极具借鉴意义；二是司法协助与合作。区域海洋环境污染者与受害者往往可能分处不同国家，污染海域可能处于一国或两国以上领海、专属经济区或者争议海域，甚至是公海，因此，污染事故发生后，污染者、受害者、代表受污染的海洋环境的政府都可能分处于多国，各国对于发生在本国管辖海域、危害本国海洋环境资源的违法行为可以按照本国国内法实施行政处罚，对于发生在争议海域的违法行为进行适度执法②。另外，民事侵权纠纷的法院的管辖权以及解决纠纷适用的法律规范都产生了一定程度的复杂性。除依据既有司法管辖规定之外，如发生管辖争议，各国应就个案进行司法协调，或通过协商达成一些司法管辖方面的区域协定。

---

① 越南将沿岸海域海水分为三类：第一类：渔业养殖区，水生保护。第二类：海滩区，水下运动。第三类：其他的地方。

② 参见熊勇先《争议专属经济区内适度性执法研究》《中国法学》2016 年第 5 期。

中国海洋法律制度研究

刘远生[*]

国际社会将 21 世纪看成是海洋的世纪。全球海洋意识、海洋教育和海洋科学研究方面的竞争日趋激烈，海洋文化问题受到越来越多的关注。海洋文化作为文化软实力的重要组成部分，与民族的兴旺、国家的强大紧密联系在一起。海洋文化是在人类与海洋的互动过程中，人类受海洋影响而后与海洋的交互中创造的文化。海洋文化包括价值观念、思想意识、品格精神、教育科学研究和文化遗产等方面。充分发展海洋文化，可以让人们更好的认识海洋，为开发利用海洋提供了战略思维和决策依据，并促进海洋合理的开发利用。

20 世纪 80 年代后期，随着"海洋宪章"《联合国海洋公约》的出台各国开启了轰轰轰烈烈的"蓝色圈地运动"并争相制定与颁布了一系列的海洋法律与政策。特别是 21 世纪后出现的海洋争端与海洋环境的污染治理等问题极大的催化了海洋法律法规的出台。在此背景下，我国也加快了海洋立法的步伐，先后出台了近三百部相关法律政策，涵盖了海洋权益保护、资源开发、环境保护等方面，构建了我国海洋法律体系的基本框架，在海洋治理与维护的过程中起到了极大作用。

一 海洋文化的概念

关于海洋文化的概念，目前学术界众说不一，尚没有一个统一的定义。有人认为海洋文化是水的文化；有人认为海洋文化是沿海和海岛地区

———————
* 刘远生，海南省现代法律科学研究院。

的文化；有人认为海洋文化是人类征服、依赖海洋生活的一种文化形式，囊括一切人类涉及海洋活动的文化。从不同方向和角度探讨海洋文化的概念，仁者见仁，智者见智。很多人所认同的是曲金良教授的观点，"海洋文化，就是和海洋有关的文化，就是缘于海洋而生成的文化，也即人类对海洋本身的认识、利用和因海洋而创造出的精神的、行为的、社会的和物质的文明生活内涵。海洋文化的本质，就是人类与海洋的互动关系及其产物。"这一概念可以看作是广义的海洋文化观，但这种至全至美的建构，只能是理想的模式，实际上这是很难通行的。其中，认识是人脑对客观世界的反映，观念是从一定的立场或角度出发对事物或问题所持的看法，思想是客观存在反映在人的意识中经过思维活动而产生的结果，意识是感觉、思维等各种心理过程的总和，仅这几方面是否应全部归入海洋文化的范畴就还没有充足的论证。

二 海洋文化法律制度的概念

在我国现代法律制度中，法律分为广义和狭义两层，广义包括宪法、法律、行政法规在内的所有规范性法律文件，狭义指全国人大及其常委会制定的基本法律及其基本法律以外的法律。海洋文化法律制度是我国法律体系的重要组成部分，它是关于海洋文化方面的法律规范的总和。前文所述海洋文化包括价值观念、思想意识、品格精神、教育科学研究和文学艺术等方面，其涵盖范围广，在价值观念、思想意识和品格精神等方面是没有相关的法律法规的，只能从文化遗产保护、海洋教育和海洋科学研究三个方面来阐述海洋文化法律制度。可以把海洋文化法律制度定义为，与海洋文化相关，为了促进海洋文化传播、保障海洋事业的发展、建立海洋强国，而制定的规范性法律文件的总和。

三 海洋文化与海洋文化法律制度的关系

海洋文化是在人类与海洋的互动过程中，人类受海洋影响而后与海洋的交互中创造的文化，而海洋文化法律制度是关于海洋文化方面的法律规范的总和；海洋文化具有稳定性和延续性，它的影响是普遍的。而海洋文化法律制度是人为制定的行为规则，它的影响可能是普遍的，也可能只局限于局部范围；海洋文化更强调心理和思想上的控制，而海洋文化法律制度更注重外在的行为。

四　我国海洋文化发展的现状及不足

新中国成立以来我们在不断的反思和教训中寻找自己富强的道路，在百年的屈辱史中，我们认识到海洋的重要性，近30年来，我们越来越认识到海洋对我们国家、民族发展的重要性，认识到国家的发展，民族的复兴将源于海上，改革开放为中国海洋文化的振兴创造了难得的机遇和提供了强大的动力。我国新一代领导人在新历史条件下也多次指出了弘扬民族海洋文化，加快海洋文化事业的建设，以便为未来的发展提供理论基础。进入21世纪，我国的海洋事业获得前所未有的发展良机。开发海洋资源，发展海洋经济，对社会经济可持续发展的作用日益显现。制海取海，缓解陆域压力，开拓国家的利益空间和安全空间，成为增强综合国力的重要一环。在社会经济和国家安全需求的驱动下，海洋科学和海洋技术受到重视，并取得可喜的新进展。但是，检讨我国海洋发展的现状，我们不难发现，在海洋经济和海洋科学技术发展的同时，与之相配套的人文社会科学领域对海洋发展的重视程度仍然远远落后于社会需要，不能及时提供理论指导和人文精神的支持。究其原因，历史上重陆轻海的社会价值导向和海洋人文社会科学的不发达，导致国民海洋意识的普遍薄弱。在学术界，海洋文化研究还没有形成主题学科，没有完整的理论体系，没有形成自主的学术成果，缺少自己的海洋文化品牌。此外，还缺乏全国性的统筹规划和有力的保障措施，经费投入不足，队伍单薄，力量分散，这都在一定程度上制约着海洋文化的建设和发展。总之现阶段的海洋文化与我国人民群众日益增长的精神文化需求不相适应，与我国实施开发海洋战略，建设海洋强国的目标还不相适应。

五　建设中国海洋文化的措施

建设和弘扬我国具有民族特色的海洋文化是我国海洋事业发展的必然

要求，面对国家的发展和民族的富强，如何建设、提高国家海洋文化的软实力，我们应该从以下几个方面着手。

第一，开展海洋文化节，普及海洋文化知识。我国沿海地区有很多富有海洋特色的民俗节，如山东荣成中国渔民节、海南国际椰子节、青岛海洋节、浙江象山开渔节。海洋文化节的意义非常重大，从个人角度出发，通过海洋文化节的举办能使基层民众欣赏到历史久远的传统文化从对政府的角度出发，理性发展地区经济需要先进知识的储备，官员通过学术论坛了解各地区的学者对临海区域的发展的新见解及带给众人的新启迪，通过商业届的精英介绍企业经营的动态信息能较为准确地抓住市场走向。海洋观念的树立比具体政策的制定更为重要，海洋文化的发展离不开全民的共同努力，没有海洋观念的觉醒，就不会有海洋发展的自觉。

第二，加大海洋学科发展力度自强度，成立海洋化研究所，迈上建构中国海洋文化学的征途，探索新的研究路径。目前我国在海洋研究方的专项基地还不多，专门学习海洋学科的人数量不足，这就导致我国海洋发展缓慢。人才的培养关系着未来的发展，聚集人才，按照新兴学科生长的规律去潜心研究，找出学科整合的突破点，只有培养出能掌握海洋文化的精英，才能构建出具有中国特色的海洋文化。国家应统筹规划，重点扶持，争取及早打下建立中国海洋人文社会学基础，设立中国海洋人文社会学研究中心，在有条件的大学中增设中国海洋人文社会学博士点，建立中国海洋人文社会学发展基金培养造就跨世纪的英才，满足社会需要，反映时代精神，为发展我国的海洋事业和人文社会科学，提高全民族的海洋意识，保卫海洋权益，做出应有的贡献。

第三，通过立法，提高政策保障，全面关注中国的海洋权利和利益，使之深入人心。海洋文化的建设涉及面广，难度大，首先作为为人民服务的政府用应当在法律上和政策上予以保护，提供保障，以便海洋文化事业的合法有序的进行。其次从政策上加大目海洋文化事业的投入，包括基础研究设施，专业人才的投入，政策上的优先和重视，建立健全的海洋文化法律保障体系和政策，对研究海洋文化建设有着巨大的推动作用。海洋权利是国家的领土向海洋延伸形成的或衍生的权利，属于国家主权的范畴。我国行使海洋权利，有重大的政治、经挤、安全和文化利益。没有维护海洋权利和利益的勇气和进取精神，就不会有海洋大国的地位。

六　中国海洋文化律制度的立法现状

自 20 世纪 70 年代后期开始，中国当代的海洋法律制度已经走过 50 年发展历程，中国的海洋法律制度进入快速发展阶段，制定了一系列的法律法规，但涉及海洋文化方面的法律法规还是不健全。以下从水下文化遗产保护和海洋科学研究两个方面分别说明我国的立法现状。

1. 水下文化遗产保护方面的法律制度

文化遗产是一定的历史时期一定人群根据当时的政治、经济、军事、文化等需要，运用当时所能适用的材料和技术创造出来的，蕴藏了当时政治、经济、军事、科学技术、文化艺术、宗教信息等诸多信息。水下文化遗产是文化遗产的一种，具有重要的历史价值和文化价值。我国早在 1982 年就已为文化遗产的保护付出了巨大的努力，为防止商业性考古的破坏，并规范科研性考古活动，我国颁布了一系列专门性的法律，体现了我国对文化遗产的重视。

第一，专门性水下文化遗产保护方面的法律制度。《中华人民共和国文物保护法》于 1991 年、2002 年和 2007 年全国人民代表大会常务委员会进行了三次修订。2002 年修订时，增加了文物工作保护的十六字方针：保护为主，抢救第一，合理利用，加强管理。其中第五条规定明确了文化遗产的所有权，第三十四条规定"考古发掘的文物，任何单位或者个人不得侵占。"进一步强调了文化遗产的归属。但《文物保护法》没明确如何保护水下文物。《中华人民共和国文物保护法》和《中华人民共和国文物保护法实施条例》是对我国政府管辖范围内的陆上和水下文化遗产一并统一保护。《实施条例》规范了具体的操作，对《文物保护法》中的含糊之处给予了细化。《中华人民共和国水下文物保护管理条例》于 1989 年 10 月 20 日颁布，是我国第一部关于水下文化遗产保护的法规，对遗存在我国领水范围内的，具有历史、艺术和科学价值的文化遗产如何进行保护和管理作了规定。《水下文物保护管理条例》只有十三条，显得有些单薄。

第二，非专门性水下文化遗产保护方面的法律制度。《中华人民共和国海洋环境保护法》于 1982 年全国人大常委会第二十四次会议通过，并于 1999 年全国人大常委会第十三次会议修订。第三章海洋生态保护中涉及海洋历史文化遗产保护的问题，其中第二十二条规定具有重大科学文化价值的海洋自然遗迹所在区域，应当建立海洋自然保护区。1995 年由国家海洋局发布的《海洋自然保护区管理办法》一些条款涉及海洋历史文化遗产的保护问题。各地根据《海洋自然保护区管理办法》制定了一系列专门的海洋自然保护区条例。《海洋自然保护区管理办法》第六条规定了具有重大科学文化价值的海洋自然遗迹所在区域，应当建立海洋自然保护区。《海洋环境保护法》和《海洋自然保护区管理办法》都没有详细规定如何保护海洋自然遗迹。

2. 海洋科学研究方面的法律制度

我国有辽阔的海域，蕴藏着丰富的生物、矿藏等资源和能源。在人口膨胀、生产扩张的情况下，科学在海洋资生态和环境中的作用日益突出。国务院于 2006 年发布《国家中长期科学和技术发展规划纲要（2006～2020 年）》，同年发布了《国家"十一五"海洋科学和技术发展规划纲要》，《国家海洋事业发展规划纲要》及《全国科技兴海规划纲要（2008～2015 年）》，对海洋科技做了长远的规划。将海洋科技列入前沿技术，并把海洋科学研究列入国家基础研究的重要内容。国家海洋局、科技部、教育部和国家自然科技基金委员会等部委联合于 2011 年 9 月在全国海洋科技大会上，发布了《国家"十二五"海洋科学和技术发展规划纲要》，对我国2011 年到 2015 年海洋科技发展进行了总体规划。目前，我国海洋科学技术水平与先进国家相比仍有较大差距，对海洋的开发贡献率低。

第一，关于海洋科学研究管理方面的法律制度。《中华人民共和国涉外海洋科学研究管理规定》于 1996 年施行，是专门针对海洋科学研究管理的。在我国内海和领海范围内，外方不得单独进行海洋科学研究活动，应当与中方合作。在我国管辖的除内海和领海其他海域内，外方既可以单独，又可以与中方合作。经国家海洋行政主管部门批准或者由国家海洋行政主管部门报请国务院批准后，外方才能在我国管辖的水域内进行海洋科学研究活动。此外，对违反规定进行涉外海洋科学研究活动的，由国家海洋行政主管部门或者其派出或委托机构责令停止该项活动。违反本规定造成重大损失或者引起严重后果，构成犯罪的，依法追究刑事责任。《涉外海洋科学研究管理规定》是针对国际组织或外国组织在我国管辖海域内进行科研活动的规定。

《中华人民共和国领海及毗连区法》于 1992 年 2 月 25 日第七届全国人大常委会第二十四次会议通过，系统规定了外国非军用船舶享有无害通过我国领海的权利以及外国船舶可以在我国领海内进行科学研究。第十一条规定任何外方的组织或者个人，在我国领海范围内进行科学研究活动，须经我国政府或者有关主管部门批准。

第二，关于海洋科学研究促进方面的法律制度。《海洋科技刊物暂行管理办法》于 1982 年由国家海洋局颁布，是《海洋出版工作管理暂行概则》的补充。为促进我国海洋科技发展、活跃学术交流和普及科学技术知识，提供制度保障。《办法》从编辑部、编委会、出版发行和经费四个方面，对海洋科技刊物进行管理，明确了各方面的责任。

《国家海洋局科学技术成果管理实施细则》于 1985 年由国家海洋局颁布，共十条。从海洋科技成果的内容、成果的鉴定和评审、成果的报送程序、剽窃或弄虚作假者的处分、科技成果的保密、科技成果的交流推广和重大科技成果的奖励方面对海洋科学技术成果进行管理，推动科学技术进步，促进海洋科技发展。

《中国海洋 21 世纪议程》第六章专门讲述科学技术促进海洋可持续利用。将海洋环境科学研究体系建设、开展与海洋环境保护相关的基础学科研究、海洋资源综合利用与可持续开发研究、相关的海洋学基础研究与技术开发等列为重要的行动，以满足海洋资源开发、海洋环境保护和海洋可持续发展的需要。海洋开发技术是开发利用海洋资源、发展海洋经济、促进社会发展的重要手段，必须有计划地开展海洋领域的高新技术应用研究与产业化工作，促进海洋新兴产业的发展，加快海洋传统产业改造，保证海洋产业可持续发展。

七 中国海洋文化法律制度存在的问题

海洋文化的发展对临海国家极为重要，而发展海洋文化绝不可忽略的是对其核心即海洋意识的培养。海洋意识既为一个国家和民族发展海洋提供内在动力，又是国家和民族海洋战略的内在支撑。海洋意识的强弱直接关系和影响一个国家的发展，决定国家的综合竞争力。海洋文化的涵盖范围广，其法律制度涉及的门类也很广泛。但专门的海洋立法并不多，许多法律法规中涉及海洋文化的一个方面或仅提及个别关于海洋文化的词句。海洋文化法律制度还存在着诸多的问题，例如法律制度不健全、部分法律滞后、立法层次不高、缺乏科学的立法规划。

1. 海洋文化法律制度不健全

随着我国海洋经济的进一步发展，出现了很多海洋问题，比如海洋权益纠纷，海洋环境污染、海洋资源浪费，这些问题严重地影响了我国海洋经济的健康持续发展。从法律位阶上看，我国的法律制度包括宪法、法律、行政法规、地方性法规、规章以及实施这些法律法规而制定和颁布的标准等。目前我国有关海洋的法律法规大多是分领域、分行业的，缺少系统性和协调性，法律之间有时存在着交叉和冲突。专门的海洋方面的立法并不多，许多法律法规中涉及海洋时只是略提一二，不能形成完善的海洋法律体系。健全的法律体系的主要标志是有一部高水平的基本法，我国仍然没有一部《海洋基本法》。由于缺少《海洋基本法》，我国的海洋事业的发展在协调各涉海部门和海洋产业开发、利用、保护和管理海洋的关系，指导各涉海部门和海洋产业合理有效地进行涉海活动时，难以形成统一的指导。

关于水下文化遗产保护方面专门性的法律是《中华人民共和国水下文物保护管理条例》《中华人民共和国文物保护法》及《中华人民共和国文物保护法实施条例》。其他的法条分散在《中华人民共和国海洋环境保护法》《海洋自然保护区管理办法》和一些地方性的海洋保护条例中，没有整合在一起。

关于海洋科学研究方面有一些相关的法规，如《联合国海洋法公约》《中华人民共和国涉外海洋科学研究管理规定》《国家海洋局青年海洋科学基金管理办法》，但这些法律法规大部分是针对外国的个人或组织在我国领海及专属经济区进行科学研究的，没有规范我国的科学研究活动的法律法规，缺乏统一的海洋科技方面的法律，与之配套的专利保护方面的法律也不健全。

2. 部分法律滞后

我国的海洋文化法律制度中部分法律滞后，不适应时代发展的需要。应根据海洋社会经济发展的需要，及时的修订相关的条款。

关于水下文化遗产保护方面，《中华人民共和国水下文物保护管理条例》是 1989 年颁布的，距今 24 年了，部分内容不适应社会的发展，不能有效解决实践中出现的问题。《水下文物保护管理条例》的上位法《文物保护法》已修订多次，但《水下文物保护管理条例》至今没有修订。联合国教科文组织于 2001 年第 31 届联合国教科文组织大会上通过《保护水下文化遗产公约》，于 2009 年 1 月初正式生效。《保护水下文化遗产公约》对水下文化遗产给予明确定义，规定了《保护水下文化遗产公约》的目标和原则、缔约国之间的合作与信息共享以及和平解决争端等一系列内容。该公约是全面、系统地保护水下文化遗产的专门公约，是规范水下文化遗产保护的法律依据。但我国至今还没有加入《保护水下文化遗产公约》。

关于海洋科学研究促进方面，《海洋科技刊物暂行管理办法》是 1982 年国家海洋局颁布的，规定"海洋科技刊物专业性强、印数少、成本高，往往赔钱。凡经国家海洋局批准交由海洋出版社公开发行的刊物，其亏损部分由各主办单位给予政策性补贴，在主办单位事业费中支出。"现在的科研环境已经发生了巨大的变化，海洋科技刊物的管理办法仍沿用旧的规定。

3. 立法层次不高

我国的海洋文化法律制度方面的立法，大多停留在行政法规、地方性法规、部门规章及规范性文件等层次上。一些立法的部门性强，甚至有的仅仅处在政策层面上，没有明确的法律规定。在缺乏法律约束的情况下，政策性文件效力层级低，并且执行力差，难以实现对违法违规行为的惩处。

在水下文化遗产保护方面，专门针对水下文物保护的只有国务院 1989 年颁布的《中华人民共和国水下文物保护管理条例》，它的层级较低，不利于我国水下文化遗产的保护。在海洋教育方面，只有教育部和交通运输部于 2012 年发布《教育部、交通运输部关于进一步提高航海教育质量的若干意见》，这只是个意见执行力度不够。在海洋科学研究方面，海洋科学技术突飞猛进，对科学研究和科技推广的形式和力度已不适应。

当今对海洋科技的管理。《中华人民共和国涉外海洋科学研究管理规定》只是规定、《海洋科技刊物暂行管理办法》是由国家海洋局颁布管理办法、《国家海洋局青年海洋科学基金管理办法》是由国家海洋局颁布的管理办法，立法层次都较低。

4. 缺乏科学的海洋立法规划

海洋立法规范的主要内容是提出在一定时期内，海洋立法工作的方向、目标、任务、具体的立法项目及其进度安排，以及完成立法规划的措施和保障。通过立法规范，可以对海洋立法工作进行整体部署和安排，避免海洋立法活动无序。至今，我国也没有一个全面的中长期海洋文化发展立法计划。

全国人大从八届全国人大常委会开始制定五年立法规划，1994 年公布的八届全国人大五年立法规划把规范市场主体、维护市场秩序的经济立法放在了首位，大体形成了社会主义市场经济法律体系的框架，共涉及 152件立法项目，其中涉及海洋方面的法律为海洋环境保护法。九届全国人大常委会的立法项目为 89 件。十届全国人大常委会的五年立法规划项目为76 件，任期内提请审议的法律草案共 59 件，其中宪法及相关法类 10 件、民法商法类 10 件、行政法类 16 件、经济法类 14 件、社会法类 6 件和诉讼与非诉讼程序法类 3 件，以行政法和经济法为主，研究起草、条件成熟时安排审议的法律草案 17 件中，其中有一个涉及海洋方面的法律，是全国人大环资委提请审议或起草的海岛保护法。十一届全国人大常委会的五年立法规划项目共 64 件，任期内提请审议的法律草案分为宪法及宪法相关法类5 件、民法商法类 6 件、行政法类 15 件、经济法类 11 件、社会法类 6 件、刑法类 1 件和诉讼与非诉讼程序法类 5 件，以行政法和经济法为主，研究起草、条件成熟时安排审议的法律草案 15 件，关于海洋方面的法律仍为海岛保护法。十二届全国人大常委会还没有将五年立法规划向社会公布。从我国法律的立法规划现状中可以看出，海洋法律相关的立法在全国人大常委会的立法预测与立法规划中，占很少的比重，海洋方面的立法应急性和随意性比较强。当今社会海洋方面的竞争日益激烈，但海洋立法缺乏科学的规划。

八　完善中国海洋文化法律制度的对策

（一）健全海洋文化法律制度提高海洋国力

为增强全民的海洋意识，为促进我国海洋事业蓬勃发展，为建设海洋强国打下牢固基础，我国应该设立一个全国性的海洋日，并把节日立法国家化，确立一个具体时间为国家性的海洋文化节日，使全国人民共同参与海洋文化建设。

1. 制定海洋基本法

完善海洋立法的框架体系，提高海洋立法工作的针对性和前瞻性，推进海洋立法工作有序开展。海洋基本法是在海洋综合管理角度上的立法，是对海洋政策、规划、管理体制、管理原则和制度等进行统一规范，对海洋实施全方位的规划和管理的法律。在我国已经加入《联合国海洋法公约》的情况下，应当从我国的国情出发，确定我国海洋事业发展的基本方针、政策、发展目标和规划等，制定《海洋基本法》，为制定其他海洋法律提供直接依据。

2. 加强水下文化遗产保护立法

整合水下文化遗产保护方面的法律，加强水下文化遗产研究和调查，查清我国水下文化遗产的数量、规模和保护现状，根据调查结果制定《水下文化遗产保护法》。从文化遗产保护的原则、目的入手，明确水下文化遗产保护的范围，对水下文化遗产进行分类，分别详细规定在领海、专属经济区和大陆架范围的水下文化遗产的保护，最后规定责任。

3. 加强海洋科学研究立法提高科研能力

我国拥有辽阔的海域，其中蕴藏着十分丰富的生物、矿藏等资源和能源。加强海洋科技发展，开发海洋能源和资源，走可持续开发的海洋之路，是提高我国海洋国力的重要依托。科学技术的发展史表明，科技是一把"双刃剑"，具有"两面性"，也就是在增进人类福利的同时，也会带给人类一些消极的危害。海洋是人类未来发展的重要场所，不能因海洋科技具有消极作用就否定其价值。科技创新之所以存在消极的一面，根源在于它的着眼点局限在对经济的片面追求上，这和追求海洋生态、经济及社会全面协调发展的可持续理念是不相吻合的。为了规范和调整海洋的发展，必须对海洋科技进行立法，从而提局海洋国力。

（二）修订落后的法律法规

及时修订《水下文物保护管理条例》。我国水下文化遗产保护法律在如何保护方面有所缺失，应增加就地保护的原则。水下文化遗产在出水之前已和周围环境达到了某种平衡状态，一旦打捞出来，就会遭到新的侵蚀，很容易腐烛甚至灭失。若不打捞，外物的入侵仍会干扰原有的平衡状态，同样会产生腐坏。对水下文化遗产实行就地保护的方法，并不是消极地将遗产留在原地，而是文物管理机关先对遗址和周围环境进行初步调查，根据遗址和周围环境的特性，采取积极措施预防不利结果的出现。如果遗址周围和环境发生恶化时，应及时进行抢救性的发掘，增加对违法行为的法律制裁。对于不报告而进行发掘的，需有严厉的法律制裁，应细化发现报告的奖励制度，使得更多的人发现后主动报告并上缴文物。此外，对可能严重扰乱水下文化遗产的合法行为也要严格的限制，并增加对违反限惩罚措施。

（三）提升立法层次

在水下文化遗产保护方面，在《文物法》中专门设立一个章节规定水下文物保护，或者制定《水下文物保护法》。海洋科学研究方面，围绕促进科技创新，在《专利法》《科技投入法》《科技进步法》《循环经济促进法》等法中增加关于海洋科学研究的条款。制定关于海洋科学研究管理和促进的法律，如《海洋究管理法》《海洋科技成果转化法》。

（四）在海洋战略中加入海洋立法规划

在现代社会中，人们越来越重视对某一事业愿景进行超前预测和长远策划，原用于军事领域的"战略"一词广泛应用在社会的各个领域的事业发展规划中。战略的含义逐渐从原来的"达到军事目标而采取的方针和策略"引申为"一个组织为实现特定领域的关系全局的、长远的目标而在不同阶段实施的不同方针对策"。海洋战略即可理解为一个组织为实现海洋领域的关系全局的长远目标而在特定阶段实施的方针和对策。为全面发、利用海洋资源和海洋空间，许多国家正在或者已经制定海洋发展战略。

我国海洋战略的总体目标是：建设良性循环的海洋生态系统，形成科学合理的海洋开发体系，促进海洋经济持续发展。制定了 1996 年《中国海洋 21 世纪议程》、1998 年《中国海洋事业的发展》、2003 年 5 月《全国海洋经济发展规划纲要》、2008 年 2 月《国家海洋事业发展规划纲要》等海洋战略。我国应当制定一个长期并且全面的立法规划，包括水下文化遗产的保护、海洋教育和海洋科学研究等方面的立法规划，为我国海洋资源的开发利用、领土争端的解决指引方向。国务院有关部门和沿海各级人民政府要结合工作职能，立足海洋事业发展的实际情况，加快水下文化遗产保护、海洋教育、海洋科学研究等方面规划的实施，落实配套政策和措施。

结　论

从法律位阶上看，中国的海洋法律制度包括宪法、法律、行政法规、地方性法规、规章以及实施这些法律法规而制定和颁布的标准等。海洋文化方面的法律制度不健全、部分法律滞后、立法层次不高、缺乏科学的立法规划。仅从水下文化遗产保护、海洋教育和海洋科学研究的方面来看，中国的海洋文化法律制度较为完备。但要健全海洋文化法律制度，首先要制定海洋基本法，为海洋活动提供总纲领，再从水下文化遗产保护、海洋教育、海洋科学研究等方面进行立法，为我国海洋文化的发展提供法律保障。修订落后的法律法规，使得海洋文化法律适应时代的发展。提升海洋文化法律制度的立法层次。最后，在海洋战略中加人海洋立法规划。通过以上几个方面的完善，我国的海洋文化法律体系更加的健全，有利于保障海洋文化的传播、增强全民的海洋意识、建立海洋强国。

建设南海学学科群，构建南海命运共同体*

夏代云**

习近平总书记的《在哲学社会科学工作座谈会上的讲话》（2016 年 5 月 17 日）指出，在新形势下我国面临诸多新问题，产生了一系列需要哲学社会科学家攻坚的理论问题和现实问题。因此在新形势下坚持和发展中国特色社会主义，必须高度重视哲学社会科学，加强学科体系、学术体系、话语体系建设。在中国特色社会主义建设的新时代，我国在意识形态、经济建设、国家治理、文化建设、党的建设等领域面临着一系列新问题，哲学社会科学在这方面可以也应该大有作为。

海南省地处祖国南疆，海洋辽阔，陆地面积小，人口少，经济发展底子薄，各类资源利用不够，文化建设和社会建设特别是基本公共服务和教育起点低，发展慢，在全国经济社会发展全局中尚处于不发达的西部地区。从海南省哲学社会科学的现实情况来看，哲学社会科学类学术研究重视本省的省情特点，历来重视黎学，已积累较多研究成果，近几年来研究《更路簿》和南海海洋文化成为热点，但尚处于起步阶段，关于本省经济社会发展的学术研讨有待加强研究深度，哲学学科门类不全，基础研究成果不多，社会科学门类尚不齐全，课程短缺，研究成果甚少。总体看来，学科体系和学术体系不全面，在全国哲学社会科学界中话语权严重不够。在这样的背景下，海南省可以从两个大的方面着手，积极推进海南省哲学社会科学的发展和繁荣。

---

* 2017 年度国家社会科学基金重大项目"南海《更路簿》抢救性搜集与综合研究"（17ZDA189）的系列成果之一。
** 夏代云，佛山科学技术学院。

一 建设"南海学学科群"

南海在历史上就是海上丝绸之路的必经之道，如今是全球重要的海上运输通道，更是我国"一带一路"的重点建设区域，地理位置十分重要。南海蕴藏着丰富的渔业资源和海底油气和矿产资源，是我国实现"两个一百年"的重要能源保障地。海南省地处祖国南疆，与东南亚 5 国（菲律宾、马来西亚、文莱、印度尼西亚、越南）隔海相望。南海孕育着丰富的热带渔业资源和矿产资源，这是我国至关重要的经济资源。，如今海南岛正在建设国际旅游岛、自由贸易试验区和自由贸易港，进一步提升了海南岛的战略地位。海南省管辖着辽阔的南海，有必要加大力度、加快步伐建设"南海学学科群"，以增强海南省在全国学术界的影响，进一步扩大话语权。

（一）综合性学科群的架构。"南海学学科群"应是集自然科学研究、社会科学研究、人文学科研究的综合性学科群。"南海学学科群"需多种相关学科支撑。如海洋地理学，海洋渔业学，海洋矿产学，海洋物理学，海洋化学，海洋哲学，海洋史，航海技术史，海洋法学，海洋经济学，海洋大数据研究，更路簿研究，海洋文化研究如海神研究、海洋民俗研究等，还有海洋应用科学的一些相关学科。

另外，海南岛位于南海之中，黎族世居海南岛，有三千多年发展历史，在历史上曾拥有丰富的海洋文化，在南海学学科群中也应纳入黎族研究特别是黎族的海洋文化研究。

（二）推进"更路簿学"建设。《更路簿》是南海海洋文化的重要组成部分，也是当今哲学社会科学研究南海海洋文化的一个切入点，从学理和大局看，"更路簿学"应是"南海学学科群"的一个组成部分。

李国强多年来坚持南海海疆研究，在多年前就提出创建"更路簿学"，如今该建议已得到学界的广泛认同。高之国也多次提出应该从多学科视角、多学科结合来研究《更路簿》，建立"更路簿学"。周伟民在《南海天书》里探讨了"更路簿"何以成"学"的问题。李国强在《＜更路簿＞研究评述及创建"更路簿学"初探》（《南海学刊》2017 年第 1 期）一文中对创建"更路簿学"进行了系统的探讨，他界定了"更路簿学"：研究中国渔民在南海生产生活的历史文化、作业工具、捕捞技术、航海技能等问题，兼及社会组织、管理制度、海洋意识、价值理念等多个层面的综合性学问。基于对多种抄本《更路簿》所记载的南海岛礁地名、航线、航程系统的深入分析研究，还原中国人民认知南海、开发南海的历史轨迹，阐释中国人民经营南海、利用南海的历史演进，总结中国人民在与南海互动中所积淀的所有历史文化（包括物质的和精神的），阐明中国历史性权利形成、确立的历史逻辑。他探讨了构建"更路簿学"的三大设想：首先要遵循客观规律，着力于学科体系创新；其次要合乎学术规范，着力于学术体系创新；再次要顺应时代要求，着力话语体系创新。李国强认为，"更路簿学"是南海问题研究的一个全新载体，其意义远远超出《更路簿》本身，即不断夯实和完善我国南海海洋权益的历史证据链条和理论支撑点。

"更路簿学"尚处于倡议阶段，关于"更路簿学"的探讨尚需深入。从学科建设视角看，第一，"更路簿学"须确定研究对象和研究方法。第二，有稳定的可持续发展的研究人员，需吸纳和培养新的研究人员。第三，有一系列研究成果，如资料性成果、理论研究成果和应用性研究成果。第四，初期应有省级研究平台，比如由海南大学和海南省社科联三方合作共建"更路簿研究基地"；继而推动教育部在海南省建设"更路簿学国家重点研究基地"。第五，初期开设系列专题讲座，如在海南大学湖畔讲坛、海南省图书馆等平台开设；待条件成熟，在大学里设立学科平台，系统授课。第六，建立学科评价标准。第七，初期应有一定数量的学术期刊开设"更路簿"研究专栏，比如《海南大学学报》、《南海学刊》和《新东方》等；条件成熟后设立学术专刊。第八，有来源稳定的研究经费和学科建设经费。

（三）增设相关学科。根据海南省内不同高校的特点，增设一些有益于研究海南问题的哲学社会科学学科，如更路簿学、社会学、人类学、海洋文化学等。

哲学是智慧之源，海南省已有中国哲学硕士点和外国哲学硕士点，最近又获得哲学一级学科硕士点授予前，应在现有硕士点基础上新建一些二级学科，如科学技术哲学、伦理学。科学技术哲学从哲学视角研究科学技术中的基本问题，是极具活力的交叉性学科，既有理论体系，又紧切现实问题，对于研究南海问题和海洋哲学极具启发价值。"绿水青山就是金山银山"，这句话将生态伦理中的可持续发展观用质朴的话语表达出来，可从科技伦理的学理视角深入探讨。

（三）加强哲学社会科学基础科学研究，深化应用研究。海南省需逐步扩大哲学社会科学学术研究的支持力度，加强基础研究，深化应用研究。

第一，加大对哲学社会科学基础研究的支持力度。如今海南省人才引进越来越多，近年来集聚了一批哲学社会科学中青年博士学者。一般来说，我国对于哲学社会科学博士的教育培养重在基础理论研究。海南省社会科学界联合会应充分认识到这一点，加大哲学社会科学基础理论问题研究的课题和项目的立项力度，鼓励和支持哲学社会科学的中青年博士在其博士论文的基础上继续开展延续性研究。一批批中青年博士学者将发挥自身的基础研究优势和人脉资源优势，与国内同行学术界建立紧密的学术联系，经年累月，久久为功，将逐步改变如今海南省在全国哲学社会科学理论界中话语权严重不够的局面。

其次，省内有一些老年学者，在哲学社会科学基础研究方面厚积薄发，已经具备高屋建瓴的学术眼光，比如张志扬教授的西学研究，柳树滋教授自然辨证法研究和马克思主义研究，曹锡仁教授的中国哲学研究，王毅武教授的经济学哲学研究等等。因此海南省也应该对老骥伏枥的老年教授给予必要的经费资助，让其研究成果早日面世，为海南省赢得国际学术话语权。

再次，关于海南省经济社会发展的应用研究有待加强研究深度。这一方面有待学者通过各种途径加强社会调查，另一方面，省里各部门各市县需加强与学术界的联系，充分发挥哲学社会科学学者的专业智慧。

（四）建设大数据库，打造"海南智慧岛"和"南海智慧海"。首先，建设好本省各行业的大数据库，特别是关于南海各种资料的大数据库。启用本省人才，聘用外省人才，携手合建大数据库。其次，引进和利用国家及其他省市科研机构关于海南和南海的大数据库。

（五）哲学社会科学与自然科学携手合作。当今科技发展的大趋势是科技发展日趋整体化，其表现在于边缘科学层出不穷、横向科学异军突起、综合科学不断形成、科学技术日趋一体化、数学方法全面渗透、科学技术与社会科学相互渗透。在近代科学发展时期，科学技术与社会科学开始出现初步渗透。20世纪以来，特别是二战后至今，科学技术与社会科学之间的渗透日益加强，产生了如科学学、科学社会学、科学经济学、技术经济学、工程心理学、工程美学、环境社会、生物社会学、同位素考古学等新的交叉科学。因此，海南省要发展南海学学科群，就要鼓励哲学社会科学研究与自然科学研究携手合作，取长补短。

例如，《更路簿》研究具有综合性，《更路簿》记载了古代海南渔民从海南岛的始发港往返三沙群岛以及各岛礁之间的航向和航程，渗透着海南渔民对于南海潮汐、海流、海浪、水质水色、季风、气候、飞鸟、水产、水深、岛礁暗沙暗滩的地貌、海洋生物、海洋生态环境等自然科学方面的认识，渗透着他们的海神信仰、丰收的喜悦、海难的经历、对南海岛礁的开垦建设、历史传说等等，可以从历史学、科技史、科学技术哲学、法学、政治学、文学、文化人类学、宗教学、信息科学、地理学、生态学、海洋学、航海技术、造船技术、材料学、陶瓷学、农学、旅游学、体育学等人文社会科学和自然科学的多个学科对之开展研究。

（六）引进人才，利用"候鸟型"人才。第一，海南省需根据实际情况，增加哲学社会科学人才的引进，特别是对南海学学科群的人才给予更好的优惠政策。第二，海南省"候鸟型"人员中有很多学术名家。海南岛温暖的气候和优美的自然环境，以及近年来快速发展的房地产经济，吸引了全国各地的买房客，其中有很多是国内学术名家，其中不乏哲学社会科学学术名家。海南省应充分动用这些"候鸟"型人才的智慧。海南省可通过买房资料、物业管理资料、网上自愿登记平台等方式，收集信息，建立"候鸟型人才数据库"，和他们保持联系，不定期请他们来海南讲学。笔者调查获知，很多学者对于加盟候鸟型人才数据库很感兴趣，希望通过多种途径到海南讲学。这可为海南学者搭建更好的学术交流平台，也有利于海南学者的话语以更为多样的途径传达到全国哲学社会科学界。

二　构建"南海命运共同体"

自中国官方文件正式提出"人类命运共同体"这个标示性概念后，国内外学界从多方面对之展开热烈的讨论。双边、区域性以及不同领域的命运共同体概念已纷纷见于媒体，如"中（中国）老（老挝）命运共同体"、"东盟命运共同体"、"网络空间命运共同体"、"生态命运共同体"等。南海自古是"海上丝绸之路"必经海域，也是当今世界海运贸易的黄金通道，更是我国南海战略的实施区域。回顾南海悠久历史，反观南海争端现实局面，前瞻南海未来发展，鉴于海南省独特的地缘政治条件，倡议海南省在中央的领导下着力构建"南海命运共同体"，以促进南海周边各国的和平发展与合作共赢。

（一）人类命运共同体的研究现状

1. 中国官方文件对于"人类命运共同体"的提出和强调。（1）《中国的和平发展白皮书》。2011 年 9 月 6 日，国务院新闻办公室发布的《中国的和平发展白皮书》在谈及全球性问题时，第一次由官方正式提出"命运共同体"这个概念：不同制度、不同类型、不同发展阶段的国家相互依存、利益交融，形成"你中有我、我中有你"的命运共同体。（2）党的十八大报告。2012 年 11 月 8 日，党的十八大报告谈及国际关系时，明确提出"人类命运共同体"这个标示性概念：合作共赢，就是要倡导人类命运共同体意识，在追求本国利益时兼顾他国合理关切，在谋求本国发展中促进各国共同发展，建立更加平等均衡的新型全球发展伙伴关系，同舟共济，权责共担，增进人类共同利益。（3）党的十九大报告。2017 年 10 月 18 日，党的十九大报告中多处强调"人类命运共同体"概念，明确中国特色大国外交要推动构建新型国际关系，坚持和平发展道路，推动构建人类命运共同体。

构建人类命运共同体是中国特色大国外交格局，其时代背景是当今国际社会发展环境大变革大调整的新形势；所面对的主要问题是全世界都面临着传统安全问题和非传统安全问题；构建主体是全世界人民和各国政府；构建途径是坚持和平发展、合作共赢；其远大目标是创造人类的美好未来。

2. 国内哲学社会科学界从多方面对"人类命运共同体"概念展开了热烈讨论。（1）追溯"人类命运共同体"概念的理论渊源。第一种观点是认为其源于马克思的社会理论，主要观点是，"人类命运共同体"概念对马克思恩格斯的社会共同体思想的创造性运用和发展，是对几代中国共产党人思想的继承，也是中国特色社会主义理论体系的主要成果。第二种观是认为其源于中国传统文化，与中国以"和"为核心的文化精神一脉相承。第三种观点是认为其源于国际交往的普遍性概念。人是社群动物，人只能存在于共生关系中。人类命运共同体概念是对中西方自古以来追求世界大同及永久和平思想在二十一世纪的展望。

（2）追溯"人类命运共同体"概念的实践渊源，主要是从全球性问题和新型国际关系方面探讨。"人类命运共同体"概念主要是针对新形势下的全球问题提出来的，如不稳定性和不确定性突出，世界经济增长动能不足，贫富分化日益严重，地区热点问题此起彼伏，恐怖主义、网络安全、重大传染性疾病、气候变化等非传统安全威胁持续蔓延等等，所面对的问题是在全球问题背景下如何构建当今新型国际关系，从而也是我国外交格局的构想，人类命运共同体"代表着和平、发展、开放、包容、合作、共赢的新理念，这种中国特色大国外交格局体现出全球性思维和国际社会整体意识，是中国智慧在应对全球问题上的伟大贡献，是中国方案的代表，本质上也是一种人类社会的公共思想产品。

另外，国内学界纷纷从传统文化、国际主义、生态有机体、法治文明、共生论以及人类共同价值等方面挖掘"人类命运共同体"的内涵，认为，"人类命运共同体"概念具有差异性、超越性、本土性、全球性等多方面的特征。还探讨了其历史定位、发展、意义和实践路径等。

3. 国外哲学社会科学界也对"人类命运共同体"概念展开了众多研究。如探讨中国提出"人类命运共同体"的动机，大多认为中国传统文化中崇尚公义、兼济天下、和合大同的文化基因，为"人类命运共同体"的提出奠定了历史文化基础。此概念将正确的义利观和可持续发展观融入世界资本的流动过程中，对人类共同命运具有重要价值。还探讨了其实践载体，是否具备实践可行性，实现方法以及实践过程中的不确定性与风险，也探讨了人类命运共同体的实践效益与影响等等。各种观点体现出积极与消极两种类型。

面对新形势下的全球性问题，"人类命运共同体"概念已得到全球多个国家的呼应。同样，南海周边国家也面临的那些共同的问题，因此"南海命运共同体"的构建也将为南海周边国家带来福祉。

（二）"南海命运共同体"概念的学理逻辑和现实基础

"南海命运共同体"是由"人类命运共同体"这一标示性概念衍申而来。前者将后者的地域范围从全球缩小至南海周边国家，这在学理逻辑上是成立的。

从现实基础来看，中国与南海邻国有着密切友好的交往，"一带一路"倡议得到周边邻国热烈响应。南海总体局势趋稳向好。东盟下属的"东亚峰会"和"东盟地区论坛"可有力促进我国与南海邻国在南海资源开发上的共赢合作。因此构建"南海命运共同体"有着较为可靠的地缘、经济与政治基础。

（三）"南海命运共同体"概念的意义

第一，理论意义。"南海命运共同体"是一个新的标示性概念，将"人类命运共同体"理念应用于南海区域研究，是中国智慧应对南海问题的又一具体体现，可为中国思想库添砖加瓦。

第二，现实意义。构建"南海命运共同体"一则有利于促进南海周边各国和平发展、合作共赢，丰富我国外交格局的内容。二则可为南海问题划界，将这一原本属于东南亚的区域性问题还其本来面目，降低域外国家对于南海地区的影响力度，缓和南海争端，对于逐步解决南海问题起到促进作用。

（四）"南海命运共同体"的构建方式

第一，学理研究。（1）性质："南海命运共同体"是一种区域范围的地缘命运共同体。（2）构建主体是南海周边国家、各国人民以及各种区域性国际组织。（3）构建目的是为南海地区创造和平稳定的政治环境，航行和作业的安全环境，资源开发上合作共赢、共同繁荣的经济环境，渔业资源丰富、海域清洁的生态环境，开放包容的社会文化环境。（4）构建途径是坚持和平发展道路。南海周边各国人民和各国政府在相互尊重、平等协商的前提下，同心协力、合作共赢，以和平的方式共同应对南海地区的各种问题。

第二，具体研究。一是从多学科视角展开中国与南海邻国的各种关系。（1）研究东盟各国的政治、外交、经济、航海、宗教等，特别是各国对于南海的海洋战略和海洋资源开发，积累文献资料，知己知彼，为国家和海南省制定各类规划提供智力资源。（2）宗教文化研究可先行开展。起源于福建的妈祖文化遍布东南亚各国，是顺利开展民间文化交流的重要渠道之一。这在台湾和福建的妈祖文化交流中已有先例。可以说，妈祖文化一种重要的精神文化整合力量，有利于从社会心理上进一步缓和当今南海局势。（3）扩大研究视野，借鉴其他半封闭式海洋国家（地中海沿海国家、波罗的海沿海国家等）与开放式海洋国家（如美国、加拿大、澳大利亚、新西兰等）的海洋战略和经略海洋的历史经验，为我国"经略南海"战略的实施提供有益的经验借鉴。（4）发展南海海洋文明，研究其他海洋文明的精神实质，特别是地中海的海洋文明，为之提供借鉴。

第三，我国学者要深入研究和调查我国经略南海的历史文化遗产。（1）南海诸岛历史文化与文物遗迹调查，如水井、墓葬、房屋、垦殖、沉船等。（2）海南渔民航海三沙海域的历史，如渔民口述史、《更路簿》、航海技术史等。（3）结合海洋科学、气象学、地理学、海洋地质学、海洋化学、材料学、信息科学等多学科知识与技术，利用南海相关岛礁的监测点搜集科学数据，为海南古代渔民开发南海岛礁的历史提供科学证据，也为南海的发展规划提供数据参考。

第四，探索与弘扬"南海命运共同体"的内容和精神。（1）召开高层次学术会议和实地考察；结合上述选题并拓展新选题，召开高层次的国内学术研讨会，吸引全国高端智库人才与知名学者来海南省开会，进行实地考察，一则弘扬我国经略南海的历史文化，二则为海南省的发展和建设献智献策，三则探索"南海命运共同体"的学理，促进海南乃至国家构建"南海命运共同体"。如果条件成熟，也可召开国际学术会议，吸引南海周边国家和其他国家研究海洋文明的学者来海南省开会。（2）开展学习培训活动。南海是我国的政治战略重镇之一，也是我国海洋经济建设的重点区域。但这种认识还有待各方人群深入认识，"南海命运共同体"倡议也有待深入研究与学习。特别是我国的相关干部和高级人才需要对此有深入理解，不仅要了解南海的历史以及我国对南海群岛及其海域的历史性权利，也要了解南海所蕴藏的各类资源及其对于我国和周边国家经济建设的重要性，还需深入理解和探索南海在南海战略中的现实地位和未来规划。而这一切需要进行较为系统的培训，可酌情开展干部培训与学习活动。

第五，海南省联合广东省、广西区等，以多种可实现的方式和方法就"南海命运共同体"的方方面面展开合作研究，共同推进。并且海南省还可与东海、黄海和渤海沿线省份加强联系，借鉴其有益经验。

"南海命运共同体"与"南海学学科群"具有天然的联系，相得益彰，哲学社会科学界可对之展开深入探讨，而且二者均可从自然科学和哲学社会科学携手合作的视角展开研究，都可增加海南省哲学社会科学在全国学术界乃是世界学术界的学术话语权。

南海历史与文化

南宋海南岛"住舶"考辨[*]

陈少丰^{**}

海南岛北隔琼州海峡，西临北部湾，南环南海，是古代南海航线上的重要一环。海南岛的开发起步晚，社会经济发展缓慢。从宋朝开始，海南岛"才踏上认真开发的轨道"①。随着宋代海南社会经济的进步，海外贸易也随之发展。② 南宋时期的海南岛已是"贾胡遥集，实为舶政之源"③。

由于海南岛扼守南海航线咽喉，是南海各国船舶进入大港口广州的前哨站，因此是一个重要的补给站和寄泊地。南宋楼钥的《送万耕道帅琼管》有云"流求大食更天表，舶交海上俱朝宗。势须至此少休息，乘风径集番禺东。不然舶政不可为，两地虽远休戚同。"④ 同书《知昭州庄方知琼州》亦云"琼管以四州之壤，屹立海中，实与番禺，相为引重。大艑献琛，赖以为归，麾符不轻畀也。"⑤ 由此可见，南宋时期许多南海航线上的船舶在进入广州港之前会选择在海南岛停泊、休整、补给。另一方面，海

---

   * 本文为2015年度教育部人文社科基金青年项目：海上丝绸之路文献目录整理、编纂与研究（15YJC87001）的阶段性成果之一。

 ** 陈少丰，泉州海外交通史博物馆学术部馆员。

① 司徒尚纪：《海南岛历史上土地开发研究》，海南人民出版社，1987，第133页。

② 关于宋代海南岛海外贸易的代表性论著有〔日〕小叶田淳：《海南岛史》，学海出版社，1979；姜樾：《海上丝绸之路与海南岛港口》，《广东民族学院学报》（社会科学版）1991年第3期；黄纯艳：《海外贸易与宋代海南岛商业的发展》，《宋史研究论文集》，云南民族出版社，1997；徐素琴：《琼州海峡与南海贸易》，《海洋史研究》第二辑，社会科学文献出版社，2011；田德毅：《海南宝岛：海上丝绸之路的重要中转地——海南三亚、陵水、万宁等地穆斯林文化田野报告》，《世界宗教研究》2014年第2期；张一平：《海上丝绸之路上的海南岛》，《新东方》2015年第2期；陈少丰：《宋代海南岛"市舶"考辨》，《濮阳职业技术学院学报》2016年第3期。

③ （宋）楼钥：《攻愧集》卷19，中华书局，1985，第297页。

④ （宋）楼钥：《攻愧集》卷3，第47页。

⑤ （宋）楼钥：《攻愧集》卷36，第496页。

南岛也利用各国船舶进岛停泊的时机收税。据《诸蕃志》卷下"海南条"："（琼州）属邑有五：琼山、澄迈、临高、文昌、乐会，皆有市舶，于舶舟之中分三等，上等为舶，中等为包头，下等名蜑舶，至则津务申州，差官打量丈尺，有经册以格税钱，本州官吏兵卒仰此以赡。"①

那么这就引出了一个问题，如何解释南宋时期各国船舶在进入广州港接受市舶司检验抽解收取市舶税之前先在海南岛停泊缴纳格税钱，这是否与南宋的市舶条法相冲突？之前笔者在《宋代未立市舶机构港口之海外贸易》一文中曾经认为"熙丰之后，朝廷采取务实态度经营海外贸易，但是只允许位于南海贸易中转站的海南岛享有住舶权可进行直航贸易以补贴地方财政，其余未立市舶机构港口依然只能实行转口贸易。"② 也就是说此前笔者认为熙丰之后（1068~1085）包括整个南宋时期海南岛享有其他没有设立市舶机构港口所不能享有的住舶权，能够在宋朝市舶条法允许的范围之内进行特殊的贸易。但是笔者近日重新思考了这个问题，发现此观点有误，特撰此文，以求教于方家。

一 "住舶"考辨

在考察这个问题之前，有必要对熙丰之后宋朝市舶条法中的"住舶"进行考释，理解其意。这可以从史料中寻求答案。

据《元祐编敕》："诸商贾许由海道往外蕃兴贩……州为验实，牒送愿发舶州，置簿抄上，仍给公据。方听候回日，许于合发舶州住舶，公据纳市舶司。"③

又崇宁五年（1106），朝廷诏："广州市舶司旧来发舶往来南蕃诸国博易回，元丰三年旧条只得赴广州抽解，后来续降，沿革不同。今则许于非元发舶州往［住］舶抽买，缘此大生奸弊，亏损课额。"④

又隆兴二年（1164），两浙路市舶司申"三路舶船各有置司去处。旧

---

① （宋）赵汝适著、杨博文校注《诸蕃志校释》卷下，中华书局，1996，第217~218页。

② 陈少丰：《宋代未立市舶机构港口之海外贸易》，《海交史研究》2016年第1期，第13页。

③ （宋）苏轼：《苏轼全集》卷31，《乞禁商旅过外国状》，上海古籍出版社，2000，第1245页。

④ （清）徐松：《宋会要辑稿》，职官四四之九，上海古籍出版社，2014，第4207页。

法召保给公凭起发,回日缴纳,仍各归发舶处抽解。近缘两浙市舶司事争利,申请令随便住舶变卖,遂坏成法,深属不便。乞行下三路照应旧法施行。"①

又乾道三年(1173),朝廷诏:"广南、两浙市舶司所发船回日,内有妄托风水不便、船身破漏、樯柂损坏,即不得拘截抽解。若有别路市舶司所发船前来,泉州,亦不得拘截,即委官押发离岸,回元来请公验去处抽解。"②

由此可见,熙丰之后市舶条法的"住舶"是相对"发舶"而言的。所谓的"发舶"指的是在市舶贸易中船舶的发遣。③ 而"住舶"指的是市舶贸易中船舶归来至宋廷指定的港口接受市舶机构的抽解(市舶税)和博买,也就是说船只住舶的港口必须是有市舶机构的港口,船只必须接受市舶机构的抽解博买。住舶港并非笔者之前认为的"船舶进入中国境内后首次进驻的港口"。④

从上述四条史料可知,元丰三年(1080)的《广州市舶条》(旧法)规定发舶港即住舶港,到了元祐时期(1086~1094)有所变更,规定回航的船舶只需要在"合发舶州"即有市舶机构的港口住舶即可。崇宁五年(1106)后,市舶条法的基本精神是发舶港和住舶港合一。但具体执行情况往往不理想。⑤

接下来考察南宋海南岛的所谓"住舶"问题。

据《诸蕃志》卷下"海南条":"(琼州)属邑有五:琼山、澄迈、临高、文昌、乐会,皆有市舶,于舶舟之中分三等,上等为舶,中等为包头,下等名蜑舶,至则津务申州,差官打量丈尺,有经册以格税钱,本州官吏兵卒仰此以赡。"⑥ 从本条记载可知,南宋海南岛的琼山、澄迈、临高、文昌、乐会等地对来往的船只征收格税钱而并非仅仅对回航的船舶

① (清)徐松:《宋会要辑稿》,职官四四之二七,第4217~4218页。
② (清)徐松:《宋会要辑稿》,职官四四之二九,第4218页。
③ 关于宋朝的发舶港与发舶权,可参见陈少丰《宋朝的发舶港与发舶权》,《史志学刊》2017年第4期。
④ 陈少丰:《宋代未立市舶机构港口之海外贸易》,第18页。
⑤ 曹家齐:《宋朝限定沿海发舶港口问题新探》,《上海交通大学学报》(哲学社会科学版)2013年第3期,第95页。
⑥ (宋)赵汝适著、杨博文校注《诸蕃志校释》卷下,第217~218页。

收取。

笔者在《宋代海南岛"市舶"考辨》一文中已经做过考证，格税钱的征收机构为港口税务机关场务而非市舶场务。格税钱是商税的一种，而非市舶税。宋代海南岛并未设立市舶机构。①

因此，南宋时期从南海回航的船舶先行在海南岛停泊并非是"住舶"行为，缴纳的格税钱属于商税范畴，并不属于市舶贸易体系，所以亦非是在宋朝市舶条法允许的范围之内进行特殊的贸易。两者并行不悖。这就意味着从南海回航的船舶先行在海南岛缴纳格税钱后再到广州市舶司缴纳市舶税是两个不同的行为，分属于两个不同的贸易体系，前者纳入商税贸易体系，后者纳入市舶贸易体系。这种泾渭分明的安排，既保证了中国大陆市舶贸易体系的正常运行，又支持了海南岛的地方财政，而且还避免两者之间的竞争和冲突。

其实发舶和住舶规定的主要目的是掌控船只的起始和终到，保证关税收入，规范贸易秩序，维护经济安全。至于在航行过程中船只的技术性停泊、休整、补给则没有严格限制。如"福建、两浙滨海多港，忽遇恶风，则急投近港。若广西海岸皆砂土，无多港澳，暴风卒起，无所逃匿。"② 如果船只在航行中遇到暴风，理所当然要先寻找避风港，才能保证航行和贸易的安全，这也是符合人的正常思维。所以回航船只到海南岛停泊补给也在情理之中，况且交纳格纳税钱还可以补充海南岛地方财政之用。

综上所述，南宋时期海南岛并没有享有住舶权，不存在着所谓的"住舶"问题。

二　余论

笔者在《宋代未立市舶机构港口之海外贸易》一文中曾经还留下一个疑问："北宋时期，海南岛有无住舶权，笔者未见史料明确记载，暂时存疑。"③ 虽然目前笔者尚未发现史料中对北宋海南岛海外贸易的明确记载，但是这个问题可以从宋朝对海南岛港口功能定位中去推断答案。

---

① 陈少丰：《宋代海南岛"市舶"考辨》，第 21 页。
② （宋）周去非著、杨武泉校注《岭外代答校注》卷 1，中华书局，2006，第 37 页。
③ 陈少丰：《宋代未立市舶机构港口之海外贸易》，第 21 页。

乾道九年（1173），朝廷“诏广南路提举市舶司申乞于琼州置主管官指挥更不施行。先是，提举黄良心言，欲创置广南路提举市舶司主管官一员，专一觉察市舶之弊，并催赶回舶抽解，于琼州置司。”①

虽然琼州最后没有设立市舶机构，但从黄良心的用意来看，在海南岛设立市舶机构的主要目的是催赶在海南岛停泊的回舶到广州抽解，而非对船舶履行诸如抽解、博买、禁榷等各项市舶管理职能。这一方面固然有保证在海南岛停泊的回舶都能到广州市舶司抽解达到垄断海外贸易资源的目的，但另一方面也说明海南岛的港口由于社会经济发展滞后以及与中国大陆相隔绝，只能充当驿站而不能成为始发地、交易地、集散地、目的地。②

因此“贾胡”③来到海南岛并非是来作贸易的而仅仅是来寄泊的。如淳熙二年（1175），朝廷“严（琼州）马禁，不得售外蕃。”④又如淳熙三年（1176），占城请求与海南通商。但是宋朝称“各已有市舶司管主交易，海南四郡即无通商条令，仰遵守敕条约束。”⑤由此可见，宋廷并没有将海南岛的各个港口定位为海外贸易港。⑥可以说，格纳税钱是一种过路税（过税）而非贸易关税。

所以，即使熙丰之前，朝廷并没有规定制定的发舶州和住舶州。⑦熙丰之前的住舶规定虽未被纳入市舶贸易管理体系，但也必须是海外贸易管理体系的一部分。从港口功能推断，海南岛也没有船只前来住舶贸易而仅仅是来寄泊的。

通过以上的考辨和推断，南宋乃至于整个宋朝，海南岛各港口并不是海外贸易港口，也没有住舶权。海南岛是南海诸国与中国大陆进行海外贸易的过渡地带，在宋朝的海外贸易体系中扮演着特殊的角色。

① 《宋会要辑稿》，职官四四之二九至三〇，第4219页。
② 田德毅：《海南宝岛：海上丝绸之路的重要中转地——海南三亚、陵水、万宁等地穆斯林文化田野报告》，第189、191页。
③ （宋）楼钥：《攻愧集》卷19，第297页。
④ （元）脱脱：《宋史》卷489，中华书局，1977，第14086页。
⑤ 《宋会要辑稿》，蕃夷四之八四，第9820页。
⑥ 姜樾认为，海南香料品种繁多，质量上乘，可以构成跟大陆的大宗出口。但其土特产，亦是南海诸国的主要出口交易物，因此与南海诸国形成不了资源优势与出口优势。（参见氏著《海上丝绸之路与海南岛港口》，第58页。）笔者赞同此说，这是宋朝没有将海南诸港定位为海外贸易港口的主要原因。另一方面也是为了避免海南岛与广州港的竞争（参见拙著《宋代海南岛“市舶”考辨》，第21~22页）。
⑦ 陈少丰：《宋代未立市舶机构港口之海外贸易》，第18页。

元朝浙江与南海诸国的经济文化交流

刘亚轩*

元朝对外经济文化交流频繁。作为中世纪四大旅行家之一的伊本·巴图泰在其著作中就曾描绘了中国对外经济交流之盛。他说在其到中国的途中，在印度的咯里克脱（今加尔各答）就见到有中国大小船舶十三艘停泊于港内。据他记载，元朝时印度和中国之间的经贸往来，都被中国人所垄断。

从当时中国进出口的商品名称上，就可以想象当时中外经济文化交流的繁忙景象。中国出口的商品主要有纺织品、瓷器、陶器、金属和金属制品、各种日常生活用品、农产品和副食品、药材、矿产品，如生丝、绸缎、五色帛、麻布、棉布、青白花碗、水坛、大瓮、花瓶、瓦罐、瓷盘、瓷碗、金银、铁制品、真州锡镴、温州漆盘、泉州青瓷、水银、银硃、纸札、硫磺、焰硝、檀香、草芎、白芷、麝香、黄草布、雨伞、铜盘、水、珠、桐油、篦箕、木梳、针、帘子、绢扇、明州草席和米麦等。尽管其中的金银、铁制品、粮食等物品元朝政府严禁输出，但是由于对外贸易利润颇大，许多商人铤而走险，通过走私等渠道使得这些东西大量涌向国外。中国的产品，物美价廉，质量上乘，在国际市场上声誉良好，销路很广，许多国家对中国的物品青睐有加。周达观在《真腊风土记》中记载了很多真腊人（即柬埔寨人）非常希望得到中国货。元朝从国外进口的商品主要分为宝物、布匹、香货、药物、皮货、杂物六大类。六类中以香料和药物进口最多。

在元朝对外经济文化交流的图谱上，浙江省尤为突出。

---

* 刘亚轩，河南牧业经济学院。

元朝时的浙江商业繁荣，再加上濒临大海，港湾众多，故其对外经济文化交流特别活跃。从杭州乘船赴泰国，顺风七天七夜就可以到达，所用的时间比原来大大缩短。从温州到占城，泛舟海上，25 天即可。

元朝时中国的丝绸生产水平已经非常高。马可·波罗和伊本·巴图泰都曾惊诧于中国丝绸之多。伊本·巴图泰曾说：中国"丝绸是当地穷困人士的衣服，如没有商人贩运，则丝绸就一钱不值了。"① 当时的丝绸质量可靠，种类繁多，样式别致新颖，在国际市场上销路很广。浙江作为丝绸业的主产地，丝织品是其对外贸易的大宗。湖州原来丝织业并不怎样兴旺，到了元朝时，由于商品交换的刺激，这里的丝织业异常繁荣，很多商人来此开设牙行，收购丝织品，运销国外获利。作为江浙行省首府的杭州的丝绸业更是格外兴旺。杭州不但是丝绸生产的重心，而且还是丝绸贸易的核心城市。杭州市民大都经商，其中的大部分人从事丝绸或与丝绸有关的行业。杭州的丝绸，漂洋过海，风靡于南海诸国。杭州丝绸在中外物质文化交流史上谱写了光辉灿烂的篇章。

丝绸和瓷器向来是中国出口商品的大宗，更是中国的象征。在英语中，China 这个单词就有瓷器之意。中国的瓷器经过不断的发展，到了元代，在原有的青瓷、白瓷及青白瓷的基础上，又出现了成熟的青花瓷。青花瓷是一种釉彩瓷器，系在瓷窑中高温烧制而最终成形的。它以氧化钴作为呈色剂，胎呈白色，质地细洁，釉层透明。浙江江山是青花瓷的主产地之一。江山所生产的青花瓷，其涂料用的是一种产于伊朗的钴蓝。经过高温的烧烤，这种钴蓝可以使青花的颜色呈现出深蓝色。这样的深蓝色看起来非常雅致悦目。该钴蓝并不是直接从伊朗输入中国的，而是经由中间国伊利汗国输入的。青花瓷的底是白色的，青花是作为一种纹饰。青花瓷的这种样式迎合了穆斯林的文化传统和审美心理，从而使其在南海信奉伊斯兰教的国家中特别受欢迎。现在，浙江江山的青花瓷在菲律宾、印度尼西亚、马来西亚等地已经陆续被发现。

市舶制度在元朝得到进一步的发展，至元十四年（1277），元朝政府在庆元、泉州、上海及澉浦四地设立市舶司。七年后，又在温州、广州设立市舶司，在杭州设立市舶都转运司。"浙江境内共有 4 处市舶司，为历

---

① 伊本·白图泰：《伊本·白图泰游记》，宁夏人民出版社，1985，第 547 页。

史上置司最多的时期，而杭州的市舶都转运司则为统管机构。"① 元朝政府一下子在浙江境内设置这么多市舶司，并不是一时心血来潮。浙江优良的地理位置是其吸引政府当局的主要原因。浙江濒临东海，京杭大运河穿境而过。东海海面宽广，但并非风急浪高。这里一年四季大风的日子不多，罕有汹涌的波涛，来往的船只可以在此安全地航行，故浙江境内有众多优良的港湾。元朝时浙江作为全国的经济重心，商品市场发育比较完好，有一套行之有效的产供销体系，可供出口的商品颇多。许多商业繁荣的城市如杭州、宁波等自身就处于水陆交通要道上。优越的地理位置加上良好的经济条件，使得浙江不但拥有吞吐能力极大的大海港，而且还有众多名不见经传的小港湾。

元朝的海外贸易，分为官营和私营两类。官营贸易是："官自具船、给本，选人入蕃，贸易诸货。其所获之息，以十分为率，官取其七，所易人得其三。凡权势之家，皆不得用己钱入蕃为贾，犯者罪之，仍籍其家产之半。其诸蕃客旅就官船卖买者，依例抽之。"② 这是一种官本商办的贸易活动。"这种以国家资金造船，并贷给资本的'官船贸易'，无疑是一大进步。它对促进中国海外航运和贸易有重要作用。"③ 至于私营贸易，则有细色和粗色之分。"细色于二十五分之中取一，粗色于三十分之中取一，免其输税。其就市舶司买者，止于卖处收税，而不再抽。漏舶物货，依例断没。"④ 元朝政府对海外贸易持积极引导大力提倡的态度，实行"其往来互市，各从所欲"⑤ 的鼓励政策，这就大大促进了对外贸易的发展。浙江嘉兴人杨枢，以官本船来往于南海诸国，获利颇丰。

很多浙江商人因为从事海外贸易而致富，例如嘉定沈氏、朱氏、管氏，澉浦杨氏，杭州张氏等人。"嘉定州大场沈氏，因下番买卖致巨富。"⑥

元朝时的市舶制度非常完备，政府对海商的管制极其严厉。伊本·巴图泰对此有详细的记载，现摘录如下：

---

① 浙江省外事志编纂委员会编《浙江省外事志》，中华书局，1996，第 86 页。
② 《元史》卷九十四志第四十三。
③ 卢苇：《中外关系史》，兰州大学出版社，1996，第 263 页。
④ 《元史》卷九十四志第四十三。
⑤ 《元史》卷十《本纪》第十。
⑥ 陶宗仪：《南村辍耕录》卷二十七《金甲》。

中国的律例是一只艟克如要出海，船舶管理率其录事登船，将同船出发的弓箭手、仆役和水手一一登记，才准拔锚出发。该船归来时，他们再行上船，根据原登记名册查对人数，如有不符唯船主是问，船主对此必须提出证据，以证明其死亡或潜逃等事，否则予以法办。核对完毕，由船主将船上大小货物据实申报，以后才许下船。官吏对所申报货物巡视检查，如发现隐藏不报者，全艟克所载货物一概充公。这是一种暴政，是我在异教徒或穆斯林地区所未见过的。还有在印度的情况近乎此。那就是如发现匿报货物，货主被处以原货价十一倍的罚款。苏丹穆罕默德·汗于后来废除苛杂时已经废除了这种罚款。①

元朝在浙江设置的四个市舶司之中，庆元的地位最为重要。庆元位于浙江伸向东海的突出部分，这里风涛低小，非常适合开展对外贸易。元朝时，庆元的海外贸易极其发达。庆元与南海诸国有密切的经济联系，进出口商品的种类也非常多。据元末王元恭所修的《至正四明续志》记载，当时庆元进口的市舶货物达二百二十多种，比南宋编纂的《宝庆四明志》所记载的一百六十多种舶货还多出六十多种。进出口商品的种类多了，贸易额必然也随之增长。庆元出现了"贾区市墟，陈列分错，咿嗄争奇，踏歌转舞"②的壮观场面。繁荣的贸易和众多的来往货物使得庆元建立了很多大的市舶库房。这样一来，库房的编号就成了问题。于是，就有人想出了一个好办法，用"天开瀛海藏珍府，今日规模复鼎新，货脉流通来万宝，福基绵远庆千春"③这二十八个字来给库房加以编号，从而解决了这一难题。很多南海诸国的商人为庆元良好的经济环境所吸引，就移居庆元，在那里娶妻生子，定居下来，死后也埋葬在庆元。在定居庆元的南海诸国外商中，占城人占了相当大的比例。庆元经济发展到鼎盛时期的一个里程碑是泰定二年（1325）。庆元路提举周灿重建来远亭，来远亭就是今天的江夏码头。一时间，各种外来货物，咸集于此。来远亭也因此被叫做"下藩货码头"。时人张翥在《送黄中玉之庆元市舶》一诗中就极力赞美了庆元

---

① 伊本·白图泰：《伊本·白图泰游记》，宁夏人民出版社，1985，第 547 页。
② 《清容居士集》卷十九《马元帅防倭记》。
③ 《延祐四明志》卷十四《学校考》下。

外贸的兴旺发达：

> 是邦控岛夷，走集聚商舸。
>
> 珠香杂犀象，税入何其多。

短短的几句话，就把庆元百舸云集，藩货毕至，税收多多的繁荣景象描绘得淋漓尽致。

作为浙江境内四个市舶司之一的温州港位于瓯江入东海之处，有着悠久的对外贸易史。早在秦汉时期，温州港就已经东通日本、朝鲜，南下南海各国。时人公认碣石（今河北境内）、转附（今山东境内）、琅琊（今山东境内）、吴（今江苏苏州）、会稽（今浙江绍兴）、句章（今宁波）、东瓯（今温州）、冶（今福建福州）、番禺（今广东广州）是秦汉的九大港口。作为秦汉九大港口之一的温州在元朝时对外贸易频繁，设有专供舶商使用的码头，许多中外人士从温州港放洋、上岸。周达观去柬埔寨就是从温州出海的。

澉浦港位于杭州湾北岸，是杭州的外港。最早记载澉浦的是《水经注》："谷水于县出为澉浦，以通巨海"。① 北宋时澉浦只是一个盐场（鲍郎盐场）所在地。南宋初期，澉浦仍然人烟稀少，比较荒凉。后来，由于对外贸易的发展，澉浦成了杭州的外港，南海诸国到杭州贸易的商船在这里停泊。元朝时，澉浦"居民渐集，海商往来，遂成聚落"。② 《元典章》卷五十九说澉浦"乃一冲要之地，远涉诸番，近通福、广"。澉浦港给管理它的官吏带来了很多好处。这些官吏一见到包括南海诸国在内的外商船舶进港，就欢呼雀跃，极度兴奋，高呼油水来也。这在一定程度上暴露了元代官吏的腐败和无耻，但是也从侧面映射出了澉浦港海外贸易的鼎盛。如果没有澉浦频繁的对外经济交流，官吏怎么能够捞得诸多油水。在元代，澉浦港的繁荣也促进了杭州的发展。它是"一个可通'巨海'的国际贸易良港，也是杭州通向世界的一个窗口。"③

杭州位于钱塘江口，钱塘江入海之处"怒涛卷霜雪"，风急浪高，钱

---

① 《水经注》卷二十七《沔水》。
② 《读史方舆纪要》卷九十一《嘉兴府·海盐县》。
③ 龚缨晏：《欧洲与杭州：相识之路》，杭州出版社，2004，第48页。

塘江大潮名闻天下，这样的地理条件给杭州发展成为一个优良的港口带来了一定的限制。但是，杭州是三吴都会，并且钱塘自古繁华。杭州景色优美怡人，有三秋桂子，十里荷花，中外人士纷纷到此旅游观光。杭州"城宽地阔，人烟稠密"①，许多达官贵人住在杭州城里，他们"羌管弄晴，菱歌泛夜"，"千骑拥高牙，乘醉听箫鼓，吟赏烟霞"。这些达官贵人生活奢侈，对外界商品的需求量极大，从而提供了一个潜力巨大的消费品市场。所有的这一切使得杭州超越了地理条件的限制，成为一个"市列珠玑，户盈罗绮，竞豪奢"的消费型城市。满载南海诸国货物的船舶纷纷来杭州。杭州"五方之民所聚，货物之所出，工巧之所萃，征输之所入，实他郡所不及"。② 元朝时杭州的对外贸易，主要由私人进行。杭州输往南海诸国的货物以丝绸、瓷器、书籍和松子等为主。南海诸国输入的商品多为香料、木材及珍宝，如沉香、檀香、豆蔻、象牙、珍珠、犀角、珊瑚、松木等。南海诸国的香药，填补了国内市场的空白，使杭州市民大受其益。有个叫夏应祥的药店老板，以高昂的价格进口香料，为杭州人谋福利。马克·波罗说杭州人日食进口胡椒四十四担，每担合二百三十磅。③ 由此可见胡椒消耗量之大。

泉州是当时世界上最大的港口，南海诸国进口的货物很多。为了把这些货物运到大都，元朝政府专门开通了一条从泉州到杭州的海道。于是乎，杭州就成了南海诸国商人、使者、船舶进出的一个枢纽中心。这些南海诸国的商人往返于中国和南海各地，非常清楚杭州市场的消费能力。他们把杭州作为经商的一个重要根据地，在那里设置了很多仓库。与中国传统的建筑主要使用木料不同，这些番商所建的仓库，全部使用砖石。仓库远离人口稠密的居民区，建在有条河可以将其与其他建筑物隔开的地方。这样，就有效地防止了火灾的发生。即使发生火灾，也可以就近取水迅速把火扑灭。不少南海诸国商人长期在杭州经商，了解了中国的风俗习惯，于是他们就在杭州定居下来，与当地人通婚，死后也埋葬在杭州。在杭州，有专门埋葬死于此地的南海诸国商人的公共墓地。

周达观，自号草庭逸民，浙江温州永嘉人氏。元世祖忽必烈灭掉南宋

---

① 《元典章》卷五十七《刑部》十九。
② 《始丰稿》卷十《思政堂记》。
③ 马可·波罗：《马可波罗行纪》，上海书店出版社，1999，第357页。

以后，踌躇满志，意欲使东南亚各国臣服于元廷。于是，他多次遣使招谕东南亚各国。他的这一政策为后继者所延续。元贞元年（1295）6月，元成宗派遣使者招谕真腊，周达观作为随行人员一同前往。

真腊，又作干不昔或甘不察，就是今天的柬埔寨。真腊这一国名，首次出现于《隋书》卷八十二的《真腊传》。该书卷四也记载"（隋炀帝）大叶十二年二月己未，真腊国遣使贡方物"。真腊这一国名，为以后的唐、宋、元诸朝所沿用。明朝万历之后，中国把真腊改叫做柬埔寨。

周达观一行于1296年从温州出海，1297年返回。"周达观所随使团对真腊的出访，不但加强了两国政府官方的联系，而且增进了两国人民的友谊。不仅如此，通过他的努力，加深了两国人民的相互了解，特别是使中国人民对柬埔寨悠久的历史和灿烂的文化有了更多的认识"。[①]

周达观在真腊时，广泛接触各个阶层的人士，尽力了解真腊的社会状况。回国后，周达观根据亲身见闻，写了《真腊风土记》一书。在中国和柬埔寨的文化交流史方面，该书是一部重要的著作。周达观到达柬埔寨之时，正好是柬埔寨文明最辉煌璀璨的吴哥时代（10～13世纪）末期。周达观详实而生动地记载了当时在柬埔寨所见到的一切情况，以致于《四库全书总目提要》称赞《真腊风土记》"文义颇为赅赡"。《真腊风土记》"全文约八千五百字。书中除了描写国都中的伟大建筑和雕刻之外，还广泛地叙述当地人民经济活动，包括农业、工业、贸易等，和叙述当地人民日常生活，包括衣、食、住、行等情况。这各方面的重要史料，是现存的同时人所写的吴哥文化极盛时代的唯一记载"。[②]《真腊风土记》全书分四十目，即城郭、宫室、服饰、官属、三教、人物、产妇、室女、奴婢、语言、野人、文字、正朔时序、争讼、病癞、死亡、耕种、山川、出产、贸易、欲得唐货、草木、飞鸟、走兽、蔬菜、鱼龙、酝酿、盐醋酱麹、蚕桑、器用、车桥、舟楫、属郡、村落、取胆、异事、澡浴、流寓、军马、国主出入。从这四十目的标题可以看出，《真腊风土记》的记述的确是非常详尽，可谓是面面俱到。周达观的《真腊风土记》"不但是世界上第一部有关吴

---

① 陈显泗：《柬埔寨两千年史》，中州古籍出版社，1990，第386页。
② 夏鼐：《真腊风土记校注》，中华书局，2000，校注者序言第1页。

哥文化的著作，而且是研究柬埔寨古代历史的重要文献，具有极其珍贵的科学价值"①，它为后人研究中国和柬埔寨的文化交流史提供了极其宝贵的资料。《四库全书总目提要》恰如其分地评价了《真腊风土记》的历史价值："《元史》不立真腊传，得此而本末详具，犹可以补其佚阙。是固宜存备参订，作职方之外纪者矣"。②

据《真腊风土记》之记载，元朝时中国的物品在柬埔寨很受欢迎。"其地想不出金银，以唐人金银为第一，五色轻缣帛次之；其次如真州之锡镴、温州之漆盘、泉处之青瓷器。"③ 雨伞、木梳和针这一类小玩艺在柬埔寨也大有市场。柬埔寨的普通人家，盛饭用的是中国的瓦盘或铜盘。他们睡觉所用的矮床，都是从中国进口的。他们在地下所铺的东西，往往是明州的草席。柬埔寨的老百姓非常尊敬中国人，他们"见唐人颇加敬畏，呼之为佛，见则伏地顶礼"④。汪大渊在《岛夷志略》中也说柬埔寨的人如果杀死中国人，肯定要被判处死刑。但是如果是中国人杀死柬埔寨人，中国人缴纳一笔罚款就没事了。周达观和汪大渊的记载相互印证，从而证明了当时中国人在柬埔寨的地位之高。周达观在《真腊风土记》中还反映了当时中国人大量移居海外的现象。他说："唐人之为水手者，利其国中不著衣裳，且米粮易求，妇女易得，屋室易办，器用易足，买卖易为，往往皆逃逸于彼。"⑤ 这揭示了当时中国人移居海外的一个重要原因。周达观在柬埔寨就遇到了一个姓薛的温州老乡，此人在柬埔寨已经侨居了 35 年。现在，在柬埔寨巴戎寺的浮雕中，人们可以见到中国人与他们的柬埔寨妻子一起生活的画面。

吴哥时代的柬埔寨给周达观留下了深刻的印象，吴国城的雄伟壮观使周达观折服。周达观在《真腊风土记》中笔酣墨饱地描绘了吴哥城的宏大气势：

> 州城周围可二十里，有五门，门各两重。惟东向开二门，余向开一门。城之外皆巨濠，濠之上皆通衢大桥。桥之两傍，共有石神五十

① 陈显泗：《吴哥文化》，商务印书馆，1980，第 33 页。
② 《四库全书总目提要》卷七十一。
③ 夏鼐：《真腊风土记校注》，中华书局，2000，第 148 页。
④ 夏鼐：《真腊风土记校注》，中华书局，2000，第 147 页。
⑤ 夏鼐：《真腊风土记校注》，中华书局，2000，第 180 页。

四枚，如石将军之状，甚巨而狞，五门皆相似。桥之阑皆石为之，凿为蛇形，蛇皆九头。五十四神皆以手拔蛇，有不容其走逸之势。城门之上有大石佛头五，面向西方。中置其一，饰之以金。门之两旁，凿石为象形。城皆叠石为之，高可二丈。石甚周密坚固，且不生繁草，却无女墙。城之上，间或种桄榔木，比比皆空屋。其内向如坡子，厚可十余丈。坡上皆有大门，夜闭早开，亦有监门者，惟狗不许入门。其城甚方整，四方各有石塔一座……当国之中有金塔一座，傍有石塔二十余座。石屋百余间，东向有金桥一所。金狮子二枚，列于桥之左右。金佛八身，列于石屋之下。金塔之北可一里许，有铜塔一座，比金塔更高，望之郁然。其下亦有石屋数十间。又其北一里许，则国主之庐也。其寝室又有金塔一座焉。

15 世纪末，吴哥城被废弃。历史的车轮把吴哥城曾经有过的辉煌与荣光留在了茂密的热带丛林之中。吴哥城默默无闻地度过了四百年。19 世纪初，随着各国交往的日益频繁，周达观的《真腊风土记》被翻译成了法文。书中关于吴哥城的记载使法国人惊奇不已，他们决定以《真腊风土记》为依据，寻找吴哥城。1860 年，法国博物学家亨利·穆奥历尽艰辛，终于找到了吴哥城。吴哥城的发现是 19 世纪人类最伟大的考古奇迹。对此，周达观的《真腊风土记》功不可没。国际著名地理学家陈正祥曾经丈量过吴哥城。他拿自己所得到的数据与周达观的记载相对比，"结果发现在距离方面偶有出入外，其他几乎完全和废墟的实在情况符合"①。周达观实事求是的精神使陈正祥钦佩不已。

《真腊风土记》一问世，就引起了极大的轰动，吸引了很多眼球。与周达观同时代的吾邱衍马上赋诗三首，对该书赞不绝口。其一曰："绝域通南舶，炎方接海涛。神化比徐黻，使者得王敖。异俗书能记，夷音孰解操。相看十年外，回首兴滔滔。"《真腊风土记》有很多抄本，在国外也有英文、德文、日文等多种译本。《真腊风土记》学术价值之大，由此可见一斑。

周达观访问柬埔寨时带去了中国的荔枝种子。他把这些种子送给吴哥

---

① 陈正祥：《真腊风土记研究》，香港中文大学出版社，1975，第 4 页。

的百姓。百姓把种子撒在吴哥寺东北三十公里处的八角山上，不久，漫山遍野就长满了荔枝。后来，柬埔寨人就把这座山叫做"中国荔枝山"。现在，柬埔寨的雕塑家在吴哥城为周达观作了一尊雕像，以便表达对周达观的感激之情。浙江温州人周达观，不但在中国对外文化交流史，而且在浙江对外文化交流史上都写下了浓墨重彩的一笔。

元朝与爪哇之间的战争及贸易往来

雪　莲*

爪哇，据伯希和考证最早见于中国史籍的是《后汉书》，东汉时期中国与爪哇就有往来。三国时期东吴遣康泰出使扶南，所撰《吴时外国传》中载有"斯调国"名，多数学者认为其地当在今爪哇或其东部岛屿。东晋及南北朝时期，爪哇与中国之交通频繁，法显求法印度，归来时就经过此地称"耶婆提"。有学者认为"耶婆提"就是"阇婆"。

隋唐时期，中国与爪哇的交往更为密切。隋朝虽然时间短暂，但也与南海诸国常有交通往来。据《隋书·南蛮·赤土传》记载，在隋炀帝大业年间派遣常骏等出使赤土，记载了隋朝时期中国与南海之交通，文中虽未专门说明隋朝与爪哇之间的交通往来，却从中可以了解到当时中国对南海诸国还是比较了解。到唐朝时，中国与爪哇的交往更为密切，据《新唐书·诃陵传》记载："诃陵，亦曰社婆，曰阇婆"。此地出产出瑇瑁、黄白金、犀、象，国家富有，国势强盛附近的小国都臣服于诃陵。唐朝时期诃陵国到中国朝贡七次。两宋时期，中国与南海之交通超过隋唐，宋朝时期爪哇名阇婆，在《诸蕃志》中有专门介绍"阇婆国"条目。详细记载了阇婆的地理位置，与中国的距离，其地的风土人情，其地特产有象牙、犀角、真珠、龙脑、玳瑁、檀香、茴香、丁香、豆蔻、荜澄茄、降真香、花簟、番剑、胡椒、槟榔、硫黄、红花、苏木、白鹦鹉，亦务蚕织，有杂色绣丝、吉贝、绫布。① 《诸蕃志》介绍的"阇婆国"的状况，比较详细，虽然作者并未亲身游历东南亚，但对爪哇的风土人情已相当的了解。据

《宋史》记载，992 年，"阇婆国遣使来贡"，此后爪哇遣使朝贡不断，宋朝还曾多次册封阇婆王。这些都证明宋朝时期爪哇与中国之间不仅有贸易往来而且还有政府间的使臣往来。

"爪哇"一名最早见于中国史籍是宋末元初周密所撰《癸辛杂识续集》。元朝后一直沿用这一名称。据汪大渊《岛夷志略》记载："爪哇，即古阇婆国。门遮把逸（麻诺巴歇）山，系官场所居，宫室壮丽，地广人稠，实甲东洋诸番。旧传国王系雷震石中而出，令女子为酋以长之。其田膏沃，地平衍，谷米富饶，倍于他国。民不为盗，道不拾遗。谚云，'太平阇婆'者此也。俗朴。男子椎髻，裹打布。惟酋长留发。""地产青盐，系晒成。胡椒每岁万斤。极细坚耐色印布、绵羊、鹦鹉之类。药物皆自他国来也。货用硝珠、金银、青缎、色绢、青白花碗、铁器之属"[①]。据周致中《异域志》爪哇国条记载："古阇婆国也，自泉州发舶一月可到。天无霜雪，四时之气常燠。地产胡椒、苏木，无城池兵甲，无仓廪府库。每遇时节，国王与其属驰马执枪校武，胜者受赏，亲朋踊跃以为喜，伤死者其妻不顾而去。饮食以木叶为盛，手撮而食。宴会则男女列坐，笑喧尽醉。凡草虫之类，尽皆烹食。市贾皆妇女，婚娶多论财，夫丧不出旬而适人。与中国为商，往来不绝。"[②]

一 元朝与爪哇的接触

元朝与爪哇的交往始于元初，在占领杭州，最后灭亡南宋后，元朝就将交往的目光投向了更为遥远的海洋区域。其间，1276 年泉州的阿拉伯后裔商人蒲寿庚投降元朝，他所拥有的海外贸易实力，海舶、资产以及与海外诸国之间密切的联系都不可小视。忽必烈任命他主管提举福建、广东市舶和诏谕海外诸国。元朝初年，在忽必烈的四海一家思想的推动下，不断诏谕海外各国来朝。据《元史·世祖本纪》记载：1278 年，忽必烈将唆都、蒲寿庚升为福建（泉州）行省左丞，"诸蕃国列居东南岛屿者，皆有慕义之心，可因蕃舶诸人宣布朕意。诚能来朝，朕将宠礼之。其往来互

---

① 汪大渊著，苏继庼校释《岛夷志略校释》，中华书局，1981，第 159 页。
② 周致中：《异域志》，中华书局，1981，第 25 页。

市，各从所欲。"元朝政府向海外诸国伸出了友好往来的橄榄枝。可见忽必烈当时已有与东南亚各国往来和贸易的打算。在此之前，1279 年唆都还派遣使臣赵玉出使爪哇。此后，1280 年、1281 年、1282 年、1284 年和1286 年，元廷又先后派使者往爪哇、木来由、阿鲁和南巫里等王国进行访问联系。在元朝宣布其外交政策和开展一系列对外活动之后，当时的爪哇、苏木都剌、南巫里、马兰丹等王国就曾先后于 1280 年、1282 年、1284 年、1285 年和 1286 年分别派出使者来中国访问并赠送方物。可见元朝初期，即 13 世纪 80 年代，中国和南海诸国之间已经拉开邦交的序幕，"通使往来无间"。爪哇在当时南海诸国中，是比较强盛的国家，1280 年元朝再度派遣使者去爪哇国"诏谕"，爪哇也派遣使者通好。1281 年忽必烈诏谕爪哇国主亲自来朝觐见被拒绝。1282 年，派遣宣慰孟庆元、万户孙胜夫出使爪哇，爪哇国贡献金佛塔。1286 年再次派遣必剌蛮出使爪哇，频繁的出使都未能使爪哇屈服。1289 年再次派往爪哇的使臣孟琪被爪哇国王格尔达纳卡拉黥面送回，这种两国通好，互相尊重使节的国际惯例被打破，无疑是关上了友好往来的大门。元朝如此多次向爪哇遣使，重视与爪哇之间的关系，是因为元朝一直将与海外国家的交往作为其对外政策的首要目标。多次遣使也说明元朝并不是要用武力去征服爪哇，而是要在忽必烈"四海一家"的思想下，自由开放的与世界上各个国家往来，互通有无，这是其一。其二是正当元朝的势力不断向外发展的时候，爪哇的新柯沙里王朝迅速崛起。1222 年新柯沙里王朝建立，1254 年格尔达纳卡拉即位后，热衷于扩张势力，1275 年他曾派兵攻打位于苏门答腊的末罗游（马来由）以削弱室利佛逝的势力，并将其势力从爪哇岛逐出，1284 年他又征服巴厘，并将其势力扩展到马来半岛的彭亨，加里曼丹西部的丹绒甫拉和西兰岛以东的地区，它的势力压倒了位于苏门答腊的大国室利佛逝，并与后者争夺当时的重要国际航道——马六甲海峡的控制权。他还将他的一个姊妹或公主嫁给占婆国王，以便联结占婆的力量防止蒙元势力的南下。为此，元朝遣使要格尔达纳卡拉本人或其亲信亲自来朝说明情况。元朝不断派遣使臣到爪哇对其施压，但正值爪哇的国势处于鼎盛时期，要他屈驾亲往中国朝见忽必烈必然行不通。元朝是连接海陆交通的大帝国，海外贸易是其财富来源的重要依托，爪哇国家实力的增强势必使元朝的海上利益受到威胁。其三是因为中亚地区西北诸王联合起来反对忽必烈元朝，与忽必烈元朝结成联盟的是地处波斯地区的伊利汗国。陆路交通的受阻使得元朝与伊利汗国之间的政治联系、使者往来，贸易交流多取海路连接，海上通道若完全受制于爪哇，这是元朝统治者所不愿意接受的。所以，元朝要征服南海诸国中势较强的爪哇，期望达到其他小国自然归附的目的，元军出征前，忽必烈曾对亦黑迷失说："汝等至爪哇，当遣使来报。汝等留彼，其余小国即当自服，可遣招徕之。彼若纳款，皆汝等之力也"（《元史》）。元军抵占城后，就先遣郝成、刘渊"谕降南巫里（在今苏门答腊亚齐附近）、速木都剌（在今苏门答腊北部洛克肖马韦附近）、不鲁不都、八剌剌（在今苏门答腊北部）诸小国"（《元史》），甚至后来元朝大军将抵爪哇前，也曾派"诏谕爪哇等处宣慰官"曲出海牙、杨梓、全忠祖等"先往招谕"，征伐爪哇期间还遣使"招谕木来由诸小国"。所以说元朝征伐爪哇就是为与南海诸国之间建立更广泛范围内的往来交流而做出的威慑之举，威慑是为交流往来服务的，所以一直将南海诸国中具有影响力的爪哇的问题放在主要的位置加以重视。

二 元朝对爪哇的征伐

中国与爪哇的直接导火索是元朝使臣被辱事件。据《元史·爪哇》记载："帝曰（忽必烈）：'卿等至爪哇，明告其国军民，朝廷初与爪哇通使往来交好，后刺诏使孟右丞之面，以此进讨。'"正因为使臣被辱，拉开了元朝征伐爪哇的序幕。1292 年，元朝征爪哇军已在泉州集结完毕，集兵五千，船五百艘或千艘以史弼为主将，高兴、亦黑迷失为副将，十二月，征讨爪哇的元军水师从泉州出发踏上征服的征程，这是中国历史上前所未有的大规模的跨海用兵。

据《元史·史弼传》、《元史·爪哇传》及方回所撰《平爪哇露布》所载，其由泉州至爪哇的航线如下：泉州后渚港—七洲洋（海南岛东的七洲列岛）—万里石塘（今西沙群岛附近）—混沌洋（今越南中部东面海洋）—东董—西董山（今萨巴德岛）—橄榄屿—牛崎屿—斗蛱屿—假里马答（今卡里马塔群岛）—勾阑山（今格兰岛）—吉利门（今卡里摩爪哇岛）—熙陵—杜并足（今印度尼西亚厨闽）。

正当元朝远征爪哇之时，新柯沙里王国国内却发生了重大变故，新柯沙里王格尔达纳卡拉被杀，爪哇国内爆发战争。是被新柯沙里王朝征服的"葛郎国"（谏义里）王室后裔查耶卡旺起兵，攻破杜马班，格尔达纳卡拉派遣其女婿拉登·韦查耶率领新柯沙里王朝都城杜马班所有的兵力北上阻击反叛的军队。这正中了叛军的调虎离山之计，查耶卡旺偷袭新柯沙里王宫成功，杀死了国王格尔达纳卡拉。

谏义里复国成功，查耶卡旺登上王位，而之前被国王格尔达纳卡拉遣往杜马班平叛的拉登·韦查耶及其军队一直从事反对查耶卡旺的战斗。正当拉登·韦查耶陷入困境逃到麻喏巴歇之时，元朝的征伐爪哇的大军来到了。

《经世大典·序录·政典·征伐》等所载，1293 年正月十八元朝军队到达勾栏山，先遣使入爪哇境诏谕，诏谕官先往，大军后抵吉利门。二月元军水师到达爪哇杜并足，元军一分为二，水陆并进到达八节涧会师。"（史）弼与孙参政帅都元帅那海、万户宁居仁等水军，自杜并足由戎牙路港口至八节涧。兴与亦黑迷失帅都元帅郑镇国、万户脱欢等马步军，自杜并足陆行。以万户申元为前锋。遣副元帅土虎登哥，万户褚怀远、李忠等乘钻锋船，由戎牙路，于麻喏巴歇浮梁前进，赴八节涧期会。"又，二月二十一日，先遣之招谕使回，引土罕必阇耶（拉登韦查耶）宰相昔剌难答叱耶等五十人来降。

当时，查耶卡旺正在攻打拉登·韦查耶，拉登·韦查耶听到元军的到来就派遣他的宰相到元军，请求援助，同时表示愿意归附元朝。《元史》卷一六二《史弼传》："时爪哇与邻国葛郎（谏义里）构怨，爪哇主哈只葛达那加剌（格尔达纳卡拉），已为葛郎主哈只葛当（查耶卡旺）所杀，其婿土罕必阇耶（拉登·韦查耶）攻哈只葛当（查耶卡旺），不胜，退保麻喏八歇。闻弼等至，遣使以其国山川、户口及葛郎国地图迎降，求救。弼与诸将进击葛郎兵，大破之，哈只葛当（查耶卡旺）走归国。高兴言：'爪哇虽降，倘中变，与葛郎合，则孤军悬绝，事不可测。'弼遂分兵三道，与兴及亦黑迷失各将一道，攻葛郎。至答哈城，葛郎兵十余万迎敌，自旦至午，葛郎兵败，入城自守，遂围之。哈只葛当出降，并取其妻子官属以归。"所以，元军水师不但协助拉登·韦查耶击溃了葛郎（谏义里）国的进攻，并进围葛郎国的首都答哈城，答哈城的守军虽然进行了激烈的抵抗，但在素有战争经验的元军面前，最终投降，为拉登·韦查耶肃清了国内的宿敌，为其后满者伯夷的强盛打下了基础。在战争期间，元朝军队也没忘记遣使招谕爪哇旁近的小国臣服。四月，史弼等准备携带俘虏，战利品班师回国，还要拉登·韦查耶随军入朝，拉登·韦查耶借口要回麻喏巴歇去换正式的归降表，并取所藏珍宝入朝，史弼等听信了他的要求，只派遣两百名士兵护送他回国。但在回去的路上，拉登·韦查耶却杀死了两百名护送其归国的士兵将领，并且集结军队夹击元军。元军在与葛郎国的战斗中就有一定的损失，而且此时关系航海的季风就要发生变化，否则还要等待半年才能返程回国。所以不敢恋战，匆匆登船回国。征服爪哇之战历时两个多月，损失士卒三千余人，最终以失败而告终。此后元朝忽必烈也曾再征爪哇，《元朝史》第十章《元朝的对外关系》："至元三十年秋，忽必烈召见刘国杰，准备召集十万军队，再举侵略爪哇。"但因为不久随着忽必烈的去世此事也就不了了之。

三 元朝与爪哇之间的人员、贸易往来

虽然，爪哇之役以失败而告终，但是在客观上也带来了元朝与南海诸国特别是爪哇国的经济、贸易、文化、人员的交流。元朝征伐爪哇不久，爪哇以及南海诸国就恢复了与元朝十分密切的经济、文化联系。1295 年爪哇国麻喏巴歇国遣使来中国，重新与元朝建立了友好关系。后来，爪哇国还多次以大臣为使节，来中国通好。1308 年元朝也派遣不达达思送爪哇使者回国。1314～1320 年元朝国师曾随商船去爪哇寻找佛经。中国与爪哇的经济、贸易往来更加频繁。据伊本巴图泰的记载，当时爪哇国的商船往来于中国、爪哇、印度之间，经营着国际贸易，而他本人就是在泉州乘上爪哇的商船离开中国的。据《马可波罗游记》记载泉州以及南方各地的中国商人，也经常到爪哇贸易，常获大利。

所以说，虽然元朝征伐爪哇的战争以失败而告终，但是战后不久爪哇的来使朝贡说明其征伐的目的已经达到。

1. 遣使

相互派遣使臣是两国关系重要的表现形式。据邓进荣的《元朝与爪哇交涉史相关问题研究》统计元朝遣使爪哇计六次，完全集中在世祖朝时期。爪哇遣使或奉表入贡元朝计十五次。其余诸国来朝次数较爪哇为少，

多为一到两次，且均止于泰定朝时期。他认为爪哇到元朝的遣使朝贡具有外交战略型特征即这是根据以中华为世界贸易中心而形成的国际秩序；其本质则是，此种朝贡的有无更多地依赖来贡国家的政治战略和自我判断。亦即爪哇来贡元朝的时间及频度与爪哇本国的政治形势及其所处的国际环境具有极为密切的联系。①

元朝初期，尤在世祖忽必烈及成宗铁木耳统治时期，积极经略南海，频繁诏谕南海岛国，对爪哇尤为用心，多次遣使爪哇，在多次诏谕无果后，忽必烈借口爪哇黥元朝使者面容，发动了对爪哇的远征。在成宗朝及泰定朝时期爪哇多次遣使朝贡元朝，爪哇朝贡如此频繁，其原因：满者百夷（爪哇）并不愿与元朝彻底交恶，为改善与元朝的关系，进而确保其国在国际贸易上的地位，故积极遣使元朝，改善双方关系，解除来自元朝军事威胁的可能性。而在元朝方面，忽必烈对海外用兵的最终目的就是要与海外诸国建立友好关系，互通有无，促进两国之间的经济、贸易、文化的交流。征服爪哇的战事虽然没有达到预期的目的，但是，随着爪哇等国主动来中国朝贡，起到了威慑的作用，达到了预期的目的。元朝中后期对南海诸国仅进行了有限的几次遣使活动，遣使的目的似乎也仅仅是为了提供皇室所需之珍稀物货，而元朝有着较为发达的市舶贸易系统，皇室、贵族及官员获取奢侈物货可经由此途，故而少有遣使活动。查耶纳卡拉频繁遣使元朝也是为了保持与元朝的贸易往来，确保满者百夷在东西海上贸易上的地位，从而获得商业方面的巨大利益。这正印证了那句名言：在国际关系上没有永久的朋友，也没有永久的敌人，只有永久的利益。在两国友谊日益融洽的情况下，爪哇有一位国王木扎牙纳哥还于1327年带着爪哇人民的友情前来访问北京，受到了隆重的款待。1328年回国时，元政府厚增以衣物弓矢，并派遣专人沿途护送。两国政府这种亲切的接触和会晤，增进了两国之间的相互了解和尊重。

2. 贸易交流

终元一代，满者伯夷王国一直是我国重要通商国家之一，其通商规模包括了爪哇、苏门答剌、加里曼丹、小巽达和摩鹿加诸群岛的广大地区。随着我国航海技术的提高和造船技术的发达，我国到南海诸国的时间大大

① 邓进荣：《元朝与爪哇交涉史相关问题研究》，内蒙古大学硕士学位论文，2013。

缩小，泉州至爪哇，广州到蒲家龙一月可到，广州到三佛齐半月可达。这样便捷的交通为两地之间的贸易往来提供了保障。周致中在《异域志》中介绍说，爪哇长期与元朝通商往来不绝。汪大渊《岛夷志略》介绍说，当时到东爪哇的吉利门进行贸易是"每逢发舶稍众"，经常"百有余人"泛海"到彼贸易"。另据满者伯夷的诗人在《爪哇赞词》中介绍"印度、中国、柬埔寨、占婆、暹罗诸国，侨士游客、商贾、沙门、婆罗门，至此如归，舟船继路"①。可见当时元朝与爪哇之间经济贸易往来频繁。

元朝与爪哇之间的贸易往来分为朝贡贸易和民间贸易两种。朝贡贸易主要是爪哇对元朝朝贡的金银、奇珍异宝以及元朝政府赐给爪哇等国的礼品，多为丝绸、瓷器、钱币等。除此之外，更加广泛的贸易交流是民间贸易。据汪大渊《岛夷志略》记载爪哇及其所辖属国之物产、风俗以及其与元朝之间的贸易往来如下：

"单马令"条，产上等白锡、米脑、龟筒、鹤顶、降真香及黄熟香头。贸易之货，用甘理布、红布、青白花碗、鼓之属。

"日丽"条，土产龟筒、鹤顶、降真、锡。贸易之货，用青磁器、花布、粗碗、铁块、小印花布、五色布之属。（《岛夷志略校释》（下同，页八六）

"遐来勿"条：地产苏木、玳瑁、木绵花、槟榔。贸易之货，用占城海南布、铁线、铜鼎、红绢、五色布、木梳、篦子、青器、粗碗之属。（页九三）

"彭坑"条，地产黄熟香头、沉速、打白香、脑子、花锡、粗将真。贸易之货，用诸色娟、闍婆布、铜铁器、漆磁器、鼓、板之属。（页九六）

"吉兰丹"条，地产上等沉速、粗降真香、黄蜡、龟筒、鹤顶、槟榔。外有小港，索迁极深，水咸鱼美。出花锡，货用塘头市布、占城布、青盘、花碗、红绿焇珠、琴、阮、鼓、板之属。（页九九）

"丁家卢"条，地产降真、脑子、黄蜡、玳瑁。货用青白花磁器、占城布、小红绢、斗锡、酒之属。（页一二）

---

① 吴紫金：《元代我国和印度尼西亚的友好关系》，《文史哲》1957 年第 8 期。

"戎"条，地产白豆蔻、象牙、翠毛、黄蜡、木绵纱。贸易之货，用铜、漆器、青白花碗、磁壶、瓶、花银、紫烧珠、巫仑布之属。（页一〇六）

"罗卫"条，地产粗降香、玳瑁、黄蜡、绵花。虽有珍树，无能割。贸易之货，用棋子手巾、狗迹绢、五花烧珠、花银、青白碗、铁条之属。（页一〇九）

"苏洛鬲"条，地产上等降真、片脑、鹤顶、沉速、玳瑁。贸易之货用青白花器、海南巫仑布、银、铁、水埕、小罐、铜鼎之属。（页一二三）

"八节那间"条，地产单茇、花印布不退色、木绵花、槟榔。贸易之货，用青器、紫矿、土粉、青丝布、埕瓮、铁器之属。（页一三八）

"三佛齐"条，地产梅花片脑、中等降真香、槟榔、木棉布、细花木。贸易之货，用色绢、红焇珠、丝布、花布、铜铁锅之属。（页一四一）

"啸喷"条，地产惟苏木盈山，他物不见。每岁与打网国相通，贸易通舶人。货用五色焇珠、磁器、铜铁锅、牙锭、瓦瓮、粗碗之属。（页一四六）

"渳泥"条，地产降真、黄蜡、玳瑁、梅花片脑。其树如杉桧，劈裂而取之，必斋浴而后往。货用白银、赤金、色缎、牙箱、铁器之属。（页一四八）

"爪哇"条，"其田膏沃，地平衍，谷米富饶，倍于他国"，"守常刑，重盐法，使铜钱。俗以银、锡、鍮、铜杂铸如螺甲大，名为银钱，以权铜钱使用"，"地产青盐，系晒成。胡椒每岁万斤。极细坚耐色印布、绵羊、鹦鹉之类。药物皆自他国来也。货用硝珠、金银、青缎、色绢、青白花碗、铁器之属。次日巫仑，曰希苓，曰三打板，曰吉丹，曰孙剌等。地无异产，故附于此耳。"（页一五九）

"重迦罗"条，地产绵羊、鹦鹉、细花木绵单、椰子、木绵花纱。贸易之货，用花银、花宣绢、诸色布"，"次日诸蕃相去数日水程：曰孙陀、曰琵琶、曰丹重、曰员峤、曰彭里。不事耕种，专尚寇掠。与吉陀、亚崎诸国相通交易，舶人所不及也。"（页一六八）

"都督岸"条，地产片脑、粗速香、玳瑁、龟筒。贸易之货，用海南占城布、红绿绢、盐、铁铜鼎、色缎之属。（页一七三）

"文诞"条，地产肉豆蔻、黑小厮、豆蔻花、小丁皮。货用水绫丝布、花印布、乌瓶、鼓瑟、青磁器之属。（页一七五、一七六）

"龙牙犀角"条，地产沉香，冠于诸番。次鹤顶、降真、蜜糖、黄熟香头。贸易之货，用土印布、八都剌布、青白花碗之属。（页一八一）

"苏门傍"条，地产翠羽、苏木、黄蜡、槟榔。贸易之货，用白糖、巫仑布、紬绢衣、花色宣绢、涂油、大小水埕之属。涂油出于东埕涂中，熬晒而成。（页一八五）

"旧港"条，地产黄熟香头、金颜香，木绵花冠于诸蕃，黄蜡、粗降真、绝高鹤顶、中等沉速。贸易之货，用门邦丸珠、四色烧珠、麒麟粒、处瓷、铜鼎、五色布、大小水埕瓷之属。

"龙牙菩提"，地产速香、槟榔、椰子。贸易之货，用红绿烧珠、牙箱锭、铁鼎、青白土印布之属。（页一九〇、一九一）

"班卒"条，地产上等鹤顶、中等降真、木绵花。贸易之货，用丝布、铁条、土印布、赤金、瓷器、铁鼎之属。（页一九六）

"假里马打"条，地产番羊，高大者可骑，日行五六十里，及玳瑁。贸易之货，用硫磺、珊瑚珠、阇婆布、青色烧珠、八都剌布之属。（页二二）

"蒲奔"条，地产白藤、浮留藤、槟榔。贸易之货，用青瓷器、粗碗、海南布、铁线、大小埕瓷之属。（页二〇〇）

"文古老"条，地产丁香，其树满山，然多不常生，三年中间或二年熟。有酋长。地每岁望唐舶贩其地，往往以五梅鸡雏出，必唐船一只来……贸易之货，用银、铁、水绫、丝布、巫仑八节那涧布、土印布、象齿、烧珠、青瓷器、埕器之属。（页二五）

"古里地闷"条，山无异木，唯檀树为最盛。以银、铁、碗、西洋丝布、色绢之属为之贸易也。（页二〇九）

"龙牙门"条，地产粗降真、斗锡。贸易之货，用赤金、青缎、花布、处瓷器、铁鼎之类。

"东西竺"条，地产槟榔、荖叶、椰心簟、木绵花。番人取其椰

心之嫩而白者，或素或染，织而为簟，以售唐人……贸易之货，用花锡、胡椒、铁器、蔷薇水之属。（页二二七）

"花面"条，地产牛、羊、鸡、鸭、槟榔、甘蔗、荖叶、木绵。货用铁条、青布、粗碗、青处器之属。舶经其地，不过贸易以供日用而已。余无可兴贩也。（页二三四）

"淡洋"条，地产降真香、苇粟，其粒与亚芦同，米颗虽小，炊饭则香。贸易之货，用赤金、铁器、粗碗之属。（页二三七、二三八）

"须文答剌"条，土产脑子、粗降真、香味短，鹤顶、斗锡……贸易之货，用西洋丝布、樟脑、蔷薇水、黄油伞、青布、五色缎之属。（页二四〇）

"勾栏山"条，地产熊、豹、虎、麂皮、玳瑁。贸易之货，用谷米、五色绢、青布、铜器、青器之属。（页二四八）

"喃哑哩"条，地产鹤顶、龟筒、玳瑁，降真香冠于各番。贸易之货，用金、银、铁器、蔷薇水、红丝布、樟脑、青白花碗之属。（页二六一）

"万年港"条，地产降真条、木绵、黄蜡。贸易之货，用铁条、铜线、土印花布、瓦瓶之属。（页三四二）

从《岛夷志略》记载的商品种类来看，爪哇所产物货都在中国进口物品范围之内，进口物品中除少量奢侈品外，均为可资民用的物品，其中以胡椒、香药为大宗。此外，在进口物货中对中国影响最大的是木棉。

元朝出口爪哇及其属地的物品据上文所列则包含土印布、细花印布等纺织品，青白花碗、各色烧珠、粗碗等精粗瓷器，梳子、漆器、黄油伞、牙箱等日用品，此外元朝所明令禁止之外销物品如金、银、铜、铁、绢、缎、丝等亦大量出口。

近年来，随着马来西亚考古发掘的展开，在满者伯夷国的首都特鲁乌兰发掘出大量的元朝青花瓷碎片，其造型皆浑厚豪放，绘画自然洒脱，粗犷朴实，整体气势宏伟，具有很高的艺术水准，给人以视觉上的震撼，绘工精彩，颜色浓艳，系采用典型的苏麻离青进口青料制成，具有浓重的游牧民族的色彩。

3. 人员交流

元朝中国与爪哇的人员往来也是比较频繁的。不但有经济、贸易往来的人员，同时因为元朝对外作战失败后，有许多俘虏、伤员或者因其他原因滞留在交战国的元朝士兵的数目是不少的，这些人在交战国通过与当地的人民生活在一起，与当地的居民进行了交流。随着元朝海外贸易的发展，印尼出现了早期的华侨。日本学者竹林勋雄在《印尼华侨发展史概况》中认为：爪哇本身由于上述军事行动的结果、却推进了中国因素的成长。特别是远征军大部分系由福建招募来的，据说它大有助于以后福建人特殊地位的形成。总之，以这一事件为起点，爪哇开始有中国人移来居住了①。

在征伐爪哇的战争中，元军有一批伤病人员因伤不得行，而在那里定居。根据《岛夷志略》记载：国初，军士征阇婆（爪哇），遭风于山下，辄损舟，一舟幸免，唯存钉灰。见其山多木，故于其地造舟一十余只。若樯柁、若帆、若蒿，靡不具备，飘然长往。有病卒百余人不能去者，遂留山中。今唐人和番人丛杂而居之②。

另据《明史》记载："其病卒百余，留养不归，后益蕃衍，故其地多华人"③。印尼作家甫榕·沙勒："后来他们又从那里（格兰岛）散布到西加里曼丹和其他一些地方去。"④ 江醒东《元代中国与印度尼西亚的关系》一文中指出，"元军远征爪哇一役，所损失的三千余人中，可能还有不少伤病员或俘虏流落印尼"，成为中国移民的一部分⑤。而根据印尼的史料，"蒙古远征那一年，即 1293 年，在勿里洞也开始有中国人的村落"。同样在符勒克的《印度尼西亚史》记载中也可以看出，在 13 世纪末，出现了在印尼群岛上有若干确切的中国人村落的最早报道。而《元史》中记载对爪哇用兵，导致元兵士卒死者三千余人，但这些士卒不可能全都死于异地，——不少士兵可能就此流落他乡。而留在当地的元人，通过与当地人的杂居，对于两国在经济、文化、技艺领域的相互交流是有作用的。

在征服爪哇的战争中，元军使用了火药武器。因为征服爪哇的失利，

---

① 竹林勋雄：《印尼华侨发展史概况》，《南洋问题资料译丛》1963 年第 1 期。
② 汪大渊著，苏继庼校释《岛夷志略校释》（中外交通史集丛刊），《勾栏山》，中华书局，1981，第 248 页。
③ 张廷玉：《明史》卷 323，《外国四》，中华书局，1974，8379 页。
④ 甫榕·沙勒：《在荷属东印度公司以前居住在印尼的中国人》，《南洋资料译丛》1957 年第 2 期。
⑤ 江醒东：《元代中国与印度尼西亚的关系》，《学术研究》1986 年第 2 期。

在匆忙撤退时，遗留下在当时最先进的武器，这些先进的武器，成为麻喏巴歇政权迅速发展壮大的助推器。他从一个侧面说明了中国与爪哇之间军事武器的交流。

总之，元朝与爪哇之间的交往历史上虽然有短暂的战争，但是双方之间的经济、贸易、文化的友好往来是其主流。

明代郑若曾《万里海防图》中"两家滩"考析

——兼论雷州半岛南海海域十七、十八世纪域外交往史

陈国威[*]

雷州半岛是中国三大半岛之一，东濒南海，南隔琼州海峡与海南省相望，西临北部湾，西北与广西壮族自治区的合浦县、博白县、陆川县毗邻，东北与广东省茂名市茂南区、化州市、电白县接壤，背靠大西南。其地理位置可谓独特，介于南海与北部湾之间。但由于地处边陲，与中央中心政权远离，在不少历史文献中被誉为蛮夷之地。事实上，早在汉代始，雷州半岛即成为中国与外界交往的主要基地，《汉书·地理志上》所载"自日南障塞、徐闻、合浦"出发，即可到达东南亚与南亚不少地区，仍为我国"海上丝绸之路"记载的文字之始。现笔者不揣浅陋，结合田野调研与文献资料，以明代郑若曾等所绘《万里海防图》中的"两家滩"为考察对象与线索，对雷州半岛南海区域十七、十八世纪对外交往的相关情况进行梳理、分析，说明历史上，雷州半岛南海区域应是繁忙的海上交往区域。

一 郑若曾、《万里海防图》及图上"两家滩"记载

郑若曾，字伯鲁，号开阳，江苏昆山人。生于明弘治十六年（1503），卒于隆庆四年（1570），终年 68 岁。是明代著名海防军事专家，其编绘的《海防一览》海防图、编绘的《万里海防图》以及编写的《筹海图编》成为明代重要的海防策略指引，《筹海图编》甚至蕴含着明代海洋疆域的自

* 陈国威，岭南师范学院岭南文化研究院。

主认知思想。曹婉如先生认为明之海防图大都属于郑氏的"万里海防图"系统。① 道光《昆新两县志》卷二十六"文苑一"载郑氏："幼有经世志，凡天文地舆、山经海籍，靡不得其端委。姑叔魏校最器重之。"② 《筹海图编》胡松序中言之为"太常卿魏渠先生高第弟子也。"③ 魏校，字子才，昆山人。先祖本姓李，居住在苏州葑门之庄渠，自号"庄渠"，仍弘治年间进士，曾任职南京刑部主事、兵部郎中、广东提学副使、河南提学等职；著有《周礼沿革传》《周礼义疏》《春秋经世》《庄渠诗稿全编》等，《明史》《广东通志》、郭棐的《粤大记》等均有其传。据说魏校很赏识郑若曾，"以兄女妻之"。郑若曾人际圈还有王守仁、吕柟（楠）、唐顺之、罗钦顾、王畿、茅坤、王艮、归有光等人，他们常"研摩实行，不角立门户，为空□无补之学。"④ 王守仁，即阳明先生，"心学"的开创者，亦精通兵法；吕柟，明代著名理学家、关学代表人；王畿，思想家，人称"龙溪先生"；王艮，阳明心学的泰州学派的创立者；归有光，明代著名古文家，世称"震川先生"；唐顺之，明代"嘉靖三大家"（另两人为归有光与王慎中），辑有《武编》一书；茅坤，进士，文学家，藏书家，《武备志》的作者茅元仪即为其孙。据言郑若曾所学涉猎颇广，凡有关经世致用，比如天文地志、山川形胜、赋税兵机、政治得失，都在搜罗研究之列。但在科举场上，郑氏似乎不如意，嘉靖十五年（1536），三十四岁的郑若曾始以贡生身份罩恩贡入京师；1537 年他有幸参加了京师丁酉科的会试；嘉靖十九年（1540），他又参加了京师庚子科的会试，虽两次荣获第一，结果一因对策切直，触动时弊，一因考官分歧，争执不下，最终名落孙山。⑤ 从此，他绝志科名，无意仕途，潜心学问。他的好友归有光认为："以伯鲁之才，使之用于世，可以致显仕而不难。顾以诎于时，而独以重于乡里之间。"⑥

---

① 曹婉如：《郑若曾的万里海防图及其影响》，载曹婉如主编《中国古代地图集（明代）》，文物出版社，1995，第 69~72 页。

② （清）张鸿、来汝缘修、王学浩等纂道光《昆新两县志》（以下简称道光《崑新两县志》）卷二十六《文苑一》，上海书店、巴蜀书社、江苏古籍出版社，影印本，1991。

③ 郑若曾撰，李致忠点校《筹海图编》（以下简称李致忠点校《筹海图编》），中华书局，2007。

④ 道光《昆新两县志》卷二十六《文苑一》。

⑤ 李致忠点校《筹海图编》，卷末郑定远《先六世贞孝先生事述》，第 986 页。

⑥ 转引自王杰《一代海防军事学家——郑若曾》，《文史月刊》2012 年第 8 期，第 29 页。

据言郑氏"所著书,皆切实经济,不以文词笃工也。"① 《钦定四库全书总目》在其《筹海图编》条目中亦有言:"此十书者,江防海防形势皆所目击,日本诸考皆咨访考究,得其实据。非剽掇史传以成书,与书生纸上之谈固有殊焉。"② 嘉靖三十一年(1552)明之海疆,危机迭起,海盗王直,勾结倭寇,侵扰沿海,生灵涂炭。郑若曾家乡昆山一带,遭受倭患,尤为严重。他亲眼目睹倭寇的横行、家乡的动荡,认为造成这种局面的原因,是明之上下缺乏应对危机的深刻意识与相应的战略术。嘉靖三十九年(1560)四月至四十年(1561)间九月,他完成了十二幅的《沿海图》。官兵据图以战,辄有成效。地方方志载曰:"边岛寇扰东南,若曾出为当事筹画,屡中款要。总制梅林胡公,镇府南塘戚公,江南翁、周二抚院莫不折节虚左,延人幕中,参赞机务。"③ 道光《昆新两县志》则曰:"嘉靖中,□诸生入北,雍关中拟元者再,竟不遇倭扰东南,总制胡宗宪辟为赞画,侦知倭不□地境,导之者为内地奸人,以计间之,寇遁。叙功授锦衣世荫不受,而著书。荐修国史不就。"④ 明人范惟一在《筹海图编》序中称:"郑子履艰思债,以侨之深人由我策之不豫,稍置弗讲,非完计也。乃辑沿海图十有二幅,苏郡刻行之。属有持以示督府少保胡公者,胡公览而嘉异之,罗而致之幕下,参谋赞画,傅益增其所未备。"⑤ 郑若曾指出过:"不按图籍,不可以知厄塞;不审形势,不可以施经略。"⑥ 考虑到明军在防倭过程图籍不足称道之故,在听取其好友、沿海主事官员唐顺之建议后,加之 1552 年倭寇滋扰沿海给他痛苦的记忆郑氏即竭尽所能,凡"兵兴以来公私牍牒,旁搜远索,手自抄写"。遂于嘉靖三十四年(1555)完成《沿海图本十二幅》,"附以考论,郡守太原王君为之板行。"(胡松序)其后郑若曾不断完善相关海防图,并于嘉靖四十年(1561)至四十一年(1562)间完成了《筹海图编》之巨鸿大作。据同学李新贵博士考证,

---

① 道光《昆新两县志》卷二十六《文苑一》。
② 《钦定四库全书总目》(整理本)"史部二十五·地理类二",中华书局,1997,第955页。
③ 康熙朝:《昆山县志》,转李致忠:《谈〈筹海图编〉的作者与版本》,《文物》1983年第7期,第88页。
④ 道光《昆新两县志》卷二十六《文苑一》。
⑤ 李致忠点校《筹海图编》。
⑥ 李致忠点校《筹海图编》之《凡例》。

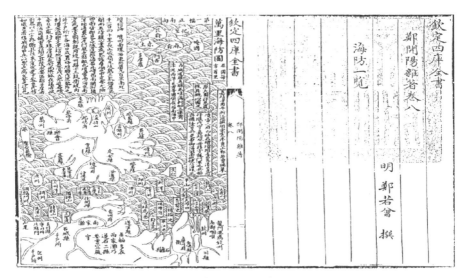

图1　《郑开阳杂著》一页

"《海防一览》编摹的底本，是嘉靖三十九年（1560）至四十年（1561）间郑若曾、唐顺之缮造的12幅的沿海图"，"《海防一览》是以某种'万里海防图'为底本摹绘的简略图。"① 考虑目前此"某种'万里海防图'"没有发现，故我们可以通过《海防一览》来了解当时明代的沿海海防情况，毕竟《郑开阳杂著》卷八保留着《海防一览》，且也算是初刻图。在郑若曾《郑开阳杂著》卷八"海防一览"之"万里海防图"第一幅图中，在雷州半岛濒临南海的东海岸上绘有"两家滩"的标识，并在旁边有文字注曰："蕃舶多在两家滩，乃遂石二县要害，宜严守。"雷州半岛南海区域某一据点——两家滩从而出现在郑若曾的眼里，并注曰"宜严守"。而在另一幅对《海防一览》有所修正的明代海图《乾坤一统海防全图》② 上，"两家滩"旁也注有："两家滩海湾为石城、遂溪二县要害，番舶多泊于此，遇警轮　注防守"等字句。③ 其后，在后面不少海图及方志地图中，两家滩如众多明清地图一样，只是一名称，再没有如这两幅海图中透露如此多的信息，包括《筹海图编》在内。基于此，笔者想以两幅早期海图所载两

① 李新贵：《明万里海防图初刻系研究》，《社会科学战线》2017年第1期，第98、97页。
② 李新贵认为《乾坤一统海防全图》是在《海防一览》基础上修正绘制的（李新贵：《明万里海防图初刻系研究》，《社会科学战线》2017年第1期，第101页）。
③ 曹婉如等编《中国古代地图集·明代》，文物出版社，1995，第39页。

家滩的文字为线索，探索明清时期雷州半岛濒临南海区域的海上交往史。

二 两家滩与白鸽门寨考析：
基于田野调研与文献的探讨

当今廉江市亦有地名曰"两家滩"，归属于廉江良垌镇管辖，通过地图观察，不难发现该地通过五里山港湾与湛江港相连，为湛江港湾底部。《湛江市地名志》"新华镇"条载："……30 吨以下船只可从湍流埠头经五里山港通湛江、海口……新华圩又名两家滩，距廉城镇 22 公里，五里山港北岸，面积 0.18 平方公里。人口 700。据《清史·地理志》载：明末皇竹肖姓在其村南成圩，陈村陈姓也在村东成圩，同以一、七日为圩期，因两圩相隔不远，利益冲突，诉之官府，判决陈姓以四、九日为圩期，名四九圩（即今四九圩）；肖姓圩仍以一、七日为圩期，名两家滩圩。1966 年改名新华圩。集镇呈带状延伸。"[①] 不知此两家滩是不是郑若曾《万里海防图》上所绘的"两家滩"？查当地方志，康熙《遂溪县志》卷之一"墟市"记曰：

图 2 两家滩在《粤海关志》中的位置

① 广东省湛江市地名志编纂委员会编《湛江市地名志》，广东省地图出版社，1989，第 179 页。

"两家滩墟，遂石接境地也□□□□□陆行遂人设墟于滩，石民咸赴市焉。开海弛禁，石邑之新墟道通海舶，土人利其鳞集移建为墟，而遂市几废，居民走控高雷二郡檄县查勘予毅然任之创立林东墟。又思睦邻安下之道，期订石令白公会议曰，两家滩墟，地则唇齿，人尽姻娅，其来由旧，自宜世世因之，毋相易也。迨海禁既开，盛衰顿异，以致两邑居民分境立墟，贸易之徒因而向盛背衰，此亦情势使然，乃石民既已趋，今而遂民必欲从古聚讼有何益乎？会议石属之新墟期以一七，遂属之林东墟期以逢四。虽愚民或有多寡之嫌，而同事必无彼此之忌，其名虽分而实则一，无容纷争者也，爰为移石详府勒石永遵云。"① 也就是说，清康熙时期两家滩该区域由于"道通海舶，土人利其鳞集移建为墟"，故在此遂石交界的区域设立两个墟市——两家滩墟与林东墟。林东墟后因墟期的缘故，又曰四九墟，即今遂溪县四九村。明清时期，遂溪隶属雷州府管辖，石城高州府管辖。从《万里海防图》观察，古今"两家滩"的位置大致相同。且康熙《石城县志》上编卷二上载："东南之入海者为东桥江（去县四十里，源发于化州谢获山，南流二十里经遂溪柳浦江，会石门流入海）、为南桥江（与东桥对，故名。源出化州谢畔山，西南流，会石门入海）、为两家滩（去县五十里，源出遂溪县桃枝江，东流会石门水入于海）。"② 笔者田野发觉现在的两家滩邻近一村庄是东桥村，村旁有一河曰良垌河，当地人说良垌河在东桥村及周边被称为东桥河，或是东桥江。在东桥河之西是两家滩河，下游是南桥河（即良田河），三河汇集经石门五里山港通湛江港出海。故古今两家滩的位置相差不大，大致就是在此遂廉两地交界处，即上述两海图所载的两家滩"遂石二县要害"。

康熙二十四年（1685）清政府在东南沿海相继设置粤、闽、浙、江四个海关，此是中国历史上真正以"海关"命名的中外贸易管理机构，又以粤海关为最重要。粤海关设立后，在广东省沿海口岸先后设立了广州大关、澳门、庵埠、乌坎、梅菉、海安、海口等7个正税总口。各总口共下辖小口约70处，分为正税口、挂号口和稽查口。设在广东西部的正税总口

---

① 宋国用修，洪泮洙纂（康熙）《遂溪县志》（以下简称康熙《遂溪县志》）卷之一《墟市》，岭南美术出版社，影印本，2009。
② （清）梁之栋修，黎民铎纂（康熙）《石城县志》（以下简称康熙《石城县志》）上编卷二上，岭南美术出版社，影印本，2009。

有两个：梅箓（高州）和海安（徐闻），它们下设正税口、稽查口和挂号口有 18 个。也许因为两家滩区域集贸比较繁荣之缘故，此也可以与郑若曾《万里海防图》上所言 "蕃舶多在两家滩" 相对应，清政府一直在此区域设置税务机构收取税收。至清道光十八年（1838），梅箓总口下辖的正税口有：两家滩、阳江；挂号口有芷寮、暗铺；稽查口有水东、硇洲。① 从正税口的设置，也可以看出两家滩的贸易规模还是不小的。从海关史角度观察，海关各种关口所承担职责各有不同：正税口负责检验进出口货物及征收关税；挂号口负责检查进出关境手续及收纳挂号费、销号费等；稽查口负责缉查走私。下面是粤西区域各税口的人员配置情况：口书，廉州口、水东口、阳江口、两家滩各 1 名，雷州口 2 名；巡役，海安总口、两家滩口、雷州口、钦州口、芷寮口各 1 名，梅箓总口 2 名；水手，钦州口 2 名，阳江口、雷州口、廉州口各 4 名，海安总口 5 名，芷寮、两家滩口各 6 名，梅箓总口 7 名；……火夫，两家滩口、水东口、阳江口、芷寮口各 1 名。约在清同治十一年（1872）二月，粤海关在水东、两家滩、赤坎、千洲设卡征收鸦片税。② 其后随着大埠、赤坎贸易港口的崛起，两家滩贸易受到严重的挑战。据清宣统二年（1910）"广州常关工作报告"中记载：粤海关在广州湾周边设有海安、大埠、雷州、石门、暗铺、黄坡、高州、水东、织贡等 9 个常关关卡。于此，两家滩关口却消失了。广州湾是法国租借地时期的称呼，即现湛江市（1945 年收回时改名）。赤坎是其辖地之一，自明清时期起仍是这一带繁荣的商贸集镇。如现存嘉庆二十一年（1816）闽浙会馆《韶安港客商船户出海名次开列碑记》一通，记载旅居赤坎的福建韶安商号船户 45 家及店主姓名。③ 道光二十九年（1849）地方志也言之为 "商船蚁集，懋迁者多"，"商旅攘熙，舟船辐辏"。④

上述康熙《遂溪县志》所提及的："开海弛禁，石邑之新墟道通海舶，土人利其鳞集移建为墟"，说明两家滩的贸易兴盛与其地理位置有很大关

① 湛江海关编《湛江海关志》，2011，第 84 页。
② 湛江海关编《湛江海关志》，2011，第 81、85 页。
③ 石碑现藏于湛江博物馆内。参见谭棣华、曹腾騑、冼剑民编《广东碑刻集》，广东高等教育出版社，2001，第 466～467 页。
④ 见（清）喻炳荣、赵钧谟等纂（道光）《遂溪县志》卷六《兵防》，岭南美术出版社，影印本，2009。

系——"通海舶"。民国《石城县志》卷二《舆地志下》亦曰："东条之水分东南桥二江，会于两家滩，至石门东入海。……两家滩在城南五十里，源出铜罗（锣）埇，经青阴桥过遂溪桃枝江，东流至鸡笼山，会东桥南桥二水，由石门入海；潮汐往来商船所泊。"① 也就是说，两家滩通过港湾，从石门进入南海。从现在的地图上观察，两家滩比较靠近内陆，并不是一个沿海岸的区域。但它邻近地方却是以港湾命名的地方：官渡（石门）、山心港、白鸽港、湍流村等；而距两家滩不远处却是一处古窑址——拱桥窑址。"从《中国文物地图集》广东分册的广东古代窑址分布图可以看出，今茂名、湛江一带的古代窑址在不同时期有明显的地域转移。隋唐五代的窑址集中在雷州湾、湛江湾一带及安铺港，宋元时期有窑址集中在今雷州市西部，明清时期的窑址则北移到鉴江流域及廉江境内。鉴江流域的窑址虽然多，但是最大的两个窑址在廉江东部的良垌镇拱桥、苑瑶两地"。②

"万里海防图"所言的："蕃舶多在两家滩，乃遂石二县要害，宜严守。"与《乾坤一统海防全图》所载的"两家滩海湾为石城、遂溪二县要害，番舶多泊于此，遇警轮　注防守"，除了显示两家滩时常有番舶而来，或避风，或贸易外，也说明当时两家滩亦为一重要的海防据点。此也可以在郑若曾的《筹海图编》中得到说明："广东三路虽并称险阨，今日倭奴冲突莫甚于东路，亦莫便于东路而中路次之，西路高雷廉又次之，西路防守之责可缓也，是对日本倭岛则然耳。三郡逼近占城暹逻满刺诸番岛屿，森列游心注□……若连头港、汾州山、两家滩、广州湾为本府之南，翰兵符重，寄不当托之匪人，以贻保障之羞也。"③《广东海防汇览》引《广州府志》曰："高、廉、雷亦逼近安南、占城、暹逻、满刺诸番，岛屿森列，曰莲头港、曰汾洲山、曰两家滩……皆四郡卫险，而白鸽、神电诸隘为要。此防海之西路也。"引《大清一统志》载："两家滩营，在县东南五十里，海澳通大海，为石城、遂溪两县紧要。"④ 也就是两家滩在当时应是一

① 钟喜焯修，江珣纂《石城县志》（以下简称民国《石城县志》）卷二《舆地志下》，台湾成文出版社有限公司影印本，1974。
② 周运中：《明代高雷商路与湛江港白鸽门水寨的设置》，载李庆新、胡波主编《东亚海域交流与南中国海洋开发》（下），科学出版社，2017，第615页。
③ 《筹海图编》卷之三。
④ （清）卢坤、邓廷桢主编，王宏斌等校点《广东海防汇览》卷四《舆地三》"险要三"条，河北人民出版社，2009。

个重要的海防据点，它的归属于白鸽门水寨巡视。"白鸽门水寨钦依把总一员。嘉靖四十五年议设，领船大小共五十一只，军兵一千五百二十六名。"① 议调者仍时任两广总督吴桂芳。厦门大学历史系周运中博士在《明代高雷商路与湛江港白鸽门水寨的设置》一文中，考证了嘉靖四十五年两广总督吴桂芳设立的白鸽门水寨的具体位置，认为："明代湛江港附近的高州、雷州二府经济发展迅速，促使介于高州、雷州之间的白鸽门成为商路要冲。白鸽门水寨扼守湛江港中部海域，正是近代湛江港兴起的先声。"② 笔者认同周博士白鸽门水寨最初设置于高雷交界处、而不是现代所言的雷遂交界处观点。但对他白鸽门水寨旧址的考证感觉有必要于此提供多条线索，毕竟对白鸽门水寨的具体位置，周博士亦是把握不定的："因为白鸽门就在现在的湛江港，所以才能停泊数千只船"；"在今南三岛东部有北葛村。现在南三岛东部有北合村，北葛、北合很有可能就是原来白鸽门所在。鸽字的读音从合，所以北合就是白鸽"；"原来的白鸽门水寨很可能在湖村。"③ 事实上周文中引用《粤东兵制》中的史料："高、雷之交有地点曰梅菉墟，商民辐辏鱼米之地，贼所垂涎，必由白鸽门而入，又须与北津兵船协力扼之，免籍盗粮也"④，认为："梅菉镇在吴川，说明白鸽门确实靠近吴川县，必在今湛江市东南部"。⑤ 事实上南三岛一直归属于吴川管辖，吴川于明清时期一直为高州府管辖。我们若从两家滩作为一个商贸集散地的角度，而白鸽门寨是一个兵寨的角度来考虑，是否白鸽门水寨能否是在两家滩的附近呢？毕竟明代海洋政策总体来说还是处于保守的。而笔者在做两家滩田野调研时却发现在其背面，往石门出海口方面有一村庄名曰白鸽港村（村民称呼），或曰白甲港村。《湛江市地名志》载："白甲港，在廉江县廉城镇东南21公里良田河南侧。属良垌镇。410人。原名白鸠港，1931年村人陈信材建议改为白甲港。聚落呈带状。以农业为主，兼营捕捞。"⑥ 而在

① （明）郭棐：（万历）《粤大记》（以下简称《粤大记》）卷二十七《政事类》"兵职"条，书目文献出版社，影印本，1990。
② 周运中：《明代高雷商路与湛江港白鸽门水寨的设置》，第615～616页。
③ 周运中：《明代高雷商路与湛江港白鸽门水寨的设置》，第608、610、611页。
④ （明）欧阳保等：《雷州府志》（以下简称万历《雷州府志》）卷十三《兵防志二》"信地"条，书目文献出版社影印本，1990。
⑤ 周运中：《明代高雷商路与湛江港白鸽门水寨的设置》，第608页。
⑥ 广东省湛江市地名志编纂委员会编《湛江市地名志》，广东地图出版社，1989，第178页。

村落小学门口有一块廉江县人民政府 1993 年立的革命牌匾书曰："白鸽港起义"。"白鸽港起义 一九四三年二月，日本侵略军占领雷州半岛及广州湾（今湛江市），廉东南地区顷成为抗日前线。三月，南路特委决定，设立中共廉吴边特派员，常驻白鸽港村，以新民小学为据点，领导廉吴边的抗日战争。 一九四五年一月，特派员黄崇文在此领导抗日武装起义，后整编为南路人民抗日解放军第二支队第二大队，转战吴川、廉江、合浦等地。"① 村落内"重建观潮堂序"亦言："……来龙千里，潜伏奔延，堂前河流带水，尽归案底"，似乎反映村落的地形情况面临大河。田野调研不难发现白鸽村所在地类似一个小山，高于周围地方，细观察却可看出并不是一个原始的山头，地面土层厚实，似是堆积而成的。同时明人郭棐在《粤大记》中谈及白鸽寨的信地设置情况："白鸽寨：自赤水港起，至雷州海安所止，为本寨信地。分哨广州澳、硇洲等处。自潘安所起，至钦州龙门港止，旧有乌兔寨，续已裁革。于白鸽寨委哨官一员，领兵船十只，驻扎海康港防守，此哨仍旧。近该军门看得：自此以至龙门港，海洋辽远，防守阔疏。北津寨船数多，议移十只，设协总一员统领，泊龙门港。又一哨官领船十只，泊冠头岭乾体港，交互哨逻乌兔等处。该寨兵船住扎沙头洋。分二官哨：一至赤水西，与北津兵船会哨，取吴川所结报；一至海康，哨逻围洲一带，与新移泊守龙门、乾体港兵船会哨，取凌禄巡司结报即回，不许住泊。"② 也就是说白鸽寨的兵船、哨船其实是分扎多个地方的。因而，笔者认为该白鸽港村即为明清时期的白鸽门水寨旧址，至少是它其中一个驻地、一个哨地。

三 两家滩邻近南海区域十七、十八世纪域外交往史

滨下武志先生认为，海洋贸易包括了"沿海地区的贸易，跨海贸易以及诸如连接中国南海与东海的海洋链之间的贸易。这些贸易往来最终形成了一个开放的、多元的区域，这些区域之间既联系紧密，又

---

① 中共湛江市委党史研究室编《南路人民抗日斗争史料》（广东人民出版社，1996）亦称为"白鸽港"村，见第 188 页。
② 《粤大记》卷之二十八《政事类》"营堡"条。

充满了多样性。"① 由于地理位置独特，明清以来，两家滩邻近南海区域一带——如芷寮、梅菉、阳江等即处于繁忙的对外交往状态。

地方志载："石城……东桥水，出鸡头岭，东南过两家滩，入吴川，是为石门港也。"② 也就是说，石城，这个在唐代即为县城（罗州）的区域可以通过两家滩的水路与外界往来。石门港遗址现在已不复见，其码头不知是否在今石门大桥处？但有一地名显示该地与外界交往不少：官渡。文献载"石门港在县西南八十里，自石城县流入，又东南入海，阔二十余里，为海滨大港"；"石门，城西七十里，石城、遂溪分界，俗名门头。"③ 民国时期《遂溪县采访员一、二次报告》记录："门头埠……商店约有六七十间。港颇深，出口货油、糖、生猪为盛，入口货咸鱼为盛。帆船辐辏，常有数十艘不绝。"④ 其实"万里海防图"与《乾坤一统海防全图》都提及两家滩当其时有"番舶"所泊，而在明清时期，即使是现在，"番"往往指代域外。只不过到底是西方，抑或是东南亚，还是内地其他地方，另当别论。"番舶"自然是来自外界的船只。方志所记载的"两家滩……由石门入海；潮汐往来商船所泊"，也就是说不少外界商船往往趁着潮汐来到两家滩泊船贸易。据康熙《石城县志》上编卷二上所载，青平、横山与息安等地以"货鱼盐"为主，南门、清水与南新墟是以"牛马"为主，而两家滩墟市却是以"槟榔椰子"为多。⑤ 实际上明清时期，粤西一带有吃槟榔、用槟榔的习俗。如宋代周去非《岭外代答》卷六"食槟榔"记："自福建、下四川与广东西路皆食槟榔者。客至不设茶，唯以槟榔为礼。"⑥ 清朝屈大均在《广东新语》卷二十五《木语》载："槟榔，产琼州，以会同为上，乐会次之，儋、崖、万、文昌、澄迈、定安、临高、陵水又次之。……诸州县亦以槟榔为业，岁售于东西两粤者十之三，于交趾、扶南十之七。……熟者曰槟榔肉，亦曰玉子，则廉、钦、新会及西粤、交趾人

---

① 〔日〕滨下武志：《中国、东亚与全球经济：区域和历史的视角》，王玉茹等译，社会科学文献出版社，2009，第105页。
② 赵尔巽等撰《清史稿》卷七二，志第四七，中华书局，1977。
③ （清）毛昌善修、陈兰彬纂《吴川县志》（以下简称光绪《吴川县志》）卷二，清光绪十四年刊刻本影印，台北成文出版社，1967。
④ 刘佐泉、岑元冯：《寻古韵之集渡口驿站商埠于一身的石门渡》，《湛江晚报》2010年5月24日第19版。
⑤ 康熙《石城县志》上编卷二上。
⑥ （宋）周去非著，屠友祥校注《岭外代答》，上海远东出版社，1996。

嗜之。熟而干焦连壳者曰枣子槟榔，则高、雷、阳江、阳春人嗜之。……粤人最重槟榔，以为礼果，款客必先擎进，聘妇者施金染绛以充筐实，女子既受槟榔，则终身弗贰"①，甚至达到"日食槟榔口不空"之状态。光绪《吴川县志》卷二"风俗"条亦说："冠婚之礼，将娶延宾加冠、命字，聘礼重槟榔，盛以朱盒，饰以彩红，缀以银盏。"清代《梅菉志》载："俗尚槟榔，连壳咀嚼，以扶留青叶和石灰啜之。冠婚丧祭，款客必进。邂逅不设，用相嫌恨。凡男子忿争，奉槟榔上门，即可和解。"② 由于粤西地区并没有生产槟榔，它自然需要从外界贩运而来。民国期《海康县续志》卷二"地理志""民俗"记载，不少海商是常年从海南贩运槟榔到雷州港南亭街销售，后因当地出现欺行霸市的现象，官府为了维护市场秩序、稳定赋税收入，及时施政治理，因采取除弊革新举措得当，效果明显，后来建有"新革榔税牙行碑亭"纪念此事。③ 不知是否两家滩也存在与海南贸易槟榔活动？

查明清时期相关笔记，我们不难发现两家滩邻近区域存在着与海南槟榔贸易行为。嘉庆海南《会同县志》收录了吴者仁《槟榔赋》，里面说到："懿夫槟榔之为物也，实奇甸之所钟。滋琼海之沥液发玉洞之芳浓，其始植也。……资润下之力堆垺充栋兮，委积填阃渐渍不骤兮，衣作松浸淫曷已兮，中透极惟滋味之醍醐兮，超海北而甘食更有温如玉兮，可珍绐若谷兮，理逾彬彼燥湿之不侔兮。兹肉子之可人货分三品兮，业谐具币，骛趋一时兮，载曩茅筲。尔乃揽艨艟，屯箱轴，舟交樯，车击毂。或鸥浮巨海，数日直抵江门；或足捷长途，经旬乃至梅菉，卒岁如狂，明年又逐。"④ 也就是说，从会同（即现海南琼东县）贩运槟榔至粤西的江门、梅菉，已达到"卒岁如狂，明年又逐"的情景。明人郭棐亦在《粤大记》记载一与槟榔贸易的事件："（景泰三年（1452）夏四月）时海贼寇海丰、新会，甚猖獗。总兵董兴使都指挥金事杜信往剿之，被杀。备倭指挥金事王俊追至清水澳，不及。还至荔枝湾海面，获白船一只，俊取其槟榔、苏木

---

① 屈大均撰《广东新语》卷二十五《木语》，中华书局，1997。
② （清）梁兆珺编纂《梅菉志》卷一"风俗"条，吴川市地方志办公室整理出版，2009。
③ 梁成久纂修，陈景菜续修《海康县续志》卷二《地理志》"民俗"条，岭南美术出版社，影印本，2009。
④ 陈述芹纂修（嘉庆）《会同县志》卷九《艺文》，上海书店、巴蜀书社、江苏古籍出版社，影印本，2001。

等物，纵贼开洋而遁。事发，追出俊赃。奏闻，俊当斩。奉旨：就彼处决，号令。于是诛俊枭之。"① 后期有学者也认为，明清时期"北海、海安、雷州、赤坎、江门、广州、潮州、泉州等滨海港埠，先后成为海南槟榔的主要集散地。"② 南海海域存在着一条海上槟榔之路。

而上述提到的梅菉，仍两家滩东北面一繁盛的商贸集市。从两家滩出发，经石门，行半天海路即可到达。万历《雷州府志》卷十三《兵防志二》的"信地"条载："高雷之交，有地名曰梅禄，商民辐辏，鱼米之地，贼所垂涎，必由白鸽门而入"。③ 可以讲梅菉镇至少在明代万历年间即成为商贸集散地。《天下郡国利病书》引冒起宗《宁川所山海图说》说："县之侧有墟曰梅禄，生齿盈万，米谷鱼盐板木器具等皆丘聚于此。漳人驾白艚春来秋去，以货易米，动以千百计。故此墟之当（富）庶，甲于西岭。宜乎盗贼之垂涎而岁图入犯也。"④ 而目前保存下面一块碑文谈到："吾粤十郡，高与广相距千里而不离疆域，梅菉去高郡仅一百五十余里，均非外省窵远者比。广州会馆曷由而建……梅菉当雷、廉、琼孔道，吾广人寓居众，□□□□，十居八九，使不有会集之所，居者无与言欢，行者无以节劳，众咸曰非便"，可以讲当时的梅菉已进入迅猛发展时期。"广氓来贸易者，常近千人"⑤，故晚清方志曰："梅菉墟，在茂名县西南，接吴川县界，为雷琼通衢，商旅极盛。"⑥

两家滩邻近南海区域另一大集镇为芷寮。芷寮临海之处即为南海海域。梁桂全先生主编《广东历史人文资源调研报告》称："明代芷寮是福建、广州、潮州的大商船集散之地，十分繁华。有福州会馆、广州会馆、潮州会馆；还有两街、三巷、六行头；正街、曲街、秀清巷、广成巷、牛儿巷、沙螺行、蟹行、谷行、虾蛋行、壳灰行和番薯行。商贾云集，茶楼、饭馆齐全。"⑦ 清光绪《吴川县志》载，"芷寮，初属荒郊，居民盖草寮。纸于岭头人目之，曰纸寮。万历间闽广商船大集，创铺户百千间，舟

① 《粤大记》卷之三十二《政事类》"海防"条。
② 陈光良：《海南槟榔经济的历史考察》，《农业考古》2006 年第 4 期，第 187 页。
③ 万历《雷州府志》卷十三《兵防志二》的"信地"条。
④ 转吴滔《清代广东梅菉镇的空间结构与社会组织》，《清史研究》2013 年第 2 期，第 28 页。
⑤ 谭棣华、曹腾騑、冼剑民编《广东碑刻集》，广东高等教育出版社，2001，第 477～478 页。
⑥ （清）梁兆鏐编纂《梅菉志》卷一《形胜》，吴川市地方志办公室整理出版，2009。
⑦ 梁桂全主编《广东历史人文资源调研报告》，社会科学文献出版社，2008，第 494 页。

岁至数百艘，贩谷米通洋货。吴川小邑耳，年收税饷万千计，遂为六邑之最。"① 在《指南正法》针经中《广东宁登洋往高州山形水势》标明当闽船到达吴川限门时，由于"港口甚浅"，若要进去，"须候水有七八分"才能进。"进港时须看塔，塔上有妈祖宫，后草山相重，就口须看虫嘴山东塔上北铳城可直入，舡头向西北沙壇头，舡起头对网桁，至妈祖宫好抛舡，入纸寮，妙也。"② 估计这就是康熙《遂溪县志》所言的"必湾道自芷蓁艻口入，而芷蓁口砂角交牙，非大潮亦不敢入。"③ 明清之际吴川人陈舜系笔记亦载："闻芷寮初属荒郊。万历间，闽、广商船大集，创铺户百千间，舟岁至数百艘，贩谷米，通洋货，吴川小邑耳，年收税饷万千计，遂为六邑最。"④ 崇祯末年广州府推官颜俊彦从当其时一些官兵无端拘押或杀害住在芷寮和限门的福建人以冒充军功的记载，从另一个角度也佐证了当时不少域外人到芷寮贸易的状况。"张秀供芷寮街多福建人住，被贼赶到海边，同队长李新、林振胜杀死一不知姓名人，希图报功，则与冯魁、林辉所斩二颗亦可同类而并观者也。……冯魁合行限期严缉。陈进等人，或系妄供，姑免提究。其现解贼犯徐朝芳、杨六、林英，据系旗总谭昇带兵同乡兵赖思聪等擒获，然无赃无仗，止云驾船，系福建人，必系间隙，如是而至耳。"⑤ 只不过到了晚清时期，"近则货船聚于水东、赤墈（坎），而芷寮寂然矣。"⑥ 故给当地留下了民谚："金芷寮，银赤坎"。随着赤坎、水东商贸的发展，赤坎港兴起，芷寮港落幕了。另外，根据笔者调研，芷寮港遗址北面不远处有一口水井，当地人称之为"番鬼井"。井在新建的天后宫后面。井水透凉甘甜，当地人至今仍取之蒸茶、做饭等食用，甚至直接饮用。这口井在清代方志中亦有记载："番鬼井，在芷蓁斗门村后。昔有番鬼泊船于此浚而汲泉，其井虽浅，泉出不竭，味甚清。"⑦ "番鬼"一词，是早期沿海民众对到达本地外国人的称呼。清人李调元《南越笔

---

① 光绪《吴川县志》卷十"杂录"条。
② 向达校注《两种海道针经》，中华书局，1982，第 160 页。
③ 康熙《遂溪县志》卷之一《沿革》。
④ 中国社会科学院历史研究所明史室编《明史资料丛刊》第三辑，江苏人民出版社，1983，234 页。
⑤ （明）颜俊彦著，中国政法大学法律古籍整理研究所整理标点《盟水斋存牍》，中国政法大学出版社，2002，第 261～262 页。感谢广州湾资讯公众号提供此史料。
⑥ 光绪《吴川县志》卷二"风俗"条。
⑦ 光绪《吴川县志》卷一"井泉"条。

记》卷一 "广东方言" 条记载："海外诸夷曰番鬼。"① 此也可以从另一侧面说明，吴川这一带存在着海路上与域外交往的历史。② 虽然不知道 "番鬼井" 源于何时何故，但在 1702 年前后法国 "安菲特理特号" 第二次远航中丢失了桅杆，被迫搁浅在一个后来被称为 "广州湾" 的小岛上却是一大史实。后来在租借广州湾时期的 1940 年 11 月，曾在湛江树立起一个纪念碑，碑下有文字曰："安菲特里特号，隶属皇家中国公司，是第一艘从法国驶往中国海域的舰船。该船全体船员在广州湾滞留时间为从 1701 年 11 月 16 日到 1702 年 5 月 10 日。"在 1932 年法国出版的关于广州湾的地图上甚至标示有 "安菲特里特航行路线"。③ 事实上，明清时期，吴川地区，包括芷寮、梅菉两地，在行政上隶属于高州府。周运中在上述文中还提到：《指南正法》中有两节内容：《北太武往广东山形水势》与《广东宁登洋往高州山形水势》讲的是从金门岛到高州的航路。而 "《广东宁登洋往高州山形水势》记载的终点就是白鸽门，说明从闽南到白鸽门的航路非常重要，所以专设一节。"④ 而据了解，《华夷变态》多卷中谈及高州、福建与日本贸易之关系。如卷十二谈及由于高州物产丰富，南京、福州、宁波、厦门等地贸易商纷纷而来采购，然后贸易日本。同卷另一条目载了康熙二十六年（1687），闽商由厦门驶往高州，以厦门货换取砂糖，然后自高州航行日本。卷十五载高州与福建澄海往来贸易日本的情况。卷十八、十九则谈及康熙三十年五月由高州出船，因风季之因素，贸易相继到达福州、宁波，最后到达日本。这次航行有 6 人溺水而死。《华夷变态》卷九至卷二十八记载康熙二十三年（1684）至四十年（1701），不少高州船只经浙江普陀山航行至日本的情况。当然这些贸易船只并非是高州当地的，它们有不少是由闽商与浙商贸易而来的。它们贸易的货物以砂糖、大米与槟榔为主。⑤

---

① 李调元辑《南越笔记》卷一，中华书局，1985。
② 有关芷寮港相关情况可参阅陈国威《广东吴川吴阳古沉船为明代古船文献考析》，《广东海洋大学学报》2012 年第 2 期；陈国威、何杰《海洋文化视阈下雷州半岛与域外社会交往》，《浙江海洋学院学报》（人文科学版）2015 年第 6 期。
③ 伯特兰·马托：《白雅特城：法兰西帝国鸦片销售时代的记忆》，李嘉懿、惠娟译，暨南大学出版社，2016，第 145、178 页插图。
④ 周运中：《明代高雷商路与湛江港白鸽门水寨的设置》，第 615 页。
⑤ 林春胜、林信笃编，浦廉一解说《华夷变态》，《东洋文库》1958 年 3 月。

这一片海域，还有阳江，它亦为这一片南海海域与外界交往的通道。阳江一带商人，自明至清长期专做海南岛槟榔、椰子生意，他们从产地以低价买入，雇船运输，再经江门港转销粤地，"物虽微而利最长。"[①] 另外明代海防同知邓士亮曾在其《心月轩稿》记录他当年曾在阳江打捞"红夷大炮"的情况。"万历四十八年，有红夷船追赶澳夷船，遭飓风俱沉阳江县海口，夷贼骁悍肆掠，居民惊逃。总督许橄令高肇二府海防及各官查验……（职）会同参将王杨德及守备蔡一申至海上，差通事译夷，多方计诱之解去戈矛，分置村落……搭鹰杨架，捐俸雇募夫匠，设计车绞，阅九十日，除中小铳外，获取大铳三十六门。总督胡将二十余门运解至京……红夷船有西洋布、纳缬、胡椒、磁器等货物，船底深邃，药气昏迷，职令多人垂縆而下，搜取货物若干，发广州府库，变价二千余两，时澳夷船尽经抢掠，两海防官尽法力追，不获分厘，职访有首事为奸者，大张告示，献银免罪，未及两旬，相率献银二千两，贮广州府库，共计四千余两。"其后邓士亮还为"红夷大铳"赋诗一首："神物知非遇，相看气自豪。堪容数斗药，何事五营刀。镕冶倾山窟，腾音沸海涛，边城欣有藉，不敢侈功劳。"[②] 对"红夷"来阳江一事，地方志也有如此的记载："（万历四十八年）六月，飓风大作，时澳人为红毛番所劫，有顺风飘泊北寮者，乡民乘势抢掠财物，既而追贼论罪，上下五十余里逃亡殆尽，狱毙、自缢、服毒者甚众。"[③] 据台湾学者黄一农先生的考析，邓士亮打捞出来的几十门西洋大炮仍当时"在阳江触礁之英国东印度公司商船独角兽号上的炮。"[④] 因而明正德十三年（1518）广州市舶司移驻高州府电白，如此的调整也是因为当时粤西存在着与域外交往的便利与沿革，但也从而促使粤西在海上丝路中的地位得到提高。

四 余论

南海地区是中华海洋文明的重要发祥地，至少至秦汉时期开始，我们

① 陈光良：《海南槟榔经济的历史考察》，《农业考古》2006 年第 4 期，第 187 页。

② 邓士亮：《心月轩稿》卷一七、卷五，明末刻本。

③ 张以诚修、梁观喜纂《阳江志》卷三十七《杂志上》，台北成文出版社有限公司，影印本，1974，第 1759 页。

④ 黄一农：《欧洲沉船与明末传华的西洋大炮》，《中央研究院历史语言研究所集刊》第七十五本（2004 年 9 月），第 618 页。

的先人已在这一区域进行贸易活动,它是海上丝绸之路核心区。事实上,十七、十八世纪以来,随着地理大发现影响的推进,东西之间航海已渐变成常态。尽管存在宗教、商业、文化与政治等方面的差异,但仍有不少航海探险者纷纷走出自己生活的空间,致力于海洋贸易,前往此前遥远而陌生的陆地,与当地人彼此之间建立起某种关系。雷州半岛的东海岸,濒临南海,沿岸存在着诸多港口。这些港口的存在,促进了其所在区域与域外社会的交往,使之成为历史上南海贸易网络中的一环。当然,这些港口商埠在历史发展的进程中,自然会随着国际航海贸易之变化而走向兴衰枯荣的。

明清实录对"南海"与"南洋"的
记载与认知[*]

谢贵安^{**}

我们今天的"南海"概念是十分明晰而确定的。东汉以来至隋唐，相当于今天南海范围的这个海，称为涨海，所谓"按南海、大海之别（名），有涨海。"① 但迄今为止，学界对明清实录中所记载的"南海"和"南洋"概念的探讨，则付之阙如。本文就此问题试作一探。

《明实录》包括太祖、太宗、仁宗、宣宗、英宗、宪宗、孝宗、武宗、世宗、穆宗、神宗、光宗和熹宗十三朝实录。《清实录》包括太祖、太宗、世祖、圣祖、世宗、高宗、仁宗、宣宗、文宗、穆宗、德宗十一朝实录和溥仪的《宣统政纪》。《宣统政纪》修于溥仪逊位后的民国，虽不敢命名为"实录"，但实际上仍属于实录性质的史书。明清实录对"南海"和"南洋"的记载，蕴含着明清皇帝和官员对南中国海及其周边地区地理概念的认知过程。

《明实录》中所载与今天南海概念相关的"南海"词汇条目较多，共17条，约4000余字；《清实录》所载与今天南海概念相关的"南海"词汇不多，约有19条，共4300余字，若按"南海"字数在《明实录》（16000000字）和《清实录》（36580000字）全书字数中的各自占比来看，《清实录》所载相对来讲比《明实录》要少。但这并不意味着清代官方对南海的认知比明代弱，而是因为《清实录》中用"南洋"概念覆盖了

---

* 本文得到教育部人文社会科学重点研究基地重大项目资助，项目名称为"明清史学与近代学术转型研究"（项目批准号为16JJD770037）。

** 谢贵安，武汉大学历史学院。

① 韩振华：《南海诸岛史地研究》，社会科学文献出版社，1996，第1页。

"南海"。《清实录》中"南洋"概念，出现频率很高，字数多达 70000 余字，而《明实录》中的"南洋"只有 9 条，全是指浙江"南洋营"的参将、游击和守备之官名，无一条与今南海概念相关。显然，对于今天的南中国海，《明实录》多用"南海"，而《清实录》多用"南洋"概念。

一 《明实录》对"南海"地理概念的认识

"南海"概念出现在《诗经》和《禹贡》中，但只有"涨海"被明确认定为是指南中国海。至宋代周去非的《岭外代答》中解释"海外诸蕃国"时，指出："大抵'海'为界限，各为方隅而立国"，"正南诸国，三佛齐其都会也。东南诸国，国婆其都会也。西南诸国，浩乎不可穷，近则占城、真腊"等国。这里虽然用的只是"海"这个概念，但很清楚就是指的是"南海"。以这个"海"为界限，"海"以内，是中国之境，"海"以外，才是"'海'外诸蕃国"，并以这个"海"为主而立方隅，从而才有东南海诸国、南海诸国和西南海诸国的区分。① 至明代，南中国海明确使用的概念是"南海"，《明实录》中反复使用"南海"一词。

明代皇帝明确指出，南海是其南疆。《明太祖实录》卷三四载，洪武元年八月己卯，朱元璋在大赦天下的诏书中说，自己起兵反元，以安定天下为己任，"赖天之灵，因民之利，干戈所至，强殒弱服，大河之北以际南海，罔不来臣"。指出他征服的南部疆界为南海。

明代"南海"的地理概念，靠近大陆的地方比较明晰，认识到南海北界在福建和广东二省。嘉靖三十九年，倭寇六十余人流劫潮州等处，守臣告急。兵部报告："闽、广二省俱邻南海，倭奴侵轶广中，皆以闽人为向道。今其势张甚，在两广固当克期诛剿，在福建抚臣亦难辞纵贼贻患之责。"② 在兵部看来，福建与广东都与南海相邻。事实上，今天南海的北界，有福建说，有广东说。福建说，则称东海与南海气象分界线，是福建省泉州市崇武镇的海滨；广东说，则称南澳岛与台湾岛南端鹅銮鼻一线，是南海与东海的分界线。

---

① 韩振华：《南海诸岛史地研究》，社会科学文献出版社，1996，第 9 页。
② 《明世宗实录》卷四八一，嘉靖三十九年二月己未，台北"中央研究院"历史语言研究所，1962，第 8039 页。

福建为南海北界，属南海范围，在《明太祖实录》卷一〇八"洪武九年八月"条中也有证据。当时朱元璋赐福建布政使司参政魏鉴、瞿庄玺的诏书上称："今年仲夏，敕卿南行，以辖八闽，然其地利尽南海，势控诸番，宜忠君爱民，修身慎法，则芳名不朽。卿其审释力行，以副朕委任之意。"① 闽省利尽南海，划分已很分明。既然福建属于南海范围，则广东自然属于南海。天启元年，两广总督陈邦赡在向朝廷汇报从山东登莱渡海进军辽东时，指出："征及东粤水兵，自南海至北海道里修长，众莫应者。"② 显然，在他的头脑中，广东的水兵须经南海北上至北海（渤海）。换句话说，广东属于南海区域。

广东与越南交界的北部湾地区属于南海，盛产珍珠，明廷在那里采办。据《明孝宗实录》卷一九三载，弘治十五年十一月甲午，内府承运库以缺供用珍珠，"请下南海采办"，广东守臣则奏称地方遭受灾伤，"兼以黎贼之扰"，请求暂时停止。既然提到广东，又提到越南"黎贼"，那么这里的南海，应该指广东与越南相邻的北部湾地区③。在明人的观念中，广东以南的南海之中有黑人出没。《明太祖实录》卷七六载，洪武五年九月乙巳朔，"南海盗黑鬼为乱"。朱元璋"诏广东卫兵讨之，败其众于马鞍山，又败之于浪淘鬐，生擒黑鬼及伪都督元帅等三百七十余人，斩之"。显然，黑人出没的南海，应该是今南中国海，靠近广东一带，所以由广东军队负责平定。

明代南海的地理概念，向外延伸，海之西是越南，海之东是今菲律宾，海之南是今印度尼西亚。这一概念近乎清代"南洋"的概念。

南海之西界为越南。据《明太宗实录》卷六八载，永乐五年六月癸巳，设交趾交州左右等卫指挥使司。朱棣敕甘肃总兵官西宁侯宋晟曰："安南黎贼悉已就擒，南海之地，廓然肃清。惟沙漠鬼力赤等倔强未顺，为患边境，当俟蕞驱除之。尔有谋略，宜具来闻。"在他看来，越南也属于南海之地。进一步分析，则越南应属南海的西界。

---

① 《明太祖实录》卷一〇八，洪武九年八月，台北"中央研究院"历史语言研究所，1962，第1802页。
② 《明熹宗实录》卷一六，天启元年十一月丁卯，台北"中央研究院"历史语言研究所，1962，第830～831页。
③ 中华人民共和国时，将北部湾以北的广东地区划归广西。

南海之东界当为吕宋、苏禄等国（今属菲律宾），但《明实录》缺乏将这些番国与"南海"相提并论的记载。然据《明熹宗实录》卷五八载，天启五年四月戊寅朔，福建巡抚南居益题奏："近据谍者言红夷消息，尚泊数船于东番，将有事于吕宋。夫吕宋，我之属国。今商民乘春水赴之者甚众，遭于洋必无幸矣。"将吕宋一带称为东番，是相对于广东而言。广东既然濒临南海，而此"东番"应指南海之东，含有将吕宋视为南海之东界的意思。

南海之南界是旧港、爪哇等国（今属印度尼西亚）。明人对此有较清晰的概念。永乐三年，明太宗遣行人谭胜受、千户杨信等往旧港招抚逃民梁道明等人。实录特别指出："旧港在南海，与爪哇邻"。梁道明本是广东人，"挈家窜居于彼者累年"。广东、福建军民从之者至数千人，推梁道明为首。明朝的指挥孙铉"尝使海南诸番，遇道明子二奴，挟与俱来，遂遣胜受等偕二奴赍敕招谕之"。① 旧港即今印尼苏门答腊的巨港。《明太宗实录》卷七一载，永乐五年九月癸酉，爪哇国西王都马板遣使亚列加恩等前来朝贡，朱棣遣使赍敕谕都马板曰："尔居南海，能修职贡，使者往来，以礼迎送。朕当嘉之。"爪哇即今印尼首都雅加达所在的爪哇岛。朱棣认为，爪哇等地属于南海区域。《明实录》关涉"南海"的几处记载中，吕宋、旧港、爪哇诸岛国尚属"诸番"，是明朝皇帝眼中的朝贡国。至《清实录》中，因这些地区逐步成为西方列强的殖民地，故不再称其为中国的朝贡国了。

综上，《明实录》对"南海"的记载比较简略，反映了明代官方的南海地理观念。从中可知，明代官方史书中，"南海"与今南中国海大致相同，只是认为福建也属于南海范围。这与今天主流观点认为广东才属于南海范围，有一定的差别。

二 《清实录》对"南海"的印象与概念

清廷来自东北地区，对遥远的南海并无印象，故《清实录》中，直到

① 《明太宗实录》卷三八，永乐三年正月戊午，台北"中央研究院"历史语言研究所，1962，第645～646页。

平定中原的顺治朝，其实录中才开始有南海的概念。但这个概念也是逐步发展的。最初，"南海"是包括在笼统的"东南海"之中的。据《清世祖实录》卷三〇，顺治四年二月（壬申朔）癸未载，以浙东、福建平定，颁诏天下，诏曰："东南海外琉球、安南、暹逻、日本诸国，附近浙闽，有慕义投诚、纳款来朝者，地方官即为奏达，与朝鲜等国一体优待，用普怀柔……布告中外，咸使闻知。"①

等到平定广东，清廷对南海的概念更加明晰，不再简单地称东南海，而明确称为"南海"，并将暹罗和安南视为南海诸国，而将琉球和日本排除在外，说明清朝已清楚南海与东海的区别（在清廷的眼中，当时尚无黄海的概念，黄海应属于东海）。据《清世祖实录》卷三三载，顺治四年七月甲子，以广东初定，特颁恩诏，诏曰："南海诸国暹罗、安南，附近广地，明初皆遣使朝贡，各国有能倾心向化、称臣入贡者，朝廷一矢不加，与朝鲜一体优待。贡使往来，悉从正道，直达京师，以示怀柔。"清廷对广东滨临南海，海上走私贸易发达的状况也了如指掌，但它一开始便推行海禁政策："广东近海，凡系飘洋私船，照旧严禁。至巨寇并罪逃之人窟穴其中，勾引剽掠，虽从前犯有过恶，如能悔过投诚，概免其罪。即伪官逆将寄命海上者，果能真心来投，亦开其自新之路……於戏！四方大定，悦来无间于寰中；万国攸宁，声教丕扬乎海外。凡官斯土，体熙朝宽大之怀，永义吾民，享奕叶荡平之福，播告遐迩，咸使闻知。"②

在中原长大的圣祖玄烨，对大中华地理知识兴趣浓厚，曾对大臣说自己"于地理从幼留心。凡古今山川名号，无论边徼遐荒，必详考图籍，广询方言，务得其正"，还"遣使臣至昆仑西番诸处，凡大江、黄河、黑水、金沙、澜沧诸水发源之地皆目击详求，载入舆图"，因此他能够说出中国水系的发源与流向："大概中国诸大水，皆发于（西藏）东南诸莫浑乌巴西大干内外，其源委可得而缕析也。"在对黄河之源、岷江之源、金沙江

---

① 这种"东南海"的概念，后来偶尔一用。《清世宗实录》卷五八载，雍正五年六月（丙戌朔）丙申，苏禄国王遣使进贡后，雍正帝让大臣议处，他们提出意见道："东南海外诸国琉球、荷兰、安南、暹罗，初次奉表纳贡，颁敕谕一道，即令来使赍捧还国，其使臣赐宴颁赏，遣官伴送。今苏禄国初次奉表称臣纳贡，应照例行，以示嘉奖。"皇帝允从。清代大臣们将琉球、荷兰、安南、暹罗仍然笼统用东南海诸国的概念来指称（《清世宗实录》，中华书局，1985，第877页）。

② 《清世祖实录》卷三三，顺治四年七月甲子，中华书局，1985，第274页。

之源均作介绍后，特别指出：澜沧江流入云南境，向南流入缅甸；澜沧之西是云南的潞江（怒江），向南流经永昌府潞江安抚司境后流入缅甸；潞江之西为龙川江，流经汉龙关入于缅甸，"此诸水在东南诸莫浑乌巴西大干之外，皆流入南海也"。① 这是他的南海概念，只要向南流入海洋，这些海洋就是南海。以今天的地理知识来看，怒江和龙川江流入印度洋，而澜沧江则流入太平洋之南海。

南海风波之镇静，一直被认为由广州城南的南海神庙负责，然而，晚清时，朝廷又让南海北岸揭阳的关帝庙来承担。光绪三年三月，朝廷"以神灵显佑，颁广东揭阳县关帝庙扁额，曰威宣南海"②。这一做法，强化了广东以南的海面为南海的印象。

三 《清实录》中对"南洋"的记载与界定

《清实录》中"南海"概念较少使用，但"南洋"一词频繁出现，不仅涵盖了"南海"的概念，而且范围较后者为广。由于晚清时为了海防，清政府将中国的沿海地区分为南洋、北洋两个防区，以长江口为界，北洋包括苏北、山东、河北、辽宁各省，南洋则包括苏南、浙江、福建和广东各省。郑观应建议："南洋起厦门，包汕头、台湾、潮阳、甲子门、四澳、虎门、老万山、七洲洋，直抵雷、琼为一截。"③ 事实上，清朝的南洋概念较郑氏提议更为广泛。清廷以南洋大臣从广东移驻江宁，由两江总督兼任，故《清实录》中大量的"南洋"概念并不是今天的南海范围。去除掉与今南海无关的南洋概念，将与今天南海相涉的"南洋"记载加以梳理和提练，可以看出清代对南海的认知状态。

南洋是与西洋、东洋和北洋相对的概念。西洋主要是指欧洲，这与明朝不同。南洋与东洋的概念也不相同。《清圣祖实录》卷二七一，康熙五十六年正月条，曾同时提到了东洋与南洋："凡商船照旧东洋贸易外，其南洋吕宋、噶罗吧等处，不许商船前往贸易。"南洋与北洋也不同，在清代往是相对的概念，在实录中经常相对而出。《清高宗实录》卷一三二七，

① 《清圣祖实录》卷二九〇，康熙五十九年十一月辛巳，中华书局，1985，第 820~822 页。
② 《清德宗实录》卷四九，光绪三年三月辛巳，中华书局，1987，第 681 页。
③ 郑观应：《盛世危言·海防上》，中州古籍出版社，1998，第 420 页。

乾隆五十四年四月辛亥条，提到了清代海军巡视南洋与北洋的会哨制度，"前往南洋、北洋会哨，至交界地方"。清代南、北洋的交界之处在长江口，也是清代北洋水师和南洋水师管辖海域的分界处。上海处在长江口，因此南洋和北洋的船只均进出其中。据《清宣宗实录》卷三六○，道光二十一年十月甲辰条载："上海各项船只，有南洋、北洋之分。北洋沙船，有印照戳记；南洋闽、粤各船，归行户专管。"

显然，清代的南洋概念比南海概念大多得。清代以南洋概念覆盖了南海概念。这一概念带来了麻烦：南海基本上是中国的领海，而南洋则包括南海周边的各岛国和中南半岛上的国家，两个概念差别明显。

那么，清代南洋的概念有什么内涵，范围有多大呢？

南洋的北界在今长江口，远非南海概念所能容纳。《南京条约》签订后，规定五口（广州、厦门、福州、宁波、上海）通商，于是设置南洋通商大臣，由两广总督兼任。咸丰八年（1858）后改由两江总督兼任（一度由江苏巡抚兼任）。通商大臣从南（广州）向北（江宁）的移驻，使得南洋的概念更加频繁地与闽粤以北的江苏（主要是苏南，包括上海）、浙江相联系。导致南洋概念将江浙闽粤各省沿海地区都包括在内。这四省的海岸线都成为南洋的北部界线。

江苏沿海是南洋北部界。《清实录》明确记载，说"江宁为南洋根本，关系重要"①"江宁为南洋根本"②"金陵为南洋根本重地"③"江垣（即江宁）为南洋适中之地"④，说明江苏和南京（江宁）都属于南洋的范畴。上海当时属于江苏省松江府，地处长江口稍南，也属于南洋的范围。因此《清德宗实录》卷五一八，光绪二十九年六月乙卯条直截了当地称："上海当南洋冲要，市舶往来，十倍津沽"⑤。

浙江是江苏以南的省份，也属于南洋的范围。《清德宗实录》卷四四二，光绪二十五年四月丁亥条明确指出"浙省地属南洋"。浙江省宁波府象山县的南田岛（又名牛头山），被称为"南洋要冲"。据浙江巡抚增韫

---

① 《清宣统政纪》卷六三，宣统三年九月戊寅，中华书局，1987，第1171~2页。
② 《清宣统政纪》卷六五，宣统三年十月己酉，中华书局，1987，第1220~1页。
③ 《清宣统政纪》卷六三，宣统三年九月庚辰，中华书局，1987，第1175~1页。
④ 《清宣统政纪》卷四八，宣统三年正月庚戌，中华书局，1987，第861~2页。
⑤ 《清德宗实录》卷五一八，光绪二十九年六月乙卯，中华书局，1987，第838~2页。

奏:"浙江宁波府属南田,兀峙外海,贴近三门,与宁海、定海、玉环等厅县相为犄角,诚为东浙屏蔽,南洋要冲。"①

福建是浙江以南的省份,自然属于南洋范围。即使在概念较小的"南海"中,福建部分地区都曾被视为南洋的范围。如东海与南海气象分界线就位于福建省泉州市崇武镇海滨。在《清实录》中,福建被频繁地作为南洋重要的门户之地而提起。《清德宗实录》卷一一二,光绪六年四月庚戌条中,光绪帝特地指出"福建为南洋门户";同书卷一七四,光绪九年十一月丙申条中,皇帝再一次强调"闽省为南洋门户"。二十五年十月,光绪帝告谕军机大臣等人:"此次叶祖珪率船南下,并着南洋闽、浙等省督抚接见该统带,面商一切机宜。"② 显然,闽、浙等省都在南洋范围之内。

清光绪十一年(1885)十月,台湾建省。在此之前,它属于福建省。无论建省前后,台湾均被视为南洋门户。光绪六年,皇帝指出台湾"该处为南洋门户"③。七年四月,皇帝又称"台湾为南洋门户"④。十一年九月,慈禧太后在"懿旨"中也强调"台湾为南洋门户"⑤。十一年十二月,建省伊始,皇帝再一次叮咛:"台湾为南洋门户。业经钦奉懿旨,将福建巡抚改为台湾巡抚。"并强调"台湾虽设行省,必须与福建联成一气"。⑥

广东被清人视为"当南洋首冲"。光绪九年(1883)十月,皇帝指出:"广东当南洋首冲。"⑦ 十年四月,他又强调"广东为南洋首冲",这实际上是从南向北的顺序说的。当时正在中法两国正在对峙,冲突一触即发。法国从越南向中国进犯,当然广东是"首冲"了,正如皇帝自己所说:"由越抵琼,尤瞬息可至。"⑧ 广东省沿海地区第一门户,是广州的虎门。因为如果由南海登陆进攻广州的话,虎门的地位非常重要。光绪十九年八月,两广总督李瀚章在奏疏中指明:"虎门沙角为南洋第一门户,亟应保卫"。⑨

① 《清宣统政纪》卷一六,宣统元年六月癸卯,中华书局,1987,第 314~2 页。
② 《清德宗实录》卷四五三,光绪二十五年十月壬辰,中华书局,1987,第 974~2 页。
③ 《清德宗实录》卷一二三,光绪六年十一月丙子,中华书局,1987,第 777~1 页。
④ 《清德宗实录》卷一二九,光绪七年四月己亥,中华书局,1987,第 885~2 页。
⑤ 《清德宗实录》卷二一五,光绪十一年九月庚子,中华书局,1987,第 1023~2 页。
⑥ 《清德宗实录》卷二二一,光绪十一年十二月丙子,中华书局,1987,第 1097~2 页。
⑦ 《清德宗实录》卷一七二,光绪九年十月戊辰,中华书局,1987,第 402~2 页。
⑧ 《清德宗实录》卷一八一,光绪十年四月壬子,中华书局,1987,第 572~2。
⑨ 《清德宗实录》卷三二七,光绪十九年八月庚申,中华书局,1987,第 202~2 页。

直到宣统元年，仍有人提起"查南洋之形胜，向称虎门"①。广东虽然在清代不属于南洋最北的界线，但今天却是南海最北界，其南澳岛与台湾岛南端鹅銮鼻一线，是南海与东海的分界线。其实，清康熙帝早已认识到南澳岛的特殊地理位置。据《清圣祖实录》卷六，康熙元年正月己丑条载，皇帝玄烨指出："查南洋与南澳相对，最为要地。"他要求授许龙为潮州水师总兵官"驻札南洋，以资弹压"。无论明清，都将南海北岸广州府下属的南海县称为"南海县"，则反映当时对广东与南海地理关系的认识水平。

在南洋（南海）中，有中国的三大群岛，《清实录》对此也有记载，并明确称西沙为"南洋第一重门户"。宣统元年六月，两广总督张人骏奏：粤疆滨海，大洋中洲岛甚多。日人占踞东沙岛，现已据理力争，即可将该岛收回。又查有西沙岛，在崖州属榆林港附近。该岛共有十五处，其地居琼崖东南，适当欧洲来华之要冲，为南洋第一重门户。业已分别勘明，将各岛逐一命名，以便书碑。其岛产则有矿砂，为多年动物所积成，可作肥料之用，一律开采，实足以浚利源。且开辟以后，需用工役必多，招来而安集之，尤为殖民之善策。拟即在岛内设厂，先从采砂入手。俟东沙岛收回后，亦即一并筹办。得旨："著袁树勋悉心经画，妥筹布置，以辟地利。"②

这是中国官方史书对清政府经营南海诸岛的明确记载，反映了清廷对东沙群岛主权的维护，和对西沙群岛勘察、命名、立碑、开采、移民、设厂的有效管理和明确规划。南海诸岛中的西沙群岛此前被称为千里长沙，南沙群岛被称为万里海塘。宋代作为海南岛地方志的《琼管志》记载道：琼管（海南岛）"其外则乌里、苏密、吉浪之州，南与占城相对，西则真腊、交趾，东则千里长沙、万里石塘"③。而东沙群岛第一次被以"东沙"称呼的，则是在清代的游记《海录》中。刘南威指出："在南海诸岛的东沙、西沙、中沙和南沙四个群岛中，东沙一名最早出现，它见于谢清高的《海录》中。该书载'东沙者，海中浮沙也，在万山东，故呼为东沙'。这

---

① 《清宣统政纪》卷一一，宣统元年三月庚午，中华书局，1987，第 230～2 页。
② 《清宣统政纪》卷一六，宣统元年六月丙申，中华书局，1987，第 307～2 页。
③ 转引自王象之《舆地纪胜》卷一二七《广南西路·吉阳军·风俗形胜》，《续修四库全书》第 58 册，上海古籍出版社，2002，第 149 页。

是'东沙'地名的首次出现。它是用方位名称来区分南海诸岛中四个群岛和以'沙'字来贯穿四个群岛的开始。"① 谢清高（1765～1821）生活在乾隆三十年至道光元年之间，他对东沙岛的记载，较国史要早，但实录记载则代表国家对该群岛的主权的宣示与治理。

以上是清代关于南洋（南海）北部边线，以及南洋中南海诸岛的认知和记载，均属于中国的范围内。

那么，南洋的东部、西部和南部界线究竟如何呢？这在《清实录》中也有记录。与《明实录》所载南海环境不同，《清实录》记载南洋东、西、南诸国和地区时，这些地方均已落入西方殖民者之手，成为中国的外部隐患。郑观应指出："昔泰西各强敌，越国鄙远而来。今而南洋各岛，悉为占据。则边鄙已同接壤，郊坰无异户庭也。"② 《清实录》中记录了属于"南洋"范围的东、西、南诸国及地区的情况。

南洋的东界为菲律宾（吕宋）。康熙五十六年提到过"南洋吕宋"③。《清德宗实录》卷四九二记载，光绪二十七年，清外务部在回应外交官吕海寰的奏疏时，指出"南洋各岛"中有"英属之小吕宋"④。则说明小吕宋是南洋的东界，且为英国人的殖民地，不属于中国。

南洋的西界当然是越南。这在明代实录中，已经是很清晰的概念。朱棣曾称"安南黎贼悉已就擒，南海之地，廓然肃清"⑤，显然认为越南属于南海之地。清代南洋概念中，越南属于西界的认知，当继承自明代。在《清实录》中，并未直接指明"南洋越南"。不过，《清宣宗实录》所载皇帝的一份谕旨称"雷、琼二府外洋，亦与越南洋面毗连"⑥。雷州和琼州外洋，就是南海（南洋），与"越南洋面毗连"，则说明越南是南海的西邻。据《清宣统政纪》卷一七载，宣统元年，农工商部奏称"司员王大桢巡历南洋各埠"后，"汇陈大概情形"，其中便提到"和兰所属诸岛，法属越

① 刘南威：《中国南海诸岛地名论稿》，科学出版社，1996，第3页。
② 郑观应：《盛世危言·海防上》，中州古籍出版社，1998，第420页。
③ 《清圣祖实录》卷二七一，康熙五十六年正月庚辰，中华书局，1985，第658～1页。
④ 《清德宗实录》卷四九二，光绪二十七年十二月丁巳，中华书局，1987，第508～1页。
⑤ 《明太宗实录》卷六八，永乐五年六月癸巳，台北"中央研究院"历史语言研究所，1962，第958页。
⑥ 《清宣宗实录》卷二四三，道光十三年九月乙酉，中华书局，1986。

南，各国均设领事"①，则明确表明王大贞巡历的南洋各埠中，就有越南。越南属于南洋，位处南洋西界，当是清人的共识。

南洋的南界为马来西亚、新加坡、印度尼西亚、新几内亚乃至太平洋中南的萨摩亚。马来西亚被作为南洋的认知，见诸《清圣祖实录》卷二七九"康熙五十七年五月辛未"的记载。当时兵部在议覆两广总督杨琳奏疏时，使用过"南洋柔佛"的概念，柔佛即今马亚西亚柔佛州，在新加坡对岸。光绪二十年朝廷曾"颁南洋槟榔屿"关帝庙扁额②。槟榔屿在今马来西亚东北部。

新加坡也被《清德宗实录》卷四八六"光绪二十七年八月丁酉"条明确称为南洋之地："福建举人内阁中书衔邱炜蒌，向在南洋新嘉坡一带经商，素为华商之望。"三十三年，清廷颁给"南洋新嘉坡天后庙扁额"③，也说的是"南洋新嘉坡"。

印度尼西亚在《清圣祖实录》卷二七一，康熙五十六年正月庚辰条中，也被提到，称"南洋噶罗吧"，则说明南洋包括噶罗吧。该地也称巴达维亚，即今印度尼西亚的雅加达。光绪二十七年，中国外交官吕海寰在奏疏中使用了"和兰属地南洋噶罗巴岛"④的说法。也把噶罗巴当作南洋的南界，但明确指出此为荷兰属地，未将之视为中国疆域。三十四年，清农工商部在奏疏中也提到"南洋爪哇、渤良安地方"⑤，表明爪哇和渤良安都属于南洋的范畴。爪哇就是今天印尼首都雅加达所在的爪哇岛；渤良安似在西爪哇岛，即今万隆。

然而，在大清实录中，南洋的范围还不只限于印尼那么简单，它还向东延续至新几内亚乃至太平洋中的瑙鲁和萨摩亚。宣统元年，外务部在一份奏疏中提到"德属南洋各岛"正在商议招募华工数百名，"前往萨摩佣作"，建议将此前派往当地的林润钊委任为署理"驻扎德属南洋各岛领事，前往萨摩开办"，"所有应募华工，统归管辖"⑥。德属南洋各岛，指太平洋中的新几内亚、瑙鲁和萨摩亚等地。南洋本来是围绕南中国海（南海）形

---

① 《清宣统政纪》卷一七，宣统元年七月戊午，中华书局，1987。
② 《清德宗实录》卷三四〇，光绪二十年五月辛巳，中华书局，1987。
③ 《清德宗实录》卷五七一，光绪三十三年三月癸丑，中华书局，1987。
④ 《清德宗实录》卷四九二，光绪二十七年十二月丁巳，中华书局，1987。
⑤ 《清德宗实录》卷五九四，光绪三十四年七月丙戌，中华书局，1987。
⑥ 《清宣统政纪》卷一八，宣统元年七月辛未，中华书局，1987。

成的更大范围的地理概念，但它东延至太平洋中的萨摩亚，则是从印尼、德属新几内亚"连及"而至的结果。除《清实录》外，中国人很少将南太平洋中的萨摩亚称为"南洋"。

南洋南界的概念，东向延伸到南太平洋的萨摩亚，向西延伸到印度洋中的缅甸西海岸仰光。如宣统元年，御史叶芾棠在一份奏疏中明确使用"南洋新嘉坡、仰光各埠"① 的概念。

对于上述南洋东、西和南边的国家和地区，清代实录均未将之视为中国管辖范围。尽管西边的越南曾长期作为大清的藩属国，但在《清实录》中，越南只有成为法国殖民地和进攻中国的桥头堡时，才将它作为"南洋"西边之国加以记载。

清朝因为西方列强不断叩关，将主要精力用来保卫从长江口到海南、东沙、西沙的南海地区，从而导致《清实录》用大量篇幅加以记载，但是它仍然把眼关投向了交往日益频繁的东南亚的"南洋诸岛"，在其实录中记载了较多的清朝经营"南洋"的相关史料。

四 明清实录都重视对南海祭祀的记载

明清两代在祭祀本国的名山大川时，均显示了强烈的国土意识。名山大川之中，就包括南海。明、清实录都重视对南海之神祭祀的记录，但是二者有程度轻重之不同。据《明实录》所记，明廷祭祀南海之神，是其祭祀四海之神的行为，既祀南海之神，也祀东海、西海和北海之神；而据《清实录》所载，清廷只祀南海之神，而不祀其他三海之神，似乎对南海之神更加重视和敬畏。

《明实录》中记载了明代祭南海的史实，当时将南海与其他三海一起祭祀。据《明太祖实录》卷三八载，洪武二年正月庚戌，命都督孙遇仙等十八人祭天下岳镇海渎之神，既有祭祀南海之神的祝文，也有其他三神的祝文："东海曰：惟神百川朝宗，涵育深广，灵钟坎德，润衍震宗，滋物养民，功被于世。""西海曰：惟神灏灵所钟，道里辽邈，坎德深广，润衍兑方，滋物养民，功被于世。""南海曰：惟神环兹粤壤，物钜灵钟，坎德深大，离明斯配，润物养民，功被于世。""北海曰：惟神玄冥攸司，遐远莫即，钟灵坎德，奠位阴方，润物养民，功被于世。"① 洪武三年，朱元璋又下诏厘定岳镇、海渎、城隍诸神号，其中确定"四海，称东海之神、南海之神、西海之神、北海之神"②。此后，便经常遣官祭祀南海之神。《明太祖实录》卷一一三载，洪武十年六月，命大臣十八人分祀岳镇海渎："陆安侯王志祀东海，营阳侯杨璟祀西海，永嘉侯朱亮祖祀南海，颍川侯傅友德祀北海。"③ 在制定郊祀仪时，确定壝外二十坛中的东十坛为北岳、北镇、东岳、东镇、东海、太岁、帝王、山川、神祇、四渎；西十坛为北海、西岳、西镇、西海、中岳、中镇、风云雷雨、南岳、南镇、南海。④均是四海之神兼祀。

然而，《明实录》中也单独记载了修建南海神庙并专门遣官祭祀南海之神的史实。《明太宗实录》卷五五载，永乐四年六月丁亥，"修南海庙"。皇帝还专门赐物给南海神庙："南海庙神旧有御赐金香盒"⑤ 不仅如此，还封给南海之神爵位。《明太宗实录》卷八八载，永乐七年二月甲戌朔，"封南海神为宁海伯"。因为当时"遣使往（南海）诸番国"时，"神屡著灵应，故封之"。朝廷只封了南海神的爵位，北海、东海和西海三神在实录中并无受封的记录。而且《明太祖实录》卷五九还记载了洪武三年十二月甲子皇帝专门"遣官祭南海"的史实。但在明代实录中，却从未见朝廷单独遣官祭东海、北海和西海的记载。

像《明实录》一样，《清实录》也记载了朝廷对祭祀南海之神的重视。从清军入关后，受到汉文化的影响，在合祭时，祭祀南海之神。据《清世祖实录》卷一三三，顺治十七年三月辛酉载：礼部商议合祭大享殿典礼，提议在殿内设上帝皇祇位，南向，太祖、太宗位，东西相向；然后在丹墀

① 《明太祖实录》卷三八，洪武二年正月庚戌，台北"中央研究院"历史语言研究所，1962，第 771~772 页。
② 《明太祖实录》卷五三，洪武三年六月癸亥，台北"中央研究院"历史语言研究所，1962，第 1035 页。
③ 《明太祖实录》卷一一三，洪武十年六月，台北"中央研究院"历史语言研究所，1962，第 1867~1868 页。
④ 《明太祖实录》卷一八九，洪武二十一年三月乙酉，台北"中央研究院"历史语言研究所，1962，第 2838 页。
⑤ 《明宣宗实录》卷七九，宣德六年五月壬午，台北"中央研究院"历史语言研究所，1962，第 1838 页。

内设大明一坛、夜明一坛、星辰一坛；再后设东十坛，为北岳、北镇、东岳、东镇、东海、太岁、帝王、山川、神祇、四渎；西十坛为"北海、西岳、西镇、西海、中岳、中镇、风云雷雨、南岳、南镇、南海"，得到皇帝的许可。在朝廷合祭系统中，南海与东海、西海和北海的地位始终保持。此后，祭祀南海成为文化传统，而且南海成为四海之神中惟一被祭祀的对象。

从康熙开始，清廷独祀南海之神而舍弃了其他三海神。据《清圣祖实录》卷二五四载，康熙五十二年四月丁卯，"遣一等侍卫觉罗外山祭长白山、医无闾山等处；内阁侍读学士殷扎纳，祭辽太祖陵；副都统马云霄祭南海"，与此同时祭祀的还有颛顼高阳氏等陵、黄帝轩辕氏等陵、西岳华山、江渎、南镇会稽山、禹陵、明太祖陵、东岳泰山、少昊金天氏陵、孔子阙里、中岳嵩山、太昊伏羲氏陵、南岳衡山、炎帝神农氏陵、女娲氏陵、北岳恒山等处。没有出现东海、西海和北海，显然南海的地位更为特殊。这种独祀南海而舍弃其他三海的格局，一直延续下去。康熙五十七年十二月，因为孝惠章皇后升祔太庙，朝廷便派人祭祀长白山、医巫闾山，东岳泰山，西岳华山，中岳嵩山，南岳衡山，北岳恒山，南镇会稽山，太昊伏羲氏等陵，炎帝神农氏等陵，女娲氏等陵，黄帝轩辕氏等陵，少昊金天氏等陵、孔子阙里，颛顼高阳氏等陵，夏禹王等陵，辽太祖陵。在四海之神中独遣"侍讲学士李绂祭南海"。① 雍正帝继位后，仍然延续康熙时的祭祀体系，在祭众神时，重视南海之神的祭祀，派"翰林院侍讲学士涂天相祭南海"②。乾隆帝继位后，又延续康熙和雍正时的祭祀体系，不祭其他三海神，而独祭南海之神。刚即位不久，他便在祭祀众神时，遣"詹事府少詹事福十宝致祭南海"③。此后在祭祀众神时，仍于四海之神中独祭南海之神④。这种对南海神祇的祭祀，于乾隆三十六年十二月壬午最后一次记载后，便戛然而

---

① 《清圣祖实录》卷二八二，康熙五十七年十二月己巳，中华书局，1985。
② 《清世宗实录》卷二，康熙六十一年十二月癸酉，中华书局，1985。
③ 《清高宗实录》卷五，雍正十三年十月癸未，中华书局，1985。
④ 《清高宗实录》卷三四〇载，乾隆十四年五月己酉"都察院左副都御史富德致祭南海"；《清高宗实录》卷三七二载，乾隆十五年九月庚子朔"南海遣李敏第致祭"；《清高宗实录》卷四〇五载，乾隆十六年十二月己酉"南海遣孙灏致祭"；《清高宗实录》卷四九一载，乾隆二十年六月己巳"南海遣李清芳致祭"；《清高宗实录》卷六〇一载，乾隆二十四年十一月丁卯"南海遣德尔泰致祭"。《清高宗实录》卷六五〇载，乾隆二十六年十二月戊寅"副都御史窦光鼐致祭南海"；《清高宗实录》卷八九九载，乾隆三十六年十二月壬午"吏部左侍郎金甡致祭南海"。

止，再无记载。

对南海神庙进行专门祭祀，是因为南海风浪更让人担心。乾隆二十二年，清朝派往琉球的册封使臣、翰林院全魁等人在东海遭遇风暴，侥倖生还后，奏称是得到天后妈祖的保佑，要求皇帝加封称号，礼部表示赞同，要求与海神一道祭祀，但仍不放心，更建议"另颁祭南海、龙神祈报文二道，于江岸望祭举行"。得到皇帝的批准。① 南海神庙在广州城南。广东布政使史奕昂为了不耽误南海神庙祭祀的吉期，特别提出陆路抵达计划，指出："南海神庙在省城南，中隔海口，计程八十里。遇钦差告祭，风涛间作，蠲吉愆期。勘陆路可通，饬修桥梁以便经行。"得到皇帝的赞许，称道："好！具见留心。"②

清廷重视对南海神庙的祭祀，因此也重视对其匾额的题写。《清文宗实录》卷一九一载，咸丰六年二月丙午，咸丰帝由于两广总督叶名琛、广东巡抚柏贵奏称去年正月间，官军于四沙水面剿捕匪船时，"西南风陡起，军帆顺利，雷声轰烈，南海神庙前，白雾横江，官军乘机开炮，势如破竹，将匪船全行烧毁"，要求为神庙题匾额，皇帝乃为南海神庙"亲书扁额，交该督抚敬谨悬挂"。于是，颁广东省广州府南海神庙御书匾额曰"镜海流慈"。③ 对南海之神的祭祀，表明南海地位日益重要，和经南海踏浪而来的商舶日益增多的事实。

总而言之，作为明清两代的官方史书《明实录》和《清实录》，对"南海"和"南洋"概念作了记载，从中反映了明、清官方对中国南部海洋的认知水平。《明实录》主要使用的是"南海"概念，几乎未用"南洋"一词；而《清实录》虽然使用了"南海"一词，但更多使用的是"南洋"概念。其"南洋"覆盖了"南海"，而范围较前者更为宽广。明、清实录都重视对南海之神祭祀的记录，但《明实录》是在记载四海之神祭祀时兼及南海之神，而《清实录》则单独记载南海之神的祭祀，似反映出南海地位至清更为重要。虽然明清当局重视南海之神的祭祀，其《实录》中也记录了"南海"和"南洋"的相关国家和地区，但对南海究竟有多大面积，范围多宽多广，两部实录中并无明说。这种现象反映出传统国史重

① 《清高宗实录》卷五三八，乾隆二十二年五月甲辰，中华书局，1985。
② 《清高宗实录》卷六五一，乾隆二十六年十二月，中华书局，1985。
③ 《清文宗实录》卷一九一，咸丰六年二月己酉，中华书局，1986。

视君臣在关涉"南海"、"南洋"讨论中的动态过程，却缺乏对"南海"、"南洋"的静态描述和知识性的总结。与实录性质相类的官修史书亦有相类似的弊端①。《清实录》中不断出现的"福建为南洋门户"、"台湾为南洋门户"、广东"当南洋首冲"、"虎门沙角为南洋第一门户"、西沙为"南洋第一重门户"的相互矛盾的表述，反映了国人在列强不断进逼南海和南洋态势下的动态认知，但却未曾对南海或南洋进行静态的整体性描述。这种状态也导致中国在南海问题上产生了某种被动的局面，从而留下深刻的历史教训。此外，实录作为中央政府在京所修的国史，对遥远的边疆地区的地方史记载比较忽略。晚清"开眼看世界"的魏源，对世界地理知识的掌握算是超过同时代学人的，但在其《海国图志》中，对"南海"和"南洋"也没有一个学术性的界定，概念一直游移不定②。对于南海和南洋的记载与认知，当然是当地的渔民留下的《更路簿》、《南海更路经》等民间文献更为细致、清晰和详尽③，但这些文献中的概念很难进入官方的信息通道，从而反馈到中央并为官史《实录》所记录。这反映出中央集权制下国史存在的与生俱来的历史局限。当然，《清实录》在记载国人对南海（南洋）概念认识的同时，还记载了各朝代对包括东沙群岛、西沙群岛在内的南海主权的宣示和经营，则无疑是国史记录史上的重大事件。

---

① 明代官修的《大明一统志》（卷七九《广东布政司·山川》，三秦出版社，1990，影印本，第 1201 页）和清朝官修的《嘉庆重修一统志》（第二十六册《广东统部·形势·海》第 5 页 b 面，四部丛刊续编本，商务印书馆，1934），均未对南海或南洋作一系统的知识性描述。

② 参见魏源《海国图志》，岳麓书社，1998。

③ 关于《更路簿》的介绍与研究，可参看夏代云《卢业发、吴淑茂、黄家礼〈更路簿〉研究》，海洋出版社，2016；周伟民、唐玲玲《〈更路簿〉是我国南海维权的重要历史依据和法理依据》，《琼州学院学报》2015 年第 4 期；吴跃农《〈更路簿〉我国渔民数千年深耕南海的历史文化记录》，《寻根》2016 年第 6 期。

疍民的源流与变迁再探[*]

方礼刚　　方未艾[**]

疍民是曾经分布于福建、广东、广西、海南沿海及南方一些重要河流沿岸的"水上居民"。随着新中国的成立，疍民社会迎来了巨大变迁，彻底完成了从水居到陆居的改造。其留下的许多文化问题，包括一些悬而未决的问题需要不断进行研究。本文以甲骨文甚至更早的骨刻文为起点，试图通过分析研究与"疍"字相关联的蜑、蚩、延、虫、蛮、夷等文字及其相互之间的关系，希望能从中寻找到疍民的族源变迁和社会变迁的蛛丝马迹，特别是需要进一步澄清今"疍"与古"蜑"之间的关系问题。

一　"疍"的起源

今天我们所指的"疍"一般特指东南沿海一带的"水上居民"，俗称"疍民""疍家"或"疍人"。追本溯源，"疍"字是产生于近现代的简化汉字，它的原形为"蜑""蜒"，抑或稍后演变的"蛋"。但今天的"疍民"族属是否就是古代的"蜑"则另当别论。

"疍"字源于"蜑"已有定论，但"蜑"字与"蚩"字的关系少有人述及。"蜑"在现有的甲骨文诸种字典中都没有收录，有趣的是甲骨文中收录的"蚩"字，拆开来看，正是上延下虫的"蜒"字，如果这两字在远古是同一个字，那么，"蜑"的历史可大大提前，"疍人"的起源时间也要大大提前。

---

* 海南热带海洋学院科研基金项目（RHDSG201702）。

** 方礼刚，海南热带海洋学院人文社会科学学院副教授；方未艾，美国加州圣地亚哥大学社会学博士研究生。

从《世本》“廪君之先，故出巫诞”[1]可知，“蜑”是一个群体，指的是人。那么，“蜑”的本意是什么呢？“蜑”字结构是上延下虫，正与甲骨文“蚩”字巧合，下面我们就以甲骨文“蚩”字为分析工具来试图解读“蜑”字。分析研究这个“延”与“虫”的分别含义，以及组合在一起的含义，从而探索“蜑”与“蚩”的联系。

徐中舒《甲骨文字典》解释甲骨文“延”字：“一、行走之义；二、连绵之义；三、祭名。今日其延于祖丁；四、疑为人名。戊子卜賓贞令犬延族贵田于……。五、疑通诞，语词。”[2]181~182 “延”的甲骨文形状为或。延的左边象征一条行走的道路，同“走”或“疋”，右边是一“止”字或“正”字，二字在甲骨文中通用，《甲骨文字典》释“止”：“一、人足。贞疒止隹有蚩（注：引甲骨文原文）；二、方国名。……；三、人名。……；四、祭名。……。”[2]125释“正”：“口（注：止上一口）象人所居之邑，下从止，表举趾往邑，会征行之义，为征之本字。……释义：一、表征伐也。……；二、祭名。”[2]146再看甲骨文“延”字的左边代表行走的行，即甲骨文的半边，“罗振玉曰：‘象四达之衢，人所行也’”[2]182显而易见，甲骨文中，四方都有道路，或者路两边都是陆地，才称为“行”，而只有行字的半边即“”字，则并非通衢，可以理解或推测为依陆傍水或傍沟壑，是水边路或崖畔路。综合来看，延字之意是人在沟壑边或水边行走。延字还有征伐、祭祀之义。

“虫”字在甲骨文与它同义，都是指蛇。《甲骨文字典》解“它”字：“象蛇之头、身、尾形。其单划之、……，故虫、它初为一字，而《说文》误分为二字。……上古艸居患它，故相问无它乎。”[2]1430这里所指的“艸居”的艸不是我们现在所理解的小草的意思，而是草木的意思。所谓“艸居”是指居住在水畔丛林之中，早骨文产生的时期，可以想象生态环境是多么原始，水草多么丰茂，当然虫蛇就多。上古凡以虫旁字称呼的族群，如蛮、蜑、蚩、夷（本研究认为夷中之所谓弓字实则为虫字）等莫不是“艸居”之民，莫不与虫有关系。尽管古代华夏先民们甚至认为这些带虫旁的族类可能就是“虫类”，但用我们今天的眼光看，当然首先要排除他们是“虫类”。那么，他们与“虫”到底有什么样的关系需要作进一步的分析。

其一，"虫"是对某个群体所贴的一个标签。当然这个标签不是自贴的，是外加的。《晋书·五行志》所载："夫嬴虫人类，而人为之主"，[3]及至唐代"无能子"则直言："人者，嬴虫也"。[4]古人认为，人类本就是虫（动物）类，人是虫中之王，只不过华夏族"开化"得快，最先由不知遮羞的"嬴虫"（相当于原始人）演进为"嬴虫"的高级形态"人"，而"蜒"或"蚨"这类族群还停留在"嬴虫"的阶段，基于他们那么近乎原始人的生活状态，所以认为他们就是虫生的，不是人类。詹坚固是这样解释蜒、蛮、夷这些与"虫"相关的字："南方边地之人，生于虫蛇之地，故指代南方蛮夷之人的汉字，多从虫，表示他们乃虫蛇种类。"[5]当然这只代表华夏民族对他族的鄙夷与偏见。

其二，"虫"是某个群体以虫蛇为伍的象征。与蛇为伍的群体《山海经》中出现很多，《山海经·大荒南经》中"南海渚中，有神，人面，珥两青蛇，践两赤蛇，曰不廷胡余。"[6]370《山海经》所谓的神很可能就是华夏先民对当时周边未能识别的族群的形容，"践两赤蛇"就是以脚踏蛇，或蛇在脚下，听命于主人。在甲骨文中，足与延同义，以足踏蛇，不就是"上延下虫"的"蜒"字或"蚨"字么？说明"蜒"或"蚨"是与虫蛇为伍、行踪无定的游牧渔猎民族。邢义田从考古学角度解释了远古南方多虫蛇的事实，"长江流域及其以南的广阔地区普遍采取干栏式建筑，当系适应多雨潮湿，瘴疠蛇虫而发展出来的土著文化"。[7]同时，南方民族也有食蛇之风，如《海外东经》："黑齿国在其北，为人黑，食稻，啖蛇。"[6]259 1982年发掘的湖北马山一号楚墓中出土的丝锦绣上有一幅"凤鸟食蛇"图。

其三，"虫"某个群体为龙图腾团族的象征。说明该群体是以虫（龙）作为祭祀的对象或崇拜对象。上文述及，在甲骨文字典中，"延"字本身含有祭祀的意思，延虫联系在一起，就是以虫作为祭祀对象或崇拜对象，或者在"文身裸祖"时露出龙形文身，表示这是一个龙图腾团族。

综上，当"延"与"虫"组合在一起，成为一个群体的标志文字时，说明这个群体与"延""虫"的关系极大，单从文字而言，"虫"是其属性，"延"是其读音，同时"延"也表达了这个"虫"的存在方式，整体看来，无论为"蜒"或为"蚨"，所指是一个人类群体，并且这个群体与虫有关，这个群体的流动性也很强，比如像游牧或渔猎民族一样，逐水草而居，经常迁徙、常年征伐或逃避战乱。从现在史料看，"蜑"与"蚩"都符合这些特征，本文第三部分有述。

二 "蜑"的族属

史载"蜑"较早的称谓始自"巴楚"，称为"巫蜑""蛮蜑"。段渝指出，"在古代被称为巴，即北达陕南，包有嘉陵江和汉水上游西部地区，南及黔涪，包有黔中和湘西地区在内的一大片地域之内，……他们当中，既有属于濮越系的族群，又有属于氐羌系的族群。""商代晚期由滇东北至川南入蜀为王的杜宇，也是濮人。……蜒则是从江汉之间南迁濮人的一支。《华阳国志·巴志》所载川东诸族中作为专门族称的濮，也是从江汉迁来的濮，故虽徙他所，名从主人不变。"[8]巴人被楚灭后，一部分融入楚，一部分继续东迁溪谷僻壤之地，延续着"蜑"的历史。《太平寰宇记》所谓"酉、辰、巫、武、沅等五溪。古老相传云楚子灭巴，巴子兄弟五人流入五溪，各为一溪之长……古谓之蛮蜒聚落"。[9]2396韩愈《清河郡公房公墓碣铭》中"管有岭外十三州之地。林蛮洞蜒，守条死要，不相渔劫"。[10]由此可知，不独在五溪，五溪以东以南的广袤土地上，生活着许许多多的"蜑"。

"蜑"为"蛇种"是古人的认识，也是对"蜑"字意义的传统解释，但现在还有另外一种说法。据徐松石考证："蜑实僚壮中水上人的通称，今两粤仍有称蜑人为水上人或水户者。川滇壮族称河为 Daan，唐樊绰《蛮书》译为赕字。现时广西壮人则呼河为 Dah 为 Da。蜑字蛋字赕字乃系同音异译。"[11]虽然徐松石的研究并不能确认"蜑"的本义就是水边居民的意思，但这一研究则将对"蜑"的考证大大推进了一步，让人们看到了一个变迁的过程，即从巴楚之"巫蜑""洞蜑"到川滇僚壮之"水蜑"这样一个过程。

《说文》释"蜑"为"南方夷"，[12]283如果将"南方夷"等同于"南夷"的话，较早提出"南夷"这一概念的是两汉时代早于司马迁的司马相如。司马相如出使西南地区，曾作《喻巴蜀檄文》，文曰："南夷之君，西僰之长，常效贡职，不敢怠堕。""今奉币役至南夷，即自贼杀，或亡逃抵诛，身死无名。"[13]841基于这些史实，学者多认为，我国古代西南地区存在着两个大的民族群体，即"西夷"和"南夷"，并且"南夷地区以濮越族群民族为主，西夷地区以氐羌族群民族为主。"[14]南夷有时也指代南蛮，《逸周书·王会解》："正南：瓯邓、桂国、损子、产里、百濮、九菌。"《逸周书汇校集注》："孔晁云：'六者，南蛮之别名。'"[15]关于南蛮，《史记索隐》在解释《史记·吴太伯世家》"奔荆蛮"一词时说："……蛮者，闽也，南夷之名，蛮亦称越。"[16]可知历史上的南蛮，亦指越人，而濮是其中的一支。综合来看，古代指称的"南夷"，其地域基本上包含长江中下游流域及其南部僻壤之地未"开化"的非"华"族族群。而"南方夷"则比"南夷"的概念还应更广泛一些，它不仅仅是族群概念，更是指地理方位，是相对于"东夷"即"东方之人"而言的，即在汉代乃至以前，史家将以濮、越等"蛮夷"为主体的南方少数民族统称为"蜑"。其地理范围大致是沿长江流域，西到四川，东到长江出海口，其东南界约为今天的东南沿海，两广、云南大部及海南，相当如今天的华东、华中偏南部分、西南、华南地区。甚至延及越南北部和中部、朝鲜半岛、日本九洲等地。[17]

三 "蜑"与"蚩"

"蜑"字的结构与甲骨文 " " （蚩）雷同，均为"上延下虫"。《甲骨文字典》释"蚩"："从止从虫，象蛇啮足趾之形，引申之故有灾祸之义。或增从彳，表行道时遇蛇也。"[2]1425《甲骨文字典》对"蚩"的解释涉及关键问题，但结论值得商榷。其涉及的关键问题是"蚩"字与"虫""蛇"有关，其值得商榷的是，此"虫""蛇"所构成的"蚩"字未必就是有灾难的意思。理解此处"虫""蛇"的含义，也就有助于理解"蚩"与"蜑"的联系或差别。丁再献在研究比甲骨文更早的骨刻文"蚩（ ）"字时指出："'蚩'字为象形字，描绘的是蚩尤的形象。本义：蚩尤的略称。……'蚩'字自古就是蚩尤的专用字。"并指出："蚩"字上面"是人的脚，下面的'虫'是蛇，蛇咬人的脚。"这种传统解释是"后人不知道蚩字的来历"之故。[18]694

本研究认为，"蚩"字创始之初或是"专指蚩尤"，但后来亦可能演变为泛指蚩尤集团，就如"蚩尤九黎"和"祝融八姓"一样，但蚩尤集团并不自称为"蚩",只称其首领为"蚩尤","尤"古亦同"酋",即首领的意思。蚩尤集团自称为"蛮",周王朝时领有巴楚之地的楚王多次自称"蛮夷"。[13]326他称则为"蜑""蛮""夷"。

综合"蚩"字"上延下虫"的甲骨文结构及骨刻文形象来解读,可以得出几点认识:一是,"蚩"就是"蜑"的变体。当作为族群首领的专用词可能称为"蚩",而作为族群的称呼可能就为"蜑",也有可能是后世为了将个人与群体分开识别,避免族人与其领袖同名讳而将同一字变化成两种写法,并且读音也有不同。"蚩尤"集团当时的生活处境正是古"蜑"的缩影。《尚书·吕刑》载:"若古有训,蚩尤惟始作乱,延及于平民。……皇帝哀矜庶戮之不辜,报虐以威,遏绝苗民,无世在下。"[19]黄帝当年对蚩尤所属的九黎三苗族是行赶尽杀绝之策,蚩尤余部纷纷逃入人迹罕至的"丛薄"之中,过着与世隔绝的"艸居"生活,衣不蔽体、披发纹身当习以为常。时移世序,这些人就自然而变成了"非我族类",正如樊绰《蛮书》载:"夷蜑居山谷,巴夏居城郭。与中土风俗礼乐不同。"[20]不仅不同,甚至做人的资格都没有,在统治者或其通都大邑之臣民看来,这类人群就是"蛇种虫类",因而也就贴上了"蜑"或"蚩"的标签。在首领为"蚩",在部落成员为"蜑"。

二是,"蚩"与"蜑"都是龙图腾团族。东人达研究认为,"创伏羲、女娲崇拜教"是蚩尤的功绩之一,[21]正因如此,所以黄帝才有"九黎乱德,民神杂揉"的指斥。史载及出土文物显示伏羲、女娲的形象本就是蛇身人面,那么这一形象也就成为了蚩尤族属的自我定位。《山海经·大荒南经》云:"有宋山者,有赤蛇,名曰育蛇。有木生山上,名曰枫木。枫木,蚩尤所弃其桎梏,是为枫木。"[6]373中国古代建筑物上以"蚩吻"作装饰的图样,便是在房屋屋脊的两端各作一"龙头",俗称"兽头"。于这种建筑装饰物的起源,孙作云释为:"蚩吻(尾)为龙尾,而蚩尾之制源于蚩尤。"[22]唐苏鹗《苏氏演义》卷上提到:"蚩者,海兽也。……蚩尾既是水兽,作蚩尤字是也。"[23]蚩从虫,这里所谓水兽,即水中之虫,亦相当于"龙行于渊",亦说明"蚩"或"蜑"这个群体与"水居"生活有关。"蚩"字的甲骨文或骨刻文均象征人足或人身下有虫(蛇),这种组合要么象征的是"人践蛇",即《山海经·大荒南经》"南海渚中有神,……践两赤蛇"所描述的形象,要么象征神话传说中"人身蛟尾"的"蛟人"

形象，两种形象的所要表达的都是"人蛇合一"的龙图腾。"蜑"人确有崇蛇习俗，侧证了与"蚩"或同出一源。明代邝露《赤雅》记："蜑人神宫，画蛇以祭，自云龙种。"[24]52

三是，"蚩"与"蜑"是一音之转。《山海经·大荒南经》载："有载民之国，……是谓巫载民。……不绩不经，服也；不稼不穑，食也。……爰有百兽，相群爰处。"[6]371~372记载的是巫载民不知织布，不知种粮食，并且与百兽杂处，过着近乎原始的生活。又《山海经·海外南经》载："三苗国在赤水东，……载国在其东，其为人黄，能操弓射蛇。"[6]193~194说明载国之地蛇多，人蛇杂处当无疑。据熊笃考证，"巫载"即"巫蜑"，"载（zhì），又读：叠dié、铁tiě、替tì多音，注家谓载、蜑双声，皆一声之转。"[25]"巫蜑"是巴楚族群的来源。而载（zhì）与蚩（chī）韵母相同，声母zh与ch乃至c在古代是不分的。因此，载与蚩很可能是同音相转，蜑、载、蚩本是同一字。蜑与载在汉字笔画上也是一样多。

四 "蜑"与"夷"

《说文》释"蜑"为"南方夷"，显然，"蜑"是"夷"的统称，史籍中常有"夷蜑"连用，因此有必要考察"夷"字之义，特别是要考察"夷"与"龙""蛇""虫"的关系。

"夷"在甲骨文中已产生，说明"夷"在商周以前就已经形成。在甲骨文中，"夷"的原形是"𧴪"，同"尸"，象站在一旁弯腰屈膝，毕恭毕敬之下人。《甲骨文字典》解"尸"："与人字形相近，以其下肢较弯曲为二者之别。"[2]942清代翟灏《四书考异》记："罗泌《国名记》引《逸论语》：'子欲居九夷，从凤游。'魏武帝诗曰：'子欲适西戎。'欧阳建诗：'子欲居九蛮。'"[26]可知，"南方夷"当是一个地理方位加族群，即闻一多所指的"团族"的混合概念，这个"团族"大概是商周时期与当时行政中心相对应的众多的"偏远地区"少数族群，主要是"南夷"或"南蛮"。闻一多认为，"华夏、东夷和苗蛮是中国古代文化的三大主干"，依闻一多先生的考证，可认为，苗蛮应当是"南方夷"的主体。[27]3

关于夷与"龙""蛇""虫"的关系，有必要从比甲骨文更早的"夷"字中寻找端倪，这个比甲骨文更早的"文字"就是骨刻文。在骨刻文中，

"夷"字形状是"大",有研究者认为,这个人身上缠着的"弓"形符号,是绳索,或者是人负弓,并以金文"夷"字作说明,认为金文"夷"正是"人背着弓和绳索"[18]694。东汉许慎《说文解字》对"夷"及相关诸字这样解释:"夷,平也,从大从弓。大,东方之人也",[12]213也认为中间是一弓形。窃以为,其弓形特征并不明显,当非定论。汉字的魅力就在于古人能够用一个简单的符号一下子抓住事物的本质特征。笔者倾向于认为,"夷"字中间的"弓"当"龙、蛇、虫"解更有道理。"夷"人与龙蛇崇拜高度相关,古代东夷地区出土的龙形玉环实际上就是虫或蛇的象形文字,是"夷"族龙蛇崇拜的实物佐证。

由上文已知,楚王多次说过,"我蛮夷也"。那么,"南方夷"捕蛇、戏蛇、友蛇、崇蛇,可能已成为生活的一部分。清代朱凤起所编《辞通》显示:"委蛇"在许多文献中写作"威夷",[28]更清楚地说明了"夷"与"蛇"的关系。造字的人就造出了一个"夷"字,以此统称这些"龙图腾团族"。《礼记·王制》载:"东方曰夷,被发文身,有不火食者矣。南方曰蛮,雕题交趾,有不火食者矣。"[29]也许这个"夷"开始是专指与南方"蛮""蜑"相区别的"东方之人",但后来,"蛮""蜑""夷"可以互称互通,几个乎没有差别了。如《尚书·大禹谟》:"无怠无荒,四夷来王。"[30]88说明在夏商时期,夷已不再是"东方之人"专属了。及至北魏,以洛阳为中心划分"四夷"。据《洛阳伽蓝记》载:"永桥以南,圆丘以北,伊、洛之间,夹御道有四夷馆。道东有四馆:一名金陵,二名燕然,三名扶桑,四名崦嵫。……吴人投国者处金陵馆,……。北夷来附者处燕然馆,……。东夷来附者处扶桑馆,……。西夷来附者处崦嵫馆。"[31]说明古代都是以当时国家行政中心为参照系,四周边境边远荒凉偏僻之地的"化外"民族都称之为夷。因此,夷是地理方位和族群的混合体。

五 "蚩"与"苗"

苗族是一个古老的民族,源自于中国古代的蚩尤九黎部落集团,[32]这一观点已被大多数学者所接受。考古认为,东夷集团是比华夏初民更早的远古先民,他们生活在黄淮地区乃至长江流域,后来也成为蚩尤的一支,黄帝败蚩尤后,一部分融入华夏民族,一部分被迫西迁和南迁,成为所谓的"南蛮"或"南方夷"，其主体就是苗民，而苗民有龙蛇崇拜传统。《山海经·海内经》载："南方……有人曰苗民。有神焉，人首蛇身，……名曰延维"，[6]455~456郭璞等考证"延维即委蛇"。如果将延维的维字以蛇字来代替，延蛇（虫）组合起来不就是一个"蜑"字或"蟊"字？由此观之，"蜑"、"蟊"是苗民的先祖，"蜑"、"蟊"、苗与"龙"、"蛇"有不解之缘。关于"龙图腾团族"闻一多先生有系列引证：[27]32~38

"究竟哪些民族属于龙族呢……古代有着人首蛇身神，近代奉伏羲、女娲为傩公傩母的苗族，不用讲了。……（越人）其为龙族，也不用怀疑。""这综合式的龙图腾团族所包括的单位，……一部分向北迁徙的即后来的匈奴，一部分向南边迁徙的，即周初南方荆楚、吴越各蛮族，现在的苗族即其一部分的后裔。"

《尚书·吕刑》引郑玄注："苗民即九黎之后，颛顼诛九黎，至其子孙为国，高辛之衰，又复九黎之恶，尧兴又诛之，尧末又在朝，舜臣，尧又窜之，后禹摄位，又在洞庭逆命，禹又诛之。"[30]538邵炳军等认为，此正与今南方苗族称其先祖为"俍黎够尤"（《苗经》、《姓氏歌》）即"九黎蜑尤"文化传统相合。邵炳军分析指出，大致在相当于马家窑文化晚期至黄河中游龙山文化时期，高阳氏平定了蜑尤九黎之叛，祝融八姓（蜑尤九黎）支族便开始了第一次南迁，从位于今山东省海岱地区的蜑尤九黎故地南迁到了江汉流域，与当地土著氏族部落融合而形成了有苗氏族部落集团，也就是说，有苗氏是以南迁江汉流域的祝融八姓支族为主所形成的一个新的氏族部落集团。[34]苗族是其中的主体成分。由于战争等原因，苗族不断地向南迁徙，一部分最终迁出了中国的土地，分布于亚欧美各国，成为了一个国际性的民族，其全球的总人口约为1038.6万，在中国有890多万。[35]

六 "蟊"与"苗"

上文述及，既知"蟊"与"蜑"有可能原本一字，或者是同一事物，两个名称，不同读音而已。又知"蜑"与"苗"也有关系，那么，"蟊"与"苗"有关系也是顺理成章。"蟊"字的造字之初，既然与"蜑"高度近似甚至相同，那么，作为一个专有名词，其指向当与蜑尤集团有关。蜑尤是苗民的远古英雄这一认识无论从文献还是从苗族传统及文化遗存方面已得到了学界的高度认同，但本研究认为，"蚩尤"族属似并非专指苗族，应比苗族范围大得多。那么，同样，"蛮人"与"苗族"也就并非对等关系，"蛮"包括苗人，但也包括后来发展演变出的其他南方各少数民族。蚩尤所处的时代，并无苗族的概念，只有苗族的族源"九黎""三苗"和"祝融八姓"。因此，理清这个问题，须从蚩尤的族属说起。

关于蚩尤应归属哪一族群则至少有三种不同说法。一是蚩尤属东夷说，如徐旭生提出古代部族分华夏、东夷、苗蛮三集团说，认为蚩尤属东夷集团，[36]颇得学界信从。二是蚩尤属苗蛮说。如杜勇通过文献考证认为，"把蚩尤归属于南方苗蛮集团可能更近于历史的本相"[37]。三是蚩尤同属东夷苗蛮说。如石朝江的研究认为，蚩尤的后裔苗族源于中国古代东夷、九黎、三苗部落集团。蚩尤族源于东夷，与黄帝战败后，一部分融入华夏、留居东夷，一部分南迁，成为苗蛮主体。[38]本研究赞同第三说，即蚩尤同属东夷苗蛮体系，是东夷与苗蛮融合与变迁的结果，蚩尤属"龙族"，蚩尤后来成为"南方夷"的代表性人物。

郭东辉等通过稽古搜理，指出"蚩尤败退后，东夷集团大部分离开江淮流域向西南山区迁徙，至今日的湘西、鄂西、广西、贵州以及越南、东南亚各地"。[39]综合现有典籍及民间遗存，"蚩尤"一脉的源流大致有如下路线：蚩尤（祝融八姓与蚩尤九黎的融合）→苗民（又称三苗或有苗）→荆蛮、濮越（又称蛮、蛮荆、巴人、百濮、百越）→武陵蛮（又称五溪蛮）→苗族、瑶族、畲族、侗族、黎族、水族、仡佬、壮族、傣族、彝族、毛南族、土家族等众多南方少数民族，而这些少数民族，大多是三苗的后裔，在古史中也都曾被笼统称之为"蛮"。

詹坚固研究指出，"长江中上游之'蛮'指巴州蛮或荆州蛮，是专称"。[5]这个所谓的"巴州蛮或荆州蛮"，就是指古"巴楚"族属和地域，有时也称荆蛮或蛮夷。"巴楚同属苗蛮"，[25]巴楚是苗人早期的主要活动地区，这一见解已成学界共识。"巴楚"是蚩尤族迁徙过程中一个重要的停留地区。巴地活动范围据《华阳国志》、《后汉书》记载，"主要活动于川东、鄂西北和陕西汉中一带"，[40]并从西周时代开始，以川东为中心建立了巴国，成为这一带的主体民族。包山楚简第217号简载："举祷楚先老僮、祝融、鬻熊各一牂"，说明芈氏楚人以老僮、祝融、鬻熊为先祖，已自我归属于三苗集团后裔。[34]

研究者多认为，"九黎、三苗、荆蛮、南蛮之间有着一脉相承的渊源关系"，[39]是"九黎三苗"的变迁与演进。"所谓三苗，指的是由蛮、濮、巴三个民族组成，巴族源于鄂西地区，与三苗在远古时期是同源的。"[41]巴濮的统治部族同为廪君之后，而廪君也被公认为是土家族的祖先。

巴楚、荆蛮、五溪蛮，也是一脉相承的，而且与"盘瓠"图腾族团也有千丝万缕的关系，郭东辉的研究指出："……盘瓠是长江中下游流域的土著居民，他们曾容纳了九黎、三苗的余部，一同构筑了江南众民族的基本框架。……盘瓠神话在苗、瑶、畲、水、侗、壮、黎、土家、仡佬、毛南等族中广为传播，盘瓠成为南方众民族的先祖，繁衍出众后世子孙。"因此，郭东辉得出结论，"上古时代及其以后的九黎、三苗、盘瓠，周时的荆楚，汉时的诸蛮，与今天的南方诸少数民族是一脉相承的。"[39]

南宋末年，史书上开始出现苗族的古称"畲民"和"輋民"。刘克庄在《漳州谕畲》一文中曰"凡溪峒种类不一，曰蛮、曰猺、曰黎、曰蜑，……在漳州曰畲""省民、山越往往错居。"[42]说明"蜑"曾经是指称过苗族及其演变的猺、黎、畲等族，并非专指某一民族，也非专指逐水而居的民族，是对南方各少数民族，特别是巴楚、荆蛮、百越系各民族的统称，依这个思路，除了回族等外来民族，以及蒙族、藏族、维族等明显有差别的西部和北方少数民族以外，我国古代居住于高山峡谷、河海之滨，地处偏僻、生存环境恶劣、生活条件艰苦，并与华夏或中原汉民族及通都大邑中人少有往来的南方众多的少数民族，曾经均被称为"蜑"，这些民族也大多是"东夷"与"三苗"的融合与演进，又因为这些"蜑"多属"三苗"的孑遗，而"三苗"是"蚩尤"的后裔，因此，"蜑"的原初含义主要是对"三苗"集团的称呼，同时也是一种蔑称，"三苗"集团经过数千年的融合与分化，逐渐形成了以川东为界的长江中上游和长江中下游流域及其以南的南方众多的少数民族。盘瓠族虽以狗为图腾，但在华夏族看来，依然是以虫蛇为伍的"南方夷"。

从明人笔记所描述的苗人分布地域来看，与本文分析的"三苗"地域相近，甚至更广。明末邝露《赤雅》"猺人祀典"云："猺名輋客，古八蛮之种。五溪以南，穷极岭海，迤逦巴蜀，兰、胡、盘、侯四姓，盘姓居多，皆高辛狗王之后。"[43]7这个地域基本上是以川东为界的长江流域以及南部地区。今人的研究也认为长江流域的蜑民是苗、瑶族先民[44]或"今土家族先民"[45]，还有认为也是壮族先民，据徐松石考证："蜑实僚壮中水上人的通称，今两粤仍有称蜑人为水上人或水户者。"[11]蒙默认为汉唐间川鄂湘黔地区蜓人是近代侗族先民一支。[46]"蜑"还经常被用来泛指南方其他少数民族，此时"蜑"与"蛮""夷"的泛称用法相同。

古代的"蜑""苗""夷"都是指长江流域及其南方的古"三苗"遗族。最新的考古表明，三苗的痕迹已不仅仅限于巴楚、荆蛮、扬越，已影响到蜀地，甚至影响到中南半岛等地区。彭元江研究发现三星堆文化里面已经有许多的"三苗"的影响因素。[47]《越南古代史》也自认为曾属蛮夷："在周代，汉族人所称呼的蛮人，就正是在尧舜时代被称之为交趾的人，也正是秦汉时代被称之为越的人。越名是常常与夷或彝同时出现的。"[48]59"比壮族南移还早的，乃吉蔑族、安南族和蒙族（Mon）。壮族最初移入印度之那的，乃掸族、佬族的祖宗。"[48]123因此，古时的"蜑"、"苗"、"夷"涵盖更加广泛。

七 古"蜑"与今"疍"

既知"疍"是由"蜑"演进而来，"蜑人"与"蚩尤"族属相关，那么，今"疍"是否即是古"蜑"还需追本溯源，了解两个维度的演变：一是"疍"字的演变，二是"疍"人的演变。

1."疍"字的演变

"疍"字的演变经历了三次，第一次是"蜑"的产生，第二次是"蜑"演变为"蛋"，第三次是"蛋"演变为"疍"。

"蜑"据前文所述，均为上延下虫，或可与"蚩"字同解，如此而言，可推之"蜑"的历史很久远，即在甲骨文产生的商周之前就已产生，及至《世本》"故出巫蜑"才开始有了与"蚩"字相区分的正式记录。

古代的"蜑"不仅仅是水上居民，他们要么居深山峡谷，如上文樊绰《蛮书》所言："夷蜑居山谷，巴夏居城郭。"要么居于水边或森林，宋代周去非记载，"钦之蜑有三：一为鱼蜑，善举网垂纶；二为蠔蜑，善没海取蠔；三为木蜑，善伐山取材。"[49]居于水边者，亦不仅仅是指大江大湖大海，"长江以南所有江河，多有此种居民居住。"[43]52

至于"蜑"字何时俗写为"蛋"，汪冰冰的研究认为："从出土的材料和传世文献看，这一讹变产生的时间应始于唐朝。"[50]汪冰冰是基于唐代楷书书写的变异，分析认为"延"字在用楷体书写时，变化不大，但在用行书或草书书写时，"延"字就讹变为"疋"，这是符合事实的，但还忽略了一个方面，甲骨文中，"延辵古本一字"，[2]180而"疋"是"辵"的变体或简写，因此，"蜑"演变为"蛋"是合符情理的。尽管如此，"蛋"在古代正统典籍中不多见，可能因书写简便，只在民间流传，上不了大雅之堂。在民间，俗称卵为蛋，如鸡卵为鸡蛋。"蛋"在《说文》中没有收录，《康熙字典》始录"蛋"字，解释为："音但，古作蜑，柳宗元《馘军亭记》：'胡夷蛋蛮'"[51]。这也说明了以"蛋"代"蜑"不晚于唐代。而将"蛋"与鸡或鸭相联，成为鸡蛋或鸭蛋的"蛋"，在二十四史中极少见，据查较早在《明史》中才发现了"鸭蛋"的用例："全军从鸭蛋洲渡，陷武昌。"[50]鸭蛋洲在湖北黄冈，民间传说其名称正是源于明代，当地老百分姓因其形如鸭蛋故名。古先民认为，人在胎中时外面就裹了一层"胞衣"，其实就是一个"卵"，人赤条条生于世，也就是破壳而出，生于人的脚下，即"上延下虫"，是为"蜑"字，而"蜑亦通诞"，所谓诞生应即这个意思，可见诞生本意为蛋生，这亦当是"蜑"的另一种解释，但这种解释与蛇种并不矛盾。在先秦时期，很可能民间就称呼鸡卵蛇卵等动物的卵为"蛋"，"蜑"的本意不排除就是蛋的意思，蛋也就是"赢虫"，蛋是"蜑"的民间俗写。"蜑人"也就指那些南方湿热之地、没有"开化"的、"文身裸袒"的原始先民。当然不是他们故意不"开化"，是苗民那段苦难历史造成成的。

蜑"写作"疍"是在民国时期，詹坚固认为，"疍"是"蛋"的变体，是当时一些具有民主平等思想的知识分子，认为"蜑"或"蛋"形旁从虫，含歧视之贬义，故新造"疍"字以代之。[5]以官方文告形式将"疍民"群体确定下来，或许始自民国，但蜑"写作"疍"的时间应该更早一些，成书于乾隆年间的《吴下方言考》也指出："疍本作但，后世改作蜑"，[52]应当反过来说，是后世作改作疍。《辞海》正式收入"疍"："疍，亦作蜑。疍民，'水上居民'的旧称"。[53]

2. "疍"人的演变

"疍"人的演变也经历了大约三个阶段，是一个外延不断收缩，内涵不但变迁的过程。最先是泛指黄帝败蚩尤后，所有被边缘化的"九黎三苗"族群。其次是泛指以苗族、土家族等为主体的长江流域及其南方的各少数民族。即所谓"蛮蜑"、"濮越"，包括"山蜑"、"林蜑"、"木蜑"、"鱼蜑"、"珠蜑"等。最后才是专指东南沿海"水上居民"，即以"鱼蜑"、"珠蜑"为主体的所谓"疍民"。作为一个广泛群体大量出现，并被官方史籍所记录，或始于宋代，詹坚固认为，"疍民"群体"自宋代以后开始成为两广、福建一带水上居民的专称。"[15]但作为水上居民可能更早就有了，如顾炎武《天下郡国利病书·广东八》引《晋书·陶璜上疏》："晋时广州南岸周旋六十余里，不宾服者五万余户，皆蛮蜑杂居"，陈序经认为当时已有不少疍民。[54]但详察之，此记载并未说明是否水居，只说在南岸，其中或有水居者。而且，陈序经的《疍民的研究》这本书是不分蜑、蛋或疍的，从古至今皆统称为疍民，抹煞了蜑的变迁过程，实为不准确的用法。

1933年广东省政府建设厅发布的《限令疍民拆除大沙头木屋茅寮》布告上已有"疍民"称呼，可知"疍"字在民国时已在政府公文中才开始普遍使用[55]。新中国成立后，考虑到"蛋"有贬义，现代汉语统一使用"疍"，日常称呼则称"水上居民"或"渔民"。其余写作"但、旦"，乃近人不规范用法。

据本课题的调查，海南直到上世纪六七十年代才彻底完成"疍民"从水居变为陆居的改造，并且仍然还有少数居住于水上，成为旅游观光的资源。"疍民"虽然完成了从水居到陆居的变迁，但"疍民"聚居地及其后裔仍保持了独特的文化习俗，值得进一步研究、挖掘和保护。

可知，古蜑与今疍差别很大，甚至有多大程度的关联度也还是一个值得再研究的问题。而且，即便是从宋代已分出了水居疍民，但今天的疍民群体也很难说就是宋代那个疍民群体的后裔，因为中间历经了千余年的朝代更迭、战争影响、生活所迫、避难逃荒、境遇改变等原因，通过正常或非正常（如暴力抢夺地盘）的方式，既有原本水居者不断地成为陆居或迁徙他处，或因战争，台风等灾难而自然消失。也有原本陆居者不断地加入成为水居者，及至近现代，这一群体才逐渐相对稳定，对于这些"水上居民"而言，"水居"虽然艰苦，但更容易获得基本的生存资源，在风雨如晦的旧社会，能"活人"也算是有一个出路。这些"水居"者并非天生懒于种地或不愿住陆地，而是由于生活的某种变故，成了失地的一族，年复一年，也就慢慢成为一种职业化的赶海人。这就是为何"水居"者能够相对固定下来成为一个群体的原因。

之所以这些"水居"群体延袭了"疍民"称号，是因为"疍（蜑）"这一称呼与生活方式和风俗习惯有关，与族源并没有关系，也就是说，只要符合古"蜑"的基本特征，无论来自哪里，不分族属，该可称之为"疍（蜑）"，今"疍"只是符合了其中之一的"水居"条件而已。今天的疍民绝大部分可能都非古"蜑"的后裔，真正古"蜑"大多成为今天我国南方和西南方诸多少数民族，或漂泊流离到中南半岛甚至南洋，已成为新的马来人、印尼人乃至波利尼西亚人[56]等南洋诸岛上的居民。具体是如何变迁的，变迁的重要节点是什么，原因是什么，脉络为何，需要根据不同地域和特定的群体作进一步的调查研究。

参考文献

［1］（汉）宋衷注，（清）秦嘉谟等辑《世本八种·雷学淇校辑本》，中华书局，2008，第51页。

［2］徐中舒：《甲骨文字典》，四川辞书出版社，2016，第125页。

［3］（唐）房玄龄等撰《晋书·五行志》，中华书局，1974，第836页。

［4］王明校注《无能子校注（卷上）》，中华书局，1981，第1页。

［5］詹坚固：《试论蜑名变迁与蜑民族属》，《民族研究》2012年第1期，第81～91、110页。

［6］袁珂校注《山海经校注》，上海古籍出版社，1986。

［7］邢义田、林丽朋：《社会变迁》，中国大百科全书出版社，2005，第14页。

［8］段渝：《巴人来源的传说与史实》，《历史研究》2006年第6期，第3～18页。

［9］（宋）乐史撰，王文楚等点校《太平寰宇记》，中华书局，2007。

［10］（唐）韩愈著，钱仲联、马茂元校点《韩愈全集》，上海古籍出版社，1997，第266页。

［11］徐松石：《粤江流域人民史》，上海书店出版社，1990，第152页。

［12］（汉）许慎：《说文解字》，中华书局影印出版，1981。

［13］（汉）司史迁：《史记》，岳麓书社，1994。

［14］祁庆富：《南夷、西夷考辨》，《云南社会科学》1982年第3期，第40～48页。

［15］黄怀信等审定《逸周汇校集注》，上海古籍出版社，1995，第 973 页。

［16］（唐）司马贞撰《史记索隐·卷十·吴太伯系家第一》，钦定四库全书影印本。

［17］林惠祥：《中国民族史（上册）》，商务印书馆，1996，第 73 页。

［18］丁再献：《东夷文化与山东·骨刻文释读》，中国文史出版社，2012。

［19］徐奇堂译注《尚书·吕刑》，广州出版社，2004，第 208 页。

［20］（唐）樊绰撰，向达校注《蛮书校注》，中华书局，1962，第 261 页。

［21］东人达：《蚩尤史迹探评》，《毕节师专学报》1997 年第 4 期，第 75 ~ 80 页。

［22］朱仙林：《孙作云图腾神话研究解析》，《民族艺术》2011 年第 2 期，第 61 ~ 69、92 页。

［23］（唐）苏鹗撰《古今注·中华古今注·苏氏演义》，商务印书馆，1956，第 7 页。

［24］（明）旷露：《赤雅考释》，广西人民出版社，1995。

［25］熊笃：《论"巴渝文化"是贯通重庆古今的主流文化》，《重庆社会科学》2005 年第 6 期，第 104 ~ 108 页。

［26］栾贵川：《孔子何以欲居九夷》，《中国社会科学报》2012 年 7 月 16 日（A04）。

［27］闻一多：《伏羲考》上海古籍出版社，2006。

［28］朱起凤：《辞通》，开明书店印行，1934，第 188 页。

［29］（清）阮元校刻《十三经注疏（上册）》，中华书局，1980，第 1338 页。

［30］李学勤主编《尚书正义》，北京大学出版社，1999。

［31］（北魏）杨炫之：《洛阳伽蓝记》，时代文艺出版社，2008，第 68 ~ 69 页。

［32］伍新福：《中国苗族通史》，贵州民族出版社，1999，第 19 页。

［33］闻一多：《伏羲考》，上海古籍出版社，2006。

［34］邵炳军、杨秀礼：《祝融、蚩尤、三苗种族概念关系发微》，《西南民族大学学报》（人文社科版）2008 年第 9 期，第 36 ~ 48 页。

［35］石茂明：《跨国苗族研究：民族与国家的边界》，民族出版社，2004，第 330 页。

［36］徐旭生：《中国古史的传说时代》，文物出版社，1985，第 5 页。

［37］杜勇：《蚩尤非东夷考》，《天津师范大学学报》（社会科学版）2004 年第 4 期，第 26 ~ 30 页。

［38］石朝江：《中外人类学民族学对苗族的考察与研究》，中国少数民族哲学及社会思想史学会；中国少数民族哲学及社会思想史学会，《科学发展观与民族地区建设实践研究》，2008，第 20 页。

［39］郭辉东：《南蛮的上古远祖蚩尤——兼谈九黎、三苗、盘瓠与梅山蛮的族源和迁徙》，《湖南科技学院学报》2010 年第 31 号第 10 期，第 31 ~ 35 页。

［40］童恩正：《古代的巴蜀》，四川人民出版社，1979，第 7、12 页。

［41］杨华：《远古时期巴族与三苗文化的关系》，《四川文物》1995 年第 4 期，第

21 页。

[42]《后村先生大全集·卷93》，《四部丛刊》，《集部》转引谢重光《宋代畲族史的几个关键问题——刘克庄〈漳州谕畲〉新解》，《福建师范大学学报》（哲学社会科学版）2006 年第 4 期，第 8~13 页。

[43]（明）旷露：《赤雅考释》，广西人民出版社，1995，第 7 页。

[44] 童恩正著《古代的巴蜀》，四川人民出版社，1979，第 7、12 页。

[45] 吴永章：《古代鄂川湘黔边区的蜒人与岭南蜒人之比较研究》，《广西民族研究》1987 年第 2 期。

[46] 蒙默：《说蜒——兼论廪君的族属》，《中华文化论坛》1994 年第 2 期。

[47] 彭元江：《三星堆文化里的"三苗"因素析》，《文史杂志》2016 年第 5 期，第 83~86 页。

[48]〔越南〕陶维英著《越南古代史》，刘统文、子钺译，商务印书馆，1976。

[49]（宋）周去非著，杨武泉校注《岭外代答校注》，中华书局，1999，第 115~116、145、258~259 页。

[50] 汪冰冰：《说"蛋"》，《现代语文》（语言研究版）2008 年第 10 期。

[51]《康熙字典》（申集中·虫部），成都古籍书店影印，1980，第 5 页。

[52]] 李健民：《闽东疍民的由来与变迁》，《宁德师专学报》（哲学社会科学版）2009 年第 2 期，第 38~44 页。

[53] 夏征农主编《辞海》，上海辞书出版社，1990，第 2035 页。

[54] 陈序经：《疍民的研究》商务印书馆，1946，第 46 页。

[55]《广东省政府公报》，1933（228）：121。

[56] 吴水田：《话说疍民文化》，广东经济出版社，2013，第 22 页。

南海历史遗迹与文物的保护、发掘与利用[*]

侯　毅　吴　昊^{**}

中国人民在南海的活动有 2000 多年的历史，是中国人民最早发现、最早命名、最早开发经营南海诸岛。在开发、经营和管辖南海诸岛及其相关海域的漫长历史进程中，中国人在南海诸岛遗留了大量的历史遗迹和文物，包括散落于南海诸岛的古遗址、古墓葬、古建筑、文献、手稿等，这些历史遗存不仅是我国人民发现、开发海南诸岛的标志和见证，更是中国在南海诸岛及其相关海域拥有主权及享有历史性权利的重要佐证。以往学术界对南海历史遗迹与文物的研究多是作为论述中国在南海的主权权利辅助证据，或是从文物研究的角度论述其价值，而对于这些历史遗迹和文物的发掘、保护的价值与意义，存在的问题以及其法理意义缺乏深入讨论，从政策层面探讨南海历史遗迹及文物开发措施的著述更为鲜见，本文是在前人研究的基础上，重点对发掘利用南海历史遗迹及文物的价值与意义、开发利用的手段等进行探讨。

一　我国南海历史遗迹和文物的种类

在长期的历史过程中，中国人在南海的足迹遍布东沙、西沙、南沙、中沙四个群岛，遗留下的历史遗迹与文物独一无二、丰富多样，大体可以分为以下几类。

1. 古代沉船遗迹

早在秦汉时期，中国人民就开辟了举世闻名的"海上丝绸之路"。"海

　＊　本文为 2017 年度国家社科基金重大项目（17ZDA189）阶段性成果之一。

　＊＊　侯毅，中国社会科学院中国边疆研究所；吴昊，中国社会科学院中国边疆研究所。

上丝绸之路"以中国福建、广东等沿海地区为基点，经南海通向东南亚各国、印度洋、波斯湾等地，据唐德宗宰相贾耽记述，唐代的"海上丝绸之路"从广州出发，经南海，穿越马六甲海峡，前往南亚、中东及东非地区。有学者统计，唐武则天时期，西域南海来华的使节中，多数选择由海路来华。宋元两代，海上丝绸之路达到了鼎盛，宋人周去非在其著作《岭外代答》中记载了东南亚、南亚、西亚等地40多个国家的名称，书中写道："传闻东大洋海，有长砂石塘数万里，尾闾所泄，沦入九幽。昔尝有舶舟，为大西风所引，至于东大海，尾闾之声，震泊无地。俄得大东风以免。"这里的长砂石塘指的就是西沙群岛。这说明，在宋代，西沙群岛海域已经成为海上丝绸之路的重要的航线所在。又据宋人赵汝适的《诸蕃志》记载，宋代远洋海船多从泉州、广州出发，"率以冬月发船，盖借北风之便，顺风昼夜行，月余可达（阇婆）"，即是经西沙群岛，横渡南海，到达今印尼。

随着航海技术的进步，很多船只选择了较沿岸航行更加快捷的西沙群岛、南沙群岛附近海域穿越直行。由于西沙群岛和南沙群岛岛礁众多、暗礁密布，是海上航行的危险区域，很多经行船只遭遇风浪或触礁沉没，因此，在南海海底散落着数量众多的中国沉船，他们多是经行丝路的商船，遗留下大量商贸海瓷及金属器物。如：1974年考古人员对西沙附近海域的第一次调查发掘中，从西沙群岛北礁礁盘上，发现了明代永乐时期的沉船残迹，经过打捞，获得铜钱、铜锭、铜剑鞘、铜镜等大批文物，这些文物出自汉代至明代，有考古研究者认为："这艘沉船是明代永乐中后期的官船，很可能属于明初大航海家郑和所率船队的船舶之一。"

20世纪90年代后，南海沉船遗迹的普查、发掘和整理工作快速发展，取得了很大成效。1992年，考古学家王恒杰在南沙群岛进行考察时，发现单叶铁锚一件，并推断其为清代以前遗物。1996年，我国考古人员在西沙群岛浪花礁、华光礁、金银岛等岛礁附近又发现了8处水下沉船遗址，这些沉船多为宋代至清代时期的货船，船上载有大量的瓷器等用品，此次文物普查发现的沉船遗迹意义重大，标志着中国水下考古工作已经从近海走向了远海。

1996年中国渔民在潜水捕鱼时发现了"华光礁1号"沉船，该船为南宋时期沉船，是我国在远海发现的第一艘古代船体。1997～1998年，国家博物馆和海南省文物部门对"华光礁1号"沉船进行了试发掘，出水文物近 1800 件。2007~2009 年国家博物馆和海南省文物部门组成西沙考古工作队，正式对"华光礁 1 号"沉船遗址进行了考古发掘，打捞船体残长约 19 米，宽约 6 米，高约 4 米，除船体外，出水文物近万件，主要为瓷器。华光礁 1 号发掘期间，在华光礁、北礁还发现了 4 处水下遗存。北礁沉船遗址是西沙永乐群岛北端的一个椭圆形环礁，也是古代海上丝绸之路的必经之地，近年来共发现 10 余处沉船遗迹。

2010 年 4 月，由国家博物馆牵头，中国国家博物馆水下考古研究中心与海南省文物局合作，再次组织水下考古队，对永乐群岛诸岛礁展开水下文物普查，又发现多处古代沉船遗址。2011 年，又在盘石屿、石屿、银屿发现多处沉船遗址。根据海南文物管理部门的统计，西、南、中沙群岛海域已经确认的沉船遗址有 136 处。中央与海南省政府对南海沉船遗址的保护和发掘工作给予高度重视，2006 年和 2013 年，北礁沉船遗址和华光礁沉船遗址被列为全国重点文物保护单位，南沙洲沉船遗址、珊瑚岛沉船遗址、浪花礁沉船遗址、玉琢礁沉船遗址被海南省列入省级文物保护单位。

2. 文物

随着南海沉船遗迹的发掘，出水了大量的文物，以瓷器及钱币为主，充分展现了我国古代海外交通贸易的繁荣，勾勒出海上丝路不断发展的历史进程。

瓷器 1998~1999 年，对西沙"华光礁 1 号"的水下文物进行的抢救性试掘中，共出水沉船遗物 849 件，其中以青白瓷器 678 件，占到了出水文物的绝大多数，有碗、盘、碟、盏、钵、壶、罐、粉盒等，器形较小，制作规整，装饰手法多种多样，青瓷器标本 159 件，多为大碗和大盘，还有钵、瓶、执壶、小口罐等，此外还有少量陶胎的酱褐釉瓷器。据考古人员分析，"华光礁 1 号"的青白瓷器多为宋代福建泉州德化窑、南安窑以及景德镇湖田窑器物。而青瓷器则是宋代泉州、闽北及晋江一带磁灶窑的产品。在对北礁 1 号、2 号、3 号进行的水下遗物采集中，同样收获了青花瓷、青白瓷、青瓷瓷器，这些遗物表明，该沉船遗址保存有宋元和清代两个不同时期的遗存。不同时期、不同种类的瓷器大量遗存，显示了瓷器在我国古代海外贸易中所占的比重之大，从一个侧面真实、生动地展现我国古代南海海上丝绸之路的兴旺。景象瓷器产地以华南沿海等地为主，也说明了中国陶瓷贸易的广泛性与持久性对中国沿海政治经济结构的重要影响。

钱币 1920 年，擅闯西沙群岛的日本渔民发现了中国古代铜钱，其中包括东汉王莽钱及明代永乐通宝。据当时接受这批文物的海洋学家马廷英判断，这些古钱是在明成祖永乐年间或稍后沉没于此的。1947 年中山大学王光玮教授在西沙群岛石岛有类似的发现，包括唐开元、明洪武、永乐通宝等在内共 16 枚。2010 年，水下考古人员在对"南澳 1 号"的打捞中，考古人员在船舱中发现了罐装的大量铜钱，钱文多为"祥符通宝""皇宋通宝""熙宁通宝"等北宋年号，出水铜钱 11300 余枚。同时，在"北礁19 号"水下遗存也采集到"皇宋通宝""熙宁通宝""元丰通宝"、"崇宁通宝""洪武通宝""永乐通宝"等铭文铜钱数枚。说明随着海外贸易的发展，大量中国钱币流通海外，特别是流向与中国东南沿海经济贸易关系密切的东南亚国家。

金属器物 金属器物往往质地坚硬，不易腐坏，因此在古代沉船中常有发现，如在对"华光礁 1 号"沉船的打捞过程中，就发现了不少铁制单体及小块沉积物，出水了一批锡器和铜器，而在西沙群岛北礁附近，也打捞出数量众多的铜器，其中还包括一件明代铜盘及器座，质地均为紫铜，器型具东南亚风格，据考古学者推断，此为我国外销产品。这些金属器物的大量存在一定程度上反映出我国古代商品经济的繁荣景象，东南沿海地区生产的金属器物已行销海外各地。

需要指出的是，从目前的考古发现来看，南海诸岛附近水域的古代沉船均为中国沉船（见表 1），分布范围广、数量多，宋、元、明、清各个时期都有，这充分说明了在历史上很长一段时期内，只有中国人在诸岛附近水域航行，也只有中国人有能力开发、经营和管辖南海诸岛。

表 1　目前发现的我国在南海主要沉船遗址及出水文物统计表

发现时间	遗址名称	位置	年代推断	文物情况
1998.12	华光礁 1 号沉船遗址	西沙群岛光华礁西北	南宋至元初	出水文物近万件，陶、瓷器占绝大部分，陶瓷产地主要为福建和江西景德镇，陶瓷产品按照釉色分类主要有青白釉、青釉、褐釉和黑釉几种，器型主要为碗、盘、碟、盒、壶、盏、瓶、罐、瓮等

续表

发现时间	遗址名称	位置	年代推断	文物情况
1998.12	曲手顶 1 号遗物点	位于西沙群岛石屿曲手顶	清	采集到青花瓷器
1999.1	石屿 1 号沉船遗址	西沙群岛石屿与咸舍屿之间	清	采集到青花瓷器
1999.1	银屿 1 号遗物点	位于西沙银屿滩	明	有龙泉青瓷、青花瓷遗存
1999.1	北礁 1 号遗物点	位于北礁礁盘西北部	明	采集到瓷片有宋代青白瓷，明代青花瓷等
1999.1	北礁 1 号沉船遗址	西沙群岛北礁灯塔东北偏东约 7000 至 8000 米	明	采集到青花瓷、青白瓷、青瓷等，器型主要有盘、碗、罐、杯、壶等
1999.1	北礁 2 号沉船遗址	西沙群岛北礁灯塔北约 1000 米	近现代	主要有铅、银锭、炮弹头、船体等
1999.1	北礁 3 号沉船遗址	北礁北部礁栏	明	有大量瓷器出水，共采集标本 153 件，发现碇石 3 个。瓷器以万历年间青花瓷为主，见有少量的龙泉瓷、白瓷和陶器
1999.1	北礁 3 号遗物点	位于北礁礁盘内	明	文物主要为青花瓷，少量龙泉瓷，器型主要有盘、碟、碗、瓶、小罐等
2010.5	石屿 2 号沉船遗址	西沙群岛石屿东侧	元	文物均为瓷器，有德化窑瓷器、景德镇窑卵白釉瓷器、元青花残片，以及元代龙泉窑青釉瓷片
2010	金银岛 1 号沉船遗址	金银岛西南约 2500 米	清	发现有大量的石质建筑构件和瓷器残片
2012	珊瑚岛 1 号沉船遗址	距离珊瑚岛东北 500～1000 米	清	遗址以石质建筑构件为主要堆积，还发现了少量青花和白釉瓷器碎片

3. 历史遗迹、遗址、遗物

我国人民在发现南海诸岛后，对南海诸岛的开发也逐步展开。晋代裴渊的《广州记》中记载道："珊瑚洲，在东莞县南五百里，昔有人于海中捕鱼，得珊瑚"。这里的"珊瑚洲"应指今之东沙群岛。需要指出的是，裴渊提到"昔人"在珊瑚洲捕鱼，这说明在晋代之前，中国渔民就已经在东沙群岛附近海域从事捕鱼、采珊瑚等生产活动了。

我国先民在南海诸岛的活动留下了很多遗迹、遗址和遗物，包括庙宇、墓葬、水井、房屋、生活用品等各类遗物，种类十分丰富。

庙宇遗址及遗物 清嘉庆十八年（1813），英国探险队在东沙岛非法调查时，在岛上发现中国渔民在岛上所建的庙宇。清宣统二年（1910），清人李长傅所著《东目庙笔记》中也记载了东沙岛上有中国人所建庙宇，他写道："是岛为闽粤渔户营业之所，由来已久。岛上有大王庙，为各渔户所公立。"根据中西文献记载和20世纪70~80年代我国在南海诸岛进行的文物调查，建有庙宇的南海诸岛岛礁共有20多个，包括西沙群岛的甘泉岛、北岛、南岛、东岛、中岛、赵述岛、金银岛、广金岛、珊瑚岛、永兴岛、琛航岛、晋卿岛；东沙群岛的东沙岛；南沙群岛的太平岛、南子岛、中业岛、西月岛、北子岛、马欢岛、南威岛、南钥岛、奈罗礁、鸿庥岛等，残存的有10余处。在一些庙宇遗址内，还发现了神像、神主牌、香炉等遗物。

上述庙宇建于不同年代，明代、清代及民国年间皆有，大体分为三类：一是娘娘庙，俗称妈祖庙，主要供奉妈祖、观音菩萨；二是土地庙，供奉土地神；三是兄弟公庙，也称孤魂庙、昭应庙，传说是为纪念明代遇海难的108位海南渔民，又说是为纪念清代被海盗杀害抛海而成神的108位海南籍海商，是海南独有的信仰。南海诸岛上的庙宇说明了中国渔民长期在这些岛礁上驻留。

居民生活遗址及遗物 历史上，南海自古是中国人生产、生活的地方。近代西方列强入侵南海诸岛的过程中，也留下了很多中国渔民在南海诸岛生产生活的记载。1868年，英国海军部测绘局出版的《中国海指南》中就记录了西沙群岛上中国渔民的生活场景，书中记载："林康岛，……此岛上有泉水，水质极好，岛上仅有一座井，是海南渔民所挖，在一棵矮小的椰子树旁，海水过滤后，有淡水渗入井内。"书中还记载有"觅出礁，……1月至

5 月，海南渔船经常前往此处捕鱼。"20 世纪 70 年代以来，在西沙群岛发现了一系列中国渔民住居遗址，其中最具代表性的是位于甘泉岛西北的唐宋居民遗址，考古人员在此处发现了多处古代建筑地基，古井一座以及陶瓷器、铁刀、铁凿、铁锅残体等器物多达 50 余件，这些生活用具与同时期广东内地居民使用的器具基本相同，这充分说明了南海诸岛是我国人民世代生产、生活和营居的地方。90 年代，王恒杰先生在西沙群岛北岛考察发现明清以来的一系列居住遗址。在这些居民遗址中，炉灶、火灰炭屑、食用过的动物骨骼残骸和贝壳的遗留堆积、排水沟等清晰可辨。

墓葬 有些中国渔民去世后，就近埋葬在岛礁之上，据日本人池田的《新南群岛沿革略记》记载，在南沙群岛北子岛上有两座中国人坟墓，一座墓碑刻"同治十一年 翁文芹"，另一碑刻着"同治十三年 吴□□"。事实上，中国先民的坟冢遍及南海诸岛，南沙群岛的太平岛、南子岛、中业岛、南钥岛上都有中国人的墓葬。据广东渔民梁胜供称，自同治十二年至光绪三十二年，在东沙岛上死去的中国渔民有一百三十二人，均葬在岛上。1990 年，台湾当局太平岛驻军在岛上发现两块清代墓碑，碑文刻有"皇清显考纯直郭公之墓"和"黄郁堂之墓"。

主权收复纪念碑 20 世纪 30 年代，南海诸岛先后被法、日侵占。二战结束后，民国政府依据《开罗宣言》和《波茨坦公告》的精神，收复南海诸岛。1946 年 12 月，民国政府派遣海军"太平"、"中业"、"永兴"、"中建"四艘军舰前往西沙、南沙群岛展开收复工作。收复人员在太平岛、西月岛、中业岛、永兴岛、南威岛等岛礁上树立了主权收复纪念碑。其中收复西沙群岛纪念碑碑高 1.49 米，宽 0.92 米，正面镌刻"海军收复西沙群岛纪念碑"，背面刻"南海屏藩"，水泥混凝土重建我国碑石。收复太平岛纪念碑高 2.25 米，宽 0.89 米，正面上书"太平岛"三字；背面书"中国民国三十五年十二月十二日重立"，左右两面各书"太平舰到此"、"中业舰到此"。

4. 古文献

我国记载南海诸岛的古籍众多，有学者统计，仅"宋元明清四代，记述南海诸岛石塘、长沙之类的文献、图籍多达百种"，其中不乏有具有很高文物价值的史籍、古地图，如广东省中山图书馆所藏的明代黄佐编纂的《广东通志》，该书为孤本，记载了明代中央政府在海南设置巡海备倭官巡辖南海的情况。国家图书馆所藏的清代绘制的《大清万年一统天下全图》，该图明确标绘出南澳气、万里长沙、万里石塘、七洲洋，即东沙群岛、中沙群岛、南沙群岛和西沙群岛，这些历史文献不仅为后人进一步认识南海、了解南海提供了丰富的资料，而且为我国维护南海主权提供了扎实的依据。此外，海南渔民广泛使用的《更路簿》也已被列为国家级非物质文化遗产。

二 发掘和保护南海历史遗迹与文物的重要价值与意义

对我国而言，南海大量的文物和历史遗迹无疑是弥足珍贵的财富。一方面，这些文物与遗迹具有很高的历史价值、文物价值和研究价值；另一方面，反映了中国人在南海的活动轨迹，展现着历史上中华民族在航海、科技、文化、艺术等各个领域的创造力和生命力，充分证明了是中国人民最早发现、最早命名、最早开发经营南海诸岛，最早对南海诸岛进行管辖，因此，南海文物和历史遗迹的保护具有"双重"价值。

近代以来，日本、法国、越南、菲律宾等国在侵占南海诸岛时，大肆毁坏中国人在南海遗留的文物和历史遗迹，以期抹杀中国人在南海活动的历史证据。如：1906 年日本人西泽吉次侵占东沙岛后，毁掉岛上中国人所建庙宇及疍民墓地。两广总督张人骏在呈报清廷外务部的函中写道："东沙系粤辖境，闽粤渔船前往捕鱼停泊，历有年所。岛内建有海神庙一座，为渔户屯粮聚集之所。西泽到后，将庙拆毁，基石虽被挪移而去。石块及庙宇，原地尚可指出。该岛应属粤辖，此为最确证据，岂能为无主荒境。……西泽毁我庙宇，逐我渔民，在岛年余，获利甚厚。揣彼用心，以为神庙已毁，无可作证。"1939 年，法国侵略者在西沙永兴岛试图毁灭天妃娘娘庙，改易为所谓的黄沙寺以期伪造历史的占有。20 世纪 70 年代以后，周边国家非法侵占部分中国南海岛礁，被占岛礁上的历史遗迹与文物全部遭到破坏，水下文物更受严重损毁。

由于各种条件的制约，我国尚未对散落在南海岛礁和海域中的文物展开全面普查，有关南海历史文物的类型、数量、现状等基本要素，目前尚无完整、系统的统计数据，但从文献记载以及历次考古调查来看，在南海岛礁和海域古代遗迹、遗址、遗物不仅有大量留存，而且类型十分多样，加强对南海历史遗迹与文物的调查和保护工作任务紧迫，意义重大。

首先，加强对南海历史遗迹与文物的发掘与保护有助于维护我国在南海的合法权益。南海的历史遗迹与文物是中国人最早开辟了南海航路、在南海从事渔业生产活动的珍贵铁证，向世人展示了自汉代以来，中国人就在使用南海的资源，在南海通行并持续至今，中国人在南海的主权权利和其他权益是建立在对南海2000多年主权、管辖实践基础上的，是一个不断累积、持续发展的过程，中国人对南海的依存关系是客观存在的，中国利用南海资源的权利理应得到尊重。事实上，在很长的历史时期内，中国是南海诸岛唯一的开拓者、经营者和使用者。正如有学者指出："南海周边国家对南海诸岛几乎一无所知，既没有其先民发现命名南海诸岛的确凿证据，更没有其政府管辖的历史依据。在中国对南海诸岛及其附近海域拥有主权的历史发展过程中，从来没有任何一个国家对中国在南海的主权、管辖权提出过挑战。"这一点从考古发现中能得到充分印证。

其次，加强对南海历史遗迹与文物的发掘与保护有助于增强广大民众对南海诸岛是中国领土及中国在南海合法权益的认同感。随着南海问题的持续升温，中国普通民众对南海问题的关注度不断提升，越来越多的人开始关注南海。据一项调查显示，中国公众对于南海问题的关注度很高，受访者中被问及南海问题涉及中国何种程度的国家利益时，44.9%的人认为南海问题关乎中国的核心利益，50.4%的人认为中国在南海有着重要利益，但客观地说，大多数国内民众对南海问题的了解并不全面，对中国人在南海活动的历史并不熟悉，甚至存在一些错误认识，通过展示参观历史遗迹与文物，能够让公众更多、更快、更便捷地对南海历史有较为深刻的认识，方式更加直观有效，从而使得普通民众能够不断增强海疆意识，更好地理解中国政府在南海主张的合法、合理性，提升民族凝聚力、向心力。

最后，加强对南海历史遗迹与文物的发掘与保护有助于做好对外宣传工作，让国际社会更好地了解中国在南海的态度与立场。由于意识形态、语言、文化等因素影响，长期以来，中国有关南海主权的历史文献资料以及研究成果鲜为外国所知，因而导致国外公众和国际社会对中国在南海的主权依据和南海政策缺乏了解，加之部分西方智库和媒体片面报道甚至是刻意误导，国际社会对中国的南海政策产生了种种误解，认为中国不遵守国际法，以强权扩张领土范围，非法扩大权利，南海历史遗迹和文物是中国在南海享有合法权益的最有力物证，通过展陈中国人在南海的历史遗迹和留存文物，能够更好地向国际社会讲清中国南海主权的法理依据、历史依据，反驳虚假信息、片面信息和错误信息，消除不良影响，获取国际社会的支持。

此外，南海丰富的历史遗迹和文物资源还有着潜在的经济价值和人文资源价值，在严格有效保护的同时，科学、合理、适度地进行开发利用，对于促进区域经济发展，建设海洋强国也有着一定推动作用。

三　南海历史遗迹与文物发掘与保护所面临的挑战

新中国成立以后，国家对南海文物的保护工作给予了相当的重视，分别于 1982 年和 1989 年颁布实施了《中华人民共和国文物保护法》和《中华人民共和国水下文物保护管理条例》，为加强南海文物遗迹的保护提供了有力的法律支撑保障。自 20 世纪 70 年代始，国家相关主管部门、地方各级政府部门和科研单位数次有组织、有计划地进行大规模文物调查搜集及考古挖掘工作，发掘出一大批珍贵的文物和历史遗迹。但也应该看到，目前南海历史遗迹和文物的保护工作均属于抢救性发掘，资源利用水平不高，对于南海历史遗迹和文物的重视程度也远不及自然资源的开发利用，认识水平也有待提升。总体而言，南海历史遗迹和文物的保护与发掘工作任务十分艰巨，面临着诸多困难与挑战。

首先，南海特殊的地缘政治环境是南海历史遗迹和文物的保护与发掘工作最大的障碍。南海主权争端牵涉中国、越南、菲律宾、马来西亚、文莱和中国台湾五国六方。近年来，美日等一些大国出于私利频频介入南海争端，使南海问题呈现出国际化、复杂化趋势。特别是菲律宾提出南海仲裁案后，中国的维权局面更为复杂，形势更为严峻。就目前南海区域政治环境和国际环境来看，南海争端难以在短期内得以解决，甚至存在局部激化的可能性，因此在这种背景下，南海历史遗迹和文物的保护与发掘必然会受到负面影响，难以像普通遗迹文物发掘那样顺利开展，我国与南海周边几个国家均未加入《水下文化遗产公约》，这无疑会对南海历史遗迹和文物的保护与发掘造成不利影响。

其次，南海海域广阔，文物遗址数量多、分布范围广，工作任务重，治理难度大，远未形成制度化和常态化的管理机制，难以在短时间内完成对文物的全面普查，实现有效的保护。南海是世界第三大陆缘海，面积超过350万平方公里，南海断续线内的海域面积超过200万平方公里，仅西沙群岛海域面积就达50多万平方公里。在这样辽阔的海域中，实现对历史遗迹与文物实时保护与有效管理是非常困难的。目前南海文物被盗采、遗址被破坏的现象极为严重，以"华光礁1号"为例，该遗址被我国渔民发现时，已经遭到多次盗掘，众多文物遭到损毁。2011年，海南省文物局和海南省西南中沙群岛办事处联合对西沙群岛水下文化遗迹展开巡查工作，共巡查了西沙48处水下文化遗存，发现"盗掘面积占遗存面积50%以上的达25处，有些沉船遗址中心区域已被盗掘一空。"这48处水下文化遗存中，"破坏程度超过80%的占10%，破坏程度低于80%、超过50%的占42%，破坏程度低于50%、超过30%的占10%，破坏程度低于30%的占38%。"

在暴利的驱使下，南海盗抢、走私文物现象日益严重，很多渔民或主动或受雇盗捞水下文物，最严重时，有近百艘小艇同时在西沙海域盗掘盗捞。西沙水域海水清澈，能见度高，近距离即能发现散落在海中的文物，有的遗址位于水下几十厘米，极易获取，由此吸引了很多原本捕鱼的渔民。目前，我国在南海地海上执法力量有限，完全没有能力实现对南海历史遗址的有效管控，实际上，南海很多历史遗迹与文物多是由渔民发现并向有关管理部门提供线索的，多数考古工作都是抢救性保护发掘，南海文物的保护工作形势十分严峻，亟待加强。

最后，南海历史遗迹和文物的保护与发掘工作资金投入高，人员要求条件高，工作周期长，需要投入大量的人力、物力。水下考古与陆地上考古挖掘存在很大差别，除船舶外，所需仪器设备相对较多，包括多波束水下声纳、浅地层剖面仪、旁侧声纳、短基线系统、水下机器人等，资金需求量大。我国水下考古工作起步较晚，不仅许多基础设施有待建设和完善，而且人员缺口大，能够下水从事水下考古作业得专业技术人员人数有限，以海南省为例，截至2014年，全省持证能够从事水下作业的考古队员仅有15名，从全国来看，也仅有100余人，而受到年龄、体质等因素限制，能够真正下水开展考古的，国内不超过50人。

水下考古工作难度高，工作周期长，如测量、拍照、取样等工作，在水下工作的难度远高于陆地，在 20 米深的水域，每名考古人员一般每天工作时长不能超过半小时，且一天只能潜水一次，一旦天气海况有变，考古工作就必须停止。尽管近年来，国家越来越重视水下考古，不断加大经费和人力的投入，但基本设施建设、技术装备的发展、人才队伍的培养还需要经历一个相当长的过程，目前依然不能满足形势的需要，因而制约了南海历史遗迹和文物发掘工作的快速发展。

此外，南海历史遗迹和文物的保护与发掘工作在完善法律、法规、提升执法能力、构建协调机制、健全组织机构等方面还有待加强、提升和完善。

在立法方面，尽管我国相继颁布了《中华人民共和国文物保护法》（以下简称《文物保护法》）、《中华人民共和国水下文物管理保护条例》（以下简称《水下文物管理保护条例》）和《关于外商参与打捞中国沿海水域沉船沉物管理办法》等一系列法规，但依然存在需要进一步完善的地方，如《文物保护法》中虽然确定了内水及领海内的水下文物管辖权，但是没有提及毗连区、专属经济区及陆架地区发现的水下文物的管辖权。《水下文物管理保护条例》只确定了中国对领海内起源于中国或起源国不明的水下文化遗产具有管辖权，而对于毗连区、专属经济区已知是外国的沉船等没有明确规定享有管辖权。

在执法方面，按照《文物保护法》和《水下文物管理保护条例》的规定，文物执法主体是文物行政管理部门，但在执法实践过程中，文物部门没有执法所需的船只和必要的装备，缺乏海上执法能力，不得不依托边防、海警、海事等其他部门，开展协同执法，这实际上降低了水下文物的保护力度，分散了文物保护的注意力。

在协调机制方面，尽管在 1987 年经国务院批准，由国家文物局牵头，成立了由外交部、交通部、国家海洋局、中国历史博物馆、中国社会科学院考古研究所等单位参加构成的"国家水下考古协调小组"，但由于南海特殊的地缘政治环境和自然地理环境，南海历史遗迹和文物的保护与发掘面临的形势非常复杂，牵扯范围广，涉及部门多，政治影响大，对于南海历史遗迹和文物的管理协调机制仍有待进一步提升层级。

在组织机构结构方面，按照《文物保护法》第八条规定，地方各级人民政府负责本行政区域内的文物保护工作。县级以上地方人民政府承担文物保护工作的部门对本行政区域内的文物保护实施监督管理，这就是说，历史遗迹和文物的保护应有本级政府文物管理部门负责。但到目前为止，三沙市尚未建立文物保护部门，部分文保工作只能由综合执法局和综合执法支队承担，这显然与南海历史遗迹和文物保护的形势要求不相适应。

需要指出的是，尽管南海历史遗迹和文物的保护存在很多困难，面临诸多挑战，但随着人们对文物保护意识的增强，各级政府对南海历史遗迹和文物的保护工作重视程度的提升，南海文物保护的状况也将逐步得到改善。

四　南海历史遗迹与文物发掘、保护与利用的远景思考

南海历史遗迹与文物发掘、保护有着特殊的价值与意义，因此，在做好南海历史遗迹与文物保护工作的同时，要科学地进行开发、利用，实现其特殊的维护主权权益的功能价值。鉴于南海所面临的现状，在未来相当长的时期内，我们应充分利用南海历史遗迹与文物资源，使之转化为法理优势和政治优势，从而为我国南海维权提供有力支持。因此，南海历史遗迹与文物发掘、保护与利用应从以下几个方面予以着力。

第一，全面统筹，科学规划，明确指导思想。在统筹国内国外两个大局的条件下，制定科学合理的总体规划是有效保护、开发和利用南海历史遗迹和文物的必要环节，通过规划，明确目标任务，确立指导思想和基本原则，使得南海历史遗迹和文物的保护、开发和利用真正取得实效，实现可持续发展。在制定规划的过程中，一是要明确思路，廓清理念。要充分认识到南海维权始终是推动南海历史文化遗迹与文物发掘的主要动力，南海历史遗迹和文物的保护、开发和利用与维护我国主权、管辖权和海洋权益是密切联系在一起的；二是要明确重点，有序推进。在遵循"保护优先"的原则下，对于一些重点文物、有突出价值的历史遗迹要首先进行发掘与利用，以点带面，将保护、开发、利用有机地统筹起来；三是注重可操作性。由于南海地缘政治的复杂性和敏感性，涉及南海的任何活动都可能引发南海周边国家及有关区域外国家的高度关注和外交反映，极易诱发矛盾和冲突，因此，要对各种内、外部因素应予以充分考量，实现南海历

史遗迹和文物的保护、开发和利用必须务实可行，对主权地位、法律基础、制度安排、政策导向、资金渠道、管理手段、技术保障等要进行整体研究，周密部署。

第二，加强管理，持续投入，提供机制保障。南海历史遗迹和文物的保护、开发、利用工作是一项系统工程，涉及中央到地方的多个政府部门，要保护好、利用好南海海洋文化遗产，需要各级部门紧密配合，共同管理，在明晰各部门的职责、分工和任务的基础上，做好各部门的衔接配合工作，这就需要统筹安排、合理部署。当前建立制度化的海面联合巡查机制是南海历史遗迹和文物的保护的当务之急，中央和地方、军队和地方、政府各部门之间应积极统筹协调，建立快速有效的沟通机制、会商机制、保障机制和应急反应机制，从而有利于发掘保护工作的稳步实行。在经费方面要予以足够保障，加大资金支持力度，不断提升文物保护发掘能力和综合执法能力。同时，利用多渠道、多领域、宽层面的社会动员和社会力量，探索并形成南海历史遗迹和文物保护、开发、利用的高效机制。

第三，以项目实施为切入点，整合学术资源，加强理论研究，稳步推进南海历史遗迹和文物的保护、发掘与利用工作。针对目前南海历史遗迹和文物的保护、发掘工作人才短缺的情况，通过有重点、有针对性地设立和实施一批重大专项，整合国内学术研究力量，可以推动学科建设，增强培养人才力度，从而进一步推动南海文物保护工作的发展。

总之，作为在南海有着悠久开发、经营、管辖历史的国家，中国在南海有着丰富的历史文化遗迹，近年来，由于南海特殊的自然环境和政治环境，许多历史文化遗迹遭到破坏，大量文物资源流失，对此，我们不能漠视，实际上无论从资源本身而言，还是从维护我领土主权和海洋权益而言，我们都必须重视南海历史遗迹和文物的保护和发掘工作，这也是我们不可推卸的责任与义务。

光绪年间张之洞对琼廉地区海防的经营[*]

吴宏岐　王亚哲^{**}

张之洞于光绪十年（1884）闰五月二十日就任两广总督，十五年（1889）十月二十二日离任，凡督粤5年4个月，期间于广东海防之建设颇为留意，其中对于琼州、廉州两地的海防经营最为致力。萧致治《张之洞与广东海防近代化》一文曾论及张之洞推进广东海防近代化的措施，但行文比较简略，对于张之洞督粤期间的海防建设细节情况揭示不够①；何永涛《试析张之洞与晚清海南海防事业的发展》一文对张之洞在琼州府（今海南）地区架设电线、修建炮台和建设榆林港口的问题有所论述，但未涉及张之洞在廉州府（包括今广西北海、钦州和防城港等地）地区的海防经营情况。② 本论文拟在前贤相关研究的基础上，通过对张之洞所撰《广东海图说》及其相关奏议、公牍、电文的整理分析，对他在督粤期间对广东海防区划的调整以及对琼州、廉州两地的海防经营的具体情况进行较为全面的论述。

一　张之洞对广东海防区划的调整

自明代嘉靖中后期以来，广东海防区划逐渐成熟，分作东、中、西三路。由于当时广东东路倭患最为严重，故而东路海防比之其他二路海防更

---

* 本文为国家社科基金重大项目"环南海历史地理研究"（12&ZD144）的阶段性研究成果。

** 吴宏岐，暨南大学历史地理研究中心；王亚哲，暨南大学南大学历史地理研究中心。

① 萧致治：《张之洞与广东海防近代化》，载《明清海防研究论丛》第三辑，广东人民出版社，2009，第3～15页。

② 何永涛：《试析张之洞与晚清海南海防事业的发展》，《西安文理学院学报》（社会科学出）2017年第3期，第76～79页。

显重要，郑若曾在《广东要害论》中论及广东海防地理形势时曾称："广东列郡者十，分为三路，西路高、雷、廉，近占城、满刺诸番；中路东莞等澳，水贼倭寇不时出没；东路惠潮与福建连壤，漳舶通番之所必经，其受海患均也。故旧制每岁春汛，各澳港皆设战舰，秋尽而挈，回泊水寨。至今日则不然，倭寇冲突莫甚于东路，亦莫便于东路，其次则南头等处，又其次乃及高雷廉三府，势有缓急，事有难易，分兵设备。"① 甚至于也有人认为："广东三路虽然并称险厄，今日倭寇冲突莫甚于东路，亦莫便于东路，而中路次之，西路高、雷、廉又次之，西路之责可缓也。"② 不过，万历七年（1579）粤西"罗旁大征"结束以后，随着粤西地区的瑶乱大致结束，广东的军事重心彻底东移，两广总督驻址遂由广西梧州东移肇庆，崇祯初年两广总督驻址又再次东移广州，广州成为名副其实的广东乃至整个岭南地区的军政中心，广东中路海防的重要性更加显现。③ 及至清代，广东海防仍分为三路，东路为潮州府和惠州府，中路为广州府，西路为肇庆府、高州府、雷州府、廉州府和琼州府。由于广州不仅是广东省会和两广总督驻地，而且还是粤海关所在地，故而广东中路海防的重要性较之明后期更显重要，所谓"广州带三江，阻重海，崖门、虎门夹峙左右，屹为管钥，前山、澳门番舶所集，南头控其东，阳江介其西，实全省之中权也。"④ 相比较而言，广东东路和西路的海防重要性就稍弱一些。

　　然而在鸦片战争以后，广东海防形势发生了一些明显的变化。光绪八年（1882）二月中，"法人攻破东京，又将城池交还南官，意殊诡谲，恐复用占据南圻故智，修改新约，迫越南以必从，事机甚为紧急。"⑤ 6月5日，张之洞提出奏请对法军采取强硬政策，要求派兵进入越南，保护属国。稍后张之洞又建议于广东增设南洋大臣，由两广兼任，同时将原来由

① （明）郑若曾：《郑开阳杂著》卷1《万里海防图论上》，《文津阁四库全书·史部》第194册，商务印书馆，2005，第307页。

② （明）郑若曾：《筹海图编》卷3《广东事宜》，中华书局，2007，第245页。

③ 吴宏岐、韩虎泰：《明代两广总督府址变迁考》，《中国历史地理论丛》2013年第3辑，第50~61页。

④ （清）卢坤、邓廷桢：《广东海防汇览》卷2《舆地二·险要一》，河北人民出版社，2009，第30页。

⑤ 王彦威，王亮辑编《清季外交史料》第二册卷27《直督张树声奏法越交兵统筹边备折》，湖南师范大学出版社，2015，第531页。

两江总督兼任的南洋大臣更名为"东洋大臣",以便形成北洋、东洋、南洋三足鼎立之势。[①] 光绪十年（1884）张之洞出任两广总督之时,正值中法战争期间。当时法国军队曾多次图谋进犯广东,如当年九月间,总理街衙门致电张之洞称:"闻法国现与葡萄牙密约,澳门有通广东省旱路,拟由此路协力攻扑省城";同年十二月三十一日,"法国巨舰二到廉之北海,又到钦州海面之乌雷,皆瞭望探水,捉民船,泊五日乃去。"[②]

作为抗法前线的总指挥,张之洞对广东海防形势进行了认真研究,进而提出了一个全新的广东海防区划的调整方案。他在《敬陈海防情形折》中指出当时广东的情况是:"八面受敌,诸国牵制;台少巨炮,水无坚船;水雷利用,苦其不多;塞河工巨,难于坚厚;各台之炮,甫演准的;新募之营,未经训练;度之绌而饷需益急;海面扰而厘税日亏;军火搜诸香港而已穷,购之外洋而难到;团练能助势而不能搏击,陆兵能拒守而不能还攻。"[③] 经过与当地官员商议之后,张之洞将广东海防按地域和重要性划分成四大块,即省防、琼防、廉防和潮防。其中以省防"最难最重",需从虎门到广州之间重重设防,并在原有兵力的基础上大力"添募勇丁",同时增派船只、布置鱼雷、舢板等。琼防指的是在海南岛设防。由于海南岛孤悬海上,一旦法军入侵,派兵增援实为不易,因此要"增兵增械,筹饷筹粮",驻兵岛上。廉防指的是在地处广东西南边境的廉州、钦州设防,两地靠近越南,而且法国觊觎已久,其防务需水陆兼顾,切不可怠慢。潮防指在广东最东端的潮州、汕头等地设防。[④]

张之洞对广东海防区划的调整的最大特色是一改旧时的广东海防三路区划方案,因时制宜地将整个广东沿海划出四个重点海防区域,虽然仍然认为广东中路即省防是"最难最重"之环节,但同时又将原来的广东西路划分出琼防、廉防两大块,这样就不仅强化了原来广东西路海防的重要性,而且强化了琼州即海南岛海防的战略地位。

---

① （清）张之洞:《越南日蹙宜筹兵遣使先发预防折》（光绪八年四月二十日）,王树枏编《张文襄公全集》卷 4《奏议四》,《近代中国史料丛刊》第 452 册,文海出版社,1970,第 520 页。

② 刘平:《张之洞传》,兰州大学出版社,2000,第 103 页。

③ （清）张之洞:《敬陈海防情形折》（光绪十年九月初三日）,王树枏编《张文襄公全集》卷 9《奏议九》,《近代中国史料丛刊》第 453 册,第 902 页。

④ 《广东海防史》,中山大学出版社,2010,第 255～256 页。

二 张之洞对琼、廉等地海防地理形势的勘察与测绘

历史上粤西地区由于山高水远，穷乡僻壤，官府很少组织专门人员进行本区的地图及海岸绘制，而海南岛作为流放罪人或者海盗出没的荒岛，也从未有过地形地貌的测绘。有鉴于此，张之洞在对广东海防进行部署、建设之前，首先派员进行了大量的实地勘察，测绘海防地图，并附之详细的图说。光绪十一年（1885）在其任两广总督的第二年，张之洞即在《札委各员测绘海口图说》中要求朝廷立刻派专员会同测绘地图，并详细的提出了绘图的内容及要求："应即委派营务处户部赵主事，酌带明干委员，会同周历各海口，逐一测勘；并委水雷教习詹天佑，选带测绘生徒，洋务委员员外郎衔辜汤生带领洋弁，随同前往。钦遵叠奉谕旨，勘明海口几处？各口门宽狭、曲直深浅、内外暗礁明岛、口外沙滩若干里？何口为极冲？何口为次冲？何口又为次冲？何处可屯师船？何处可创立船坞？何处可造电房？何处埋伏水雷、鱼雷？或渔舟蛋户可资引水，或暗沙丛岛无庸置防，及海口现有各炮台，或旧式或洋式，工程用石、用沙、用土及离海、离江若干步尺？或江心或海滨船行之际，距台若干远？每台建兵房几间？应用跑兵几队？台旁台后余地，能扎步队几营？现扎兵勇几营？安炮位大小几尊？炮台应否添建？由海口入内之河。宽窄深浅，可抵何处？均须详载图说，以期形势了然。应绘虎门图一……黄埔图一……省河图一……省城后路图一……五门图一……香山、澳门陆路接壤图一，合为省防六门内外总图一。又绘北海图一，龙门附焉。钦州、东兴泛陆防图一。合为廉防水陆总图一。又绘琼防图一，铺前、青蓝港、儋州、海口、崖州、附焉。又绘潮防图一，汕头、揭阳、南澳附焉。共合为全省海防边防总图一。通计总、分图十三。"[1] 从中可以看出张之洞对测绘一事十分关注，并着力要求其测绘之海图及图说尽可能地附带相关的海防内容，如各海口形势，驻扎兵勇、炮台设置等均要求详细注写，必备考证。从地图的绘制内容来看，张之洞此时已经将广东海防分为了四大块，分别为省防、

---

[1] （清）张之洞：《札委各员测绘海口图说》（光绪十一年十一月初四日），周伟民、唐玲玲选编《张之洞经略琼崖史料汇编》，海南出版社，2015，第63、64页。

廉防、琼防、潮防。

光绪十三年（1887）张之洞自己又曾亲自乘轮巡视广东海岸，勘察海防形势。据其所上《巡视海口折》："十二月初二日乘轮出省随带测绘员生，由虎门放洋先巡琼州海口，次至廉州北海，次历钦州洋面，次至潮州汕头，周览形势，审度筑台设戍，处所测量，兵轮出入要隘。"①

在经过派员勘察测绘和自己亲自巡视勘察之后，张之洞对广东海防的地理形势有了深入的了解。在此基础上，光绪十五年（1889）由其主持编纂了《广东海图说》一书，并于当年进呈光绪帝御览，在其《进呈粤海图说折》中，张之洞称该书："区分广州省防、潮防、廉防、琼防为四路，约举极冲、次冲、又次冲为三等，就各路所绘草图、所录条记符加汇合，绘为总图、分图，详为之说……大要以当务切用为主，故略于前事，详于近事，略于山川，详于阨塞。凡图中极冲、次冲、又次冲均为之说；若轮船所不到。守备所不及之处，皆从略。共为总图五，《广东全省海口总图》一，《四路海口总图》一，分图九，《中路广州省防分图》六，《东路潮防》、《西路廉防》、《南路琼防》分图各一，《图说》一本。"②

三 琼、廉等地电报电线之铺设

电报作为近代通讯工具，不仅对推进商务活动的发展具有里程碑式的作用，而且对于军队调动和军情传递也具有重要意义。早在 1870 年前后，丹麦大北电报公司的船只就启动了在中国海底铺设电缆并引入现代电信科技的项目。③ 张之洞督粤伊始，就已认识到架设电报电线对于广东海防尤其是琼、廉等地海防的重要作用，他认为"琼州孤悬海外，正与越之海防一口相直。廉州所属海面，钦州所属陆路，皆与越接。各该处文报素迟，急递亦在十日之外。设有兵警，廉、钦则调度难施，琼郡则音信阻绝，实

---

① （清）张之洞：《巡视海口折》（光绪十三年十一月二十七日），王树枏编《张文襄公全集》卷 24《奏议二十四》，《近代中国史料丛刊》第 454 册，第 1863、1864 页。

② （清）张之洞：《巡视海口折》（光绪十五年十月十二日），王树枏编《张文襄公全集》卷 28《奏议二十八》，《近代中国史料丛刊》第 455 册，第 2124 ~ 2126 页。

③ Poul Duedahl. *On Line with Chinese: How Danish Ships Came to Lay Submarine Cables and Introduce Telegraphy in China 1869 – 1872*. 《国家航海》第十辑，上海古籍出版社，2017，第 118 ~ 143 页。

为可虑"，"港、越之间，法船如织，唯有赶造电线，以捷军报"，所以"当饬直隶候补道盛宣怀，详筹定议，饬善后局会同总办两广电报局副将王荣和，委员分道勘估，次第兴办。所需外洋物料，分向上海、香港等处采购，有仓卒难集者，并与丹国大北电线公司商借。乃就两广原线，设法展接。"①

按照张之洞《展设钦廉雷琼电线片》中所说，原定展设电报电线具体计划是："自横州旧线南出一歧作线，经灵山、合浦达廉州府城，南抵北海，计线路三百四十四里。由廉州作线，东行经遂溪、海康、徐闻至雷州属海安所二塘港口，入海作线，南行渡海至琼州属海口迤西之天尾村登岸，东行达琼州府城，东抵海口，中间海、港、溪河分设水线数处，计水陆线路共五百一十六里，海线四十七里有奇。琼口海线上岸之处，择于水浅地僻处所。即有兵事，不致为敌所断。自廉州府城新线西出一歧，达钦州城，计线二百里有奇。又查龙州至镇南关尚一百二十里。冬春之间，关内外战事方急，电信到龙后与前敌往返驰报，动须三四日，不免仍有迟误。关内十五里为幕府，以后边防难驰，商路新开，此地常有大将屯兵之所，应当接龙州旧线，南行直抵幕府，计线路将及一百里。所设各线路系作工时，相度地势，裁弯取直，移湿就燥。较之原勘里数，略有出入，合计有减无增。分设廉州、北海、雷州、琼州、钦州局各一，添设浔州局，以便察验通塞，随时修理。所需工料各费，于海防经费项下开支。"②

当时具体负责架铺设两广电报电线工作的是"总办两广电报局副将王荣和"，张之洞拟定的展设电报电线的具体计划中也以廉州、北海、雷州、琼州、钦州等海防要地为中心分段作线，而"所需工料各费，于海防经费项下开支"，这些充分显示了展设电报电线在当时琼、廉州等地海防中的重要地位。

由于各条电报线路所经地区自然地理条件颇有差异，工程进度也快慢不一，其中穿越琼州海峡之海线是"趁台事方急时"赶设的，故于光绪十年（1884）十月中旬先成；横廉线于光绪十年（1884）十二月十九日竣工；廉钦线、廉琼线和龙州幕府新线则分别于光绪十一年（1885）二月初

---

① （清）张之洞：《展设钦廉雷琼电线片》（光绪十一年五月二十五日），王树枬编《张文襄公全集》卷11《奏议十一》，《近代中国史料丛刊》第453册，第1057、1058页。

② （清）张之洞：《展设钦廉雷琼电线片》（光绪十一年五月二十五日），王树枬编《张文襄公全集》卷11《奏议十一》，《近代中国史料丛刊》第453册，第1058、1059页。

十、二月二十九日和五月底竣工。①

另外，光绪十二年（1886）十月间，张之洞考虑到"雷、琼、钦、廉前经一律展设电线，节节灵通，惟钦州至东兴仍须由驿投递"，所以"饬委员沈嵩龄分饬赶造，由钦州历防城茅岭抵东兴，计线路三百二十里"，于当年十二月初十日竣工，即在东兴设立子局一所。同年九月间，又因"赴琼剿办客、黎各匪，飞檄往来，急需递报"，饬委员沈嵩龄督饬海南岛的电报电线，其中"自海口开工，由安定至万州，复由安定至屯昌而抵岭门，并经番响入黎峒以达毛西村，计线路七百五十里"；"另由番响经打运及毛站同阳至万充，计线路一百八十里"；"又由儋州至昌化，以备矿务通报，计线路二百零六里"；"又由儋州至那大经南丰进黎峒以达番仑而抵毛西村，与东路接，合计线路三百六十五里"；"由万州至陵水，由陵水至崖州，复由澄儋进抵和舍、那大，一路共计常线、军线七百三十五里，除拆卸常线、军线三百三十五里外，实造存常线、军线一千九百零一里"。以上各线均于光绪十三年（1887）闰四月、八月间陆续竣工，并"在崖州、设立子局一所，在屯昌、万州、陵水、岭门、那大、儋州、昌化、凡阳等处设立报房八所"。随后又"饬委员沈嵩龄自岩步设机，历石城、化州而抵高州，计线路二百四十里"，于当年十一月初四日竣工，"即在高州设立子局一所，并将雷州子局移设岸步，仍在雷州设一报房"。② 至此，原广东西路之琼州、廉州、雷州、高州诸府境内的电报线路网大致铺设完成，为海防军情之及时递报奠定了基础。

四　琼、廉两地炮台、炮堤之建设

中国虽然海陆兼备，但受传统小农经济的影响，自古就是一个重陆轻海的国家。清朝统治者面对来自海上的威胁也大多以近海防御为主。在这种海防主导思想之下，炮台由于威力巨大，且自身又具有一定的防护能力，故而成为清代海防的主要措施，有清一代在全国沿海地区得到广泛、

① （清）张之洞：《展设钦廉雷琼电线片》（光绪十一年五月二十五日），王树枏编《张文襄公全集》卷11《奏议十一》，《近代中国史料丛刊》第 453 册，第 1059、1060 页。

② （清）张之洞：《添设各路电线折》（光绪十三年十一月二十七日），王树枏编《张文襄公全集》卷24《奏议二十四》，《近代中国史料丛刊》第 454 册，第 1864～1870 页。

持续的建设。清代广东海防西路作为广东海防四路中最长的一路，在各个险要海口、港澳曾经布置有众多炮台，严密控制着所有港湾。在经历了两次鸦片战争之后，洋炮威力远大于国炮已成共识，故广东于光绪年间开始于滨海重要府县、港口大规模的修筑西式炮台，并于重要海岸修筑炮堤，通行炮车，以便与炮台相辅使用。

光绪十五年（1889）九月二十日，张之洞上《建筑琼廉海口炮台折》，详细地提出了琼、廉等地炮台的建设计划，其中琼州主要涉及的是海口港及其附近地区的炮台、炮堤以及车炮建设，廉州则重点建设北海港炮台与陆上车炮，另新收之钦州白龙尾亦有炮台添置。据其奏折称："窃惟琼州一府，孤悬海外，逼近越南，关键中外……强敌日伺，垂涎已久……查琼州离省过远，限隔大洋，若非豫为筹备完固，令其可战可守，自固藩篱，一旦有事，无论水陆赴援，断然无及……臣前年冬间因出巡各海口，先至琼州海口亲加相度。海滩广阔，敌人巨舰难以驶近，然其船炮甚巨，足可护其登岸舢板。若我之台炮稍弱，则徒受炮而不能击敌……当勘得海口城西五里之秀英山，土人称为水英山，地势最好，距敌较近，冈阜高广，可以东西兼顾，应筑台七座。海口城西十里之西场地亦坚实，其地亦可登岸，应筑台三座。每台各配大炮一尊，均二十四生三十五倍口径长炮，始足及远攻坚。海口城后西南之大英山，地势耸出，俯瞰海口令城，应筑台五座，配十五生长炮五尊……其海口城西三里之盐灶，近年建有镇琼台。城西一里临河，旧有得胜台，地低沙松，只可量加修治，酌设田鸡等炮，以资辅助。惟琼州海口形势，海岸平衍，海滩散漫，若敌人用舢板小船分投，伺便登岸，更难防遏……惟有沿海坚筑炮堤，方可有恃。今将滨海一带西子西场起，东至牛始旧炮台止，共二十余里，筑一坚固长堤，开修炮路，通行炮车，用以扼击沿滩入口敌船。炮台远攻，车跑近击，交相为济，庶可云以守则固……共配七生半车炮一百零二尊，计十七队，操练精熟，以备攻击……廉州之北海一口，去越甚近，敌船自海防来一日可到。近接九头山，又为海盗之窟宅。琼防而外，此为最亟。臣前至北海巡视，冠头一岭最为扼要，岭之左右数峰相倚，远眺大洋，正对轮船来路……曾与北海镇总兵王孝祺商酌，廉防不能专恃炮台，必须陆军炮队与炮台相辅为用，始能得力。现拟于冠头岭、天马岭、石龟尾诸山择要居高筑台五座，配二十四生炮五尊，扼击敌人巨舰。廉州平衍，向可行车，其平沙一带，拟练车跑五队配八生七车炮三十尊，用马驾运，以备敌人近岸，往来驰骤攻击及援护炮台之用……计琼、廉炮台共十五座。至新收之白龙尾地方亦为紧要，前遵旨将设官分讯事宜筹定举办，并奏明应筑炮台四五座以资控扼。查该处海港内通钦州、防城，实为钦防之门户……定于近内较高之山建设炮台五处。现将省防撤出之四吨重以上克虏伯钢炮五尊拨发该处应用，委署北海镇总兵陶定昇前往勘估台工，督同冯子材所部将牟修造。"①

《建筑琼廉海口炮台折》中提及的二十四生三十五倍口径长炮和七生半、八生七车炮，均系德国克虏伯厂订购，装备齐全，技术先进。其中长炮"配击铁甲钢弹六百颗、开花钢弹一千四百颗、钢子母弹四百颗、硬铁弹一千六百颗、引火杖五十枚、装弹炸药二万二千启罗。又额外添配小粒药九百五十启罗，药筒一百二十六启罗，专为新式子母弹之用……此项改定之二十四生长炮二十尊，计拨琼防十尊，廉防五尊"；车炮则"有车无鞍，八生七车跑三十尊，车件齐全，每炮弹一百颗"。②

在大规模修筑琼、廉等地西式炮台的同时，为了配合炮台的使用，张之洞还在琼、廉等地多出海岸要段修筑了炮堤，运行车炮，与炮台远近相辅，组成远近多层次的火炮覆盖网。除上文提及的光绪十五年九月二十日，张之洞上《建筑琼廉海口炮台折》中提到的炮堤修建情况之外，其实张之洞在上此折之前就已经开始建设琼廉等地的炮堤。在光绪十五年四月二十二日《札委琼州镇督办琼海堤岸》中，张之洞就曾提及在琼州海滩建筑炮堤："琼州孤悬海中，逼近越南海口地方，海滩广阔十余里，河道无定，敌人巨舰难以驶近，须防舢板小轮入口近岸。前年本部堂亲莅琼海相度地势，水浅沙松，旧有炮台修造，既未合法，地基亦多坍陷，潮长辄至淹没于防守，大非所宜。当勘得地段东路自东炮台起迤东至牛始炮台约二百余丈，西路自西炮台起西南至西场地方约十五六里均须一律普筑坚实长堤，开修炮路，坚筑堤墙以便通行炮车，排立枪队，用以扼击敌人入口近岸之小轮舢板……上年已饬雷琼朱道将西炮台至海口街外旧炮台自北而南一段堤岸与工修筑，现拟东自东炮台起，东至牛始炮台，西自西炮台起至

---

① （清）张之洞：《建筑琼廉海口炮台折》（光绪十五年九月二十日），王树枏编《张文襄公全集》卷 27《奏议二十七》，《近代中国史料丛刊》第 455 册，第 2090～2100 页。

② （清）张之洞：《建筑琼廉海口炮台折》（光绪十五年九月二十日），王树枏编《张文襄公全集》卷 27《奏议二十七》，《近代中国史料丛刊》第 455 册，第 2097～2098 页。

西场止，勘估兴工……堤宽一丈，底宽四丈，内外作坦坡形，紧要处加宽加厚，均用灰沙三合土坚筑堤身，连堤墙共高一丈。堤墙或作缺口，或开枪炮眼，以及堤身、堤墙暨桥工一切宽广高厚土木灰石工程均由该员筹议妥协，会同雷琼道禀办，以专责成。"①

张之洞对炮堤建设一事非常关注，曾多次发电询问修筑进程，并提出指导意见。光绪十五年八月初一日张之洞连发《致琼州李镇》、《致钦州广捷林国祥、琼州镇涛黄伦苏》两副电牍，批示海口东西炮堤工程丈量用具及筑堤用料，并详加询问炮堤具体建设情况。② 八月二十六日又发《致琼州陶镇、李镇、顾镇》电牍，详细批示炮堤高八尺厚二丈余即可，只用沙土不必用灰，或沙土各半或四六成随宜。修补顶面用三合土以免雨淋。另要求属下详细勘察炮位安置地方，绘图禀报。③ 十月初七日再发《致琼州李镇、朱道》电牍，批示修筑炮堤工程的经费，并指示从前所筑炮堤低薄，一律修成高厚坚实与新堤整齐划一。④

张之洞在琼、廉等地炮台的建设，其布局比较周详、合理。如琼州海口炮台、炮堤分为四路："海口街外旧得胜炮台故址筑三台，为首路；迤西水之水英场筑三台，为中路；再迤西之西场筑三台，为尾路；大英山上三台，为后路。俱安二十四生大炮，共洋式台十二座，炮十二尊。"⑤ 廉州则"不能专恃炮台，必须陆军炮队与炮台相辅为用"，以炮台远攻，车炮近击，交相为济，力求最大限度抗击来自海上的敌人。

五 琼州榆林港之建设

榆林港在三亚市东南部，港湾水深浪静，群山环抱，是中国最南端的

---

① （清）张之洞：《札委琼州镇督办琼海堤岸》（光绪十五年五月初二日），王树枏编《张文襄公全集》卷95《公牍十》，《近代中国史料丛刊》第474册，第6656~6658页。

② （清）张之洞：《致琼州李镇》、《致钦州广捷林国祥、琼州镇涛黄伦苏》（光绪十五年八月初一日），王树枏编《张文襄公全集》卷133《电牍十二》，《近代中国史料丛刊》第464册，第9579~9581页。

③ （清）张之洞：《致琼州陶镇、李镇、顾镇》（光绪十五年八月二十六日），王树枏编《张文襄公全集》卷133《电牍十二》，《近代中国史料丛刊》第464册，第9590~9591页。

④ （清）张之洞：《致琼州李镇、朱道》（光绪十五年十月初七日），王树枏编《张文襄公全集》卷133《电牍十二》，《近代中国史料丛刊》第464册，第9615页。

⑤ （清）张之洞：《致琼州李镇》（光绪十五年八月初一日），王树枏编《张文襄公全集》卷133《电牍十二》，《近代中国史料丛刊》第464册，第9578、9580页。

优良海港。光绪《崖州志》载："榆林港在三亚港东，仅隔鹿回头一岭，相距五里，呼吸可通。港势阔阔，高山环抱，风恬浪静，可泊轮船。琼崖两属之海港，此为最占形胜"。① 榆林港自清代以来就是海防要地，乾隆时期曾拨管队一名，兵十四名驻防，并建有墩台防御。② 到了道光年间又建有榆林炮台，并拨防兵十三名驻守。③ 鸦片战争之后，特别是中法战争前后，法人觊觎榆林港的军事价值，曾多次派船停泊测量。"越南之役，法舰十八艘泊此，地方文武不以闻。十五年七月初，又有法船入港测量水道，树标查帜。"④ 光绪十三年（1887）道员杨玉书临终遗电言："越南之役，幸款剧定而法舰去，不然琼事不堪设想……港门两岸宜筑炮台，控制之内立埠头，中可容轮船数十艘……其港口较埠头为胜，与香港不相上下，海口水浅，高之十倍。此处一开埠头，则崖东、西、南三路源头均活，实为富琼第一要策。"⑤

崖州道员杨玉书的遗电和法国对榆林港的频繁入侵，使张之洞意识到榆林港重要的海防价值。他一方面于法船驶入榆林港次月致电总理衙门诘问法使，谓"琼州除海口而外，皆非通商处所，法国何得派船在榆林港等处测探水道，上岸钉桩、插标。岂惟心存叵测，实为越权妄为。除饬将各旗帜撤去，严切禁阻，不准上岸乘机勾引外，请诘问法使立电该兵船毋得擅进不通商口岸，以杜狡谋，俾免滋事。"⑥ 另一方面委署崖州协副将川东徐赞彪统带水陆五营驻扎榆林⑦。又派李先义率员勘察榆林港，据该镇及各弁将禀称："勘得榆林港两山环抱，水口紧而且深，形如葫芦，口门内水深港阔，可泊铁甲大船十余艘，中号兵轮二三十艘……如海防有事，扎

① （清）钟元棣创修《光绪崖州志》卷12《海防志》，海南出版社，2006，第305页。
② （清）萧应植修，陈景埙纂乾隆《琼州府志》卷4《军政志》，《广东历代方志集成·琼州府部》（四），岭南美术出版社，2009，第276页。
③ （清）明谊修，张岳崧纂道光《琼州府志》卷17《经政志十三》，《广东历代方志集成·琼州府部》（五），岭南美术出版社，2009，第399页。
④ 吴剑杰：《张之洞年谱长编》上卷（光绪十五年七月），上海交通大学出版社，2009，第245页。
⑤ 《杨道遗电》（光绪十三年四月初九日午刻到），周伟民、唐玲玲选编《张之洞经略琼崖史料汇编》，海南出版社，2015，第199页。
⑥ （清）张之洞：《致总署》（光绪十五年八月初五日），王树枬编《张文襄公全集》卷133《电牍十二》，《近代中国史料丛刊》第464册，第9582、9583页。
⑦ 陈铭枢纂民国《海南岛志》第二十二章《名胜古迹》，《广东历代方志集成·琼州府部》（七），岭南美术出版社，2009，第550页。

水寨为营，形势之胜，不独为琼海他口所无，即广东省各海岛亦所罕见。查琼州海面七洲洋一带风浪最恶，无可停泊，若将此港筹备完密，设琼海有事，我之铁甲舰与敌舰攻击之时，倘值风暴不便，得此可资收泊。又有炮台以为犄角，实为讲求海军必争之地。"① 有鉴于此，张之洞即上折朝廷建议在榆林港择地筑台，订购巨炮，以加强海防。并在其《查勘榆林港形势筹议驻营筑台折》中提出了具体的炮台建设计划："拟于榆林港口门外东山乐道岭、西山独田岭分筑炮台各三座，两岸相距两百余丈，若配十五生新式长跑六尊，足资扼守……并经雷琼道朱采调派一营前往驻扎，令其覆加体察，一俟定议即行筹款购炮兴工。"② 光绪十五年（1889）七月，上谕张之洞着调补湖广总督，以漕运总督李翰章为两广总督。③修建榆林港事宜才刚开始不久，故在张之洞督粤期间未能如修建炮台和架设电线那样亲自督办至完成。由于中法战争之后张之洞与李鸿章政见不同，产生了很大的矛盾，其兄李瀚章便将张之洞订购的巨炮尽举以赠北洋，榆林港备遂虚。④ 但不可否认的是张之洞对榆林港的开埠与海防建设做出了巨大的贡献，榆林港建成后，直到现在仍然具有极大的军事战略价值，故民国《海南岛志》有云："时法兰西来测水，是为筹备海防之始。"⑤

张之洞在光绪十年（1884）至十五年（1889）督粤期间，鉴于琼、廉两地海防的落后情形和抗击法国入侵的现实需要，积极引进近代西方先进军事技术，通过架设电线、修筑炮堤、添购巨炮、通行车炮等一系列措施，在琼、廉等地迅速建立了较为完备的近代海防体系，对于加强琼、廉地区的海防具有重要意义，极大地提高了两地的海防实力，对于抵抗法国侵略者的入侵也起到了一定的作用。但是也应当看到，张之洞的海防建设虽然客观上促进了琼、廉两地海防事业的近代化，为维护国家海疆权益和抵御列强入侵方面做出了重要贡献，但由于清廷的腐

---

① （清）张之洞：《查勘榆林港形势筹议驻营筑台折》（光绪十五年九月二十日），王树枏编《张文襄公集》卷27《奏议二十七》，《近代中国史料丛刊》第455册，第2103页。
② （清）张之洞：《查勘榆林港形势筹议驻营筑台折》（光绪十五年九月二十日），王树枏编《张文襄公集》卷27《奏议二十七》，《近代中国史料丛刊》第455册，第2104页。
③ 《清德宗实录》卷272，"光绪十五年七月乙卯条"，中华书局，1987，第637页。
④ 吴剑杰：《张之洞年谱长编》上卷（光绪十五年七月），第245页。
⑤ 陈铭枢纂民国《海南岛志》第二十二章《名胜古迹》，第550页。

败与时代的局限性，决定了他在琼、廉等地的海防建设不可能真正奏效。甲午中日战争中，比广东海防实力强大数倍的北洋海防依旧抵挡不住日本侵略者的进攻，以及随后法国强租广州湾事件，无不说明了这一点。

海上交通·文化交流

岭南：公元前111年至公元264年[*]

——中国古代对外交流的前沿

古小松[**]

从历史上看，岭南历史上的鼎盛时期是从秦汉到宋初，涵盖了今日的两广、海南、越南中北部等。从公元前214年秦朝攻下岭南，到公元968年安南脱离中原独立建国，共1182年，大体可以分为四段：从公元前214年至公元前207年，岭南为秦朝治下的南海、桂林、象郡三郡；从公元前206年至公元前111年，岭南为割据的南越国时期；从公元前111年至公元264年，岭南为统一的交趾刺史部或交州时期；从公元264年至968年，岭南从交州广州分治到安南逐渐走向独立。其中，从公元前111年至公元264年的大约150年时间里，岭南西部包括今广西中东部和红河三角洲地区，不仅是岭南发展的重点，也在中国历史上具有重要地位。

一 公元前111年岭南开发重点从东部转向西部

秦朝平定岭南后，在该地区经营的时间很短，前后大约只有大约7年的时间。公元前209年中原爆发了陈胜、吴广起义，南海郡赵佗趁机割据岭南，建立了南越国。南越国治下的重点是珠江三角洲一带，岭南的中西部处于羁縻状态，一直到西汉武帝公元前111年灭掉南越国后，岭南发展的重点从东部转向中西部。

1. 从南越国到岭南九郡

秦朝灭亡后，赵佗按任嚣的嘱托，攻取了岭南西部的桂林郡和象郡，

* 本文为2017年度国家社科基金重大项目（17ZDA189）阶段性成果之一。
** 古小松：广西社会科学院。

建立了割据政权南越国。赵佗把象郡一分为二，在该地区设立了交趾郡和九真郡，这样南越国治下总共有四郡，范围含盖了整个岭南。

公元前202年刘邦统一中国，建立了汉朝。汉初刘邦忙于巩固中原，无暇顾及岭南，维持与南越国的宗藩关系。随着中央政权不断加强，实力逐步壮大，统治日益稳固，尤其是到了汉武帝时期，华夏进入了一个盛世，已经有能力向周边拓展好了。

恰巧公元前111年南越国发生内乱，汉武帝刘彻趁机分兵五路南下攻打南越国。一路以卫尉路博德为伏波将军，"出桂阳，下湟水"，即从今湖南入广东连州；一路以主爵都尉杨仆为楼船将军，"出豫章，下横浦"，即从今江西入广东南雄；一路以驰义侯何遗"别将巴蜀罪人，发夜郎兵，下牂牁江"，沿西江直下番禺，即从今贵州，经过广西入广东；还有两路是"归义越侯（郑）严为戈船将军，出零陵，下漓水；（田）甲为下濑将军，下苍梧"，即从今湖南经广西入广东。公元前111年路博德、杨仆两军回合南下，直扑番禺，率先攻克南越①。《汉书》说，"遂以其地为儋耳、朱崖、南海、苍梧、郁林、合浦、交趾、九真、日南九郡"②。"自尉佗王凡五世，九十三岁而亡"③。南越割据政权，自赵佗至赵建德，共传五世，历时90多年而告终结。至此，岭南地区历史翻开新的一页。

2. 南越国灭亡后岭南开发重点从东部转向西部

为了加强对边远地区的管控，汉朝在岭南9郡之上设立了交趾部，委派刺史统管。开始刺史驻所设于交趾，后来迁至苍梧，而不是放在南海番禺，可见岭南发展重点已从东部转向了中西部。

公元前111年以前岭南开发重点是东部。岭南一开始为什么会重点开发东部呢，主要有三点：一是秦军攻打岭南的过程中，遇到最激烈的抵抗是在西部，兵员损失惨重，所以留下来经略和控制该地区的人员就少。即使到后来汉朝初年，中央还是采用羁縻的形式来管理该地区。二是秦朝很快就垮台了，南越国于公元前206年（也有说是公元前204年）独立了。牵头独立的是赵佗。赵佗本身是从岭南的东部发展起来的，一开始是被任命为龙川县令，他所带领的大队人马都在岭南东部，而且该方向没有遇到

---

① 班固：《汉书》（西南夷两粤朝鲜传），中华书局，2007，第957页。
② 班固：《汉书》（西南夷两粤朝鲜传），中华书局，2007，第957页。
③ 班固：《汉书》（西南夷两粤朝鲜传），中华书局，2007，第957页。

大的抵抗，损失的兵员较少，他也熟悉当地的情况，所以可以指挥大量的南下部队留在当地，开发岭南东部。三是最重要的一点，珠江三角洲地区是鱼米之乡，经济发展条件好，农业发达，河海交汇，西江、北江、东江汇流，有港口，也可以发展贸易，地势平坦，可以建设成大都会。因此，南越国定都番禺，即今天的广州，仿照秦汉的长安宫殿，在番禺建设了王宫。1995 年、1997 年、2000 年广东考古人员在今广州中山路一带先后分别发现了南越国时期的大型地下石构水池、王宫御苑、宫殿遗址，在此基础上分三期建成了南越王博物馆。

广州发掘的南越王墓是南越国第二代国王赵眜的陵墓，墓室仿照生前宅居修筑而成，墓内随葬品丰富，出土了金、银、铜、铁器以及玉器、琉璃器和漆木器等遗物 1000 多件，有饮宴用器，有青铜编钟、石编钟和提筒、钫、锫等酒器以及六博棋盘，墓室四壁和顶上均绘有朱、墨两色云缎图案等，反映了当时南越国已有很高的物质文化水平；有车、马、兵器、甲胄、弓箭等，反映了南越国当时拥有强大的军队；有来自波斯的银盒、非洲大象牙、漆盒、熏炉和深蓝色玻璃片等，反映了当时岭南与西域有海上贸易。

而到了西汉中后期，主要是南越国灭亡后，南海郡一下子就失落了。

人口是一个地区发展的中国要标志。随着政治经济文化中心的转移，岭南西部地区人口快速增加。据《汉书·地理志》记载，西汉后期岭南各郡中，交趾郡和苍梧郡人口都超过了南海郡。可见，西汉时期岭南西部经济社会已有相当的发展，交趾郡的人口约是南海郡的 8 倍。南越国的首府在番禺即今广州，赵越王的宫殿就在进广州越秀一带，可以想象当时人口一定是很密集的，但是南海郡在"南越国灭亡后 100 多年，即公元 2 年（汉平帝元始二年）统计，人口才 9 万多人"①。元始二年（2 年）西汉在籍人口达 59594978 人，垦田 8270536 顷，为两汉之最。

为什么南海郡原来是南越国的主体部分，经济文化发达，到了西汉中后期一下子人口比其他郡少了那么多呢？据分析，主要有三方面的原因：一是汉武帝攻打南越国的时候，战争造成大量的人员死亡，人口减少；二是古代战争的重要目的之一就是争夺人口，所以战后很有可能把南海郡的部分人口迁往其他地区；三是为了彻底铲除原南越国的根基，清除原来南

---

① 蒋祖缘、方志钦主编《简明广东史》，广东人民出版社，1993，第 72 页。

越国的政治经济文化基础，防止其复辟，这样原来大量从事政治管理、经济贸易、文化活动的人员也离开了南海郡。

《汉书》说，"于是天子曰，'东粤狭多阻，闽粤悍，数反覆'，诏军吏将其民徙处江淮之间。东粤地遂虚"①。当时具体从东粤地区迁移出去多少人口，尚未发现有史书记载。

3. 从西汉中后期到三国时期岭南的发展

岭南从公元前111年至公元264年处在汉朝（公元前202至公元263年）的西汉中后期到三国蜀汉时期，共375年。汉朝大体可分为西汉、东汉、蜀汉三段：公元前202年至公元8年为西汉。公元25年至220年为东汉。两汉之间有一个短暂的过渡，即公元8年至25年为王莽新朝。公元220年曹丕篡汉，后刘备建立蜀汉延续汉室，中国进入三国鼎立时期。汉朝与同时期的欧洲罗马帝国并列为当时世界上最先进和强大的国家。

公元前111年至公元8年为西汉的中后期，岭南在南越国灭亡之后有一个稳定生息的过程。岭南九郡中，除南海郡在东部外，其他的8个郡在岭南的中西部。苍梧、郁林、合浦3郡位于今广西，交趾、九真、日南3郡则位于今越南中北部，珠崖、儋耳2郡则位于海南岛。

司马迁时代，岭南之地很少被提及，或被视为"方外之地"。到了西汉后期，中央加强了对岭南地区的开发，尤其是派出了一些循吏治理岭南，如公元1~5年（西汉平帝时期）锡光任交趾郡太守。锡光是西城人，汉哀帝刘欣时被派到交趾任太守。锡光的"教化"，加速了交趾地区文明发展进程。今越南北部地区，西汉前期已纳入南越国疆域。当时该地区还非常落后，《后汉书》说，"凡交趾所统，虽置郡县，而语言各异，重译乃通。人如禽兽，长幼无别。项髻徒跣，以布贯头而著之。后颇徙中国罪人，使杂居其间，乃稍知言语，渐见礼化"②。

西汉岭南九郡中的交趾、九真、日南三郡设置在越南北部和中部，该地区的社会发展水平和人口密度超出了人们的一般想象。西汉在南海郡置"有圃羞官"③，在交趾郡嬴陵县置"有羞官"④，这两种职官仅设置在岭南

---

① 班固：《汉书·地理志》，中华书局，2007，第959页。
② 范晔：《后汉书·南蛮西南夷列传》，中华书局，2007，第835页。
③ 班固：《汉书·地理志》，中华书局，2007，第302页。
④ 班固：《汉书·地理志》，中华书局，2007，第302页。

地区。圃羞官主要是负责筹措帝王膳馐之原料和进献海产品，其职责应当与岭南特产果木、蔬菜种植栽培以及水产捕捞以及食材加工等有关，也许还承担香料、中草药物、名贵花卉等其他珍稀植物的种植栽培。

经过短暂的王莽改制之后，华夏进入了东汉时期，岭南也进入了快速发展的阶段。北人不断南下，在全国户、口下降的情况下，岭南之地户、口不降反升，可见接纳了不少中原移民。在后来岭南挖掘的汉墓中，出土了大量的铁制农具及碳化稻谷，说明该地区农业已有一定水平，经济有了显著发展。

到了东汉后期，朝廷日益腐败，至三国时期中原地区变得变得动荡。而岭南地区偏于一隅，北人南来避乱，带来汉文化，使越人不断汉化，推动着人们向山地和河谷拓展，农耕技术在此过程中不断进步。东汉时岭南已采用一年二熟的农作法，到三国东吴时期有了"九熟之稻"，即稻谷有 9 个品种。岭南人不仅在在培育优良水稻品种方面已卓有成绩，而且经济作物的种植也取得了巨大的成就。据《南州异物志》记载，当时岭南的经济作物多达数十种，荔枝、龙眼、柑桔、香药等一些名贵特产被列为贡品。还有，岭南的茶、棉、麻、桑、药用植物和蔬菜等的栽种技术也有很大提高。

表 1　西汉岭南各郡情况

郡名	领县数	户数	人口数
南海	6	19613	94253
苍梧	10	24379	146160
郁林	12	12415	71162
合浦	5	15398	78980
交趾	10	92440	746237
九真	7	35743	166013
日南	5	15460	69485
合　计	55	215448	1372290

资料来源：班固：《汉书》，中华书局，2007，第 302 ~ 303 页。儋耳、珠崖没有统计数。

从西汉后期到东汉前期，交趾及整个岭南地区由于受到二征起事的影响，其经济文化一度受到较大的破坏。不过，毕竟该地区的农业发展和对外交流条件很好，到了东汉中后期，在士燮等良吏的治理下，经济文化又得到了较大的发展。

表 2 东汉岭南各郡情况

郡名	领县（城）数	户数	人口数
南海	7	71477	250282
苍梧	11	111395	466975
郁林	11		
合浦	5	23121	86617
交趾	12		
九真	5	46513	209894
日南	5	18263	100676

资料来源：范晔：《后汉书》，中华书局，2007，第 1016~1017 页。

东汉孝顺年间（125~144），"凡郡、国百五，县、邑、道、侯国千一百八十，民户九百六十九万八千六百三十，口四千九百一十五万二百二十"[1]。整个国家的户籍情况很齐全，但交州缺交趾和郁林两郡的统计。"右交州刺史部共郡七，县五十六"[2]。南海、苍梧、九真的户数、人口数分别比西汉后期增加了 264%、357%、30% 和 166%、219%、26%。交趾郡领的县数最多，达 12 个，估计其户数和人口数也会比较多，同时也该有相应较大比例的增长。

二 苍梧：岭南交通枢纽与政治中心

武帝灭南越国，岭南的开发重点从东部向西转移后，岭南中西部在发展过程中形成了三个很重要的地方：苍梧、交趾、合浦。这三个地方根据自身的特点和优势，其地位和作用也各不相同。苍梧是岭南的交通枢纽和政治中心，交趾是岭南的经济中心，合浦则是一个中国海上对外交流中心。

1. 东西南北经苍梧

苍梧位于岭南的地理中心，处于西江中部与桂江、贺江的三江交汇

---

① 范晔：《后汉书》志第二十三，中华书局，2007，第 1017 页。
② 范晔：《后汉书》志第二十三，中华书局，2007，第 1017 页。

处。清人谢启昆编撰的地方通志说，梧州"居百粤五岭之市，连九疑七泽之胜。北接要湖湘而为唇齿之邦，下通番禺而有咽喉之势。唇齿湖湘，襟喉五羊，南控容邕，西顾桂柳，与应广肇，于以坐制诸蛮"①。

古代的交通运输与今天有很大的区别，没有铁路、公路、航空，主要靠水运。大江之水向东流，中国的大江大河大多是自西向东的，中原下岭南是要跨过长江水系到珠江水系，先秦是没有道路相通的，只是到了秦朝攻打岭南，人们才开凿了沟通长江水系之湘江与珠江水系之漓江的灵渠，中原的船只从湘漓通道到珠江水系的西江段的苍梧，再下番禺即广州。

灵渠凿通后，不仅解决了秦军的兵马粮草运输问题，更重要的是使岭南有了与中原沟通的运输大动脉。还有，人们再修通了潇贺通道，从湘江溯潇水河，跨过一段陆路，再沿贺江南下到苍梧。这样，由桂江和贺江汇集到梧州，往北与中原联系就有了两条通道：一条是经越城岭进入桂江盆地的湘漓通道，另一条是经萌渚岭进入贺江谷地的潇贺通道。湘漓通道距离稍远，但水道畅通，主要用作运输粮草物资；而潇贺通道距离稍近，但有一段陆路，不能行船，主要走马车行人。如今人们一般只知道有灵渠的湘漓通道，而潇贺古道则已冷落多年，其实它在秦汉至隋朝时期是连接湘江潇水与西江之贺江的一段非常繁忙的水陆通道②。

从苍梧到交趾，人们不是走山路，也不是出了珠江口再沿海走，而是水陆联运，从广信逆西江上溯今藤县的北流河口，再溯北流江，在今玉林跨过桂门关分水坳，再顺南流江到合浦，然后沿海乘船到交趾。

上述可见，在岭南苍梧就是位于从北到南，从东到西的中心，往北上中原，往东去番禺，往西到西瓯、夜郎等地，往南则经过玉林、合浦，再沿海到钦州、交趾等地。在古代，苍梧就是这么一个四通八达的交通枢纽，有"苍梧走廊"之称。南来北往的任职要员、贬官囚徒、军旅将士、商贾货郎均经"苍梧走廊"出入岭南。

岭南位于华夏的最南面，苍梧郡治广信（即今梧州市）是刺史所在地，公元 1～5 年（西汉元始年间），为了与朝廷联络而设官办机构城东

---

① 谢启昆：《广西通志·梧州府》。
② 潇贺古道全长约 170 公里，宽 1～1.5 米，此宽度大约是秦汉时期马车两轮之间的距离。湖南江永县上甘棠村至广西富川县岔山村的古驿道用青石板筑成，至今仍有一些路段在使用。

驿，驿路通往首都洛阳。据《汉宫》所列的驿道里程，苍梧去洛阳九千里，这是当时中国最长的驿道。

2. 岭南政治中心

由于苍梧是岭南的地理中心和水陆交通枢纽，北通中原，东达南海，南下合浦、交趾，西溯西瓯、牂柯，是兵家必争之地，所以西汉武帝在灭掉南越国后，就把岭南的政治中心移到了苍梧。其实还在南越国时，赵佗就已重视苍梧，封其族弟赵光为苍梧王，在今梧州建筑苍梧王城①。

苍梧郡位于大瑶山以东地区，下辖10个县：广信（今梧州市）②、谢沐（今恭城、富川境）、冯乘（今富川）、高要（今广东肇庆）、封阳（今贺州信都镇）、临贺（今贺州）、端溪（今广东德庆）、富川（今广西钟山县）、荔浦（今荔浦县）、猛陵（今苍梧、藤县境）。苍梧郡治广信，公元前106年（元封五年），交州自赢陵移治广信③，自此广信成为整个岭南地区的首府。司马彪《续汉书·郡国志》："苍梧郡广信。刘昭注、汉官曰：刺史治"。县名广信的含意是，初开粤地宜广布恩信，所以称为广信。

在两汉时期苍梧作为岭南地区的政治军事中心，历时300多年。汉武帝加强中央对地方的控制，把全国分为13个部来管理，每个部设置刺史1人作主管官员。刺史是在郡县两级之上增设的一层监察机关。后来刺史的权力从"六条问事"扩展到拥有军政大权，成为一级政权，地方行政制度也从郡、县二级变为州、郡、县三级，公元前8年（汉成帝绥和元年）刺史改称州牧，职权进一步扩大，由监察官变为地方军事行政长官，交趾州牧不但拥有地方军政大权，而且还拥有监察权，成为总揽岭南的地方最高行政长官。

汉朝其他部州刺史是不常驻督察之郡地的，唯独派官吏长驻苍梧广信。"汉既定南越之地，置交趾刺史，别于诸州，令持节治苍梧。"④ 汉武帝把交趾部机构设在苍梧广信，远离番禺，目的是带山控江，据岭南津要，主要是对南越残余势力仍存在戒心，一方面重新确立岭南的政治中心，加强中央政权对岭南的控制，另一方面给派驻官吏掌握重兵镇驻西江，控扼桂江、贺江、北流江要冲。汉代以前岭南的土著各族尚处在各自

---

① 《史记·南越列传》。
② 广东不少学者认为古广信即今广东开封。
③ 王氏《交广春秋》。
④ 《汉书·地理志》颜师古注。

独立的分散状态，自汉武帝统一岭南，在苍梧设立交趾刺史部以后，加强各郡的政治军事经济文化措施，逐步改变了岭南各地独立分散状态。

汉末三国年间，中原等地战乱频仍，岭南偏安一隅。由此，岭南也崛起了一些政治家族，如苍梧的陈氏家族、士氏家族等。屈大均的《广东新语·文语·粤人著述源流》说："陈钦及其子陈元、孙陈坚，陈氏盖三世为儒林之英也哉！"

《汉书》载"陈元字长孙，苍梧广信人也。父钦，习《左氏春秋》，事黎阳贾护，与刘歆同时而别自称家。王莽从钦受左氏学，以钦为厌难将军。元少传父业，为之训诂，锐精覃思，至不与乡里通。以父任为郎"。"建武初，元与桓谭、杜林、郑兴俱为学者所宗"。"帝卒立《左氏》学，太常选博士四人，元为第一"①。可见，当时的陈氏家族不仅在岭南，在朝廷都有很重要的地位，而且延续从西汉末，经王莽改制到东汉初。

苍梧在"三陈"之后的百余年，又崛起名震东汉末年至三国初期的"六士"——士赐及他的儿子士燮、士壹、士有、士武和士燮的儿子士钦。士家祖先是春秋时代鲁国汶阳（今山东宁阳东北）人，在王莽篡汉之乱时避乱南迁苍梧，至士赐为第五代传人。汉桓帝时，士赐为日南郡太守。长子士燮东汉光和年间（178～183）任交趾太守。建安年间，孙权据东吴，升士燮为左将军，再升迁为卫将军，封龙编侯。士燮弟士壹，曾任合浦郡太守，弟士有曾任九真郡太守，弟士武曾任海南太守。

3. 中原文化+越人文化——广府文化

由于苍梧是岭南的政治中心，因此也造就其成为一个文化先进地区。

岭南在开发之前社会已有一的发展，一些部落首领如"西瓯君译吁宋"等，他们聚集当地的部落族人，也创造了比较高的文明，如左江流域的花山岩画、红河流域的东山铜鼓文化等，但与中原文化相比，其发展的瓶颈是没有文字。没有文字就不能把社会发展的历史记录下来，不能很好地总结经验，不能在原来的基础上不断升华文化知识，不能对社会进行高效率的管理。

苍梧有优越的地理位置，中原的文人、官吏、军队首先大多集中于此，他们带来了中原的文字，这样有文字的中原文化与尚无文字的越人文化结合，便产生了岭南文化的主体——广府文化。当然，如今广府文化主

---

① 范晔：《后汉书·郑范陈贾张列传》，中华书局，2007，第 365～366 页。

要是在广东，尤其是珠三角一带。而历史上苍梧广信地区则是重要的渊源之一。公元264年交广分治后，苍梧属于广州。

广府文化的重要标志是粤语，如今粤中西部和桂东南部等两广很多地方百姓都说粤语，其中以广州粤语为标准，而今广西梧州人说的粤语与广州粤语几乎一样。据语言学家考察研究，粤语中留存有很多古汉语。古时候，中原人移居岭南，带来中原人的语言文字，岭南人学习、吸收、融合、使用并保存了下来，而中原人使用的语言已发生了很大的变化。秦汉时期，中原人主要沿潇贺古道和湘漓通道先到苍梧。苍梧作为岭南的政治中心，中原的语言文字首先在苍梧使用，这样就逐渐形成了广府文化。因此，学者就顺理成章得出结论，粤语自苍梧始，也就是先源自今广西梧州、广东封开一带。

除了语言文字，很重要就是经学了。汉时苍梧一度是中国学习、传播经学的重要地区，包括儒学和佛教。苍梧先后出了"三陈六士"和牟子为代表的一批政治、文化学术和宗教精英，他们享誉中华。

陈钦、陈元、陈坚祖孙三代是汉末到三国著名的经学家，他们对《左氏春秋》有深入的研究。西汉后期陈钦专研《左氏春秋》，举茂才后，建始年间（前32～前28）被朝廷立为五经博士，是王莽的直接经师，又是汉平帝的经师之一。陈钦之子陈元在建武年间，从经学今古文两派的激烈辩论中胜出，朝廷设置《左传》博士，这是历史上第一次，在官学上正式承认了《左传》的学术价值和地位。陈元之子陈坚，继承家学，善于文辞，虽没有出仕当官，被时人称为"卿"。陈氏父子祖孙三代学问相传，今广东封开县的庐县江口镇野矮岗有"将军博士墓"，历代相传是陈钦、陈元的墓冢。

苍梧人士燮及其父和弟六人也是著名的儒学士人，他们的业绩主要在交趾等地。从经学角度看，东汉三国时期苍梧文化人的另一位重要代表人物是牟子，他的学问主要不是儒学，而重点是佛学，其著作《理惑论》既是一部佛教著作，也是倡导儒释道合一的先驱。

三　交趾：岭南经济中心

南越国灭亡之后的岭南，经济文化稳步发展，如果说苍梧是政治中心，那么交趾就是经济中心。这是该地区发展条件好和当时的局势安稳等因素所造就的。

1. 红河三角洲：鱼米之乡

岭南有两个三角洲，一个是珠江三角洲，另一个是红河三角洲，都是水利成网、土地肥沃的鱼米之乡。从秦朝到割据的南越国，岭南发展的重点是南海郡，重点是珠江三角洲。赵佗的治理对当地有了较大的促进。"会天下诛秦，南海尉它①居南方长治之，甚有文理，中县人以故不耗减，粤人相攻击之俗益止，俱赖其力"（《汉书·高帝纪》）。很难找到当年该地区发展经济的记载，但从这一段文字可见，南越国经济社会有了较大的发展，而且从今广州发掘的南越王墓看，可知当时南越国特别是珠三角一带的经济社会已发展到相当高的水平。

不过，随着南越国的灭亡，汉朝为了防止其死灰复燃，决定将岭南的政治经济中心往西迁移。上述可见，根据地理位置和环境，政治军事中心是放在苍梧，但梧州是山城，周围一带是山区，很难发展大规模的农业、手工业和对外贸易。岭南古代农业主要是水稻。水稻发展的基础主要是水利和土地，这两者最具备的除了珠三角外，就是红河三角洲了。

交趾地区所在的红河三角洲位于岭南的西南，面积约 2 万平方公里，东南临北部湾，主要由红河、太平江水系泥沙冲积而成，红河年输沙量达 1 亿多吨，三角洲每年仍以 50～100 米的速度向海外伸展，大部分地区在海拔 3 米以下，水网稠密，渠道纵横，可以种植水稻、黄麻、烟草、甘蔗、花生等粮食及经济作物，发展畜养渔业等。千百年来该地区大部分土地已经开垦为水稻田，人口极为密集。

随着开发力度的加大，汉朝后来岭南发展的格局分布，北面以苍梧交通枢纽和政治中心为主，西南面则以交趾为经济中心。

2. 经济发展

西汉武帝及其后的一段相当长的时期，重视岭南的经济开发，当地有很好的自然条件，加上朝廷的好政策，派来不少良吏治理，岭南西部遇上了很好的发展机遇，从中原引来比较先进的生产技术，如推广牛耕等，以改变当地落后的刀耕火种的方法，提高了这一地区的农业生产力，从而吸

---

① "它"同"佗"，即赵佗。

引了许多原以狩猎为生的土著人"渐去山林，徙居平地，建城邑，务农桑"，走向定居的农业社会。

交趾是西汉武帝在南方设置的十七个郡之一。朝廷对初设立的郡采取秦朝的旧制，不收税赋的鼓励开发政策。"仅令每人出极轻微的钱或布，称为賨钱、賨布。原来的大豪酋连賨钱、賨布也免收。初郡的官吏俸食及用具，都有附近郡县供给，不在本地争取。"① 这样的政策使初设置的郡不但没有增加负担，反而还得到很多利益，如改为郡县后，汉制铁器和生活用品可以自由购买，不再受到关市限制，提高了生产力。一直到汉朝前期，红河三角洲周边地区还是一片莽荒之地。古籍记载"九真俗以射猎为业，不知牛耕，民常告籴交趾，每致困乏。"②

从象郡到南越国，统治者对岭南中西部地区一般都是采取羁縻政策，由原有的部落首领来管理。总的来说，汉朝灭南越国初期也是对该地区采取"与民生息"、"以其故俗治"的政策，各县"诸雒将主民如故"。随着岭南地区治理逐步走上正轨，中央派官员日益加强对其管理。锡光、任延等来自中原的官员把中原地区先进的铁器农具、农业生产技术和生产经验传授给当地百姓，提高了农业产量，粮食丰收了，人民生活得到很大改善。汉朝刘秀即位时，听说任延是一位能臣，把所任职的地区治理得夜不闭户，路不拾遗，就重用他，任命他为九真太守。当时九真不如相邻的交趾，当地百姓生活贫困，要从交趾运进粮食来度日。任延到任后，"乃令铸作田器，教之垦辟"，使九真"田畴岁岁开广，百姓充给"。古籍记载："九真太守任延始教耕犁，俗化交土，风行象林。知耕以来六百余年，火耨耕艺法与华同，名曰田种百谷，七月火作，十月登熟。名赤田种赤谷，十二月作，四月登熟，所谓两熟之稻也。"③ 据《汉书·地理志》记载，西汉后期岭南各郡中，人口数最多的是交趾郡，为92447户，746237人，排第一位。九真排第二，35743户，166013人，苍梧排第三，24379户，146160人。而自然条件很好的南海仅排第四，19613户，94253人。可见，在西汉末年岭南西部的发展大大超过了岭南东部。

赢陵是交趾郡郡治，"从公元前2世纪到公元后1世纪，赢陵曾是汉朝

---

① 范文澜：《中国通史》第二册，人民出版社，1978，第117页。
② 《后汉书·南蛮西南夷列传》。
③ 《水经注·温水》。

治理当地郡级政权的行政中心"①。"公元 2 世纪末到 3 世纪初，东汉衰亡，形成三国鼎立。交州统治权落入士燮父子手中。"士燮从 187 年到 226 年去世止，治所于赢陵。"

交趾郡郡治赢陵首先是本郡的政治中心，同时也是一个经济中心。昔日的赢陵是交趾地区当时规模最大的城市。"赢陵古城呈日字型，长约近 600 米，宽约 300 多米。城墙为土建。四角有四座烽火楼（hoa hoi）向外突出。城门向前突出，上面建有更楼。周围有外濠，尤其是城前有桑河（song dou）作为优越的天然外濠。""赢陵古城现已几乎被破坏殆尽，只有黎朝在城中央建的士燮祠庙仍保留在原地。"② "1970 年越南有关方面对前城墙进行挖掘，获得重大发现。""约深 1.5 米处，有一座三块砖斜立支撑的火灶，灶上有一瓦锅，底下有稻杆和竹子炭灰。"③

赢陵城大人多，"尽管没有准确的统计数据，也可以肯定这里的人口密度大。居民成分丰富，除本地越人外，很多是中原内地人。中原内地人中，有官僚统治者及其家眷，有士兵，有手工匠和为官僚服务的贫民。随着内地汉人的扩张和同化，内地汉人移居交趾越来越多。"④ "作为一个大的买卖中心，除了很多中原内地人及本地人来此交易外，还有很多印度等国商人来此做买卖。"⑤ 由于商业发展的需要，客商和居民都会大量使用货币。人们在赢陵地区考古发现了很多古代货币。"该地区的墓葬中发现了很多东汉时期的五铢钱（ngu thu），以及更早的秦朝、西汉、王莽时期的货泉钱（hoa tuyen）、大泉五十（dai tuyen ngu thap）等。货币使用越多，货物越多，客商也就越多，交流也就越繁忙，使得赢陵不仅是一个政治、文化中心，更具有商'市'的性质。"⑥

为了供应赢陵及当地生活的需要，当时这里还形成了一些生产日用品的作坊，如生产陶制品等。"罢定（bai dinh）古窑区位于桑河畔，距离赢陵约 1000 米。这里生产砖瓦和陶制品，主要供给赢陵建设和生活之需要。""河北省（今为北宁省）嘉良县大来乡狄中（dich trung）村紧靠墩河和赢

① 越南社会科学院历史研究所编《越南古都市》，越南社会科学院，1989，第 80 页。
② 越南社会科学院历史研究所编《越南古都市》，越南社会科学院，1989，第 84 页。
③ 越南社会科学院历史研究所编《越南古都市》，越南社会科学院，1989，第 44～85 页。
④ 越南社会科学院历史研究所编《越南古都市》，越南社会科学院，1989，第 88 页。
⑤ 越南社会科学院历史研究所编《越南古都市》，越南社会科学院，1989，第 90 页。
⑥ 越南社会科学院历史研究所编《越南古都市》，越南社会科学院，1989，第 91 页。

陬通往嘉良的交通大道，距离赢陬约20公里，全村都是古陶窑区域。如今这里到处都是古陶窑、陶生产工具及产品废料遗物。在此所找到的各种碗、碟与在赢陬及周边墓葬所找到的遗物是同样的物品。"①

3. 文化繁荣

交趾地区文化发展与苍梧有相似之处，朝廷派来一些良吏，他们在当地设立学校，推行儒家礼教，婚嫁有度，社会文明大大进步。如锡光、任延等一些来自中原的大员，积极推动地方的发展。《后汉书》卷八十六记载："光武中兴，锡光为交趾，任延守九真。于是教其耕稼，制为冠履，初设媒娉，始知姻聚。建立学校，导之礼义。"② 越人与汉人杂居，学习汉文化，当地族群逐步脱离落后状态。即使越人保留旧风俗习惯，汉官也不会干涉，无论如何他们也比原来豪酋统治要文明得多。司马光对此评价说："故岭南华风始于二守焉。"③ 同时，还有两点是其他地区所不能比拟的。一是东汉后期到三国时期，中原地区动乱不止，而交趾偏安一隅，大量的文化人南来交趾避乱，他们促进了交趾地区文化的发展繁荣；二是交趾作为中国最南面对外开放的前沿，与西域特别是印度的交流很频繁，中外文化在这里交流融合，特别是印度佛教就是在此时经交趾传入内地。"作为一个文化中心，赢陬是交趾地区最早传播汉字和儒家思想的一个都市。越南史学家吴士连在《大越史记全书》中写道：'我国通诗书，习礼乐，自士王（即士燮）始'。"④ 随着交趾地区日益繁荣，"不少中原内地官民避难和寄寓交趾，也必然有不少人来到首府赢陬立业。那时一些印度商人沿海路来到交趾，在赢陬经商。同时，一些印度僧侣追随商人，为商人祈求平安，也来到赢陬，成为在交趾地区最早的佛教传播者。赢陬作为行政中心，同时也成了宗教中心。"⑤

赢陬大体位于今越南北宁省顺城县一带。"现今的顺城仍然有昔日的赢陬古城，城中有供奉士燮的祠庙，庙中的石碑所刻的字清楚指明这里就是当时士燮的城池。而且，周围有很多寺庙，民间也流传很多故事，如

---

① 越南社会科学院历史研究所编《越南古都市》，越南社会科学院，1989，第87~88页。
② 范晔：《后汉书》，中华书局，2007，第835页。
③ 二守指九真太守任延、交趾太守锡光。
④ 越南社会科学院历史研究所编《越南古都市》，越南社会科学院，1989，第90页。
⑤ 越南社会科学院历史研究所编《越南古都市》，越南社会科学院，1989，第81页。

《古州佛本行》明确指出，二三世纪这里是中心都市。离此稍远一点的三亚有士燮的陵墓遗址和祠庙也证明了这里是士王（即士燮）的首府位置。"①

随着都市的发展，嬴陬逐渐成为一个佛教中心。"士燮 187 年设交趾郡治，嬴陬都市开始形成。一些僧侣随印度商团到来嬴陬，商路也成了传教之路。因此嬴陬成为一个佛教中心。""据记载，最早到嬴陬传教的印度人是丘陀罗（khau da la）。""那时候的居民是自然崇拜，丘陀罗从印度带来的佛教很容易就为嬴陬人所接受。""寺院很快就建了起来，当时嬴陬至少有供奉四佛的 4 座寺庙：法云、法雨、法雷、法电，以法云为中心，嬴陬成为最大的佛教中心，吸引了很多中国内地的人来此学习，撰写佛教著作。2 世纪末，牟子曾来嬴陬学习佛经，这是最早的汉语佛教作品。""桑寺即法云寺，紧靠嬴陬古城而建，这就是 2 世纪末丘陀罗的修道院，今仍存在。在建筑上，寺庙已有很大的改变，但祭拜石头——生殖器，即祭拜满娘（man nuong，到丘陀罗修道院修行并因此而怀孕的女孩）之习俗依然存在。同时，该佛也是人们在遇到旱灾时求雨之佛。这些证明佛教传入交趾并落地生根，是从嬴陬都市开始。"② 公元 2 世纪以后的多个世纪中，嬴陬一直是交趾地区政治上最重要、经济上最繁荣、文化上最发达的都市，一直到公元 6 世纪，前后长达约 5 个世纪。到了 7 世纪，隋唐时期，中央在交趾地区设立安南都护府，在紧邻嬴陬的红河西南岸建立大罗城（即今河内）作为府治。新建立的罗城与原来的嬴陬仅一河之隔。公元 10 世纪末，越南独立后的李朝建都升龙（即今河内），嬴陬逐渐衰落。

四 合浦：对外交流中心

今天的国人一般听说"合浦还珠"，但很少知道合浦曾经是中国汉朝时期对外交流的前沿，是早期海上丝绸之路最重要的起发港，其地位一直到三国两晋南北朝以后才向东转移至广州。

1. 合浦郡的设立

公元前 111 年汉武帝攻灭南越国后，在今广东西南与广西东南部设立

---

① 越南社会科学院历史研究所编《越南古都市》，越南社会科学院，1989，第 82 页。
② 越南社会科学院历史研究所编《越南古都市》，越南社会科学院，1989，第 85～86 页。

了合浦郡。宋人周去非说，"汉武帝平南海，离桂林为二郡，曰郁林、苍梧；离象郡为三，曰交趾、九真、日南。又稍割南海、象郡之余壤，为合浦郡。乃自徐闻渡海、略取海南，为朱崖、儋耳二郡"①。

在古代，合浦的地理位置十分重要和优越，背靠中原，面向海外，内陆通过水路连接珠江水系、长江水系，对外通往西域。在岭南，合浦东面是南海郡，北面是郁林郡，西面是交趾郡，南面隔琼州海峡与海南岛相望。《汉书》说，"自合浦徐闻南入海，得大州，东西南北方千里，武帝元封元年略以为儋耳、朱崖郡"。由于珠崖、儋耳孤悬海外，汉朝并没有多好了解，所以一开始是由合浦郡遥领海南岛的儋耳、珠崖两郡。后来甚至因岛内居民经常反叛，导致公元前82年（汉昭帝始元五年）一度罢弃儋耳郡，公元前46年（汉元帝初元三年）罢弃珠崖郡。公元242年（三国吴赤乌五年），吴兵讨珠崖、儋耳，复置珠崖郡，设郡治于合浦郡徐闻遥领。

2. 中国对外交流前沿

由于岭南中西部地区位于中国最南面的北部湾沿岸，从海上对外交流很便利，秦汉时期是中国到南洋乃至西域的海上必经之地，所以这里成了中国对外交往的前沿和南大门，是中外海上贸易的集散地，也是中西方海上文化交流的重要驿站。此后，东南亚、印度，远至罗马的使节便络绎不绝地往来于北部湾地区，有的经由此北上来到中原。

合浦港位于南流江出海口，水深、避风、便于船只停靠。西汉在此设置了关塞。《汉书·地理志》"合浦郡"条记载："合浦，有关，莽曰桓亭"。包括合浦在内的北部湾地区古时候当地居民为百越先民，他们熟习水性，善于用舟，正如《淮南子·齐俗训》所说，"胡人便于马，越人便于舟"。秦汉以前，当地越人就与东南亚地区开始了短程的、小规模的海上贸易活动。

汉武帝时，由于北方匈奴边患严重，陆上丝路容易受到侵扰，所以西汉朝廷就开拓南方前往西域的海上通道。公元前111年，西汉王朝灭南越国，直接治理岭南，随着经济文化的发展和合浦郡的设置，合浦港等就成

---

① 周去非著，杨武泉校注《岭外代答校注》，中华书局，2012，第1页。其实，当时原来的象郡已在南越国前期被赵佗攻占，并在其地设交趾、九真二郡。

为海上丝绸之路最早的始发港。

西汉时期，岭南中西部的合浦港是一个枢纽港，其他还有徐闻、日南等。班固的《汉书》说，"自日南障塞、徐闻、合浦航行可五月，有都元国；又船行可四月，有邑卢没国；又船行可二十余日，有谌离国；步行可十余日，有夫甘都卢国；自夫甘都卢国船行可二月余，有黄支国；民俗略与珠崖相类。其州广大，户口多，多异物，自武帝以来皆献见。有译长，属黄门，与应募者俱入海市明珠、壁流离、奇石异物，赍黄金杂缯而往。所至国皆禀食为耦，蛮夷贾船，转送致之。亦利交易，剽杀人。又苦逢风波溺死，不者数年来还。大珠至围二寸以下。平帝元始，王莽辅政，欲耀威德，厚遗黄支王，令遣使献生犀牛。自黄支船行可八月，到皮宗；船行可二月，到日南、象林界云。黄支之南，有已程不国，汉之译使自此还矣"。西汉朝廷的使者，率领通晓沿途部族语言的翻译者以及被招募参加海上航行的人，携带黄金、丝绸等，从徐闻、合浦和日南起航，沿中南半岛海岸航行，跨过中南半岛西部、马来半岛北部，前往印度洋沿岸地区。外国的珍宝、象牙、犀角以及香料等产品也经由北部湾地区，源源不断地输往中原地区，北部湾地区成为中国与外国经济交流的重要纽带。

近年来，合浦等地许多考古出土实物材料充分印证了早期海上丝绸之路的繁荣景象。今广西合浦县"发现了迄今为止国内规模最大、连片的保存最为完整的古汉墓群"[1]，数量多达上万座。合浦这些汉墓挖掘出土物品超过万件，其中部分是舶来品，包括有琉璃杯、琥珀、玛瑙、水晶等，这些物品与《汉书》中记载的舶来品相吻合。除了合浦、徐闻，位于南面的日南郡更是中国对外交流的最前沿。史书记载，孝顺皇帝永建六年（131），叶调国曾遣使到东汉。在汉和帝时，天竺国（今印度）曾多次遣使贡献汉朝。后来，西域反叛，陆路交通断绝，中印交流不得不改由海路。"至桓帝延熹二年（159），四年（161）频从日南徼外来献"。

东汉以后，海上丝绸之路进一步延伸到了中东、欧洲的罗马，东南亚、南亚甚至罗马帝国的使者、商人纷纷沿着这条航线来到北部湾沿岸地区，从日南、合浦等地上岸，前往中原地区朝贡和进行贸易。公元166年，

---

① 覃主元：《汉代合浦港在南海丝绸之路中的特殊地位和作用》，《社会科学战线》2006 年第 1 期。

"至桓帝延熹九年，大秦王安敦遣使自日南缴外献象牙、犀角、玳瑁，始乃通焉"。这是史籍有关罗马首次派出使者来中国的记录，万里之外的罗马帝国通过海上丝绸之路与汉朝建立了直接联系。

上述可见，岭南中西部地区地理环境优越，汉朝时期农业、手工业、商业发达，远洋贸易规模大、次数频繁，作为海上丝绸之路起点的地位和作用突出，对汉王朝的社会和经济影响很大。在民间交流的基础上，西汉王朝主动以北部湾为起点，开辟海上丝绸之路对外交流航线，通过海上丝路沟通中华文明与印度文明、阿拉伯文明、罗马文明，相互连接起来往来交流，促进了中华文明与世界文明的交融和发展。

结　语

公元前 111 年至公元 264 年的岭南西部，不仅是岭南的重点开发地区，而且在当时的中国也有重要的地位。其表现不仅在政治、经济上，苍梧曾作为岭南的交通枢纽和政治中心，交趾即今越南北部曾是中国南方的经济富裕地区，是今人所不知道的，而更重要的是在文化上，岭南曾经风光无比，光彩照耀后人：一是西汉后期，三陈的经学既促进当地四书五经的学习和弘扬，甚至在中央朝廷影响了决策者；其次，东汉末年到三国，中原大乱，但交州偏安，中原各地大量文人南下岭南，既推动了南方文化的发展，也创作了影响后世的名作，其中很重要的就是牟子的《理惑论》，既是中国最早的一部佛教著作，也使佛教中国化，更是促进了儒释道合一以及中国文化的发展繁荣。还有，岭南西部是中国的最南疆，以合浦为代表的早期丝绸之路的出发港，作为中国海上对外开放的最前沿，沟通了西域印度，乃至罗马，推动了中西方经济文化的交流。

在 21 世纪的今天，人们在加强岭南中西部与东南亚交流的同时，更应发挥北部湾地区的地理和历史优势，积极参与新时期海上丝绸之路的建设，为新时代构筑人类命运共同体做出新的贡献。

法显、义净南海行程与唐代交通的转向[*]

李彩霞[**]

南海地区是佛教传入中国的重要通道，该区域小乘佛教盛行，是中国求法僧人的向往之地。中国僧人与天竺高僧往来传教，与商人结伴而行，海上丝绸之路也是佛教传播之路。与陆路的艰辛比较起来，印度洋—南海航线省时省力又舒适（没有风暴时），受到僧众欢迎。东汉初年，罽宾国（今印度克什米尔）的郁金花传入广州用于供佛，杨孚《异物志》载："郁金，出罽宾国，人种之，先以供佛，数日萎，然后取之。色正黄，与芙蓉花裹嫩莲者相似，可以香酒。"2 世纪时安息国（今伊朗）高僧安世高来到洛阳，后游历江西、浙江，弟子严浮调、陈慧皆为江南人。三国后中原战乱，外国沙门多由海道入广州或建业译经。赤乌二年（247），印度康僧会到江南，孙权"即为建塔。以始有佛寺，故曰建初寺……由是江左大法遂兴。"① 魏晋至唐朝时佛教传布渐广，中国僧人搭乘海商大船往来于印度与南海诸国。

一 法显印度求法的南海归程

法显约生于公元 335～342 年，卒于 418～423 年之间，历时 14 年，游历约 30 个国家和地区，是首位由陆路去印度、由海路回国的僧人。隆安三年（399），60 岁左右的法显，偕慧景等人从长安出发，进入乾归、耨檀国、张掖（皆在今甘肃），又得敦煌太守李浩资助，经过鄯善、焉夷、于

* 本文为国家社科基金项目"中国南海诸岛开发进程研究"（13XZS023）的阶段性成果。
** 李彩霞，海南大学人文传播学院。
① 僧祐：《出三藏记集》，苏晋仁、萧炼子点校，中华书局，1995，第 513 页。

阗、于麾、竭叉等国（皆在新疆）后去印度取经。此后五年，他游历了陀历、乌苌、宿呵多、犍陀卫、弗楼沙（皆在今巴基斯坦境内）、那竭、罗夷（皆在今阿富汗境内）、毗荼（今印度东南部）等国，到达摩头罗国（印度北方邦西部），又从蒲那河进入中天竺，在此留居六年。然后向东经瞻波国（今印度恒河南岸巴加尔普尔一带），于义熙三年（407）到达恒河口的多摩梨帝国（今印度西孟加拉邦之塔姆鲁克，Tamluk），在此写经及画像两年。

法显一行有的人半路折回，有的途中冻病而死，或留居印度，最后仅剩法显一人从印度返回。义熙六年（410）冬，法显从多摩梨帝国向西南，渡过孟加拉湾，"得冬初信风，昼夜十四日"[1]，到达狮子国（又称师子国，今斯里兰卡）。从多摩梨帝国到狮子国约 967 海里[2]，按历时 14 天算，则平均航速为 69 海里/天（见表 1）。法显在狮子国住两年得到四部经律，随后离开狮子国，他写道："即载商人大船，上可有二百余人。后系一小船，海行艰险，以备大船毁坏。得好信风，东下二日，便值大风。船漏水入。……但恐商人掷去经像、唯一心念观世音及归命汉地众僧：'我远行求法，愿威神归流，得到所止。'如是大风昼夜十三日，到一岛边。潮退之后，见船漏处，即补塞之。于是复前。……如是九十日许，乃到一国，名耶婆提。其国外道，婆罗门兴盛，佛法不足言。"[3]

这段行程分为两段，第一段法显等人漂流 13 天后"到一岛边"，应位于指斯里兰卡至中国的必经之路尼科巴群岛。尼科巴群岛位于斯里兰卡之东 710 海里，法显开始用了两天，后来又有 13 天，总共用时 15 天，平均速度时 47.3 海里/天。由于在风暴中前进，这个速度比前述多摩梨帝国到师子国的平均航速 69 海里/天慢了很多。法显在尼科巴群岛停靠补漏后，向东南行九、十日后，在耶婆提登陆。尼科巴群岛距耶婆提约 1160 海里，按 10 日计，航速为 116 海里/天。由于风暴后的平静等原因，这个速度算相当快了。法显乘坐的船从师子国东下两天后即遭风暴，船漏水入，到达海岛后先修补船漏，继续航行至耶婆提（今印尼爪哇岛）。这应是一艘外国船，船上多是外国人，法显唯有心念观世音及汉僧以安慰自己。

---

① 法显：《法显传校注》，章巽校注，中华书局，2008，第 125 页。
② 此处及后文未经特别说明的距离、方位，皆来自谷歌地球（GOOLE EARTH）。
③ 其中东归的智严、宝云二人《出三藏记集》有传，见卷 15《智严传》和《宝云传》。

关于这艘船的国籍，桑原骘藏认为这是一艘师子国船①，韦尔斯（H. G. Quaritch Wales）认为是中国船，因为 4 世纪晋朝船已往来于印度洋，船身大而坚固，耐风浪，可承担印度和阿拉伯商人的海上贸易。苏继顾亦同意此说。② 唐代海船后拖挂一艘小船，可充当救生船或拖动大船，有密封防水隔舱。朱杰勤也认为是中国船③。笔者认为以上说法虽然都有一定道理，但皆属猜测，在没有确凿证据之前，暂定为狮子国舶较稳妥。因法显是从狮子国出发，当时狮子国位于印度洋海上中心，海商云集，有僧众六万人。④ 狮子国舶的强大一直延续到唐代，李肇《唐国史补》卷下称："南海舶，外国船也。每岁至安南、广州。师子国舶最大，梯而上下数丈，皆积宝货。"

法显在狮子国所乘大船载 200 人及 50 天的粮食、淡水，以信风为动力，经过"九十日许"到达耶婆提。《高僧传·法显传》记载这段行程时说："舶任风而去，得无伤坏，经十余日，达耶婆提国。"此处"十余日"与法显所记"九十日许"差距较大，如断句为"九、十日许"则较吻合。古人以五六日许、六七日许等概指时间，如贾思勰《齐民要术》："六七日许，当大烂，以酒淹。"孙思邈《千金方》："下后消息五六日许，可与女曲散。"九、十日加上之前的东下二日和昼夜十三日，共计师子国到耶婆提航行了二十四五日。

法显在耶婆提停留五个月后，于次年即义熙八年四月十六（412 年 5 月 12 日）搭乘另一艘商船，向广州进发。从他出发的时间往上推，可计他到达耶婆提在义熙七年十一月十六（411 年 12 月 17 日）。从狮子国到耶婆提航行时间如以 25 天算，那么他从狮子国出发是在义熙七年（411）十

---

① 〔日〕桑原骘藏：《蒲寿庚考》（陈裕菁译，中华书局，2009，第 1 页）："晋法显自天竺回。所乘为师子国舶。"

② 参见 H. G. Quaritch Wales, Towards Angkor: In the Footsteps of the Indian Invaders, pp. 31 - 34。韦尔斯：《朝着吴哥的方向》，第 31~34 页。汪大渊：《岛夷志略》，苏继顾校释，中华书局，1981，第 3 页。

③ 朱杰勤《中国古代海舶杂考》（《中外关系史论文集》，河南人民出版社，1984，第 36 页）："当时中国人所制造的八槽船，船底舱分有隔槽凡八，即使触礁进水，不致漫延他处……中国船于 5 世纪前半期出现在波斯湾头和幼发拉底河中，非常活跃。如据阿拉伯人汉萨（Hanza）及马苏地（Maʿsudi）所述，当时常有中国船及印度船由波斯湾头溯幼发拉底河而上，泊于巴比伦西南的于罗（Hira）市区建筑物之前。"

④ 法显：《法显传校注》，章巽校注，中华书局，2008，第 125 页。

月二十一。狮子国距耶婆提约 2050 海里，用时 25 天，平均航速 82 海里/天，与多摩梨帝国到师子国的平均航速 69 海里/天，要快一些。印尼华人学者林天佑《三宝垄历史》记载，传说有一位中国佛教徒，在爪哇中部的扎巴拉县（Jepara）遇险登岸，收徒传教，人们敬奉他为"先帝公祖"①，很可能这个人就是法显，当地还曾发现六朝时的带盖陶罐（藏于巴达维亚博物院）②。

法显在耶婆提停留五个月后，于义熙八年（412）四月十六日趁西南季风向广州而行，走了一个多月后遇暴风雨，在海上漂泊两个多月，于七月十四日在山东牢山（今青岛）上岸。"停此国五月日，复随他商人大船，上亦二百许人，赍五十日粮，以四月十六日发。法显于船上安居。东北行，趣广州。一月余日，夜鼓二时，遇黑风暴雨。商人、贾客皆悉惶怖，法显尔时亦一心念观世音及汉地众僧……诸婆罗门议言：'坐载此沙门，使我不利，遭此大苦。'……遂经七十余日。……'常行时正可五十日便到广州。'"③

从耶婆提到牢山这段路程至少 2800 海里（迷失方向后所走路程无法计算），航行时间约 115 天，平均航速 24.3 海里/天，走得极慢。商船载重极多，有 200 余人及 50 多天的粮食、淡水和蔬菜，但实际上更多，因遭风漂泊 70 多天后，又坚持了 12 天。这段航程由于船上主要是信印度仰婆罗门教的商人，故极可能是一艘印度商船。4~5 世纪的印度，主要流行婆罗门教，其次是佛教。印度商船从 4 世纪起就往来于广州和南洋，这种情况一直延续到宋代，"国有天竺胡五百家，两佛图，天竺婆罗门千余人，顿逊敬奉其道"④。嵇含《南方草木状》："桄榔树，似拼榈实。其皮可作绠，得水则柔韧，胡人以此联木为舟。"是说西晋时胡人（指西亚印度、波斯和阿拉伯人）就已会用桄榔树皮做船。《宋高僧传·不空传》："七四九年时，广州珠江之中，有婆罗门、波斯、昆仑船舶无数。"是说天宝八年（749）时婆罗门舶（印度商船），与昆仑舶（柬埔寨商船）及波斯舶一起，频繁出现于广州珠江。

---

① 林天佑：《三宝垄历史》，中译本，暨南大学华侨研究所，1984，第 32 页。
② 韩槐准：《南洋遗留的中国古外销陶瓷》，新加坡青年书局，1960，第 4 页。又见［新加坡］许云樵：《南洋史》（上册），星洲世界书局有限公司，1961，第 83 页。
③ 法显：《法显传》，中华书局，2000，第 145~146 页。
④ 竺枝：《扶南记》，李昉：《太平御览》卷 788 引。

表 1 法显行程、距离、时间及交通方式表

	行程	距离	时间	平均速度	交通方式
返程	多摩梨帝国（印度塔姆卢）– 师子国（斯里兰卡）	976 海里	14 天	69 海里/天	海行
	师子国 – 耶婆提（爪哇）	2049 公里	25 天	82 公里/天	海行
	师子国 – 小岛（尼科巴群岛）	710 海里	15 天	47.3 海里/天	海行
	小岛 – 耶婆提	1160 海里	10 天	116 海里/天	海行
	耶婆提 – 青岛	至少 2800 海里	约 115 天	24.3 海里/天	海行

法显从师子国到耶婆提、从耶婆提到广州两段航程中都遭遇了风浪危险，两次所乘的商人大船都是外国船，都可容二百余人。但前一艘船为狮子国舶，船上商人、乘员应主要来自狮子国，由于狮子国是一个海商云集之地，以逐利为主，并无某种宗教占上风，船上商人只扔货物减重，因此法显仅担心他们会仍掉佛教经像。后一艘是印度商船，船上的商人、婆罗门教徒多来自耶婆提，该国婆罗门教兴盛，佛法不兴。在婆罗门教商人看来，途中遇暴风雨，是搭载了异教徒法显所致，因此要加害于他，后一艘船上的婆罗门教色彩更为浓厚。

法显在行程中没有指南针，无法测定船位，只能望日月星宿确定方位。公元 1 世纪时航海人已使用信风，5 世纪时印度洋至南海的航海，主要是利用定期而至、随季节变换方向的信风。东晋海船虽已掌握季风规律，但对孟加拉湾和南海的气象状况不熟，无法预测和规避灾害天气。这段时间天气情况不太利于航行。第一段，孟加拉湾在 5～9 月盛行西南季风，常有 5～8 级大风及雷雨。10 月季风转换，风向不定，热带气旋频繁且来势凶猛，安达曼群岛南部风力可达 12 级。孟加拉湾冬季 12 月至次年 5 月是东北季风，常有 3～8 级大风，9～12 月是雷雨和季风转换季节。法显在出发两日后便值大风大浪。先到狮子国，再经印度洋到达尼科巴群岛，再往东过巽他海峡，在爪哇岛停留 5 个月，应该也是为等候信风。义熙八年四月趁西南季风出发，向广州而行，这段时间虽是顺风，却也是台风季节，遇暴风雨后经卡里马塔海峡、南海，在今山东青岛上岸。

二 义净等唐僧往返南海的线路

唐代贞观初年与近 20 个国家有往来，开元、天宝年间达到 70 余个，由海路到印度求法的高僧日益增多，他们多以广州为起迄点，搭乘商船往返于唐朝与南海诸国之间，义净就是其中的典型代表。咸亨二年（671）十一月，高僧义净携善行乘波斯商船从广州出发，远航至印度、南海诸国等 30 余国，研究佛学、译经达 25 年，求得梵本经论约四百部。义净在《大唐西域求法高僧传》中介绍其南海行程道："面翼轸，背番禺。指鹿园而遐想，望鸡峰而太息。……未隔两旬，果之佛逝。经停六月，渐学声明。王赠支持送往末罗瑜国（原注：今该为室利佛逝也）。复停两月，转向羯荼。至十二月举帆乘王舶，渐向东天矣。从羯荼北行十日余，至裸人国……从兹更半月许望西北行遂达眈摩立底国，即东印度之南界也。"①

他们以星象导航，翼、轸皆南方朱雀星宿，迎着十一、十二月的北风，向西南方航行。鹿园、鸡峰山皆印度佛教圣地，帆船上挂着百丈高的绳索，将鸡毛五两系于高竿顶上，以测定风向和风速。义净从广州到室利佛逝（今苏门答腊岛）不到 20 天，两地相距 1616 海里，平均航速 80.8 海里/天（详见表 2）。无行禅师这段行程走了一个月，义净的速度比法显大多时候的速度也快了许多。法显从耶婆提到广州需 50 天，尽管从广州到耶婆提比到室利佛逝稍远，但义净所费时间是法显的一半不到，体现了唐代航海技术的进步。

咸亨三年（672）义净在室利佛逝停留六个月学习梵语、声明（语音、文字及语法）及当地佛法，再往西至末罗瑜国（今印尼苏门答腊岛的占碑），停留两月，再向西穿过马六甲海峡，到达羯荼国。关于羯荼国其地，义净曾写到："（无行）与智弘为伴，东风泛舶，一月到室利佛逝国。……经十五日，达末罗瑜洲，又十五日到羯荼国。"② 这段话本是记无行禅师的行程的，但对义净对同样适用。从室利佛逝到末罗瑜需 15 天，再从末罗瑜到羯荼国也是 15 天。两段航程用时相同，按常理来说它们距离也应相近，

① 义净：《大唐西域求法高僧传校注》，王邦维校注，中华书局，1988，第 152 页。
② 义净：《大唐西域求法高僧传校注》，王邦维校注，中华书局，1988，第 182 页。

但察考地图发现两段距离相差很大，前一段距离是 176 公里，后一段则有 507 海里①，所以义净等人在室利佛逝至末罗瑜洲的行程，应是一种半旅行、半传教的状态，再加上陆行艰难，故而行程迟缓。而在其它路段的行程中，由于皆是坐在船上海行，故而行程比较快，平均时速在每天七、八十海里。"转向羯荼"意味着航向的转变，义净先从室利佛逝一路向西，到达末罗瑜国，再往北经马六甲海峡，到达羯荼国，因此羯荼应指今马来西亚的吉打（Kedah）州，发音亦相近。义净在羯荼国居住将近一年，停留到冬季，大概是为了等待季风来临。随后从羯荼继续向北走了 10 天到达裸人国，又西北行半月，于咸亨四年（673）2 月 8 日到达耽摩立底国（即多摩梨帝国，今印度塔姆鲁克）。中途经过的裸人国，《中外关系史辞典》《中国历史地名大辞典》②皆解释为指尼科巴群岛。从方位来说，耽摩立国底位于羯荼国的 325°方向，二地相距 1160 海里，共走了 25 天，平均时速 46.4 海里。从耽摩立底出发，应朝西偏北方向进发。比较安达曼－尼科巴二群岛，安达曼群岛位于吉打州的 300°～317°之间，与目的港方向接近，而尼科巴群岛位于吉打州的 277°～293°之间，在吉打西偏南方向，偏离目的港较远。义净也说从羯荼北行十日余至裸人国，可见裸人国在羯荼之北，从方位上安达曼群岛更偏北。

表 2　义净等唐僧行程、距离、时间及交通方式表

	行程	距离	时间	平均速度	交通方式
去程	广州－室利佛逝（苏门答腊）	1616 海里	20 天	80.8 海里/天	海行
	室利佛逝－末罗瑜（占碑）	176 公里	15 天	11.7 公里/天	陆行
	末罗瑜－羯荼（吉打）	507 海里	15 天	33.8 海里/天	海行
	羯荼－裸人国（安达曼岛）	578 海里	10 天	57.8 海里/天	海行
	裸人国－耽摩立底国（印度塔姆卢）	590 海里	15 天	39.3 海里/天	海行
返程	耽摩立底国－羯荼	1160 海里	60 天	19.3 海里/天	海行
	羯荼－末罗瑜	507	30 天	16.9 海里/天	海行

---

① 因室利佛逝的都城旧港与占碑皆处陆地，二地的往来以陆行更为方便，故此处以"公里"记距离。

② 朱杰勤、黄邦和等：《中外关系史辞典》，湖北人民出版社，1992；史为乐、邓自欣、朱玲玲：《中国历史地名大辞典》，中国社会科学出版社，2005。

垂拱元年（685）冬，义净从耽摩立底国启航东归。他在《根本说一切有部百一羯磨》卷五原注中说到："（耽摩立底）即是升舶入海归唐之外，从斯两月泛舶东南，到羯荼国。"这段行程与前述羯荼到耽摩立底的路线相同，是一段对应的往返路程。只不过去程时途经裸人国，返程时则没有。但去程只用了 25 天，返程则用了 60 天，于垂拱二年（686）二月到达羯荼。在羯荼停留至当年冬天，垂拱三年（687）初，又从羯荼行一月许至末罗瑜，这段行程与去程的路线一样，只是方向相同，所用时间却是去程的一倍之多。结合返程时的两段行程可以发现，由于出发时都是从春初至二月，这时孟加拉湾盛行东北季风，行程十分艰难，所费时间都是去程的两倍以上。义净又从末罗瑜去到室利佛逝，并停留两年多从事译述。永昌元年（689）随商船回到广州短暂停留数月，购买纸墨、雇佣抄手，同年底偕贞固、怀业、道宏、法朗重返室利佛逝译写佛经、抄补梵本，长寿三年（694）再次离开室利佛逝回到广州。

据《大唐西域求法高僧传》记载，贞观十五年（641）至天授二年（691）到印度的求法僧人 56 位，后续补写 4 人，加上义净本人，共 61 人。途中亡故或半路返回者 20 人，到达印度后卒于当地或不知所终者 16 人，从海路返回者仅义净、灵运 2 人。共计往返合计 72 人次，其中海路 50 人次，陆路 22 人次。唐高宗麟德二年（665）以前以陆路为主，赴印 15 人中至少 10 人是陆路去（部分不详）。此后则以海路为主，赴印 46 人中至少 37 人走海路。此外义净未记的由海路赴印的高僧还有慧日、含光、慧晋、慧超等 4 人。其中慧日经佛逝、狮子洲到印度，停留 18 年后，经于阗（今新疆和田）返回长安。[1] 含光、慧晋随不空从广州至诃陵、师子国，后慧晋下落不明，含光返回长安。[2] 慧超到天竺后，著《往五天竺国传》记述见闻，后经安西（今新疆库车）回国。

三　唐代其他交通路线

法显返回时是从多摩梨帝国到狮子国，再到尼科巴群岛、耶婆提，经

---

① 赞宁：《宋高僧传》卷 27《慧日传》，中华书局，1987。
② 赞宁：《宋高僧传》卷 1《不空传》，卷 27《含光传》，中华书局，1987。

南海到达山东。义净的往返行程是从广州出发，先到室利佛逝、占罗瑜，再北上羯荼国，经裸人国到达印度的耽摩立底国，从耽摩立底国返回时，先到羯荼国，再往南至室利佛逝，经南海到达广州。法显、义净等唐僧人赴印的途径，反映了中西交通道路的变化及盛衰。早期的交通以陆路为主，东晋僧法显从陆路赴印度，经南海回国，开创了从印度走海道而归的行程。义净于咸亨二年（671）经南海到印度求学，来回均取海道，是唐朝乃至中国通往西亚、非洲和欧洲的交通路线，从以陆路为主，改为以海路为主的转折点，海路开始占据上风。此时距玄奘赴印（627）仅44年，距玄奘去世（664）仅7年。

唐初僧人一般从广州或交州出发，约二十天到达诃陵、室利佛逝，再往西至郎迦戍，进入末罗瑜国、狮子、羯荼等国礼胜迹、取经研法，再北行10余日到裸人国，出马六甲海峡，西北行半月到东印度的耽摩立底国。或北上经羯荼、裸人国直抵耽摩立底；或横渡印度洋，到达狮子国、耽摩立底国、诃利鸡罗。[①] 从印度返回时，一般先从耽摩立底国入海，两月后到达羯荼国，向东达师子洲、末罗瑜洲，一个月右右可到广州。

法显、义净等人的南海交通路线，体现了唐代交通由以陆路为主，向以海路为主的转变，此后唐代不断开辟通往南海诸国的新的道路。贞元间（785～805）贾耽所记的"广州通海夷道"，是唐代广州由海路通西亚与东非，进行贸易、文化交流的重要通道。这条通道由广州向西南海行，经越南南部，约二十日至新加坡海峡，"蕃人谓之质（新加坡海峡），南北百里。北岸，则罗越国（马来半岛南部）。南岸则佛逝国。佛逝国东水行四五日，至诃陵国（今爪哇岛），南中洲之最大者。又西出峡，三日至葛葛僧祗国（今马来西亚西北部之凌家卫岛，又称浮罗交怡岛），在佛逝西北隅之别岛。国人多钞暴，乘舶者畏惮之。其北岸则箇罗国（马来西亚吉打州北部）。箇罗西则哥谷罗国（泰国董里，Trang）。又从葛葛僧祗四五日行，至胜邓洲（今苏门答腊岛东北部的棉兰）。又西五日行，至婆罗国（苏门答腊西岸的巴鲁斯，Barus）。又六日行至婆露国伽蓝洲（今尼科巴群岛）。又北四日行，至师子国。其北海岸，距南天竺大岸百里。又西四

---

① 义净：《大唐西域求法高僧传》，王邦维校注，中华书局，1988，第9～10页。

日行，经没来国（今印度南端之奎隆），南天竺之最南境。又西北经十余小国，至婆罗门西境。"①

这是唐代一条主要的海上路线，即沿越南东岸到达新加坡海峡后，先后经过马来半岛南部、苏门答腊、爪哇，再往西经马六甲海峡到达马来西亚西北部、吉打州，及尼科巴群岛，再横穿孟加拉湾，或西行至斯里兰卡，到达印度南部和西部边境。唐代海上交通频繁，且范围扩大，与印度之间的海上通道经历国家众多，不固定于某一航线。如阿拉伯地理学家伊本·胡尔达兹比赫（820～912，IbnKhordaodbeh）《道里邦国志》记载了一条与贾耽印度洋航线相反的路线。是从伊拉克的巴士拉出发，经波斯湾内的哈莱克岛（今哈尔克岛）、拉旺岛、艾布隆岛、钦斯岛，到达伊朗阿巴斯港一带的乌尔木兹（即霍尔木兹），再往东沿穆拉（即没来国）、塞兰迪布（即斯里兰卡），穿过孟加拉湾及艾兰凯巴鲁斯（今尼科巴群岛）而抵凯莱赫岛（即箇罗国），又经巴陆斯岛（今加里曼丹岛），又经玛仪特（即麻逸国，今菲律宾民都洛岛）、栓府（今占婆）、鲁金（今河内）而至汉府（广州）。② 虽然这条路线虽然与贾耽"通海夷道"一样，都经过没来国、斯里兰卡、尼科巴群岛等，却比贾耽夷道多了印尼群岛、菲律宾群岛这一段线路。

唐大中五年（851），阿拉伯商人苏莱曼《中国印度见闻录》记载，从尸罗夫（今伊朗波斯湾港口，Shiraf）出发，经过阿曼的阿巴卡文岛（Abarkavan）、苏哈尔港（Suhar）和马斯喀特后③，再往东南方航行一个月至斯里兰卡，经过尼科巴群岛后约一月至箇罗国，又十日至马来西亚雕门岛，此后与贾耽路线相同，又一月至占不牢山，再一月到广州。综上所述，由法显、义净及唐初求法僧人带动形成的南海交通方式的转变，此后中外商人、僧人往来不断，形成了南海交通的第一次高潮。同时由于海洋

---

① 欧阳修、宋祁：《新唐书》卷43下《地理志七下》，中华书局，1975，第1173～1174页。
② 〔阿拉伯〕伊本·胡尔达兹比赫：《道里邦国志》，宋岘译注，中华书局，1991，第64～72页。
③ 〔阿拉伯〕苏莱曼：《中国印度见闻录》，穆根来等译，中华书局，1983，第4～10页。原文说先经过马斯喀特、阿巴卡文岛后，再到苏哈尔港。对照地图，阿巴卡文岛在最西方，再往东是苏哈尔港，马斯喀特在最东方。从波斯湾出来后，应先经过阿巴卡文岛、苏哈尔港，才到马斯喀特。怀疑苏莱曼原文记错了地名顺序，现据地理情况实际改正。另外斯里兰卡在马斯喀特东南方，原文作东方，也据以改。

的开阔性和流动性，往返多不局限于某一固定路线。如法显在从印度从回国时，是沿印度东海岸近岸航行，到达斯里兰卡之后，再往东至马来半岛吉打州。而义净在至印度的去程和返程中，都没有经过斯里兰卡，而是直接横穿孟加拉湾，节省了距离和航程。但由于对该区域变化莫测的季风气候还没有完全掌握，导致实际航行时间并没有减少。至贾耽"广州通海夷道"无论是横穿孟加拉湾，还是西行至斯里兰卡到达印度，航行路线可以更加灵活自由地选择。9世纪阿拉伯商人伊本和苏莱蔓从伊拉克、阿曼出发，前往中国的路线中，在经过孟加拉湾之后，大多与法显、义净、贾耽的线路重合，这不能不说是魏晋至唐代僧人、航海家对世界航海史的巨大贡献。

古代南海香料贸易与中国香道文化探析

袁　澍*

古代南海诸岛盛产香料，南海周边也是重要的国际香料贸易基地。汉唐以降，随着"海上丝绸之路"的开辟繁荣，香料经南海持续大量输入中国，南香贸易不仅创造了可观的经济收益，而且深刻影响了中国社会生活，广泛涉及典仪礼祀、饮食调味、医药保健、建筑装潢、熏衣化妆、书香翰墨、物种引植、香具制造等，乃至引领开创了东方风俗时尚，逐渐发展形成博大精深的香道和香事文化。

一　香料与中国香文化

香料是"具有挥发性并能用以配制香精的芳香物质"。香，芳香养鼻，可颐养身心、祛秽疗疾、养神养生。人类对香的喜好，乃是与生俱来的天性。香，在馨悦之中调动心智的灵性，遂于无形之间调息、通鼻、开窍、调和身心，妙用无穷。黄庭坚《香之十德》称香有："感格鬼神，清净身心，能拂污秽，能觉睡眠，静中成友，尘里偷闲，多而不厌，寡而为足，久藏不朽，常用无碍"之功。"香"在中国汉字中约有 30 种称呼。据周嘉冑《香乘》描述香的不同气息、浓淡和特征，"香之远闻曰馨；香之美曰馶；香之气曰馤，其它还有馜、馧、馥、馦、馩、馢、馝、苾、馟、馣、馪、馚、馛、旖、馜、馡、馤"等。

香料（Perfumery）有调味香料（Spices）与药物（Medicine）两大类。古代香的原料可分为植物香料、动物香料和矿物香料大三类。植物芳香树

腊类的主要有沉香、安息香、枫香脂、乳香、詹糖香（榄香）、爪哇香、没药等；苏合树干类的主要有白檀香、紫藤香、龙脑香（樟脑）等；树皮及根茎类的主要有肉桂、高良姜、甘松香、青木香等；花类的主要有丁香（鸡舌香）、栀子花、茉莉、玫瑰等；叶茎类的主要有广藿香、艾纳香、薄荷、香茅等；果实及种子类的主要有佛手、胡椒、大茴香、肉豆蔻、白豆蔻等。动物类香料主要有龙涎香（阿末香）、麝香、灵猫香、犀角、甲香（贝壳类）。矿物香料主要有琥珀、蜜蜡等。香料的用途：一是焚香料（Incense），古人在宗教典仪焚香，以产生庄重、安谧、神圣的氛围，后延伸到各种隆重仪式和肃穆环境，以增强精神氛围；二是化妆香料（Cosmetics），以其涂身熏衣，使之消除体臭，芬芳馥郁；三是调味香料（Spices），主要用于食物的烹调料理，有提味、去腥、防腐、保健、调和食性等；四是药物香料，香药有提神开窍特效。苏轼曾赋云："古者以芸为香，以兰为芬、以郁鬯为裸，以脂萧为焚、以椒为涂，以蕙为薰。"[1] 香料、香药在实际使用时，常以多种香料混合调剂，中国历代文献中有许多香料调和技术的记载，如《和香方》《唐本草》《千金翼方》《香谱》《香录》等。明末周嘉胄的《香乘》汇编各种香药的名品及香疗方法，可谓集历代香事文化之大成。随着香料、香药、香器等消费量增加和市场的扩大，香料贸易成为外贸的重要输入商品，香料涉及饮食烹饪、医药卫生、陈设装潢、园艺种植、手工制造等各个领域，乃至引领社会生活、风俗时尚，逐渐发展为博大精深的香道文化。

中国早在先秦时代就已采集、使用和栽培芳香植物了。《诗经》最早对芳香植物作较全面的记述，当时的芳香植物主要有泽兰、蕙、蒿、小蒜、艻、艾、香蒲、椒、桂、萧、郁金、白芷、香茅等30种左右。屈原《楚辞·离骚》中出现了兰、椒、蕙等香草植物，还有"滋兰""树蕙"之语，可知当时已将其移植栽培到园圃中，后被引伸为树人育才。古代还用花椒浸制酒，东汉崔寔《四民月令》记载："过腊一日，谓之岁，释贺君亲，进椒酒，椒是玉衡星精，服之能（耐）老。"后妃们宫室外的墙壁以椒和泥涂抹，取温暖、芳香、多子之义，椒房也成为后妃的代称。古人

---

① （北宋）苏轼《沉香山子赋》，周嘉胄《香乘》卷二八《香文汇》，台湾商务印书馆，1983。

将散发香气的芳草古兰（梁香）尊为"国香"。① 兰用于煮兰汤以沐浴或用于煎膏以照明。古代还常以香喻人，借喻道德人品、嘉言懿行，如以"香花"称佳作高论；以"香王""香象"代菩萨的称号，以"香殿"敬称神圣的寺庙，以"香塔"尊称焚化佛祖的薪堆。

二 南海香料的输入

华夏香料主要产自热带和亚热带，受到地域位置和自然气候等因素的影响，中国出产香料的数量、质量、品种和地域分布有限，诚如程大昌《演繁露》云："古者焫萧、灌郁、焚椒、佩兰，所谓香者，如是而已。"本土香料难以满足日益增长和发展的社会需求。

古代南海周边盛产香料，"四大名香"中的沉香、檀香、龙涎香皆产自南洋诸岛。古籍记载香木的原产地"六国"，分别是伽罗（越南）、罗国（泰国、老挝）、真那贺（马六甲）、真南蛮（马来西亚西部）、寸门多罗（印度尼西亚）、佐曾罗（缅甸、印度东部）。随着陆海交通的开辟畅通，域外各种香料陆续输入中国。广州是中国最早通往南洋的重要门户和商贸口岸，据《史记·货殖列传》记载，当时番禺（今广州）"珠玑犀玳瑁果布之凑"，是全国一大贸易都会。早在两千多年前南越国便从东南亚输入香料。考古学家在广州南越王墓中出土乳香、金花泡和 11 件铜熏香炉。专家判断"这种金珠焊接工艺都不是中国固有的，因此也可知鞋金珠或其制作方法是由海路传入中国的"。②

20 世纪 80 年代以来，考古人员先后在福建闽江近海的闽侯庄边山汉墓、武夷山城村汉城遗址、武夷山市城村牛栏后闽越国汉墓、福州市益凤山西汉闽越国汉墓葬中发现一批陶制香熏、香熏炉整体或残片。学者研究认为，当时所用的香料来自海外贸易，主要产于南洋和南亚诸国。③ 另据晋人葛洪的《西京杂记》叙述，赵合穗送给赵飞燕的礼物中有青木香和沉水香。青木香和沉水香属于生长在热带和亚热带的南香，随着南香传入中原，熏香遂在社会上层流行。据《三国志·魏书》记载，狄提、迷迷、兜

① 《左传·宣公三年》，中华书局，2012。
② 李妍：《西汉南越王墓出土的珍贵海外文物》，《东方收藏》2013 年 7 月 15 日。
③ 杨琮：《西汉闽越与日本及南洋的交往》，《海交史研究》1996 年第 2 期。

纳、白附子、薰陆、郁金、芸胶等香料，尤其是香气浓郁、沁人心脾的珍贵南香，更倍受中国缙绅阶层的欢迎和推崇。[①]

魏晋南北朝文献中有不少南洋香料输入的记载，《魏略·西戎传》收录了已传入中土的香料有微木（疑为没药）、苏合香、狄提香、迷迭香、兜纳香、白附子、乳香、薰陆香、郁金香、芸胶（安息香）、薰草、木香等12种。三国吴人万震《南州异物志》更详细地记载了产于交趾（越南）的木香（沉香）、薰陆香，原产于南洋诸岛的鸡舌香、青木香，原产于今泰国或缅甸的藿香等。东晋徐衷《南方草物状》中的域外香料包括原产于今印尼的肉豆蔻等。晋人郭义恭《广志》广泛记述了南洋香料，包括鸡舌香、藿香、沉香等。此外《吴时外国传》《交州记》《南越志》等也都有对域外香料的记载。在官修《南史》《册府元龟》等史籍中，记载了林邑（在今越南南部）、扶南（在今柬埔寨及越老泰南部一带）、盘盘（在今马来半岛北部）、丹丹（在今马来西亚吉兰丹一带）、乾陀利（在今印尼苏门答腊巨港一带）、婆利（在今印尼巴厘岛一带）[②] 等国朝觐的贡香有：郁金、苏合香、沉旃香、杂药香、金芙蓉等。外来的香料因稀少而珍贵，早期为奢侈品，主要为宫廷皇室享用和馈赠。如曹操《与诸葛亮书》中云："今奉鸡舌香五斤，以表微意"。[③] 这种鸡舌香很可能是交州的贡物。曹操早年提倡生活简朴，曾禁止焚香，临终时在其《遗令》中云："余香可分与诸夫人"，弥留之际仍念念不忘所蓄之香，可见当时香料是很珍贵的。南北朝时佛教广泛传播，信众焚香礼佛；文人雅士好玄学、尚清谈，聚会交友、饮酒品茶、琴棋书画都离不开焚香，高品质的南香更显雍容华贵，增添风雅情趣。

隋唐时期国势强盛，周边各国贡使纷至沓来，域外香料是主要贡物之一。有隋一代，盛产香料并与中国往来的南洋诸国有十多个，其中著名的有林邑、真腊、婆利、盘盘、丹丹、赤土国等。唐代贞观之治、开元盛世，国势空前强盛，据《旧唐书》《新唐书》记载，唐代异域进贡香料达

---

① （晋）陈寿：《三国志·魏书·乌丸传·赞》，引《西域引图》，中华书局，裴松注本，1959。

② 陈佳荣、谢方、陆峻岭：《古代南海地名汇释》，取诸条中常见一说，下同，中华书局，1996。

③ （清）严可均辑《全三国文》卷三，商务印书馆，1999。

120 多次，约 30 多个品种，其中尤以南洋群岛、阿拉伯诸国入贡香料的品种和数量最多。随着南海海路畅通繁荣，海外市舶贸易日逐兴盛，南香遂大量输入。朝廷为鼓励外商和监控外贸，于广州设市舶使，至"贞观十七年（644），诏三路舶司，番商贩到龙脑、沉香、丁香、白豆蔻四色，并抽解一分"。①《册府元龟》记载了 40 多次进献香料、香药贡物。其中最主要有：沉香、檀香、安息香、没食子、乳香、没药、苏合香、龙涎香、甲香、龙脑香、香胆、栈香、青木香、郁金香、察香、乾呛婆香、仙茅、丁香、白豆蔻、阿末香、砂仁等。南洋香料、香药经由南海运到广州，使广州成了当时世界上最大的香料市场之一。南香还辗转运到扬州、泉州、杭州、长安、洛阳等城市，全国各通都大邑出现了繁荣的香料、香药市场，南洋香料还经中国转运到东北亚国家和地区。据《唐大和尚东征传》记载，鉴真和尚东渡日本曾在扬州药市购买南香的沉香、檀香、安息香、栈香、青木香、薰陆香 600 余斤；荜拨、珂黎勒、胡椒、阿魏 500 余斤。他在广州曾见到婆罗门（在今印度、斯里兰卡）、昆仑（泛指今中南半岛南部和马来群岛诸国）等地来的海船，装满了香药珍宝，积载如山。② 唐代还涌现出以善于用香药而闻名的医学家李珣和他的著作《海药本草》。

宋代是中国历史上域外香料输入的高峰期。宋朝廷奉行"宣德化、柔远人，""厚往薄来"等外交政策，吸引招徕番夷，南洋诸国遂纷纷来朝，香料是其主要的贡品。据《宋史》记载，海外进贡香料达 200 多次，其中南洋进贡香料的频率最高、数量最多。交趾、占城、阇婆（爪哇）、苏门答腊、锡兰山（今斯里兰卡）、暹（今泰国）、真腊、三佛齐（在今印尼苏门答腊巨港占卑一带）、浡泥（在今加里曼丹岛）等国入贡香料包括乳香、熟香、笺香、白檀香、豆蔻、杂香药、沉香、煎香、黄熟香、没药、茴香、木香、附子沉香、澳香、速香、细割香、乌里香、龙脑、丁香等 30 余种，各国贡使常一次入贡香料数以万斤。丰厚的朝贡贸易利润带动和刺激了香料贸易商机，大批南洋商人追随贡使来华，掀起波澜壮阔的香料贸易高潮。据《宋史·食货下》记述，"香料，陆路以三千斤；水路以一万斤为一纲"，可见贸易规模之大。为保证朝廷掌控财路，朝廷将香料定为

---

① 《广东通志》卷五八，"外番志"，《四库全书》史部，地理志，都会郡县之属。
② 武仙卿：《隋唐时代扬州的轮廓》，《食货半月刊》。

"禁榷"和"博买"之例，即国家专买专卖和垄断市价交易，并在广州设置市舶司。对于进口货物首位的香料贸易，设"香舶"专司其事。香税占国家税收相当大比例，"宋之经费，茶、盐之外，帷香之为利博"。[①] 朝廷对香料旺盛的需求，强劲地刺激了南洋香料生产和贸易。盛产香料的三佛齐垄断了龙脑香、乳香、安息香、降真香、檀香等贸易。据记述，沉香、笺香、速暂香、黄熟香、生香等品种的进口情况，其中沉香"所出非一，真腊为上，占城次之，三佛齐、阇婆等为下，俗分诸国为上下岸，以真腊、占城为上岸，大食、三佛齐、阇婆为下岸"。又云："黄熟香，诸番皆出，而真腊为上。""降真香出三佛齐、阇婆、蓬丰（彭亨），广东西诸郡亦有之。气劲而远，能辟邪气。泉（州）人岁除，家无贫富，皆爇之如燔柴，然其直（值）甚廉，以三佛齐者为上，以其气味清远也。"又云"麝香木出占城、真腊……泉（州）人多以为器，如花梨木之类。"[②] 南洋香料大量输入，使香料价格渐减，随着成本较低的瓷炉大量面世，熏香之俗遂流行入社会平民生活。当时不仅熏香料（合香）调配技术日臻完善，而且催生出一系列手工业制香、香具和香器制作业。

明代是海外香料输入的鼎盛时期。南洋诸国的安南、占城、真腊、暹罗、彭亨、满剌加、南浡里、爪哇、苏门答腊、苏禄、巴塞等国王或亲自或遣使来华入贡方物，其中半数以上是香料。由是"明月之珠，鸦鹘之石，沉南、龙涎之香，麒狮、孔翠之奇，梅脑、薇露之珍，珊瑚、瑶昆之美，皆充舶而归"。[③] 朝廷除从传统的入贡和市舶贸易中获取巨额香料外，还专门派员到海外"贸采琛异"，如郑和七次下西洋，远航船队便沿途大量采购香料。远航船队随员马欢《瀛涯胜览》记载，南洋诸国与远洋船队贸易的香料品种。占城：伽蓝香、豆蔻；爪哇：苏木、白檀香、肉豆蔻、荜拨；暹罗：黄速香、罗褐速香、降真香、沉香；满剌加（马六甲）：黄速香、乌木、打麻儿香；哑鲁（在苏门答腊日里河流域）：黄速香、金银香；苏门答腊：胡椒；南浡里（苏门答腊岛西北班达亚齐）：降真香；吉里地闷（苏门答腊岛东岸外卡里摩群岛）：檀香；浡泥：降香、片脑；旧港（今苏门答腊巨港）：黄速香、降真香、沉香、金银香；彭坑（今马

---

① （元）脱脱《宋史·食货下》卷一八五，"香"，中华书局，标点本，1977。

② （南宋）赵汝适：《诸蕃志》，下卷，"志物"，中华书局，冯承钧校注本，1956。

③ （明）黄省曾《西洋朝贡典录》序，中华书局，1982。

来西亚彭亨）：黄速香、沉香、片脑、降香；真腊：沉香、苏木；淡洋（今柬埔寨的洞里萨湖）：降香；龙牙菩提（马来西亚凌加卫岛）；速香；苏禄（菲律宾苏禄群岛）：降香。南洋香料不仅品种繁多，而且质量上乘。如奇楠香"其味清烈，莹洁可爱，谓之梅花片，鬻至中国，擅翔价焉"，蔷薇水"以泽体发，腻香经月不灭。"① 郑和还在满剌加盛产沉香的九洲山，亲自入山采香。"永和七年，正使太监郑和等，差官兵入山采香，得茎有八九尺长者、八九尺大者六株，香清味远，黑花细纹，其实罕哉！"②

清承明制，继续通过朝贡和海外贸易输入南洋香料。康熙二十四年（1685）朝廷分别在广州、明州（宁波）、泉州和云台山设关口开展海外贸易。有清一代，广州关始终运行不缀。为适应南洋贸易发展，朝廷又在广东沿海分设澳门、乌坎（惠州）、庵埠（潮州）、梅菉（高州）、海安、海口六个总口，广州大关和总口下还设有若干小口。康熙二十五年粤海关招募组建"洋十三行"，享有垄断进出口贸易特权，形成国家"外贸特区"和宫廷采办洋货的"特供基地"。"十三行"承办输入香料有琥珀、阿魏、樟脑、冰片、丁香、黑檀、豆蔻花、没药、肉豆蔻、乳香、胡椒、青木香、白檀、苏合油、藿香、番速香、伽楠香、岑香、沉香、花露油、肉桂等；奉旨为宫廷内务府采办进口香料珍玩。19 世纪初，盛产香料的南洋诸国先后沦为西方列强的殖民地，欧洲列强控制了国际香料市场，直接影响和冲击了中国的香料进口贸易。鸦片战争后，随着清朝国势日益衰弱，及"十三行"被焚毁，延续了 2000 多年的南洋香料贸易遂之衰落。尽管民间香料贩运交易仍在进行，但已非昔日辉煌。

三 香道文化引领生活时尚与塑造社会风俗

2000 年来，香料经南海连绵不断输入中国，不仅在经济上获得巨大的财富和税收，随着香料被广泛运用于日常生活，香料遂成为社会生活中不

---

① （明）黄省曾《西洋朝贡典录》序，中华书局，1982；（明）黄省曾：《西洋朝贡典录》序，中华书局，1982；（明）张燮《东西洋考》，卷一"交趾"条；卷二"暹罗"条，中华书局，谢方标点本，1981。

② （明）费信：《星槎胜览》，上海古籍出版社，1985。

可缺少的常物，不仅形成一个庞大的消费群体，引领和改变了社会消费和审美情趣，进而催生了制香、香具、香器制作等一系列经济产业链，促进了香事商品经济的繁荣。

1. 香料与饮食调味

自汉魏以降，域外调味香料马芹（孜然）、胡芹、胡荽、荜拨、胡椒等传入。唐宋之际，南洋特产的砂仁、茉莉、豆蔻、荜拨、丁香等调味香料随着朝贡或贸易等方式传入中原。据著名饮食起居类文献《山家清供》中记载了桂花与米粉合蒸的糕点"广寒糕"；梅花与檀香制作的"梅花汤饼"；菊花、香橙与螃蟹一起腌熏制成的"蟹酿橙"；菖蒲与白术制成的"神仙宝贵饼"；菊花、甘草汁加米制成的"金饭"；荷花、胡椒、姜与豆腐制成的"雪霞羹"；莳萝、茴香、姜、椒等制成的"满山香"，以及"梅粥""木香菜""蜜渍梅花""通神饼""麦门冬煎""梅花脯""牡丹生菜""菊苗煎"等香花、香草食物。明代《便民图纂》首次记载了包括"大料物法""素食中物料法""省力物料法""一了百当"等调味香料的调配制作方式。南香宫桂、良姜等都有利用。清人夏曾传《随园食单补证》总结了花椒、桂皮等调味香料在烹饪中的功能。称花椒可除诸气（腥、臊、膻），桂皮、茴香可除牛、羊肉的腥膻气，以及丁香、砂仁、胡椒、丁香等香料的香性、功能和用量。此外在《食经》《食谱》《中馈录》《馔史》《饮膳正要》《云林堂饮食制度集》《醒园录》《越乡中馈录》等历代饮食文献中都指出调味香料在烹调史上的重要地位。香料还用于窨制香茶、酿制香酒。蔡襄《茶录》和朱权《茶谱》等记述了龙脑、沉香、片脑、白檀末、乳香熏制香茶。窦苹《酒谱》则系统地记载了用豆蔻、沉香制作香酒的典故和方法。南洋香料不仅丰富改善了中国人的饮食生活，而且促进了博大的中国饮食文化的发展。

2. 香药与医药保健

香药在医药保健方面得到广泛应用。唐宋时"香料入药"逐渐盛行。宋初的《开宝本草》收录900多种药，其中进口香药有30种，如乳香、没药、龙脑香、安息香、紫矿、石蜜、阿魏等。李昉等著《太平御览》中，编辑有"香部"3卷，专论香料及其典故。在《太平惠民和剂局方》中汇集了方剂788种，应用香料的达275个，约占35%。南香被广泛使用，如著名的苏合香丸、安息香丸、丁香丸、鸡舌香丸、沉香降气汤、龙脑饮子、至宝丹、牛黄清心丸等。在《圣济总录》中的医方有木香煮散、木香汤、豆蔻汤、丁香汤、沉香散等31个，用香药8种。"香料入药"不仅丰富了中国传统医药的药材，而且改变了原以汤药为主要的剂型，为了保存锁住树脂类香料的芳香挥发性药性成分，根据香药不同性状，制成了丸、散、膏、丹、煎饮、酒酊等各种剂型。唐人王焘《外台秘要》就记述了进口药材制成的丸、散。香药输入不仅丰富发展了传统中国医药，而且制药剂型、药物引入、医药理论，乃至药理哲学上，都引发飞跃。被国际学术界誉为"全球史之父"的麦克尼尔（Willian Mcnill）指出，"与外来者的交往是社会变革的主要动力"。南香传入带来了古代阿拉伯医、波斯医、希腊医等西方医药学精粹，促进了中西医药大融汇，并在药理、药剂，甚至医药哲学上产生跨越式的进步。

3. 焚香与意境情趣

古代文人以琴、棋、书、画、诗、酒、花、香、茶为"九大雅事"，又将品香与斗茶、插花、挂画并称"四般闲趣"。焚香、熏香不仅在宫闱、庙宇、闺阁、梨园等处供祭祀、典礼、化妆、布置广泛使用，而且在文人墨客的琴棋书画、挥毫泼墨时，必焚香以提神清心、修身养性。缕缕馨香弥漫在清谈雅会，形成独具的幽雅逍遥的意境情趣。

汉魏之际，佛道兴盛促使熏香文化自成体系。在缭绕的烟雾中，人与神佛似乎可以达到通灵，熏香也渐成社会风尚。至六朝，熏香成为风雅之士的身份标签。贵族尤尚熏衣、熏褥。中国艺术文化日臻成熟。在文人阶层的引领之下，琴棋书画渐为时尚，衣食住行均有讲究，熏香也逐渐成为一种艺术和生活方式。

自唐宋熏香逐渐进入社会生活，缙绅阶层流行品香、啖香、行香、佩香之风。唐代王公有口中含沉香、麝香的嗜好，"方其发谈，香气喷于席"。① 唐中宗时代大臣们在雅会上"各携名香，比试优劣，名曰'斗香'"②，流行以香争奇竞魁。五代时南唐名臣韩熙载善于调合香味，自创使焚香与园圃自然花香融合之法，"对花焚香有五味相和，其妙不可言"。③《南唐书》称其"风流儒雅，远近式瞻"，"时人谓之为'神仙

---

① （五代）王仁裕：《开元天宝遗事》，载《唐代丛书》三，第70页。
② （北宋）陶谷《清异录》卷上，第37、59页。
③ （北宋）陶谷《清异录》卷上，第37、59页。

中人'。"①同时，香型也日趋复杂多样，人们用各种香料混配制成篆香、线香、香煤、香饼、香水、香球、香墨、盘香、塔香、香丸、香粉、香篆、香膏、涂香、香汤、香囊、香枕等。项元汴在《蕉窗九录》中谈品香之妙用，可略见当时焚香雅趣之一斑："香之为用，其利最博，物外高隐，坐语道德，焚之可以清心悦神；晴窗榻贴，挥尘闲吟，篝灯夜读，焚以远辟睡魔；谓古伴月可也。红袖在侧，密语谈私，执手拥炉，焚以熏心热意，谓之助情可也。坐语闭窗，午睡初足，就案学书，啜茗味淡，一炉初热，时霭馥馥撩人，更宜醉晏醒客，皓月清宵，冰弦戛指，长啸空楼。苍山极目，未残炉热，香雾隐隐绕帘。又可祛邪避秽，随基所适，无施不可，品其最优者伽南业矣，第购之甚难，非山家所能卒办。其次莫若沉香……近世焚香者，不博真昧，徒事好名，兼以诸香合成，斗奇争巧，不知沉香出于天然，其幽雅冲淡，自有一种不可形容之妙。"②品香对人的内心精神气质的修养，外在风度举止的提升，皆有裨益。品香可以放松心情、解脱烦恼，体会自然合一，享受难以名状的愉悦。在浮华纷乱的世俗世界，得以静心养气，提神益智。《太平清话》有云："凡焚香、试茶、洗砚、鼓琴、校书、候月、听雨、浇花、高卧、勘方、经行、负暄、钓鱼、对画、漱泉、支杖、礼佛、尝酒、宴坐、看山、临帖、刻竹、喂鹤，古皆一人独享之乐。"③对于品香之趣，古代文人雅士陶渊明、贾岛、屠隆、王禹偁、陆游等都有佳作传世。传说仙境、极乐世界、民间神话及诗歌与香料皆有不结之缘，正是这种高雅的现实世界的理想化和想象化的变形升华，令人心醉神迷的馥郁芬芳，不仅使感官享受的美感得以扩张，而且令人超凡脱俗、飘然欲仙。

明代焚香雅趣更蔚然成风，渐成一门艺术。贵胄缙绅、文人墨客经常相聚闻香，并制定了仪式。高濂《遵生八笺》中列举"焚香七要"为：香炉、香盒、炉灰、香炭墼、隔火砂片、灵灰、匙箸。文人品香常设有香席，相知好友相邀举荐，择一雅地而成香席。香席如仪，每一道程序都恭谨虔诚。静室之中，幽香缭绕，亦断亦续，香韵幽绵。宾主虽不假一言，却于无言中贴近彼此性灵。古人云，境生象外，诚不余欺。品香的过程，

---

① （北宋）马令：《南唐书》。
② （明）项元汴《蕉窗九录》，"香录"，天津古籍出版社，2011。
③ （明）陈继儒：《太平清话》，商务印书馆，1936。

如同红颜耳鬓厮磨，或是与知心好友挑灯切磋，居尘世而忘忧，实乃一大畅快享受。明清之际性灵派崛起，更将品香这一雅事推之更广。士子在诸如饮食、保健、泡酒、焚香、熏衣、佩香、沐浴、待客、礼赠、书画、制墨时使用香料尤盛。文人读书、品茗、抚琴、谈禅，以追求一种舒放、雅致、淡泊、闲适的逍遥状态，崇尚清雅闲逸、"苏祥、苏意"的生活方式。无论琴茶、品香都是收敛心情的必备程序。茶与香作为生活情趣和审美追求，被赋予了文化意义，成为一种"清高脱俗"人格及文化象征符号。缥缈馥郁扑鼻，冉冉芬芳飘然，可怡情养性，令人神清气爽、超凡脱俗、如临仙境。在神圣仪式典礼前焚香沐浴，以净化身心、更显庄严隆重。文人士大夫的居住环境，书斋、茶寮、卧室、客厅、佛堂都有香气，且颇具品位和情味。因此海外名香不仅倍受的酷爱崇尚，还塑造了士大夫清静禅定的人格气质和精神境界。

4. 洋洋大观的香具与博大精深的香道文化

香具是使用香品时所需要的一些器皿用具，也称为香器。最早的器具见于汉代。南宋赵希鹄《洞天清禄集·古钟鼎彝器辨》考证："古以萧艾达神明而不焚香，故无香炉。今所谓香炉，皆以古人宗庙祭器为之。爵炉则古之爵，狻猊炉则古踞足豆，香球则古之鬵，其等不一，或有新铸而象古为之者。惟博山炉乃汉太子宫所用者，香炉之制始于此。"香炉是最常见的香具，其外形各式各样，如博山形、火舍形、金山寺形、蛸足形、鼎形、三足形等。材质多为陶瓷、石料或铜等金属。明清时流行铜香炉，以明代宣德炉最具盛名。此外，香具还有手炉、香斗、香筒、卧炉、薰球、香插、香盘、香扇、香印、香盒（香筥、香合、香函、香箱）、香刀（香匕）、香萨、香夹、香箸、香铲、香匙、香囊（佩香）、香押、香篆、香帚等。香具常以金、银、铜、玉、陶、瓷等为制材，香炉等的制造工艺繁杂，掐丝、珐琅、铸铜、鎏金、镂刻精美典雅。各类香具，既是实用的香事用具，也是美观的工艺品。古代南海延续千年的香料贸易，对中外不仅产生巨大经济价值，推动了农业、制造业、医药、建筑、商业、外贸、海运等行业蓬勃发展，而且促进中外物质文明、精神文明和社会文明广泛交流和长足进步。

南海丝绸之路与农作物的传入

秦文生[*]

一 陆上丝绸之路与海上丝绸之路

"丝绸之路"一名最早是德国地质地理学家李希霍芬提出的，1877 年，他在其著作《中国》一书中，把"从公元前 114 年至公元 127 年间，中国与中亚、中国与印度间以丝绸贸易为媒介的这条西域交通道路"命名为"丝绸之路"，很快，这一名词被学术界所认可且被大众所接受，并正式运用。

可见，丝绸之路的名称最初是指陆上丝绸之路，时间仅限于汉代。也就是说，陆上丝绸之路起源于西汉汉武帝派张骞出使西域开辟的以首都长安为起点，经甘肃、新疆，到中亚、西亚，并连接地中海各国的陆上通道。由于它最初的作用是运输中国古代出产的丝绸，又简称丝路。后来由于多种原因，此路曾一度中断，东汉时班超从洛阳出发重开西域，再次打开通道。不难看出，丝绸之路的基本走向形成于公元前后的两汉时期，它的起点是西汉的首都长安（今西安）与东汉的首都洛阳，经陇西或固原西行至金城（今兰州），然后通过河西走廊的武威、张掖、酒泉、敦煌四郡，出玉门关或阳关，穿过白龙堆到罗布泊地区的楼兰。汉代西域分南北两道，其分岔点就是楼兰。北道西行，经渠犁（今库尔勒）、龟兹（今库车）、姑墨（今阿克苏）至疏勒（今喀什）。南道自鄯善（今若羌），经且末、精绝（今民丰尼雅遗址）、于阗（今和田）、皮山、莎车至疏勒。从疏

---

* 秦文生：郑州大学。

勒西行，越葱岭（今帕米尔）至大宛（今费尔干纳）。由此西行可至大夏（在今阿富汗）、粟特（在今乌兹别克斯坦）、安息（今伊朗），最远到达大秦（罗马帝国东部）的犁靬（又作黎轩，在埃及的亚历山大城）。另外一条道路是，从皮山西南行，越悬渡（今巴基斯坦达丽尔），经罽宾（今阿富汗喀布尔）、乌弋山离（今锡斯坦），西南行至条支（在今波斯湾头）。如果从罽宾向南行，至印度河口（今巴基斯坦的卡拉奇），转海路也可以到达波斯和罗马等地。这是两汉时期丝绸之路的基本干道，后来所谓狭义的丝绸之路指的就是这条道路。

汉代以降，历经魏晋南北朝、隋唐及宋元明清，经过不断开拓，形成了由洛阳出发，经长安（今西安），穿越河西走廊，横跨天山南北，直达地中海东岸的一条连接欧亚大陆的交通要道。这是丝绸之路的延续和发展。需要说明的是，历史上的丝绸之路不是一成不变的，随着地理环境的变化和政治、宗教形势的演变，不断有一些新的道路被开通，也有一些道路的走向有所变化，甚至废弃。

2014年6月22日，中国、哈萨克斯坦、吉尔吉斯斯坦三国联合申报的陆上丝绸之路东段成功申报为世界文化遗产，成为首例跨国合作而成功申遗的项目。

除了陆上丝绸之路外，从汉代开始，中国人就开通了从广东到印度去的航道。宋代以后，随着我国南方的进一步开发和经济重心的南移，从广州、泉州、杭州等地出发的海上航路日益发达，越走越远，从南洋到阿拉伯海，甚至远达非洲东海岸。有学者在李希霍芬命名为丝绸之路后进而加以引申，把这些海上贸易往来的交通路线称之为"海上丝绸之路"。因该路主要以南海为中心，所以也称南海丝绸之路。海上丝绸之路形成于汉代，发展于三国至隋朝时期，繁荣于唐宋时期，转变于明清时期，正如海南师范大学教授张一平所述：公元前138年，汉朝张骞出使西域，让悠悠的驼铃声掀开了东西方交流的帷幕。与此同时，在浩淼南海，在水手们的一滴滴汗水中，前往斯里兰卡、印度的海路也打通了。

从以上可以看出，两汉时期的陆上丝绸之路加汉代以后的陆上丝绸之路，再加海上丝绸之路，共同构成了丝绸之路的完整体系，也就是广义的丝绸之路。丝绸之路是东西方融合、交流和对话之路，虽然出发地点不同，路线不同，但作用、目的、意义确是一致的。2000多年来，丝绸之路为人类文明的共同繁荣做出了巨大贡献。

二 《更路簿》与南海丝绸之路

海上丝绸之路与陆上丝绸之路不同，茫茫大海，究竟靠什么指引航线？近些年人们研究发现，海南渔民靠的是以手抄本形式或口头相传的《更路簿》小册子。"更"是单位时间所行的距离；"路"的意思是路径，即指航线；"簿"就是小册子。简言之，"更路簿"是海南渔民在开发和经营西、南、中沙群岛的过程中，利用文字和地图的方式描绘出的航海手册。专家们通过深入调查研究，认为《更路簿》形成于元末明初，盛行于明清及民国，至今已有近700年的历史。目前现存的《更路簿》大约有12种版本，记载的航行线路多达200余条。《更路簿》对于不同地点前往不同方向岛礁的航线更路，都有详细的记载，对于何种风向下走何种航线也有具体的记载说明。除此之外，《更路簿》还记载了大量海上风向、水文、气候变化等科学数据，岛礁分布地理知识以及海域物产等。在《更路簿》中，海南渔民用本地俗语，为南海上的岛、礁、沙进行命名。这些俗名，据专业工作者调查整编有136个，其中东沙群岛1个，西沙群岛38个，南沙群岛97个。

由此可见，更路簿与南海丝绸之路有密不可分的联系，一个罗盘加一本《更路簿》，让渔民在没有精确的航海图标和卫星定位系统的时代，顺利前往南海作业，并下南洋进行交易，成为海上丝绸之路的先行者。更路簿是千百年来海南渔民在南海航行的经验总结和集体智慧结晶，是中国人民明清以来开发南海诸岛的有力证明，见证了我国人民发现和开发南海诸岛的悠久历史，是三沙主权自古以来就属于中国的历史证据。此外，据文物部门调查发现，海南岛周边海域类似的沉船点、遗址超过百处，而在浩瀚南海更是无法尽记。这些沉船与出水的大量文物，更为海上丝绸之路提供了直接的实物证据。

三 丝绸之路与农作物的传入

在我国现有的农作物（主要指大田作物、蔬菜和果树）中，究竟哪些是从古代流传下来的，哪些是从境外传入的呢？农学专家的研究成果表明，至少有 50 余种来自国外，它们均是通过陆上及海上"丝绸之路"传入我国，其名称中带有"西""胡""番"的基本上都是，汉唐及明朝是域外作物引进的两个高峰时期。传入途径主要是通过使臣朝贡、商旅贸易、战争冲突等，也有民族迁徙、游客旅行等方式传入的。

南京农业大学中华农业文明研究院的刘启振博士认为：汉唐时期，我国引入的农作物大多原产于西亚，也有部分源于地中海沿岸、非洲或者印度，它们大部分是通过陆上"丝绸之路"传入的。明清时期，我国农作物引进主要是通过"海上丝绸之路"的商贸和"走私"途径传入的。1492年，哥伦布发现"新大陆"，引发了欧洲人对美洲的殖民统治，16 世纪后期，西班牙人进而在南亚的菲律宾建立殖民地，一些美洲农作物开始传入菲律宾，再由菲律宾传到南洋各地，并进一步传入我国。此外，我国东南沿海的浙江、福建及广东省很早就有下南洋的传统，其中可能有一些人直接到过美洲大陆，他们从当地带回了一些高产及口味好的作物。由于明朝中后期以后，中国实行闭关锁国政策，出口和进口都遭到严禁，"'走私'就成了这个时期农作物引入的一个方式。"刘启振博士还认为："汉唐和明朝传入我国的农作物有非常鲜明的不同特色。简单地说，汉唐时期传入我国的农作物以水果蔬菜为主，明朝之后传入的主要是主粮。两者起的作用是不一样的。"明朝之后传入我国的粮食作物是"救命"作物。"番薯、玉米、土豆基本上都是救荒救命的作物，从明朝之后中国的人口开始突破了六千万、一亿、两亿，至清末已经突破四亿。"

那么，经由丝绸之路传入我国的农作物，对国人的生活产生了哪些影响？有哪些作用呢？简单说是丰富了我国的物种资源，促进了种植业、园艺业的发展，对广大人民群众衣食结构的调整及日常生活都有深远的影响。具体可以概括为以下几个方面：

第一，为我国植物油的生产提供了重要原料。汉代以前，人们食用油料的来源主要是动物油脂。其重要原因就是没有找到含油量高的植物。芝麻的传入为我国利用植物油打开了一条新途径，所以芝麻传入不久，我国便出现了植物油生产。直到千年以后的宋代，油菜和大豆被利用为油料，这才打破了芝麻独霸"植物油界"的局面。后来，花生和向日葵的传入，又为我国的油料生产增添了新的品种。使我国主要的油料作物达到四种：芝麻、油菜、大豆和花生，其中海外传入的作物就占了一半，由此可见海外作物在我国油料生产中的地位。

第二，为我国的衣料提供了新原料。众所周知，我国古人的衣料主要是丝、麻、葛、毛几种。棉花从汉代传入我国后，一开始主要是在边疆地区，对中原人的衣着没有发生多大影响。直到宋元时期，棉花才传入中原。由于棉花在生产和加工方面有许多优点，因而使中原地区以丝麻为衣料的局面开始被打破，并且很快就被棉衣所取代。明代以后，棉花已成为国人的主要衣料。在化纤原料发明以前，棉在衣料中始终保持着重要的地位。

第三，丰富了我国蔬菜的种类。在我国大部分地区，夏季的蔬菜品种不多，常出现"夏缺"的现象。因此在我国引进的作物中，有不少成为夏季的主要蔬菜，如黄瓜、西瓜、番茄、辣椒、甘蓝、花菜等等，这就改善了我国夏季蔬菜品种单一的矛盾，从而形成了我国夏季蔬菜以瓜、茄、菜、豆为主的格局。

第四，缓解了我国粮食供应的紧张局面。番薯、玉米是既耐旱耐瘠且高产的作物，适宜于多种地貌与土壤种植。引入时期恰值我国人多地少、耕地不足、粮食缺乏。引入后在开发丘陵山区扩大耕种面积，缓解我国粮食不足的矛盾方面，起到了重要的作用。

四　海上丝绸之路传入的农作物

前面提到通过丝绸之路传入我国的农作物计约50余种，那么哪些是从陆地丝绸之路传入的，又有哪些是海上丝绸之路传入的呢？我们认为原产于西亚、地中海、非洲或印度，在宋代以前引入我国的农作物，它们大多是通过陆上"丝绸之路"传入的。这些早期传入的农作物多为果树和蔬菜，鲜有粮食作物。原产于美洲，明代及其以后引入的农作物基本上都是海上丝绸之路传入的，粮食作物占了较大比例。据此，通过海上丝绸之路从美洲传入我国的农作物计有玉米、番薯、豆薯、马铃薯、木薯、南瓜、花生、向日葵、辣椒、番茄、菜豆、利马豆、西洋苹果、菠萝、番荔枝、番石榴、油梨、腰果、可可、西洋参、番木瓜、陆地棉、烟草等近30种。简介如下：

玉米（Zea mays L.），原产美洲的墨西哥、秘鲁。我国古代称番麦、御麦、玉麦、苞米、棒子等。关于玉米传入我国的路径与时间，学术界虽长期存有争议，但一致认为，传播大致经过了先边疆后内地，先丘陵山地后平原地区的过程。从文献记载来看，至迟明代传入我国应无疑问。嘉靖三十四年（1555）《巩县志》已有"玉麦"的名称，嘉靖三十九年（1560）甘肃的《平凉府志》卷11则有详细的描述："番麦，一曰西天麦，苗叶如蜀秫而肥短，末有穗如稻而非实。实如塔，如桐子大，生节间，花炊红绒在塔末，长五、六寸，三月种，八月收。"李时珍《本草纲目》卷23指出："玉蜀黍种出西土，种者亦罕。"可见，明代已有种植，但还没有推广开来。从各地方志记述的情况看，到了19世纪中期，玉米种植已遍及绝大多数省区，晚清至民国时期，玉米已发展成为我国仅次于水稻和小麦的第三大作物。

番薯〔Ipomoea batatas（Lam.）L.〕，又名金薯、朱薯、玉枕薯、山芋、甘薯、地瓜、红苕、白薯、地瓜、红薯等，原产中、南美洲，明万历年间传入我国，主要用作粮食。《闽小记》记载云："万历中，闽人得之外国，……初种于漳郡，渐及泉州，渐及莆。"（明）苏琰所撰《朱蓣疏》亦谈及万历十一至十二年（1583～1584），有人将番薯从海上传至晋江。万历二十二至二十三年，泉州一带发生饥荒，"他谷皆贵，惟薯独稔，乡民活于薯者十之七八，由是名曰朱薯"（龚咏樵《亦园胜牍》引苏琰《朱蓣疏》）。番薯引种活动影响最大的还是福建长乐商人陈振龙从吕宋将番薯引入福州，经其子陈经纶上书金学曾巡抚倡议种植，收到显著效果。《农政全书》曰："今番薯扑地传生，枝叶极盛。……闽、广人赖以救饥，其利甚大。"18末至19世纪初期番薯栽培向北推进到山东、河南、河北、陕西等地，向西推进到江西、湖南、贵州、四川等地，最终遍及全国。

豆薯〔Pachyrrhizus erosus（L.）Urban〕，又名凉薯、地瓜、土瓜、沙葛、新罗葛，是一种既可当水果又能当蔬菜的作物。原产中美洲，后由西班牙人传入菲律宾，再经海道传入我国。西南、华南地区和台湾省种植较多。

马铃薯（Solannum tuberosum L.），我国亦称洋芋、土豆、山药蛋、地蛋、荷兰薯。原产南美洲秘鲁和玻利维亚的安第斯山区，为印第安人所驯化。大约公元1650年前传入我国。1650年荷兰人斯特鲁斯（Henry Struys）访台，见到栽培的马铃薯，称之为"荷兰豆"。康熙福建《松溪县志》

（1700）记载："马铃薯，叶依树生，掘取之，形有大小，略如铃子。色黑而圆，味苦甘。"马铃薯的重要性 18 世纪后渐趋重要。《植物名实图考》说："阳芋，黔滇有之，……疗饥救荒，贫民之储。……闻经南山氓，种植尤繁富者，岁收数百石云。"四川《奉节县志》也谈到："乾嘉以来渐产此物，然尤有高低土宜之异，今则栽种遍野，农民之食，全恃此矣"（《植物名实图考》卷 6）。到 19 世纪我国东西南北不下 10 多个省均有马铃薯栽培。

木薯（Manihot esculenta Crantz），起源于热带美洲，16 世纪末传入非洲，18 世纪传入亚洲。中国于 19 世纪 20 年代引种栽培，遍种于长江以南，其中以两广、福建、台湾为最。

蕉芋（Canna edulis Ker.），别名蕉藕、姜芋，原产安第斯山脉。公元前 2500 年在哥伦比亚驯化，我国福建、江西、浙江等地有少量栽培。

花生（Arachis hypogaea L.），原产美洲。我国亦称长生果、落花生、落地松、万寿果、番豆、无花果等，是一种人们喜爱的食品，也是一种重要的油料作物。16 世纪初传入我国。明嘉靖《常熟县志》（1538）和王世懋《学圃杂疏》均有明确记载。《三农记》卷 12 亦云："番豆，乃落花生也。始生海外，过洋者移入百越，古因此名。初时为果，今湖田沙土遍植。"花生最初在广东福建一代种植。据《广东新语》的记述，清初已普遍种植。《滇海虞衡志》更称"落花生为南果中第一，……高、雷、廉、琼多种之"。17 世纪花生栽培渐至浙江，《衢州府志》、《山阴县志》、《瑞安县志》等均有记载。18 世纪以后花生种植有进一步发展到湖南、江西、四川及我国北方地区。近代以前我国花生种植品种皆为小粒种。19 世纪八九十年代美国传教士将大籽花生引入山东蓬莱，使蓬莱成为大粒花生的主要产区 。因其种植便易、耐贫瘠，而且产量高，颇受农民欢迎，很快被推广至长江流域和北方各省，其中尤以冀鲁豫等省为最。

向日葵（Helianthus annus L.），亦称西番菊、迎阳花、葵花等，原产北美。在中国的种植最早见于 1621 年（明）王象晋所著的《群芳谱》，称西番菊。1688 年（清）陈淏子《花镜》始称向日葵。

辣椒（Capsicum frutescens L.），别名番椒、海椒、秦椒、地胡椒、辣茄。原产中南美热带地区，我国关于辣椒的记载始见于（明）高濂《遵生八笺》（1591）："番椒丛生，白花，果俨似秃笔头，味辣，色红。"辣椒一名最早见于乾隆二十九年（1764）《柳州府志》。

南瓜（Cucurbita moschata Duch.），别名番瓜、饭瓜、倭瓜、回回瓜、金瓜等，原产中、南美洲。元末明初已见于贾铭的《饮食须知》："南瓜味甘性温，多食发脚气黄疸，同羊肉食，令人气壅，忌与猪肝赤豆荞麦面同食。"说明元代我国已经引种。

笋瓜（Cucurbita maxima Dutch. ex Lam.），别名印度南瓜、玉瓜、北瓜，原产南美玻利维亚、智利和阿根廷等地。中国笋瓜可能由印度传入，19世纪中叶安徽、河南等省方志有记载。

西葫芦（Cucurbita pepo L.），别名美洲南瓜，原北美洲南部。17世纪后期已见于陕西、山西等方志。

佛手瓜（Sechium edule Swartz），别名瓦瓜、拳头瓜、万年瓜、阳茄子、土耳其瓜、棒瓜等，原产墨西哥和中美洲。18世纪传入欧洲，后传到东南亚，1916年由缅甸传入中国云南，现华南和西南等地有栽培。

番茄（Lycopersicon Mill），亦称番柿、六月柿、西红柿、洋柿子等。原产南美洲安第斯山地带。大约于17世纪传入菲律宾，后传到亚洲其他国家。我国最早记载见于（明）王象晋的《群芳谱》："番柿，一名六月柿，茎如蒿，高四五尺，叶如艾，花如榴，一枝结五实或三四实，一树二三十实，……来自西番，故名。"番茄引种之初长期作用观赏植物，直到19世纪中后期才进入菜圃，现已成为我国的主要蔬菜之一。

菜豆（Phaseolus vulgaris L.），又称四季豆、时季豆、芸豆、四月豆、梅豆、联豆、架豆等，具有粮食、蔬菜、饲料等多种用途。原产中美洲。16世纪初传入欧洲。我国自明后期曾多次引种，（明）李时珍《本草纲目》和清代《三农记》（1760）都有记载。南北皆有种植，栽培面积仅次于大豆。

菜豆（Phaseolus lunatus L.），别称棉豆、荷包豆，原产中美洲。16世纪初传入欧洲。20世纪三四十年代传入我国。

菠萝［Ananas comosus (L.) Merr.］，别名凤梨、王梨、黄梨。原产南美巴西，很早为印第安人驯化。16世纪初，热带各国相继引种。亚洲最早是由葡萄牙人引入印度（1550），后又传入菲律宾和印度尼西亚。我国在17世纪初（1605）由葡萄牙人将菠萝苗带入澳门，后经广东传入福建和台湾。广东《东莞县志》（1639）和台湾林谦光的《台湾纪略》（1687）都有黄梨的记载。约在 18 世纪末传入广西，19 世纪初传入云南。

番石榴（P. Guajava L.），原产美洲墨西哥和秘鲁。（南宋）周去非《岭南代答》（1178）称黄肚子。清代《南越笔记》称秋果，《植物名实图考》称鸡矢果。台湾在 200 年前已有栽种，现主要分布在台湾、福建、广东、广西、海南和云南等省区。

番荔枝（Anona squamosa L.），又名佛头果。原产热带美洲，明末清初传入中国。最早见于《台湾府志》（1614）。现主要分布在台湾、福建、广东、广西和海南等省区。

番木瓜（Carica papaya L.），又称木瓜、乳瓜、万寿果，原产墨西哥南部，18 世纪后期成为世界上重要的一种水果。清代传入我国，《岭南杂记》和《植物名实图考》均有记载。我国南方各省都有种植，尤以广东、台湾最多。

腰果（Anacardium occidentale L.），又称槚汝树、介寿果、鸡腰果，果仁是营养丰富的美味食品。原产巴西东北部，16 世纪由葡萄牙人传入非洲和亚洲。我国于 20 世纪 30 年代引入台湾和海南，1984 年海南栽培面积达 1.1 万公顷。云南西双版纳也有少量种植。

可可（Theobroma cacao L.），世界三大饮料作物之一。原产南美洲亚马逊河上游热带雨林地区。17 ~ 18 世纪传入东南亚，1922 年传入我国台湾，1954 年引种于海南省。

油梨（Persea Americana Mill.），原产中美洲。13 ~ 15 世纪墨西哥西部和南部已有栽培，20 世纪初传入亚洲。我国 1918 年开始引种，台湾、海南、广东、广西、福建、云南等省均有栽培，其中以台湾、海南为最多。

人心果［Minikara zapotilla（Tacq.）］，又名吴凤柿，原产墨西哥和中美洲。福建于 1900 年由华侨自新加坡引入，种植于漳州、厦门等地；广东于 1910 年引入，分布于湛江、汕头和珠江三角洲各县市；台湾于 1920 年自爪哇引进，嘉义、台南、云林均有栽培。

蛋黄果［Pouteria campechiana（HKB）］，又名蛋果，原产南美秘鲁。我国于 20 世纪 30 年代引入，由印度尼西亚华侨带到海南繁殖，50 年代在广州栽培。

西洋参（Panax quiquefolium L.），别名五叶参、广东人参、花旗参。原产北美。1976 年后在我国北京、黑龙江、吉林、辽宁及陕西等地先后引种成功。

烟草（Nicotiana tabacum L.），原产中南美洲，人类已有 1500 多年使用的历史。后经西班牙和葡萄牙人传至欧洲和世界各地。传入我国是称"淡巴菰"，这是印第安语烟草的音译。我国最早纪录烟草的文献是（明）张介宾的《景岳全书》："此物自古未闻，近自我明万历时始出闽、广之间。"烟草的别称还有相思草、金丝烟、芬草、返魂烟等。

南海造船与航海技术

论帆船时代海南渔民的造船技术[*]

阎根齐^{**}

据我所知，世界上没有哪个民族像中国海南渔民那样，他们用顽强的意志、不怕牺牲的精神，祖祖辈辈，一代又一代、连续不断地在被称为"最危险"的西沙、中沙和南沙群岛，面积达 200 多万平方千米的海域，从事渔业生产长达数百年之久。

我和我的海南大学团队已对海南渔民进行五年的调查，发现海南省琼海市潭门镇、青葛镇和文昌市东郊镇、铺前镇、东郊镇等的几乎每一个渔民家里都有因在南海诸岛航海而遇难的人，每一位老渔民、老船长都能讲出令人毛骨悚然的、九死一生的惊险故事！他们中的多数人从八九岁时就跟着大人出海捕鱼，练就了一身的潜水（可以潜入 10 多米的水下）、使用祖传的《更路簿》（海南渔民独有的航海针经的一种）、驾船、看罗盘和海图，用海南方言给南海诸岛的岛礁和海区命名，处处都显示着渔民的智慧和地方海洋文化特征。最让人称道的是，许多渔民不仅是经验丰富、技术高超的掌舵人、船长、船主，而且还是造船者、船具制造者。近年来，我们在对海南渔民的调查中，发现了一些渔船的属具，为研究海南渔民的造船技术，乃至我国的航海与造船技术提供了极有价值的实物资料。

一 海南渔民渔船的造型

在古代，渔民的造船因向来不受历代官府重视，很少有文献记载。从对海南渔民的调查可知，海南的渔船在古代属于"广船"的一种，称为

---

    * 本文为 2017 年度国家社科基金重大项目（17ZDA189）阶段性成果之一。

   ** 阎根齐，海南大学社会科学研究中心研究员、博士生导师。

"红头船"，因船头都涂成红色故名，直至民国时期，海南渔民的渔船都称为"红头船"。

（一）红头船的形制。今琼海市潭门镇潭门港停泊一艘清末至民国时期的废船，船头有一鸡眼，周围涂成红色。海南岛近岸其他地方的木帆船，也在船头和船舷上涂成红色。

海南渔民帆船的总体形状一般是船头尖、船尾方、船底弧形，也有些船的船尾略呈弧形。这种船能够在南海平稳航行，弧形船底不容易触礁。船的肚子大，能够装载较多海产品。造船全部选用海南岛生长的海棠树、荔枝树等材质较好的木材，既经济又实用。

图 1　琼海市潭门镇潭门港停泊的海南渔民的古代渔船

据老渔民卢家炳回忆，以前潭门港比较窄，航道较浅，如果船只太大，就难以进港。因此潭门的渔船长度一般在 20 米到 30 米之间，宽度在 3 米到 6 米之间，船型深度约 2 米到 3 米。文昌的清澜港港阔水深，至迟在民国早期已有载重在 50 吨以上大帆船。捕鱼的船只分为一桅、二桅和三桅杆的。在海南岛近海主要使用一桅杆的或者无桅杆的；赴西沙群岛的船只至少要一桅杆的船。赴南沙群岛则用两桅或三桅杆的船只（三根桅或两根桅的船载重五、六百担到八百担，两根桅的船载重三、四百担至五、六百担），"吃水一公尺深（大的吃水 1.5 公尺）①"。许多一到两桅的船只到西沙以后，即在此海域生产作业。两或三桅杆的船只在西沙的（中建岛）稍事停留，补充柴水，再开往南沙群岛的首站——艾罗（双子岛或称双子群礁）。从这里再开往南沙群岛各个岛礁。潭门镇草塘村渔民张开茂 1938 年他 18 岁时，即到南沙群岛捕鱼，船主是孟子园村的王家锦，该船有三个桅杆，载重量 500 多担（一担 100 斤）②，已经属于渔民中的大船。新中国成立前，海南渔民去南沙群岛捕鱼的船只每年"最多时达四、五十只，一般也有三、四十只，一只载重一千多担的船可载八百担，载重八百担的船可载五、六百担。"③

一般一艘渔船上配备有四、五个舢板船，渔民又称"小艇"，供下海捕鱼时使用。在下水作业时，一只小艇有四、五人。其中一人摇橹，其他人潜水抓公螺。大的渔船则配备七个舢板船。小艇有尖头方尾形和尖头尖尾形两种，长约 5 至 7 米，宽 1.8 米左右。如潭门镇孟子园村老船长王诗桃家的小艇通长 5.8 米，宽 1.57 米，高 0.55 米。王诗桃为渔民世家，根据王诗桃之子、国家级非物质文化遗产传承人王书保的记忆和《王氏族谱》记载，王诗桃一生在西沙和南沙群岛航海近 70 年，他家的船长 20 多米，载重量 50 吨，船员有 22~23 人。其中，船上有四只小艇，每个艇上有 3 到 4 人。

总之，海南渔民前往西沙群岛的渔船载重一般在 20 吨至 40 吨左右，船上有 15~22 人，配舢板船 4 只。大的船只（二桅和三桅的帆船）则经过西沙之后，继续开往南沙群岛的船只（二桅和三桅的帆船），一般船上有船员 22~25 人，多则 27 人，载重量 50~80 吨，最大的船载重量达 100 吨，配舢板船 7 只。每只舢板船配 3~4 个水手（下海捕捞），大船只供运载食宿之用。民国时期的船主黄学校（今文昌市文教镇后田村人）就有三只大船，船上有三根桅杆，每条船带有四个小艇。可载重七八百担，最大者载重 1000 多担。按一担合 50 公斤计算，载重为 50000 多公斤，合 50 多吨。一艘渔船价值一万银元。他的船还能渔货两用，主要到南沙群岛去捕

---

① 韩振华主编《我国南海诸岛史料汇编》，东方出版社，1988，第 413 页。
② 韩振华主编《我国南海诸岛史料汇编》，东方出版社，1988，第 432 页。
③ 韩振华主编《我国南海诸岛史料汇编》，东方出版社，1988，第 407 页。

图2　王诗桃用过的小艇。约有距今 50 年的历史

捞公螺并运到新加坡去卖，可载客一二百人①。每只船可用 15～20 年左右，旧船入港修理后不再川走西沙南沙捕鱼，只到文昌七洲列岛一带去打鱼。

（二）船长和船工。海南的船长与福建一带的不同，船长一般既是船主、又是掌舵人，都要亲自下海开船，也是《更路簿》的掌管者，拥有绝对的权威和崇高的威信，在遇到重大险情时有支配一切的权利。船员技术工种分五类，称为"五甲"：1. 火表（即掌管罗盘者，海南渔民称为航工、大公，负责看管罗盘，随时告诉船长应开往的方向，薪酬比船长稍低）。据专家考证："火长是航海罗盘发明之后对掌握航海罗盘这一工具的专职人员的称谓，始于南宋中叶航海罗盘的成熟期。"海南渔民所称的"火表"就是"火长"；2. 大缭（二手，管理全船渔民的劳动，如分配劳力等）；3. 阿班（管中桅）；4. 头碇（管第一桅和小艇）；5. 三板（下水作业的船工）。另外还有厨师等，每个人分工明确。

（三）运输和贸易。这样的大船不仅可以在南沙群岛航行，而且当他们捕鱼结束时，还把珍贵的渔产品（如公螺、海参等）集中到一艘船上，开往新加坡出售，买回所需要的如煤油、面粉等生活用品。这样的船就成了运输船。有时候渔船、客船和运输船是不可截然区分的，往往既是捕鱼的船只，又是跑运输的渔船，还是载客的客船。如今文昌市文教镇后田村渔民黄学校，开始的时候是渔民、船长，后来致富后就成了船主。黄学校

---

①　韩振华主编的《我国南海诸岛史料汇编》，东方出版社，1988，第 423 页。

到越南去的红头船可载客一二百人。清末至民国时期，大批海南人外出东南亚谋生，许多人买不起船票，就乘渔船或客船，花一块银元即可。

（二）船舱。船舱是船的主要载货空间，通常分隔成几段。潭门渔船通常在船头隔出一个杂物舱，接下来隔出一个淡水舱，然后是主桅杆舱，其后是一个大货舱，这是装载海产品的舱。船舱上口均用舱板盖住。货舱后面就是卧室舱，卧室舱较高。船尾后面用竹木搭建一个伸出去的平台，在平台的两侧各建一个厕所。厕所的墙壁通常用竹篾织成，海南生产竹子，价格便宜。

（三）龙骨。帆船底部有龙骨，在水中可以起到平衡船只的作用。但也有些帆船没有装龙骨，没有龙骨的就在船头立一个木制的"插"，伸入水中，到平衡船只的作用。海南渔民航海时使用的罗盘木盒就固定在龙骨的木板上，将罗盘上的南北红线与船头船尾呈一条直线（即中心线）。掌舵人就是对准这条"十"字线驾船前行。无论渔船怎样前后倾斜，指南针都不会受到影响。

（四）桅杆。海南渔船的主桅安装在船身的中部，前桅竖立在船首，后桅在船尾处。2019年3月，笔者在西沙群岛的甘泉岛实地调查时，在甘泉岛的北部沙滩上发现一根粗大的桅杆，不远处零星地有一些船木板。渔船的桅杆一般都是用独木杉木制作，桅夹用荔枝木制作，都是来自海南岛的木材。

（五）旗帜。在民国时期，海南渔民的渔船都有旗帜。如1934年凌纯声在《法占南海诸岛之地理》一文中记载："1930年法人曾在此岛树立法国国旗，至今旗杆尚存。而杆上之旗，则已为岛上之中国人更换自海南购来之一新旗。"[①] 现在的门港船头飘扬的旗帜除五星红旗外，另有渔民自己的旗帜，多为红色三角形，外有黄色镶边，上有"永丰堂""永安堂""一帆风顺"等吉祥

---

① 凌纯声：《法占南海诸岛之地理》，载《方志月刊》，1934年4月，第七卷第5期，第1～4页。

用语。另有许多旗帜上写有"英烈大王 一帆风顺 敕令"字样，显然是祈求死难的一百零八兄弟公和其他各路神仙保佑平安的寓意，海南的许多庙门上都有"昭应英烈一百零八公兄弟忠魂"的对联。

（六）船号。根据笔者的调查，至少在清代早期，海南渔民的渔船上都有船号。今海口市海口港白沙门上村有两座始建于元代的妈祖庙，庙址上立有一通清乾隆年间的石碑，碑文刻有100多个船号，大多以吉祥文字命名。文昌民国时期的大船主拥有三只大船，船名分别称为"盛兴号""保安号"和"和安号"，也都有吉祥的涵义。

（七）渔船上还配有土炮。在1934年至1935年前后，海南渔民在南沙捕鱼时，发现日本人的"进丸号"机帆船开来，有7~8人手里拿着武器，要抢劫海南渔民的公螺，海南渔民就用自制的"荔枝炮"（当时船上有两座用荔枝树做的渔炮）打了两炮，打中了日本船①。1939年代日本侵占我国南沙群岛时，今文昌市铺前镇七峰村老渔民蒙全洲在船主符用福的船上做工，曾用土炮"打中日本机帆船，日本人有的被打死，有的跳下海，在水中也被打死。此事发生在解放前几年，当时我六十多岁。"②

（八）南海的外国渔船。据今文昌市铺前镇七峰村老渔民蒙全洲1977年的回忆："越南渔船用竹子编造，船小，出不了大海。他们渔船驶帆也跟我们渔船不同，风力大时是把帆往上卷，挂在桅顶。"③琼海市潭门镇潭门村渔民彭正凯也说："越南人用竹子制造船只，外涂甘马油和牛粪，内用木架顶着，一只船只坐3~4人，较大的船也能坐十几人，也是用竹编的，只能在浅海作业，不能川走外海，更不能到西、南沙去。在法国统治越南时期，越南渔船都是小船，亦未见越南渔民到西、南沙来。"④文昌东郊镇良田村渔民王安庆说："越南船很小，两头尖，只在近海航行，不敢开往外海作业。"⑤这些都是海南渔民在越南东部海域近海捕鱼时看到的现象。在越南近岸，有人见过讲马来话的人捕鱼"他们的船小，一头尖，是两根桅的，也带有小艇，我们跟他们不接触。"⑥

---

① 韩振华主编《我国南海诸岛史料汇编》，东方出版社，1988，第432页。
② 韩振华主编《我国南海诸岛史料汇编》，东方出版社，1988，第408页。
③ 韩振华主编《我国南海诸岛史料汇编》，东方出版社，1988，第408页。
④ 韩振华主编《我国南海诸岛史料汇编》，东方出版社，1988，第415页。
⑤ 韩振华主编《我国南海诸岛史料汇编》，东方出版社，1988，第417页。
⑥ 韩振华主编《我国南海诸岛史料汇编》，东方出版社，1988，第429页。

由此可以看出，海南的渔船虽然没有我国古代官方的船只大，也没有商船大，但它是我国古代传统造船技术在民间的应用与发展，加上有娴熟的驾驶技术和丰富的天文地理知识，适合在浩瀚多礁的西沙和南沙群岛海域航行，而外国渔船由于普遍的形制较小，且是用竹制作的，经不起大海的风吹浪打，故只能在近海航行。这也是南海自古是中国渔民的"祖宗海"的原因之一。

二　海南渔民的造船

唐代以来，琼州（今海口市）是全国最为著名的沿海造船地点①。这一传统一直保持下来。直至清代，海南岛仍是全国造船最为著名的地方。正如专家所说："广东的海南岛出产楠木、柚木，特别是柚木为制作舵杆、木碇的上好船材。海南岛的榆林、琼州（今海口一带）也是船舶产地，惟所造船舶多为小型船，且多航行到安南、暹罗和南洋一线。"② 清末民国时期，许多渔船都是渔民自己建造的，渔民既是民间的航海家，又是渔船的建造和修船者。海南岛是我国唯一的热带雨林气候岛，植物资源丰富，渔民可以就地取材，选用造船所需要的各种材质。

① 陈希育：《中国帆船与海外贸易》，厦门大学出版社，1991，第 10 页。
② 席龙飞：《中国造船史》，湖北教育出版社，2000，第 280 页。

他们的造船设施非常简陋，几位渔民拿着自己的造船工具，在海边搭建一张棚子就可作业。造船时不用图纸，完全靠自己知识的积累即可造出所需要的船只。如潭门镇孟子园村船长世家王诗桃（本人已在 2014 年去逝）就是一位造船能手。他自己画尺寸、自己造船，他还根据自己近 70 年的航海经历和航海经验，将船上的构件逐一画出，自己或请人加工。有的构件可能就是海南渔民自己发明的。在王诗桃的祖传《更路簿》里就绘制有几十幅船构件的图纸。潭门镇草塘村委会上教村老船长苏承芬老人，现在已年近 80 岁，退休后仍在自己家里造船。他把自己家里的祖船式样熟记于心，根据记忆，将自家船的尺寸按比例造出多艘模型，供博物馆展出。图二、琼海市潭门镇草塘村苏承芬老船长虽然已有 80 多岁，至今仍然根据自己回忆，按比例建造自己家里的帆船模型，供博物馆收藏展出。

今文昌市东阁镇港尾山村老船长邢增来介绍：他们村造船的历史已记不清哪个朝代开始的，自己的爷爷的爷爷就造船了，一直到 1991 年自己还造一艘机船，在本村头海边。他们自己造的船以龙眼树作骨架，用荔枝和海棠树作木板，用在何处，主要看这棵树的长势适应做什么材料，如树干弯曲就顺势作船舷。

在二十世纪 50 年代，海南岛沿海成立了渔业生产大队，大队选择航海技术比较好的人在生产队里造船，如琼海市潭门镇草塘村渔业大队许声业、许开茂、李文献等四人就被选为造船技师，尤以李成民、李成门兄弟二人技术最好。他们大队的八艘渔船都是在渔业大队建造的，每造一艘船大约需要一年的时间。到了 1979 年的时候，渔业生产队开始解体，生产队的渔船分给个人经营。有的村在 1981 年的时候分船到户。

三　海南渔船的属具

通过近几年的调查，发现有 30 年以上年龄的船具 20 多件，主要是帆、船舵、船橹、船桨、锚、水箱等。对于研究海南渔民的造船发展史有重要意义和提供了重要的实物资料。

（一）风帆。风帆是帆船时代的重要的推动工具，我国是世界上最早发明和使用帆的国家之一，甲骨文中便有"凡"的象形字，"很像'双桅斜桁帆'"①。公元 100 年前后的汉代刘熙在《释名》中记载："帆，汎也。随风张幔曰帆，使舟疾汎，汎然也。"这里的"帆"已是指布帆。这时我国的帆船已能在逆风行驶来自各方的风。但这些大多属于官船，而南海民间的渔船如何，则缺少文献记载，又没有水下考古实物证据。

船上的桅杆和帆的数量各有不同，有的船只有一根桅杆一张帆，有的是两根桅杆三张帆，有的是三根桅杆三张帆。苏成芬的帆主桅帆上分别有 9 根和 7 根桁，两只帆一大一小，挂在主桅杆上。三桅杆的帆船，大桅杆立在靠船头的三分之一处，船头和船尾各立一根稍细的桅杆。一般来说，船头的细小桅杆上挂一张小帆，主要用来测量方向；船尾的小帆主要用来协助大帆使得帆船转换方向。据李约瑟博士研究："横帆驶顺风效能较高，而三角帆则适于近逆风行驶。"② 一般来说渔民还会在桅杆上绑上一个细小的三角形风袋，用来测量风向，海南渔民称之为"风鸡"，如苏承芬帆船模型上那两个红色的小风袋便是"风鸡"。

在帆船时代，海南渔民的渔船上分硬帆和软帆两种。硬帆是用竹片编织而成的，软帆是用棉布制作的。苏成芬老船长说：过去因为家里穷，买不起棉布，多为竹帆。从苏承芬的帆船模型上可以看出，当时他家的帆是三角帆。这种帆，如文昌龙楼镇红海村渔民符用杏祖辈都是以在西沙和南沙群岛捕鱼为生，他的伯父符世丰在清同治（1862～1874）间因遭遇台风死在罗汉头（今越南藩朗附近），在"船到西沙三筐（蓬勃礁），抛锚待风，顶风就开。"③ 说明也可以是顶风行驶的。苏承芬的帆船模型船头处还有一张帆，可能是挂帆。这种帆是用绳子牵引的，没有桅杆。

（二）桨和篙。海南渔民家里至今存有许多木桨，都有单块木料加工而成，桨柄与桨叶自然相连，不用销钉或榫卯相接，主要在船近岸或进出港时使用。篙也是一种依靠反作用力的推进和测量海水深度的操船工具，但也可以利用篙改变航向，控制船避免与其他船相撞。我们调查发现的篙多为竹竿制成。

（三）船橹。橹是船舶的推进工具，是我国古代的重要发明，已经有

---

① （英）李约瑟：《中国科学技术史》（第四卷第三分册），科学出版社，2008，第 599 页。
② （英）李约瑟：《中国科学技术史》（第四卷第三分册），科学出版社，2008，第 592 页。
③ 韩振华主编《我国南海诸岛史料汇编》，东方出版社，1988，第 410 页。

两千余年的历史。我们在潭门发现船橹两具，以潭门镇"更路簿"博物馆的保存最为完整，是潭门镇孟子园村王诗桃老船长航海时留下来的，应具有50年以上的历史。该橹由两节硬木（橹板和二壮）接成，接合处。连接处还用线圈缠绕。渔民告诉我们，橹上的套圈象征女阴，而两边的木杆则象征阳具。海南渔民认为，天下的万事万物（包括树木、山水）都有公母之分。男人称"公"，女的称"母"。海南渔民有一个独特的信仰，就是一百零八兄弟公。他们将男人亲切地称为"兄弟公"。这可能他们长期在海上生活，大家需要合作、紧密团结有关。

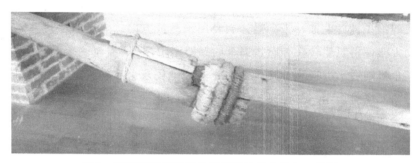

图3　潭门镇孟子园村老船长王诗桃家的船只橹具

（四）舵。舵是船上的重要构件，是船上的航向工具和操纵船方向的重要装置。装在船的卧室舱前，皆为木质平衡舵，时代在距今50年以上至100年以上的皆有。舵的前面放一个罗盘和一盏灯。

（五）锚。锚是古代的停泊工具。我们在调查中发现两具，皆为铁锚，其中一件是在潭门镇大街上，另一处是在潭门镇草塘村委会上教村老船长黄家礼家礼发现的。已锈蚀严重，均为三爪锚，可能都在新中国成立后使用的。

（六）木碇。我国其他地方使用停泊的工具多为石碇，但海南渔民有记载的却为木碇。据韩振华先生1977年6月对今文昌市龙楼镇林英口述，在1945年至1949年去南沙群岛捕鱼：

图4　琼海市潭门镇"更路簿"博物馆展出的舵

"到南沙后停泊下碇，由'三板'下水去，把铁链打开，锁在水底石礁上。每只船有 2～4 个木头碇，如果水下是石礁，用二根木头碇一般无法抛锚，就要抛四根木头碇，在南沙黄山马（太平岛）等岛抛锚就是这样。"[①]

明代的海南渔民取得的航海成就主要有二：一是前往南沙群岛捕鱼已是经常性的现象，渔民给包括南沙群岛在内的南海诸岛进行了地名命名，而且在西沙和南沙群岛形成了捕鱼区域；二是用海南方言编写了独特的海道针经——《更路簿》。福建、台湾、广东一带的渔民航海指南称为"针簿"或"针路簿"，因主要使用罗盘上的针位导航故名，海南渔民的《更路簿》条文都有起点、终点、针位（即航向）和航程（更数）等四个要素，核心字为"更"数，故名"更路簿"。经专家考证，海南渔民的《更路簿》最早形成于明代，与《顺风相送》有密切关系，如琼海市潭门镇草塘村老渔民苏德柳的《更路簿》中就有一百多条记载驶往西沙、南沙和东南亚国家和地区的航线。

清代海南渔民到西南沙航海的群体发生了明显的变化。"到西沙、南沙从事生产劳动的渔民以海南岛东部的文昌县和琼海县为主，临高、陵水、万宁和三亚市次之，（广东）阳江县也有。据渔民传说，文昌渔民去的时间最早，人数也多，来自铺前、清澜、东郊、文教、龙楼等港口以及附近的墟镇村庄。琼海的则来自潭门、长坡等地的渔民，起先是跟随文昌县渔民出海，从清末起，后来居上，琼海去西沙、南沙的渔民数量为海南各县之冠。"[②]

四　从帆船到机船的变化

海南渔民在西沙和南沙群岛航海，从古代驾驶的木质帆船到新中国成立后使用机船，发生了一次明显的变化。这一变化导致了木帆船的消失和海南渔民的《更路簿》弃之不用。

据史料记载"从 20 世纪 50 年代中叶开始，广东省水产厅技术科着手

---

① 韩振华主编《我国南海诸岛史料汇编》，东方出版社，1988，第 431 页。
② 广东省地名委员会编《南海诸岛地名资料汇编》，广东地图出版社，1987，第 62 页。

在风帆船的基础上改用机帆船，并在珠江口一带首先推行试用。渔用机械化的动力设备，大大提高了安全生产和效率，特别是中深海作业。60 年代随着灯光渔业的兴起，机械化发展步伐加快，机械化的渔船已成为海洋捕捞业的主力。20 世纪 80 年代前机动渔船占渔船总数的比重，从 1957 年的 0.33%，发展到 1981 年的 28.69%。"[1]

在海南岛，1950 年 5 月 1 日解放，琼海县政府即组织渔民赴南沙群岛作业。1958 年琼海县成立了潭门公社开发西南沙公司，时有帆船数十艘、机船 6 艘。1958 年冬至 1960 年 4 月，海南水产局成立"海南区西沙渔业生产指挥部"，当时仅海南岛东岸（文昌、琼海、万宁、陵水等）县渔船 131 艘、1752 人赴西沙和中沙群岛捕鱼[2]。其中，1959 年潭门公社的开发公司又并入了青葛、博鳌公社的几个渔业大队，称为"地方国营琼海县开发西南沙公司"，公司设在潭门港。拥有大小渔船 61 艘（其中机船 10 艘），从事单船拖网作业的 10 艘、159 人；刺网作业的 10 艘、42 人；钓鱼作业的 22 艘、144 人；其他浅海钓渔作业的 10 艘、30 人；在西沙从事海特产的 7 艘、250 人；打缯网作业的 2 艘、34 人[3]。由此可知，自 20 世纪 50 年代末，海南渔民进入机帆船并用时期，此后一直到 20 世纪 80 年代初，风帆船才最终被机船完全取代。我们在调查中所知，海南渔民之所以将机帆船并用沿用几十年的时间，主要原因是那时柴油较贵，渔民在无风或风力较小时才发动机器开船，平常风力大时，渔民仍用帆船航行。海南渔民在南海诸岛航海的季节通常都有 4~5 级的风力，因此，许多情况下渔民都可以不用发动机器开船。

有人认为，海南渔民罗盘和《更路簿》的弃之不用是因 20 世纪 30 年代卫星导航技术的传入。实际上是因为自从用机船开船后，因机船的速度快于帆船，《更路簿》记载的"更数"与机船的速度产生了差异，再加上我国航海图的普及，渔民使用更加便捷和准确，才始罗盘和《更路簿》在 20 世纪 80 年代逐渐退出历史舞台。

---

① 夏章英主编《南沙群岛渔业史》，海洋出版社，2011，第 126 页。

② 自 1956 年起至 1986 年止，因南沙群岛局势持续紧张，政府通知海南各县渔民，停止去南沙群岛生产，海南渔民在南沙群岛大规模的捕鱼基本上间断了 30 年，但仍有少数渔民赴南沙群岛捕鱼。

③ 韩振华主编《我国南海诸岛史料汇编》，东方出版社，1988，第 438 页。

　　综上所述，海南渔民正是依靠成熟的造船和航海技术，每年选择在阴历十一至十二月东北季风吹来的时候，他们便结队从海南岛海岸的港口出发，小一点的船只在西沙群岛生产作业，大一点的渔船继续驶往南沙群岛，至次年的农历四月清明、谷雨季节西南风吹来的时候，无论是否鱼装满船舱，都要返回海南岛。这样，他们年复一年，代代相传，从古至今，绵延不断。南海诸岛寄托了他们无限的希望和梦想，也有许多人葬身海底。正是这些名不见传的渔民以船为家，守望祖国的南疆，探索航线，给岛礁命名，为维护中华民族在南海的历史性权利和南海海洋文明建设做出了重要贡献。

活跃在南海的海南木帆船[*]

何国卫[**]

本文通过对广东船与海南船的技术特点，尤其是对广船的开孔舵、中插板和扇形帆的讨论和分析后，认为海南木帆船同广东船的渊源深远，海南船和广东船同属于广船范畴。文中突出阐述了海南风帆渔船在《更路簿》的广泛使用、手掌量天高的天文航海术和渔捞与运输相结合等方面对航海的贡献。

一 海南船与广东船渊源深远

1. 广东船与海南船

中国古代海船的沙船、浙船、福船和广船等四大船型，"广船"乃是中国古代海船著名船型之一。广东船中的海船被称作"广船"，广东船即是广东省的船，当然主要是指在广东造的，航于台湾、广东、广西、海南岛及南海诸岛一带及其远洋航海的木帆船。广船"原系广东民船，由于明代东南沿海抗倭的需要，将其中东莞的'乌艚'、新会的'横江'二种大船增加战斗设施，改成为良好的战船，统称为'广船'"[①]，可见广船原来是特指广东建造的海上战船，现在已泛指广东海船了。

广东船的品种繁多，称谓不一。广东各厂建造的战船种类较多，有赶缯船、艍船、米艇……等。民船有广东大帆船、艚船、拖风船……，沿海

　 ＊ 本文系 2017 年度国家社科基金重大项目"南海《更路簿》抢救性征集、整理与综合研究"（17ZDA189）。
＊＊ 何国卫，中国船级社武汉规范研究所。
　 ① 《广东省志·船舶工业志》，广东人民出版社，2000，第 40 页。

渔船有赶缯船、粤西著名的拖网渔船七艕船……数不胜数。

粤东（潮汕）地区、珠三角地区和东南亚地区建造的广东海洋商船船头油红色，被称为红头船，清代末期的三桅红头船是广东海贸商船的代表船种。

海南岛造的海船是为适应地域的特性而形成的"海南岛沿海地区的一种木帆船。载重 30~80 吨。……远航越南、泰国、新加坡等东南亚地区沿海各港口，……船体型线为尖头、平尾，平底圆弧舷，身板垂直。"① 与海南岛仅隔琼州海峡的雷州半岛的沿海的"雷州船，俗称当花型船。广东雷州半岛沿海一带的一种数量较多的木帆船。载重 30~100 吨。首、尾舷弧值大，底平，舷部肥大，长宽比小于一般海船。……船壳和骨架用海南岛杂木"②。

海南岛"出产铁力木（或称柚木），该木材质地坚硬、沉重，可供制作船舵、木碇之用，是不可多得的造船材料。此外，海南岛也出产楠木。"③ 这是海南造船的就地取材的优势。"清代，海南岛制造的商船一般比较小型，但数量异常之多，海南船主要贸易的对象是安南、迪罗、新加坡，由于这种船体型小快捷，通常到达迪罗、新加坡的中国商船，以海南船最先到来。"④

在 20 世纪 30 年代就有一种"海南商船频繁往返于海南岛和东南亚各国之间，有时也作捕鱼船使用。船长 25.6 米，宽 5.5 米，船深 1.6 米，通常船上有 16~20 名船员。船艏尖削，悬挂铁锚，船艏到船舯比较平直，船艉耸而起，采用升降开孔舵，可调节深浅高低。船体拥有主龙骨，配有横插板。船尾吊有小舢板。通常立三桅，艏桅前倾，主桅在船中部。它是一种吃水较深、适合深海航行的帆船"⑤

法国人奥多玛德在《中国帆船》一书中也有海南船的船图。比利时 MAS 博物馆收藏的 125 艘中国清代船模中有琼州海船的船模。海南建造的兵船也是不少，在该馆还珍藏一艘琼州南海战船。

---

① 《水运技术词典》编辑委员会编《水运技术词典》，古代水运与木帆船分册，人民交通出版社，1980，第 138 页。
② 《水运技术词典》编辑委员会编《水运技术词典》，古代水运与木帆船分册，人民交通出版社，1980，第 139 页。
③ 陈希育：《中国帆船与海外贸易》，厦门大学出版社，第 102~103 页。
④ 陈希育：《中国帆船与海外贸易》，厦门大学出版社，第 103 页。
⑤ 尤泽峰、姜波编著《舢板女孩的微笑》，上海古籍出版社，2018，第 115 页。

图 1　海南商船①

图 2　《中国帆船》中的海南船图②

---

① 尤泽峰、姜波编著《舢板女孩的微笑》，上海古籍出版社，2018，第 114 页。
② L. AUDEMARD，《LES JONQUES CHINOISES》, PUBLICATIES VAN HET, MUSEUM VOOR LAND. EN VOLKENKUNDE EN HET MARITIEM MUSEUM "PRINS HENDRIK", BOTTERDAM, 1969, Nr. 11 EN 12 L, V. 10 , M. M. 10.

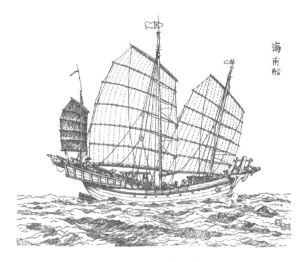

图 3 琼州海船 ①

图 4 琼州南海战船

2. 海南船俱广船的典型特征

广船是古代四大海船船型之一，其形制"下窄上宽"、首尖尾园、前低后高、脊弧低平，具有扇形帆、开孔舵、中插板，多用硬木建造，……等，常可见到的特征。其中，比较多见的开孔舵、中插板和扇形帆等是最为明显和特别的典型技术特征，海南船多有所见，海南船同广东船渊源深远。

---

① 尤泽峰、姜波编著《舢板女孩的微笑》，上海古籍出版社，2018 粘月第 1 版，第 114 页。

图 5　金华兴号船首

开孔舵。开孔舵就是在舵叶上开有一系列穿通孔洞的舵，转舵时，水流能从舵叶的一侧通过孔洞顺利地流向另一侧，使得转舵的力矩大为降低，操舵就能省力，而孔洞对舵效的影响甚微。开孔舵称得上是一件别具匠心的发明，是中国古船先进技术之一，至今还有使用的，还被引入西方，这是广船的骄傲。开孔舵是广船重要技术特征之一。

2005 年还从福建东山港自航到珠海的"金华兴"号木帆船于 2008 年 7 月 7 日夜至 8 日天明之间突然遭受了"灭顶之灾"，悲惨地沉没于珠海香洲港北堤码头边。金华兴号是一艘广东渔船它的前半体呈"V"型，它的船舵就是开孔舵。

前面提到的琼州南海战船（图 2）和琼州海船（图 4）都清楚直观地显示了菱形通孔的开孔舵的形态和特征。英人沃特斯在 20 世纪 30 年代拍摄了数百张关于中国传统木帆船的照片中也有显示广船开孔舵的照片。

中插板。"中插板"（又称"底插水板"以别于"首插水板"）是南方航海木帆船的一种驶风辅助装置。它是在主桅前方的纵中线处，设一个垂直贯穿甲板与船底的纵向长方形围孔。插水板围孔的孔壁是水密的，插水板纵向置于围孔内，由甲板上的绞车控制其升降，它可降至船底以下，中插板插得越下则水压面积就越大，而且水压中心就越低。

船驶测斜风时中插板可减少船舶遭受横风作用时的横向漂移，即具有抗漂作用。在当船逆风航行时，中插板与船舵一起配合驶帆，实施船舶的打戗操作，使船作"之"字形航进。中插板是广船的技术特色之一，它同

图 6A　金华兴号船首

图 6B　金华兴号开孔舵

沙船两舷的"披水板"有同工异曲的效果。日本平户松浦博物馆藏的"唐船之图"① 中有一幅"南京船"是典型的沙船，它的"披水板"形状、位置得到清晰的展示，当它的"披水板"放入水中所产生的横漂阻力是很明显不过的了图 9）。（虽然中插板位于船的纵中线处，而披水板置于船的两舷，但他们的抗漂机理是一样的。

---

① 〔日〕大庭修：《关于平湖松浦博物馆藏"唐船之图"——江户时代到港的中国商船之资料》，《关西大学东西学术研究所纪要》（日文），1972，第 5 期，第 13~49 页。

图 7　历史照片上的广船开孔舵

图 8　七艕船模型

中插板存在的横摇阻尼必将同时有利于减小船舶的摇摆。比较多见的是中插板垂直贯穿甲板与船底的纵向长方形围孔，则中插板为矩形的，而海南渔船的中插板却以有较大的纵向前倾为特点，海南临高的拖风船，它所具有的中插板就是一例。

扇形帆。扇形帆不同于长方形帆，也不同于常见沙船的斜桁四角帆。扇形帆的外形特点是，它的顶边斜上，上窄下宽，迎风边（导边）是斜直线，随风边（随边）是弓背形曲线，随风边边长大于迎风边，于是乎帆的撑杆犹如扇骨，收帆如折扇，扬帆如开扇，故称扇形帆。

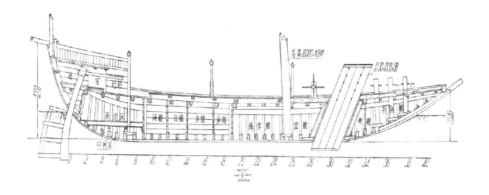

图 9　沙船的披水板

图 10　临高拖风船图样

广船、福船、浙船上都见有采用扇形帆的，但广船采用扇形帆的更加普遍，而且是大扇形，广船扇形帆的顶边斜度很大，有的斜度达 50°，尖峰往往高出桅顶，这样可充分利用桅顶上方的部分风力以补桅高的不足。相对而言，扇形帆的重心更偏后，更利于驶风打戗。

当双桅船驶顺风时，为最大程度的接受风力，头帆和主帆的随边分别处于左右两舷位置，几乎都保持约 90° 的帆角，形同张翼的蝴蝶，故称为蝴蝶帆，远观非常雄伟，此乃广船之特景。如果三桅船驶顺风，则它的尾帆随边和头帆的随边处于同一舷。蝴蝶帆不仅能最有效接受风力，还可使左右受力平衡，保持船身平稳。

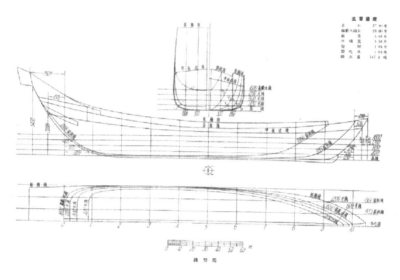

图 11　广船蝴蝶帆

3. 广东渔船和海南渔船一脉相承

南海诸岛海域辽阔也是海南渔船主要活动的渔场，南海的海南木船中的渔船占有很大的比例。因此，讨论海南船必将侧重于海南渔船。广东渔船是南海渔船的主体之一，它是广船中的一部分，各式各样的广东渔船尽管种类繁多，但它还是具有一定的广船的技术特性，仍属广船范畴。"南海渔帆船大部属广东圆角型，仅粤东一部分船为福建型，船型复杂，种类繁多。""广东船型的特点是船体长，吃水较深，首尖，脊弧低，甲板梁拱小，适航性好，悬帆力强，续航力大""船体横结构以密距肋骨与隔舱板为主，纵结构在远洋作业的拖风船上多有龙骨，北部湾和粤东的船一般无龙骨，纵强度一般依靠纵通材、舷侧厚板维持。造船用材为荔枝木、樟木等，海南岛部分用高根木。捻缝材料用竹丝或旧网衣。"[1]

作业于南海各深海渔场的"七艕"船是最具代表性的南海渔船。它的

---

[1]　第一机械工业部船舶产品设计院，黄海水产研究院所、上海水产研究所主编《中国海洋渔船图集》，上海科技出版社，1960，第183页。

艏尖艉园、前低后高、脊弧低平，扇形帆，开孔舵，中插板、首呆木，置有首柱，多用硬木建造……等，都是四大船型之一的广船的特征。广东"七艕"渔船几乎集"广船"诸多技术特征于一身。

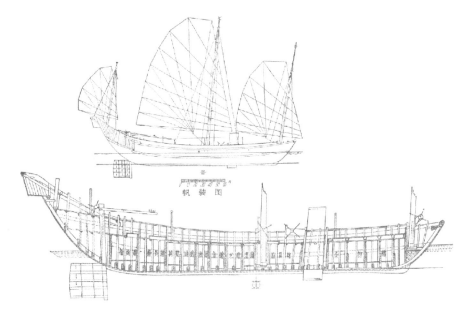

图 12 七艕船图样

海南渔船是南海渔船的主力之一，它当然具有南海渔船的一些主要特点。根据海洋鱼类的习性和网钩作业的特点，渔船的形制也多种多样。海南渔船有近海作业和远海捕捞的不同。近海作业渔船当为小船，清代屈大均对其有记"琼船之小者，不油灰，不钉镶，概以藤扎板缝，周身如之。……苏轼云；番人舟不用铁钉，止以桄榔须缚之，以橄榄糖泥之，泥干甚坚，入水如漆。盖自古而然矣。""其船头尖尾大，形如鸭母，遇飓风随浪浮沉。以船有木为脊，底圆而坚，故能出没波涛也。"[①] 它只是船民聪明地就地取材有效使用而已，后来的琼船小者也少有用此法造船的。笔者以为，这种"舟不用铁钉，止以桄榔须缚之，以橄榄糖泥之，"不是技术的先进。远洋捕捞船的体型就比较大，它采用油灰钉镶的，其"船需重厚，船底纵一木以为梁，舱横数木以为担。有梁则船坚劲，食水可深，风涛不能掀簸"[②]。

① （清）屈大均：《广东新语》卷十八，《舟语》，中华书局，1985，483 页。
② （清）屈大均：《广东新语》卷十八，《舟语》，中华书局，1985，483 页。

所谓沙船、浙船、福船和广船的四大船型只是它的船舶特性具有与他地有别的特点之处，同时也存在某些相同或相类似的特点，所以不存在严格意义上的划分定义，因此不能绝对地以某船具某地的某一特点就冠以某种船型的称谓，通常只是将具较多的某地船舶特点的船称谓某船型，也就是具有相似特征的地域海洋木帆船的统称。不同地域的船舶必俱各自不同特点，不言而喻的是，海南船除了具有广东船特点外，同样存在其一定的地方特色。但就总体上的表征看，海南船当属广东船范畴。

三　海南风帆渔船对航海的贡献

海南船中数量最多的是海南风帆渔船，它们分布在海南岛各地，活跃在海南岛沿海、北部湾和南海诸岛。海南风帆渔船船型繁杂，种类繁多，自古就活跃在南海，尤其是南海诸岛海域。"在清末到解放前的一百多年间，渔民去西沙、南沙都是乘二桅或三桅风帆船。……文昌渔船船头都涂成红色，称为'红头船'"[1]。在海南岛周围和南海诸岛海域到处可见到海南渔船的身影，海南岛文昌市渔民到南沙群岛捕鱼的渔民以海南文昌、琼海两县的为多。

活跃在南海的海南风帆渔船对南海渔业航海的贡献非常独特，在如下三个方面格外明显。

1. 《更路簿》的广泛使用

活跃在南海的"海南渔民首创的南海更路簿形成于郑和下西洋的明初，盛行于明中叶、清代和民国初"[2]，"海南保存至今的《更路簿》皆是清代手抄本，……海南渔民的《更路簿》保存的至少有 15 本"[3]。《更路簿》记载的每一条航路的针位和更数是航海经验的总结，它用于指导渔船的航行，在海南得到广泛的使用，它是海南渔民的航海手册，是海洋文明史中的重要篇章之一，是海南渔民对南海航海和海洋文明历史的宝贵

---

① 文昌市地方志编纂委员会编《文昌县志》，方志出版社，2000，第103页。转引自阎根齐《南海古代航海史》，海洋出版社，2016，第310~311页。

② 周伟民：《更路簿形成、盛行和衰亡的年代及性质、用途》，《海南大学学报》（人文社会科学版）2015年第2期。

③ 阎根齐：《南海古代航海史》，海洋出版社，2016，第320页。

贡献。

2. 手掌量天高的天文航海术

"明清以来我国民间使用航海用的量天尺。我国民间利用北极星作为航海天文的导航之星，甚至不用量天尺，而以手掌来衡量北极星出水的高度，……即：伸直右臂，展开手掌，掌心向前指头朝下与海面接，末指的指尖朝上，如果刚好于末指指尖见到北极星，则为一掌。一掌的高度约20厘米，……根据海南岛文昌县清栏公社南岛大队老渔民黄花荫同志所提供的材料，船在海南岛附近的海面，见到北辰星将近一掌；船在越南中部的海面，北辰星高度为半掌[2]。"[1] 此时的手掌已成为量天手掌了，用手掌来代替量天尺测量北极星高度，可谓海南渔船航海测天文的一种创造，虽然测量粗糙但简单实用。

3. 渔商结合的海南渔船

海南渔船航行受制于季节的影响，海南文昌市铺前、清澜、东郊、文教、龙楼镇一带渔民的"渔船每年在农历冬至后（11~12月）西太平洋风平浪静，乘东北风杨帆南下，先至西沙群岛，有些船就留下生产。另一些船停泊一两天后，再赴南沙群岛。经过冬春二季大约半年时间的捕捞作业，至第二年的清明、谷雨期间乘西南风北返。清末以前渔船大都按原路返回海南岛出售产品，至第二年的清明谷雨期间乘西南风北返。"[2]

南海中的岛屿一般缺乏淡水，但是西沙群岛的甘泉岛，岛上井泉甘甜，适于人们居住。赴南沙群岛的渔船一般先到西沙群岛稍作停留，补给柴、水，然后再起航赴南沙的双峙和黄山马。

在南沙捕捞的海南渔船经过冬春两季大约半年时间捕鱼和捕捞的辛劳作业虽已渔获满舱，但必须等到来年西南季风再起时方可升帆返航海南岛。乘这段时间海南渔民继续前往南洋海外诸地开展以货易货的方式进行贸易活动，将捕获的渔产品换取南洋出产的非渔货物带回海南岛再出售获

① 韩振华："我国航海用的量天尺"，福建省泉州海外交通史博物馆编《泉州湾宋代海船发掘与研究》，海洋出版社，1987，第115页。引文中上角标②的原文："这条资料，为广东师范学院地理系刘南威同志于1976年往海南岛向老渔民调查访问时所得到的，特此致谢。"
② 文昌市地方志编纂委员会编《文昌县志》，方志出版社，2000，第103页。转引自阎根齐《南海古代航海史》，海洋出版社，2016，第324~325页。

利，如此充分地利用了时间，既解决了鱼等渔捞品的保鲜问题，又增加了贸易的收益。前面也提到过，在 20 世纪 30 年代就有一种"海南商船频繁往返于海南岛和东南亚各国之间，有时也作捕鱼船使用"。

由此可见，海南的渔船兼捕鱼和运货混为一体，成了以渔为主的渔捞兼顾运货的渔货两用船，海南渔民就成了从事捕捞兼做商贸，因此既是渔民也是商人。这种现象在其他地区的渔船是不多见的。不过，对于这种渔货两用船与一般渔船在船舶设计建造上有何特殊考虑之处，尚有待探究。

海南渔民在海上操驾渔船不仅从事捕捞渔猎作业，而且往往还兼做运货和贸易活动，因此海南的渔船既是渔船也是货船，渔民还兼作商人。这种渔货兼用，渔贸结合的特点在海南渔船上十分明显，成为海南渔船明显的特点之一。

南海海上丝绸之路"华光礁Ⅰ号"宋船研究[*]

袁晓春[**]

宋朝时期中国造船航海技术发展到高峰。宋朝海船上指南针、减摇龙骨等航海造船技术的发明使用,表明宋朝航海造船技术居于世界领先的盛况。宋朝海神妈祖应时出现,满足了航海人们的精神需求,至今兴盛不已,成为世所罕见的海洋文化传承现象。然而,宋朝还有一项造船技术发明,尚未引起人们重视以致默默无闻。1974 年,泉州宋朝远洋贸易海船出土,发现 3 层船壳板。2007～2008 年,南海西沙群岛"华光礁Ⅰ号"宋朝海船发现建有 6 层船壳板。近年来,发掘中的"南海Ⅰ号"宋朝沉船也确认是 3 层船壳板。历经 34 年三次宋朝海船 3～6 层的船壳板文物发现,使世界造船史未见的宋朝木质海船多层外板造船技术浮出海面,重现人们面前。必须指出,宋朝多层外板造船技术是世界造船技术的一项重要发明,但在历史中已经失传,对其进行专题性研究,对于传承中国优秀海洋文化,传播中华睦邻友好海洋文明等有着重要意义。迄今中国造船史研究居于世界一流水平,34 年前研究泉州宋朝海船的席龙飞、何国卫先生已是耄耋之年,但仍然活跃于船史研究领域,中国船史研究学者有责任开展宋朝多层外板技术的研讨,让湮没于历史的造船技术发明重现于世人面前。

一 "华光礁Ⅰ号"宋朝沉船 6 层外板发现

2007～2008 年,由国家博物馆与海南省博物馆组成水下考古队在西沙

---

* 本文为 2017 年度国家社科基金重大项目(17ZDA189)阶段性成果之一。

** 袁晓春,蓬莱市蓬莱阁景区管理处。

群岛华光礁打捞出水"华光礁Ⅰ号"宋朝沉船，水下考古队员们惊异地发现水下"华光礁Ⅰ号"宋朝沉船竟然建造5~6层船壳板。这是继1974年泉州后渚港宋朝远洋贸易海船3层船壳板之后，又一次中国宋朝造船技术重要发现。古代海船船壳板，又称船体外板，其作用是保证古代海船船体水密性，使海船具有浮性及运载能力，它与船底骨架及舷侧骨架一起保证海船船体的强度和刚度（以下将船壳板简称外板）。2015年在广东省阳江市海陵岛"广东海上丝绸之路博物馆"水晶宫清理"南海Ⅰ号"宋朝沉船，相继发现其建有3层外板。至此，泉州宋朝沉船发掘30多年来，未受重视的宋朝海船多层外板建造技术问题，随着"华光礁Ⅰ号"宋朝沉船的6层外板的问世，再次成为学界关注与讨论的热点。开创海上丝绸之路，连接起太平洋与印度洋的华夏先民曾取得怎样辉煌的造船与航海成就？却在历史的海洋中湮没无闻，以致宋朝海船多层外板造船技术失传。迄今世界范围内发现的古代沉船，除"华光礁Ⅰ号"宋船之外，从未出现过建造有6层外板的古船文物实例。"华光礁Ⅰ号"宋船作为我国在远洋南海海域发现的第一艘古代沉船，说明中国在海洋文化遗产保护领域向远洋水下考古迈出重要一步，同时为古代海上丝绸之路的研究提供了非常宝贵的宋朝沉船文物实例，海上丝绸之路的一颗明珠——"华光礁Ⅰ号"宋船6层外板技艺，作为宋朝造船技术的又一发明，充分展示出我国古代先民高超的造船技术和卓越的造船成就，"华光礁Ⅰ号"宋船6层外板研究成果，将填补中国与世界造船技术史的空白。

图1　"华光礁Ⅰ号"宋船残体

二 中国古代造船技术研究与宋朝多层外板技术

1949 年前，中国造船领域出版的都是西方造船技术史，罕有中国造船技术史的研究。建国后，大范围引进苏联造船理论与技术，造船与航海专业院校教学时言必称欧洲造船与航海，教材中不见中国造船史的篇幅，这种不正常的情况曾长期沿续。1962 年，上海交通大学杨槱发表了《中国造船发展简史》的相关研究①。1985 年 6 月，武汉水运工程学院席龙飞与大连海运学院杨熹印刷出教学讲义《中国造船发展史》。2000 年 1 月，席龙飞正式出版《中国古代造船史》，随后其《中国造船通史》、《船文化》等专著陆续出版，中国造船技术史的学科逐渐建立。迄今，在全国发现距今 8000 年萧山跨湖桥独木舟等 100 余艘古代沉船，成为世界古船发现大国，陆续建成泉州海外交通史博物馆、蓬莱古船博物馆、广东海上丝绸之路博物馆等有影响的以古船专题展览的博物馆。如 "南海 I 号" 宋朝沉船、"华光礁 I 号" 宋朝沉船、"南澳 I 号" 明朝沉船、"小白礁 I 号" 清朝沉船等发现与研究举世瞩目。随着中国航海博物馆、中国港口博物馆、国家海洋博物馆、国家南海博物馆的建成开放，中国正在走向世界海事博物馆强国之列。

回顾研讨宋朝多层外板技术的历史，需从 1974 年泉州湾后渚港宋船开始。当年泉州文化部门在泉州宋船发掘后，整理出发掘报告、测绘图等资料，无私地提供给全国学术界的相关专业人士。武汉水运工程学院席龙飞、何国卫作为造船界专业人士，参与最初泉州宋朝沉船研究，合作发表《对泉州湾出土的宋代海船复原尺度的探讨》。泉州湾后渚港宋船相关研究是全国多学科参与的联合攻关，其综合性成果久经历史的检验，其经验一直被专业人士所称道。但是囿于当时的技术条件，泉州宋船是一边发掘，一边组装，也留下许多遗憾。泉州宋船多层外板造船技术初露端倪，然而船史研究专业人士是根据二手资料进行研究，因为没有机会现场仔细观察泉州宋船的 3 层外板结构与工艺特征，有关泉州宋船的 3 层外板造船技术，一直未来得及针对性深入探讨，泉州宋船 3 层外板造船技术研究多年沉寂。

---

① 杨槱：《中国造船发展简史》中国造船工程学会《1962 年年会论文集》：第二分册，北京国防工业出版社，1964，第 10～13 页。

三 "华光礁 I 号"宋船 6 层外板问题提出

2008 年，我国水下考古人员经过前期的水下探摸与分析，首次对高饱水古代木质沉船遵循考古学的基本原则，采用逐层拆卸、分解出水的方法进行整体发掘。考古队员将"华光礁 I 号"沉船拆解为 511 块船板，逐一托出水面。这些船板大部分长 5~6 米，最长的超过 14 米；平均宽度在 0.3 米左右，最宽的超过 0.4 米；总体积约 21 立方米；大部分船板表面呈浅褐色，部分碳化较严重而呈黑色，底层板腐蚀严重。船体的搭接方法主要有榫口搭接、滑肩搭接等，船板接缝及船板间以舱料填充，船板之间还采用大量的铁钉固定船板。考古人员对拆解船体过程中的每一环节均进行了精确地记录，包括相邻船板的平面位置关系，提取时对每块船板均按发掘顺序编号测量、绘图、摄影、摄像资料提取工作，船板出水后被放在调配好的绷酸水里浸泡，取出后用塑料薄膜包裹，装箱时在箱内放置一些薄海棉，喷水保湿后打包封存，511 块船板按工序被分装在 177 个箱子里，运回海口市海南省博物馆保护池中进行脱盐脱水保护。

2015 年 7 月 10 日，在中国航海日宁波"行舟致远国际学术论坛"上，袁晓春向船史界首次提出"华光礁 I 号"宋船 6 层外板造船技术问题，介绍"华光礁 I 号"宋朝沉船船壳外板均有 5~6 层，这在中外古船中尚属首次发现，中国古代文献中未见到相关确切的记录。同时通报在《马可·波罗游记》查到相关记载：

> 此种船舶，每年修理一次，加厚板一层，其板刨光涂油，结合于原有船板之上，单独行动张帆之二小船，修理之法亦同。应知此每年或必要时增加之板，只能在数年间为之，至船壁有六板厚时遂止。盖逾此限度以外，不复加板，业已厚有六板之船，不复航行大海，仅供沿岸航行之用，至其不能航行之时，然后卸之。[1]

马可·波罗关于中国宋朝远洋海船 6 层外板的详细描述，与"华光礁

---

[1] 〔法〕沙海昂注、冯承钧译《马可波罗行纪》，上海世纪出版集团上海书店出版社，2001，第 385 页。

Ⅰ号"宋船6层外板的文物发现相互印证。使得久已失传的中国宋朝远洋海船6层外板造船技术，重新引起中国船史界的关注。随后，袁晓春在《南海学刊》2016年第1期撰文《马可·波罗对海上丝绸之路中国造船技术的记载与传播》，提出："马可·波罗记载中国古船6层外板等造船技术问题，是2、3层外板一次成型？还是先建造2、3层外板后，再如《马可·波罗游记》所记述的海船每年维修逐年加层？"。自"华光礁Ⅰ号"宋船6层外板问题提出至今，未见学术界有关人士对中国宋朝海船6层外板新史料的发掘，海上丝绸之路"华光礁Ⅰ号"宋船6层外板造船技术发明值得引起学界的重视与研究。

四 "华光礁Ⅰ号"宋船的发掘与测绘

从"华光礁Ⅰ号"宋船测绘图3～图5仔细观察，不能不佩服"华光礁Ⅰ号"沉船水下考古队队员严谨认真的工作态度，测绘图绘制显然是测绘一层，再发掘一层，六层外板平面图严谨清晰。剖面图5～6层外板绘制清楚，可以说明问题。从提供的测绘图3～图5来看，"华光礁Ⅰ号"宋船5～6层外板存在清晰。

图2 "华光礁Ⅰ号"宋船船体横断面图

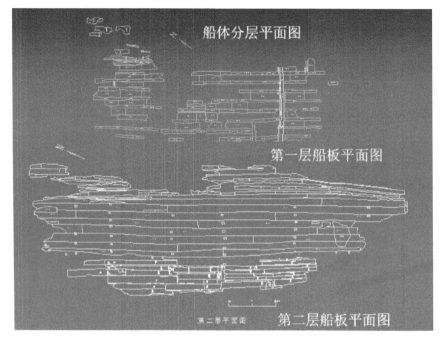

图 3 "华光礁 I 号"宋船第一、二层船板平面图

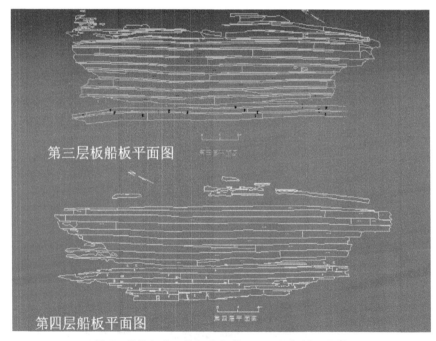

图 4 "华光礁 I 号"宋船第三、四层船板平面图

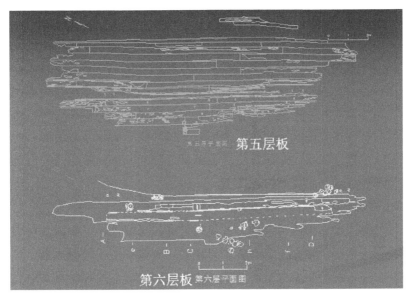

图 5 "华光礁Ⅰ号"宋船第五、六层船板平面图

据龚昌奇研究,"根据考古测绘图,以龙骨为基准线,将每一块船板分层按出水时的相对位置布置拼放。图二、图三显示了由内向外数,第二(a)和第三层(b)船底板的展开情况。据观察发现,第三层船板为全船最重要的一层船板。因为该层的每列板在各道舱壁处装有一舌形长榫,这些榫穿过上面的第二层板和第一层板上的开孔,与舱壁板相钉接,使这三层板与舱壁板形成一个整体,有效地保证了船体主要部分的强度。另外,第三层板的每道边缝都装有封条板,以弥补船板较窄、板缝数量较多影响水密性的缺陷。"[①]

五 "华光礁Ⅰ号"宋船 6 层壳板作用

1. "华光礁Ⅰ号"宋船复合外板技术

宋朝海船船壳板从单层外板演变成复合外板,复合外板是在 3 层外板中间均夹一层粘性密封材料,甚至像"华光礁Ⅰ号"宋船五、六层外板叠合而成,在各层外板之间形成缝隙。如果遇到来自外部的碰撞,碰撞力穿

---

① 龚昌奇、张治国:《华光礁一号宋代古船技术复原初探》,《龚昌奇船史研究文选》,武汉理工大学出版社,2017,第 145 页。

透一层外板都要消耗一定能量，多层外板使外力逐渐耗减，海船从而达到免受海损的目的。

2．"华光礁Ⅰ号"宋船6层外板防止海蛆侵蚀

古代海船普遍遇到海蛆侵蚀船板难以解决的难题。漂浮在海水中的海蛆虫卵钻入海船外板慢慢地蚕食，逐步形成蜂窝式孔洞破坏船材，造成海船外板蛆蚀漏水遇险。宋朝海船采用的多层外板，既使钻进海蛆，海蛆的特点是终生在一层板内钻洞寄生，最多只会破坏一层外板，从而有效遏止海蛆钻进外板破坏船材的问题发生。

3．"华光礁Ⅰ号"宋船6层外板可以解决船材局限

古代海船建造均使用木材，木材造船有其局限性。一是因木材弯曲时残余应力的存留，将直接影响船体的强度。而薄板便于弯曲成形、残余应力小。二是木材的长度与厚度有限。造船施工时，会遇到船材不能充分满足造船设计的长度与厚度要求。而采用6层外板的薄板工艺，可以解决船材的长度与厚度等问题。

4．"华光礁Ⅰ号"宋船6层外板提高船壳板架结构强度

"华光礁Ⅰ号"宋船6层外板搭接处的总板厚为两列搭接板板厚之和，它大于连接板的厚度，这就形成了如同在船壳纵向加装了加厚的板条，成了船壳板的纵向筋材，其作用相当于钢船船壳板架的纵骨，提高了船壳板架结构强度。①

5．"华光礁Ⅰ号"宋船6层外板减摇作用

"华光礁Ⅰ号"宋船6层外板搭接为鱼鳞式，鱼鳞式搭接结构使船壳外表面成纵向的锯齿形面，它增大了船舶横摇阻尼，从而减小船舶摇摆幅度②。

六　"华光礁Ⅰ号"宋船6层外板技术失传原因分析

南宋时期，以"华光礁Ⅰ号"宋船6层外板为代表的宋朝多层外板技

---

① 何国卫：《泉州南宋海船船壳的多重板鱼鳞式搭接技术》，《海交史研究》2016年第1期第11页。

② 何国卫：《泉州南宋海船船壳的多重板鱼鳞式搭接技术》，《海交史研究》2016年第1期第11页

术日臻成熟，元朝来华的马可·波罗在游记中给予详细地记载，说明宋元时期中国海船多层外板技术延续发展。是什么原因造成中国造船多层外板技术失传呢？史料记载表明，明朝初期朱元璋实行海禁政策直接造成中国海船技术的停滞退步、逐渐失传。朱元璋明令禁止百姓海外贸易："禁濒海民私通海外诸国①"、"禁申人民无得擅自出海与外国互市②"，不仅禁止百姓的海外贸易，还对出洋海船明令禁止。《大明律》明确规定："一凡沿海去处下海船只，除有号票文引许令出洋外，若奸豪势要及军民人等擅造二桅以上违式大船，将带违禁货物下海，前往番国买卖，潜通海贼同谋结聚，及为向导劫掠良民者，正犯比照谋判已行律处斩，仍枭首示众，全家发边卫充军。"③ 明朝廷海禁与禁造二桅以上海船的政策，直接限制中国海船大型化发展之路，导致宋元时期中国海船多层外板技术的传承不继，逐渐地较少使用以致失传。到明朝后期嘉靖十三年（1534），明朝出使琉球国副使高澄在《操舟记》中载有："求其所以，曰：'此舟不善者有三，盖海船之底板不贵厚，而层必用双，每层计木板三寸五分，各固以铁钉，捻以麻灰。不幸而遇礁石，庶乎一层敝而一层存也。今板虽七寸而尺余，恐不能钩连，而巨涛复冲撼之，则钉齾板裂，虽班师弗能救矣。'"④ 明朝使节在建造出使海船时，虽经多方选择仅能在福州南台（注：闽侯县）选用双重底福船，说明在明朝后期，福建仍有两层外板海船。明朝使节了解两层外板的海船，其航行避险性能更好，因而选择建造两层外板的福船出使。因而推断，明朝后期三层以上的多层外板造船技术已经不见记载和用于实际造船。

七　国内专家对宋朝古船多层外板的研究

关于中国宋船船壳多层外板造船工艺，席龙飞提出："若用单层板，不仅弯板困难，而且由于板材具有残留应力而有损于强度，是不可取的。

---

① 《明太祖实录》卷一三九。

② 《明太祖实录》卷二五一。

③ 《大明律集解附例》卷之十五·兵律·关律。

④ 国家博物馆水下考古中心、福建师大历史系郑和研究小组、福州市文物考古工作队编《明代福州建造册封舟（宝船）资料汇编》，2003 年 12 月 25 日。原转自萧崇业《使琉球录》，第 90～93 页，台湾文献丛刊第 287 种《使琉球录三种》，台湾银行经济研究室，1970。

但是，若采用二重、三重板，两重板之间应不留空隙，以避免和减缓腐蚀，这就要求加工工艺十分精细。"①

何国卫对南宋海船多重板鱼鳞式搭接做了详细研究，他提出："多重板鱼鳞式搭接形式与常见的单层板船壳的鱼鳞式搭接形式是不尽相同。泉州船的多重板船壳结构与鱼鳞式搭接的上下板列不存在下列板的上边缘端面对上列板的下边缘端面的直接支撑。泉州船船壳靠近龙骨的三列二重板结构是由下列板的外侧面上部和上列板的内侧面下部互相叠合并钉连，它如同直平型鱼鳞式搭接，只不过，两种板列搭接宽度有本质的不同：直平型鱼鳞式搭接宽度很小，通常只够钉 1~2 排铁钉的位置，而泉州船的二重板，其板列搭接宽度必须略大于该列板宽度的一半，也就是说，每一板列的里侧与其下列板的外侧和该列板的外侧与其上列板的里侧分别有略大于该列板宽度一半的搭接面积，这样板列就有足够的钉铁钉位置，就可以依靠铁钉将搭接的列板能够互相叠合牢固地钉连在一起，从而有效地起到承受对上一列板的支撑作用，同时它与隔舱板钉固，确保了船壳的强度。至于该三列二重板上面的三重板的搭接，只是在同样的二重板之间加叠一层宽度略大于其板列宽度之半的板列，其思妙不可言。众所周知，船壳太厚时，若用单层板，弯板必定困难，若对厚板强力弯曲加工会使板材产生残留应力而有损于强度。采用多重薄板代替是非常有效地工艺，例如泉州船三重板的总厚度约为 180 毫米，若用一层同样厚度的厚板显然是不合适的。当然，若采用双重、三重板，则要求加工工艺十分精细为使两层板之间不留空隙，以避免和减缓腐蚀，这也佐证了宋代多重板的高超技艺。"②

龚昌奇最早对"华光礁Ⅰ号"宋船 6 层外板进行探究，"从图中可以看出，第二、三两层板是关键的外板结构，其他各层也是保证结构强度的和密性的外板，但从连接的重要性而言，要次于上述两层板。正是因为各层板的作用与位置不同，其钉接的方式也不同。

每一层板只与第二层板相贴合，因为该层各列板是交错布置的，边缝之间基本上不发生连接关系。所以第一层板仅用一排间距 15~20 厘米的方钉，从内向外与第二层板钉接。第二层每列板纵向共三排板孔，横向每排

① 席龙飞：《中国古代造船史》，武汉大学出版社，2015，第 186 页。
② 何国卫：《泉州南宋海船船壳的多重板鱼鳞式搭接技术》，《海交史研究》，2016 年第 1 期，第 3~11 页。

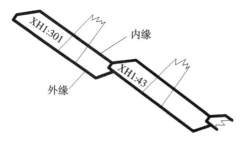

图 6　第二层板连接方式

（引目龚昌奇、张治国《华光礁一号宋代古船技术复原初探》）

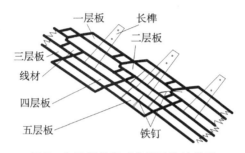

图 7　各层板的相对位置及连接关系

资料来源：龚昌奇、张治国：《华光礁一号宋代古船技术复原初探》。

间距约 6～10 厘米；纵向孔距 15～20 厘米。下排钉孔系用铲钉与下列板连接。上面二排则分别是与第一层板和第三层板钉连的孔。第三层每列板纵向共两排板孔，每排间距 10～14 厘米，孔距 20～26 厘米。两排钉孔分别是与第二层板和第四层板钉连的孔。

第四层每列板纵向共三排板孔，每排间距 8～10 厘米，孔距 20 厘米左右。一排钉孔是与第三层板，两排钉孔是第五层板钉连的孔。第五层每列板纵向共两排板孔，每排间距 8～10 厘米，孔距 28～30 厘米。是与第四层板钉连的孔。

舷侧部位的外板采用的是对接。除了第三层板采对直角同口对接外，其余各层均采用普通的平口对接。因为舷侧部分是船体梁受力相对罗较的部位，采用对接方式，既能满足强度，又简化了工艺。外板的端缝及纵向连接基本上都采用平口对接工艺。因为板材腐蚀得比较严重，部分端缝显露出有斜面同口和滑户同口的迹象。①

---

①　龚昌奇、张治国：《华光礁一号宋代古船技术复原初探》，《龚昌奇船史研究文选》，武汉理工大学出版社，2017，第 146 页。

八 "华光礁 I 号"宋船其他问题探讨

"华光礁 I 号"宋船船艏 320°，沉船向西倾斜。龙骨两侧除南端西侧约 1 米长的部位外，均覆盖有一层宽约 0.13 米、厚约 0.02 米的薄板。龙骨残长 16.13 米，分成 3 段：最北段（艏龙骨）残长 2.86 米，宽 0.25 米，厚 0.075 米；主龙骨残长 10.53 米，宽 0.44 米，厚 0.24 米；最南段（艉龙骨）残长 2.65 米，宽 0.32 米，厚 0.21 米。龙骨东侧船体破坏较严重，残长 16.1 米，残宽 1.9 米，残存 4 层船板，除龙骨旁的侧板保存稍好外，其余部分腐蚀严重，最底层基本已看不出板的完整形状。龙骨西侧船体保存相对较好，除西边发现两排有第 6 层板外，其他均为 5 层板。大部分船体构件表面呈浅褐色，部分呈黑色，还可见许多裂纹和一些海底生物腐蚀的痕迹。

1. 龙骨。"华光礁 I 号"宋船龙骨为 3 段式龙骨，即艏龙骨、龙骨、艉龙骨，通称龙骨。龙骨整体残损严重，出现了中国沉船中少见的龙骨短于船长的情况。龙骨残长 16.3 米，龙骨残损厉害，折断为 5 段，估计与我国南海严峻的海况有关。"华光礁 I 号"宋船 3 段龙骨相比而言，龙骨与艏龙骨残留其形状，可以依此进行复原。艉龙骨残损严重，未保留身形。龙骨长 10.53 米，艏龙骨残长约 5 米，复原长 5.5 米，艉龙骨复原长 5.5 米，龙骨复原总长 21.5 米。从龙骨复原长度测算，"华光礁 I 号"宋船复原长度在 26.5 米。

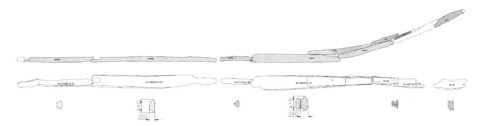

图 8 "华光礁 I 号"宋船龙骨残体

资料来源：龚昌奇、张治国：《华光礁一号宋代古船技术复原初探》。

龙骨建造技术重点主要有：龙骨中拱与龙骨接头技术

龙骨中拱：从上图可以看出，龙骨有中拱现象。中国古船龙骨中拱现象在以往的韩国新安元朝沉船、蓬莱元朝沉船等屡有发现，为龙骨建造中有意设计加工而成。经我国沿海调查，20世纪60年代福建丹阳船型龙骨均为中拱，并沿袭至今。近年来走访丹阳一带的造船工匠，工匠们说特意将龙骨设计加工成中拱，作用是驾驶丹阳船其转向较为方便。中国古船龙骨大多为水平龙骨，水下考古队员在测绘时，遇到龙骨中拱现象也感到困惑，稍有意降低了龙骨的中拱高度。"华光礁Ⅰ号"宋船是迄今发现中国古船中年代最早的中拱龙骨，今后"华光礁Ⅰ号"宋船复原施工时，应对龙骨中拱予以特别关注。

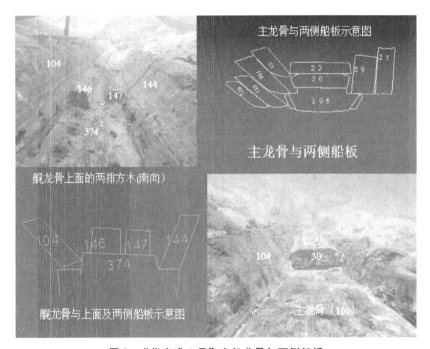

图9 "华光礁Ⅰ号"宋船龙骨与两侧船板

龙骨接头：从"华光礁Ⅰ号"宋船龙骨照片观察，龙骨与艉龙骨接头部位清晰，采取凸凹榫端接方式，艉龙骨接头凸榫上用4枚钉子钉连，可见为后来的龙骨接头采用"燕尾榫""钩子榫"等做出了可贵的技术探索。在主龙骨与艉龙骨部位上端装有两块方形方木（编号146、147），说明加强龙骨连接部位的补强材，在"华光礁Ⅰ号"宋船上开始采用，这应是宋朝造船技术在龙骨加强方面的一项新发现。

从"华光礁Ⅰ号"宋船测绘图八观察，龙骨与2层叠板（编号23、30），形成3层叠接，龙骨厚240毫米，2层叠板稍薄。龙骨上面增加2层叠板是"华光礁Ⅰ号"龙骨的特殊构造。从龙骨与底板的搭接方式来分析，采用3层龙骨似与多层外板相对应。也就是说从"华光礁Ⅰ号"宋船龙骨3层结构与底板的搭接相契合。

2."华光礁Ⅰ号"宋船挂锔工艺。

图 10　"华光礁Ⅰ号"宋船船体横断面图

从图九船侧板横剖图与船底板横剖图中，可以看出"华光礁Ⅰ号"宋船采用舌形锔板，舌形锔板均设计在第3层外板上，舌形锔板穿过第2层外板、第1层外板与舱壁板通过铁钉钉固起来，以达到多功能的挂锔作用。其作用是将外板和舱壁板连固起来，同时又起到舱壁补强材的作用，这种一举两得的挂锔工艺，在我国古代船舶中成熟造船技术。1974年在泉州湾后渚港宋朝沉船中首次发现舌形锔，其后韩国出水的中国元朝"新安沉船"上也有舌形锔的身影出现，由此说明采用舌形锔连接外板与舱壁板，同时又起到舱壁补强材作用的造船工艺，在中国宋元时期远洋贸易海船中较普遍采用。

3."华光礁Ⅰ号"宋船复原尺度。从"华光礁Ⅰ号"宋船龙骨照片分析，龙骨长16.3米，该船残长18.4米，照片显示艉龙骨残缺严重。"华光礁Ⅰ号"宋船龙骨全长依据古船残长至少有18.4米，加上残缺部分龙骨复原长度将超过 21.5 米。如龙骨复原长度说法成立，"华光礁 I 号" 宋船复原长度为 26.5 米。

结　语

在国际水下考古界对古代沉船开展船舶技术研究，当是国际学术难点，项目需要多学科专家的共同参与、密切配合才能得以完成。大多数国家缺少古代沉船实物与专业研究人才，我国在这方面蕴含优势，1974 年参与研究泉州宋船的席龙飞、何国卫先生虽已进入耄耋之年，然而仍然活跃于中国船史研究领域，两位老先生著述、参会、评审接连不断。40 多年的古船研究人才积累，100 多艘古代沉船发掘与展示的历史经验，在国家文物局水下文化遗产保护中心协调下多部门通力合作，都是解决宋朝海船船壳 3～6 层外板造船技术的必要条件。当年，泉州宋朝沉船的发掘限于当时历史条件，采取边拆卸，边安装复原的方式。从现场直接观察了解其 3 层外板构造技术的时机稍纵即逝了，白驹过隙，时光一晃四十年过去。"华光礁 I 号" 宋船 6 层外板保护复原的 "窗口期" 虽然有限，但是时机再次出现，解决宋朝古船船壳 3～6 层外板技术的 "机遇期" 又一次来临，是否能够抓住机遇顺势而为？目前，"华光礁 I 号" 宋船宋朝沉船脱水加固保护工程正在海南省博物馆进行，我国专业考古人员应当抓住这一有利时机，对 "华光礁 I 号" 宋朝沉船船壳 6 层外板等造船技术进行科研立项；组织中国船史研究会专家及各地船史研究专家协同攻关，各取所长，群策群力，力求解决宋朝海船船壳 3～6 层外板等造船技术课题，以便将宋朝海船船壳 3～6 层外板的先进造船技术发明在建设 21 世纪海上丝绸之路背景下重放异彩。

宗教信仰·风俗

马来西亚华族祭海土风图考

徐作生[*]

2010年7月，笔者应马六甲州元首摩罕默德·卡立之邀，出席了在马来西亚马六甲举行的国际郑和论坛。嗣后，利用将近一个月的时间，在马来亚、新加坡、文莱、印尼四国考察华人先祖的历史文化遗迹。

这之中，令笔者感受最深的乃是马来西亚柔佛的两座古镇至今仍然盛行的华裔祭海土风，这种古朴的祭海风俗，均在当地的妈祖庙或天后宫举行。最初是民间祭祀，后来华人团体出面，场面更大，由此形成了官祭。

此两座傍海的城镇，一座是麻坡，另外一座是古打丁宜。因为马来西亚华人先祖最初的祭海活动，也即祭祀天后妈祖，源自中国闽、台、粤沿海一带，是宋元时期妈祖文化的延伸，故在马来西亚考察时被笔者多所留意。

鉴此，在撰写拙文同时，笔者就马来西亚华人祭海的文化遗产及祭海场所天后宫形制用图片形式录出，并逐一考证，以求教于方家。

一 考察的缘起

笔者在海外讲学或踏勘华人历史遗迹之际，分外留心于当地的华人开设的各种历史文物馆和史料馆，例如：1998年与2009年的两次菲律宾学术考察（第一次主要还是讲学在先，实地考察在后），我曾经化费数日的时间，埋头扎进位于马尼拉皇城附近的一座华人史料馆，查找和复印遗留在南洋异域的华人先祖珍贵的文献资料，每述此事，我总怀着感激的心情，记忆起当年慷慨为我提供各种方便的该馆主任吴文焕先生。又如，我

---

* 徐作生，上海海事大学郑和研究中心。

在菲律宾最南部的古城三宝颜寻找明朝郑和下西洋时期的中菲友好关系史的"历史证物"，正是那里的华人侨领以无私的帮助，使我得以拍摄到萨特莱都大教堂穹窿形天顶上的珍贵壁画。

另，2004 年 7 月我在美国进行为期一个月的学术访问之际，于檀香山曾经逗留 7 天，不仅细心观察唐人街的古老建筑和牌坊，更将其中的大部分时间化在夏威夷/中国多文化档案博物馆，在那里，我潜心阅读、抄写华人先祖在夏威夷的拓荒史料。

民俗文化，是一切文化的根。是植根历史文化、地域文化、神坻文化和移民文化的灵魂和内核。唯鉴于此，在海外勘访华人遗迹时，我更多地注意到风俗遗存，这些风俗遗存，往往阐扬了华夏文化的精粹，传递着我炎黄祖先之思想感情。譬如，本文下面将要述及的祭海风俗，便是一例。

2010 年 7、8 月间，我走访了马来西亚多个城市的华人历史文物馆，按走访时间的排序，其中有槟城韩江华人文化馆、吉隆坡大同历史文物馆、马六甲峇峇娘惹文物馆、柔佛州新山华族历史文物馆以及古晋华人历史博物馆。这五座华人博物馆中，又以柔佛州新山华族历史文物馆里的华人早期祭海活动时所用的物品，像巨大的锣鼓、八人大轿、仙书符篆等等，格外引人注目。

感谢该馆的助理馆长徐先生陪同我在馆内参观时，还详细地为我讲述这些文物的征集过程。馆内的文物，尤其是一对巨大的锣鼓，引起我的好奇。徐馆长说，它们是早期华人祭祀天后妈祖娘娘时，是游行队伍打头的号鼓。后来还被马来西亚新山中华公会理事陈再藩以及著名歌乐教育家、作曲家陈徽崇，于 1988 年又创作了新的鼓乐表演形式，他们两人以中国传统二十四节令为创意，结合南方广东狮鼓和传统书法艺术的特点，首创出二十四节令鼓，鼓声气势磅礴，鼓舞人心。于是，从柔佛华人古庙发源的以祭海为内容的雄浑鼓点，演变为二十四节令鼓，今天它已经成为成为马来西亚国家文化遗产，出现在各种大型演出活动上。而陈徽崇也由此获得马来西亚第一位华族杰出文化人物的殊荣。

二　关于马来西亚华人祭海活动的历史渊源

马来西亚华人的祭海风俗有着悠久的历史。在每年的农历三月（谷雨节前后）和农历 11 月（冬至前后），当地的华人渔民为了祈求平安，预祝丰收，他们在出海之前，都会举行隆重、盛大的祭海仪式。这一传统风俗反映了渔民对生产生活的精神要求和信仰追求，并逐渐发展成为一项含有历史、宗教、民俗、艺术等诸多文化因素的传统民间文化活动。

按民俗学家考证，宋元闽粤沿海一带有"妈祖"，此女终身未嫁，入夜于高处燃灯指示航海船只，直至终老。后为南方人奉为航海保护神，一直有"妈祖节"、"天后诞"等活动。所以，这种"妈祖节"、"天后诞"活动，实际上就是后来马来西亚华人祭海的肇始。

笔者在马来西亚实地踏勘期间，走访了一些当地华人。据他们介绍，目前柔佛州的华人以纪念天后妈祖为主要内容的祭海活动，在州府新山、麻坡以及古打丁宜三座城市最为兴盛，其中，仅古打丁宜就有闽、粤籍的四支祭海团队，每逢春秋两祭，万人空巷，不仅华人出游，就连当地的马来土著也兴致勃勃地参与其中，热闹非凡，已经成为一种文化现象，根植于马华民族的心里。

在柔佛州考察华人祭户海习俗之时，笔者还注意搜集当地关于祭海的华文史料，承蒙星岛日报社驻麻坡记者站站长张烈武先生以及华商郑锦俊先生的大力支持和协助，使笔者得到了许多有价值的资料。

今年 58 岁的华商郑锦俊先生是一位土生华人，他的曾祖父在清朝道光年间随着乡人乘了一艘木帆船漂滞南瀛，最后在麻坡落脚，以打渔为生。不久，麻坡开埠，到了他的父亲这一代，便有了些小本钱，于是做些小五金的生意。正是因了这一细故，所以郑锦俊先生说，他是在祖先的祭海活动中长大成人的，也是在祭海活动中认识到中华传统文化这个根本的。郑锦俊收藏了不少祭海活动的报纸，其中《民生报》记巴东（巴东是麻坡的一个傍海的古镇，本文在后面的章节将会详细叙述）华人恭请天后圣母事略云：

> 早期麻坡开埠之初，当地有一个袁氏宗亲讲述一件亲身体检的灵异故事——在二十多年前，他出海捕鱼讨生活时，遇上了狂风暴浪，黑夜里面对大海茫茫，唯一寄托就是向天后圣母补求，显灵打救渡过难关，将来必答谢神恩。
>
> 虔诚祈祷过后，袁木林的渔船化险为夷，也保住了性命安全回到家里，第二天晚上，他还梦到天后圣母，静默不语，至今记忆犹新：

"梦里的天后圣母是穿黑衣黑裤，和一般人形容的不一样。

他获得某种灵感和默契，在他担任了总务一职之后，大力促成重建新的天后宫计划，几经各方协助合作，善信、村民出钱出力，终于使天后宫如期竣工。但是不久，天后圣母金身被人抢走，据说被当时"赌花会"的人请去，后来蜜乱获悉，金身流落在另一间神庙，庙理事才去请回天后圣母的金身重新安奉，证明他的威显。

现在，巴冬天后宫内有一联颂赞讨海人所尊崇的海上保护神，乃由马来西亚华裔诗人符肇所撰，联曰：天道无亏海航尊为圣，后仪有盈仙行可称母。而今，每一天每一个村庄乡镇，都巡回办流水席宴请亲朋戚友，普天同庆天后圣母；另外，天后圣母绕境更是高潮，所出巡之外，万人空巷，各地方的进香团络绎不绝。

迫至 20 世纪六十年代，祭海活动规模空前扩大，而也不单单局限于祭祀天后妈祖，还有祭祀赵大元帅、祭祀清水祖师等。

关于麻坡开埠之初早期华人祭海活动报道，早期的《民生报》的另一篇报道影响更大，这篇新闻的标题是：《（肩题）蔴坡天后宫妈祖娘娘（主题）威灵显赫　善信尊崇膜拜》，述及 1995 年 12 月 18 日的那次冬祭，规模空前——

巴冬海口天后宫供奉的妈祖娘娘，一直深受当地渔发所崇敬，即使是顽劣的少年，来到天后宫庙前，亦不敢放肆，因为妈祖娘娘的威灵显赫，加上右侧百年翠美古庙的清水祖师坐镇，是当地渔民心目中的守护神。

天后宫和清水祖师两庙，平时香火不断，逢周未、礼拜和假日，海内外的香客络绎不绝遁迹到来上香，每当神诞志庆，人潮更是汹涌，男女老幼，掳家带眷的善男信女，诚心祈拜清水祖师和妈祖娘娘庇佑。由于天后宫的妈祖娘娘威灵显赫，几十年来，广受国内外的人士膜拜，尤其是当地海口一带的渔发及商家，妈祖娘娘都在冥冥中庇佑着，每当神诞志庆，人潮列是汹涌，香火不断台湾、香港、新加坡、全马各地香客慕名的巴冬海口天后宫，目前正筹建新庙，预计明年将搬入新宫的妈祖娘娘，据说将广泽善男信女。

又据天后宫董事部郭先生所言，几十年来，巴冬海口妈祖都是在冥冥中指点迷津，让渔民能逢凶化吉，商家生意顺利，化解家庭纠纷，种种神迹都默默流传，受恩泽的人每逢初一十五必到宫内进香祈拜，所以，就连朽木不可雕的问题人物，来到妈祖庙前，都会必恭必敬，丝毫不敢放肆。

郭先生话语颇令人发噱，但是你不能不为他们对妈祖神灵的一颗恭敬和虔诚的心所折服。

三 关于华人祭海个案考察

（1）麻坡天后宫的祭海请柬

麻坡，位置在马六甲西南约 50 公里的沿海一带，属柔佛州所辖的一个市级小城镇，它是一个风光秀丽、历史悠久的古城。若从马六甲乘坐公交大巴，约一个半小时就可以抵达此地。

麻坡这个地名，源于苏门答腊马来王国语言 Muar，译音读"暮阿"，意谓宽阔的河口。若从地名的由来考证其开埠史，已经有 1300 多年了。

我的麻坡之行，曾有 2 次，这不仅是寻找满剌加第七位国王阿拉乌丁的遗踪，而且历史考察有了一个意外收获：当地土生华裔郑锦俊先生驱车带我在麻坡以北 14 公里的巴冬镇天后宫踏勘时，获得该镇华人首领所颁发的一张祭海典礼请柬，柬纸为粉红色，繁体字，祭海日期为农历 11 月初六日，令人称噱的是，请柬上不仅注明有筵席招待，还特聘潮州新金辉潮剧团到这里酬神助兴。我虽然与这次的祭海活动缘悭一面，但是这张请柬我一直珍藏在家中。请柬为楷体印刷版本，繁体字，柬云：

谨订农历岁次庚寅年十一月初六日，为本庙庆祝清水祖师圣诞千秋暨创庙 134 周年纪念，本天后宫名誉顾问郭志泉先生荣膺彭亨苏丹殿下封赐拿督勋衔，会员郑忠诚先生荣任发展官。

特聘中国潮州新金辉潮剧团演戏五日夜，酬神助兴。并敬备薄酌，恭贺光临。

麻县巴冬海口翠美古庙同仁敬约

筵席：天后宫前

时间：下午七时整晋席

巴冬镇天后宫又称作翠美古庙，令我疑惑的是，为什么巴冬镇天后宫又供奉清水祖师呢？而祭海活动也是以祭祀清水祖师为名呢？这清水祖师又是怎样的一种神祇呢？

据巴冬镇天后宫住持许茂华老人介绍，清水祖师俗姓陈，宋仁宗庆历四年正月初六诞生于福建省永春县小姑乡。他自幼在大云院出家，参读佛典三年，终于悟道。明松禅师授他衣钵，并告诫他："我佛最大功德，就是行仁，是故要舍弃万缘，以利物济世为职责"，陈应便在麻章施医济药，普救贫病，麻章人士尊他为"麻章上人"。宋神宗元丰六年，福建清溪（安溪）彭莱乡（后更为蓬莱，也是受清水祖师影响）一带大旱，乡人请他去祈雨，立刻甘霖普降，因此被尊称为"清水祖师"。巴冬镇天后宫建成后，又在其邻近建造了清水祖师殿，同时供奉。

我们今天从这张祭海典礼请柬上的文字可以考证，巴冬镇这座天后宫始建年代应该在公元 1876 年，也就是清朝光绪二年。

我们若是将整座建筑的形制以及壁画等文物遗留的信息综合起来分析，还是能够从中找到蛛丝马迹。笔者对天后宫上的雀替、斗拱、额枋以及悬山形屋顶实物进行了丈量和拍照。据住持介绍，这些建筑木构件都是清朝时期的原物，是我们早期华人特地在老家聘请了数位技艺精湛的工匠到这里制作完成的，而庙里的天后娘娘塑像则是从老家请到这里安放的。而现在，若是再要寻找能够制作这种建筑构件的工匠已经很困难了。

又据许茂华老人介绍，天后又称天妃，她就是我们闽南人的妈祖娘娘。巴冬镇天后宫里供奉的天后娘娘是历代华人船工、商旅和渔民共同信奉的神祇。我们这里每年的祭祀妈祖活动有两次，一次是春祭，即农历三月二十三，另一次是冬祭，即农历十一月初六。古代华人漂泊到南瀛，来这里拓荒开埠，他们在海上航行经常受到风浪的袭击而船沉人亡，他们把希望寄托于神灵的保佑。在船舶启航前要先祭天妃，祈求保佑顺风和安全，在船舶上还立天妃神位供奉。到了后来，这种海上祭祀活动不仅变成了固定的节日，还增加了陆地祭祀、表演节目等内容。老人还将当地的华文报纸《民生报》于 1995 年 12 月 19 日所刊发的一篇冬祭妈祖娘娘的报道拿给我看，其文谓："麻坡巴冬海口天后宫的妈祖娘娘威灵显赫，备受国内外人士的膜拜，尤其是当地沿海一带的渔民及商家，妈祖娘娘都在冥冥中庇佑着，每当神诞志庆，人潮更是汹涌，香火不断……"

（2）哥打丁宜的专业祭海队伍。哥打丁宜，又叫古打丁宜，是柔佛州最为偏僻的一座古城，交通十分不便。如果从柔佛州首府新山市区乘坐227路公交大巴，驶行约2小时的车程（32公里），就可直达哥打丁宜，从前，哥打丁宜其实是柔佛州旧都的所在地。

柔佛河从这座美丽小城中央流淌而过，街市大多数集中在柔佛河的东岸，河的西岸仅有一、二家小餐馆。

傍晚，我吃了晚餐后，沿着柔佛河大道散步——忽然见到一个60岁左右的中年人携着他的太太迎面漫步而来，我看到那中年人的白色T恤的口袋上方印着"天后宫"三个红色刺绣汉字。"先生，请问这里也有天后宫吗？"我指着他衣袋上的字，脱口用中文问道。"对呀，我们这边祭海有一支专业的队伍，我这件衣服就是祭海时发的制服。"他挺自豪地答。从交谈中得知，他叫沈明泉，沈姓在这里的华人中属于大姓，他已经是第四代了，现在从事商船货运。

述及祭祀妈祖的活动，沈明泉告诉我，哥打丁宜的天后宫在距离镇区西北约6英里的湾角村，有记载证明，祭海活动至少已经有150余年的历史了，起先是渔民单纯的海上祭祀，他们的本意是祈求出海平安，后来逐步发展到华人的"全民"祭祀，祈请妈祖保佑行商发财、求子赐福，几乎所有行业的华人都在祭祀之日涌到街头，参加活动，他们有的抬着天妃娘娘坐的轿子，有的扛着供品，敲锣打鼓，燃放鞭炮，其场面热闹非凡。

不但如此，小渔村的祭海活动后来又被扩大至柔佛州首府新山市。咸丰十年（1860），柔佛华人首领陈开顺得到当地马来人头领伊布拉欣的赐给的港契后，即率领大批华人来这里拓殖，并且于光绪六年（1880）在今福建会馆原址建造天后宫一座。笔者在新山华族历史博物馆参观时，欣获一部《新山历史图片集》，里面有华人祭祀活动盛大场面的珍贵图片数幅，弥足珍贵。

我问沈明泉，你在每次祭海游行时，要做那些事情呢？他答："有锣鼓队，有做轿夫的，还有舞狮的，等等。我力气大，在护轿队伍里做一个轿夫，护轿队伍里的人最多，常常有好几百人呢！大家可能互相并不认识，但是大家可以一起流汗，一起呐喊，因为我们抬着的不仅仅是一尊塑像，更是肩负着先祖的承担，大家都有同样的理念，就是把这种神圣的热情传递下去！"沈明泉介绍，祭海游行的队伍，做一个轿夫最吃力，要抬着轿子步行七、八里路程，而且中途又不能停下歇脚，是件非常辛苦的差事，可是华人一个个都争先恐后地抢着当，为什么呢？因为轿夫的肩膀上扛着的是妈祖天后娘娘，她首先会给我们带来平安、健康和财运。

正是基于这样的朴素而诚挚的理念，一批年老的华人退休了，又一批年轻的华人被充实进祭海大军的队伍，而且乐此不彼，情感火热。也正是由于年青一代的参与，使得这项传薪二百余年的古老土风，显示出它那勃勃的生机。

海神信仰：天后庙与南海

郭勤华[*]

海神信仰是人们在涉海生活中创造出来的，并随着涉海生活的深入而不断丰富发展，是涉海民众海洋观念的外化表现。从地理区位上看，我国南海是指太平洋西部海域，包括北起广东省南澳岛与台湾岛南端鹅銮鼻一线，南至加里曼丹岛、苏门答腊岛，西依中国大陆、中南半岛、马来半岛，东抵菲律宾，通过海峡或水道东与太平洋相连，西与印度洋相同的广大海域。南海有丰富的海洋油气矿产资源、滨海和海岛旅游资源、海洋能资源、港口航运资源、热带亚热带生物资源，是中国最重要的海岛和珊瑚礁、红树林、海草床等热带生态系统分布区。因此，南海历来为中国东南海上军事要地、海上交通要道，是古代海上丝绸之路东出东南亚及美洲等地的水上交通枢纽，也是正在建设的海上丝绸之路经济带南海黄金段的重要枢纽和彰显华夏文明海上历史文化的重要区域。

我国沿海人民在南海诸岛所建的天后庙是我国人民发现、开发海南诸岛的标志和见证，而且是我国人民在南海诸岛留下的文化遗产资源，更是海上丝绸之路文明交流的重要载体，成为集宗教祭祀、海上商贸服务、文化游乐于一体的南海区域重要民俗文化现象。作为一种重要的民俗文化现象，它的历史源远流长，蕴涵深邃，影响深远，分布广泛，形式多样。这些一年四季接连不断的各地民众，为活跃当地经济，推进乡村建设，疏通商品交流渠道，方便群众生活，丰富文化娱乐，增进情感交流，促进海上丝绸之路经济带起到了特有的作用，值得我们认真分析和探讨。

---

* 郭勤华，宁夏社会科学院。

一　传说与分布

　　妈祖是莆田望族九牧林氏后裔。南唐清源军莆田县湄洲人（今福建省莆田市秀屿区湄洲岛），妈祖祖父林孚，官居福建总管。父林愿（惟慤），宋初官任都巡检。在她出生之前，父母已生过五个女儿和一个儿子，盼望再生一个儿子，因而朝夕焚香祝天，祈求早赐麟儿，可是这一胎又是一个女婴，父母有点失望。就在这个女婴将要出生前的那个傍晚，邻里乡亲看见流星化为一道红光从西北天空射来，晶莹夺目，照耀得岛屿上的岩石都发红了。所以，父母感到这个女婴必非等闲之女，也就特别疼爱。因为她出生至弥月间都不啼哭，便给她取名默，父母又称她为默娘。默娘幼年时就比其他姐妹聪明颖悟，八岁从塾师启蒙读书，不但能过目成诵，而且能理解文字的义旨。长大后，她决心终生以行善济人为事，矢志不嫁，父母顺从她的意愿。她专心致志地做慈善公益的事业，平素精研医理，为人治病，教人防疫消灾，人们都感颂她。她性情和顺，热心助人。只要能为乡亲排难解纷，她都乐意去做，还经常引导人们避凶趋吉。人们遇到困难，也都愿意跟她商量，请她帮助。

　　妈祖生长在大海之滨的林默，还洞晓天文气象，熟习水性。湄洲岛与大陆之间的海峡有不少礁石，在这海域里遇难的渔舟、商船，都能得到林默的救助，因而人们传说她能"乘席渡海"。她还会预测天气变化，事前告知船户可否出航，所以又传说她能"预知休咎事"，称她为"神女""龙女"。

　　宋太宗雍熙四年（987）九月初九，是年仅二十八岁的林默与世长辞之日。这一天，湄洲岛上群众纷纷传说，他们看见湄峰山上有朵彩云冉冉升起。从此以后，航海的人又传说常见林默身着红装飞翔在海上，救助遇难呼救的人。因此，海船上就逐渐地普遍供奉妈祖神像，以祈求航行平安顺利。

　　妈祖一生在大海中奔驰，救急扶危。在惊涛骇浪中拯救过许多渔舟商船；她立志不嫁慈悲为怀，专以行善济世为己任。所以，自南宋以来，历代帝王不仅对妈祖频频褒封，还由朝廷颁布谕祭。元代，曾三次派朝臣代表皇帝到湄洲致祭。明永乐在南京天妃宫举行御祭，由太常寺卿主持，并配备乐舞。清康熙统一台湾后，又屡次派朝臣诣湄洲致祭。清雍正复诏普天下行三跪九叩礼。这些祭祀活动是国家层面上护佑历代南海区域民众生活，得到了人民的敬重。由于历代帝王对宗教的推崇和各地教徒迅猛增加，建造寺庙之风四起，宗教祭祀活动需要的香、纸、金泊、黄表、糕点、糖果、吉祥物，饮食小吃之类的商贸活动也随之产生。祭祀活动的定期举行，寺庙周围商贸服务项目增加，从事商贸服务的人员也日渐增多。庙会祭祀融合其他思想意识和外来宗教的信仰，形成一种丰富而复杂的意识混合体。每年农历三月二十三妈祖诞辰日和九月初九妈祖升天日期间，善男信女，四面八方，络绎不绝，商贾云集，香火极盛。因湄洲妈祖庙源于妈祖信仰发源地福建莆田地区的湄洲岛，这里便是妈祖信众朝圣旅游、魂牵梦萦的地方。

妈祖作为至高无上的护海女神，其信仰者遍布世界各地，纪念妈祖的祖庙数以万千。世界上最早的妈祖庙当属建于宋代初期的福建湄洲妈祖庙；另有始建于元代泰定三年（1326）的天津天后宫，因早于天津设卫建城，故有"先有天后宫，后有天津城"之说；台湾云林的北港朝天宫，是台湾地区规模最大、香火最盛的妈祖庙，是台湾信仰妈祖的圣地。它们有世界三大妈祖庙之称。

二　南海海神祭祀分析

我国庙会起于古代的祭祀活动。《周礼·地官·族师》云："春秋祭脯"，郑玄注释："为人物灾害之神也"。祭脯是一中禳除自然灾害的祭祀活动。居住在海洋边缘的人们对海洋灾害又恨又怕，因而在春天和秋天举行一些有象征意义的仪式。这种古风在南海地区民俗中作为一种活化石被保留下来。按照古礼，泛能御大灾、捍大患和有功大于国家者宜得礼。

南海诸岛最普遍的海神信仰是妈祖崇拜，这种海神信仰已有千年之久。宋代，官方与民间海上贸易空前繁荣，海神崇拜更加活跃。南宋之后，妈祖信仰由福建兴起，并迅速在沿海地区传播开来，南宋末年已南传至广州。元代时，妈祖信仰北传至天津。海上贸易最为活跃的福建和广东地区的妈祖信仰，在官船与民船海神祭祀中产生了很大影响，很快得到宋王朝敕封，民间的妈祖转而成为国家偶像——"天妃"，由此成为一统中国的海神信仰。

结合古今各种资料记载，我们不难看出：

第一，南海海神祭祀名同而时不同的现象非常普遍。如福建莆田湄洲岛以妈祖诞辰和妈祖逝世纪念日举行祭祀仪式，每年农历三月二十三日妈祖诞辰和九月初九妈祖逝世纪念日举行祭祀仪式。同一地方的祭祀活动因为时代嬗变而更改时间的现象也很频繁。如福建莆田市秀屿区湄洲岛，除了妈祖诞辰和逝世纪念日举行盛大奠基仪式外，每年的年俗节气都有很多围绕纪念妈祖举行的各种民俗文化活动。海南省举办的祭祀妈祖（吉礼）大典则在 2016 年 10 月 2 日。以澳门特区行政长官何厚铧为代表的第五届澳门妈祖文化旅游节澳门天后宫妈祖祭典仪式是 2007 年 10 月 19 日。台湾地区祭祀妈祖的进香会通常是 3 月 19 或 20 日，等等。

第二，不同地区举行妈祖祭祀活动仪式有所不同。通常大典按奠币、献花、敬果、献三牲、和行三献礼、读祝、焚祝、饮福、受胙程序依次进行，以祈风调雨顺，国泰民安，社会和谐，世界太平，未来美好。祭典在香烟缭绕、钟鼓齐鸣中礼成。但因为地域文化的差异，不同地区的活动仪式有所不同。在福建，妈祖祭祀仪式分为家庭祭祀和宫庙祭祀。家庭祭祀，在家中、船上供神像或对海祭拜，祈求家人平安和航海顺利。宫庙祭祀，日常有献花、点香、燃鞭炮等仪式，庙会期间举行祭祀大典，按照司祭、祭器、仪仗、祭品、钟鼓、祭乐、祭舞等程序依次进行。司祭即祖庙主持人为主祭，各地妈祖分灵庙负责人为陪祭。祭器，即烛台、香炉、等。仪仗，即清道旗、銮驾、仿古兵器等。祭品，即用面粉、香菇、木耳等食品制成仿海洋生物和自然山景。祭礼，即行献寿酒、寿面、寿桃和三次跪、九次叩头礼。祭乐，即乐生用唢呐、鼓、磬、琴、笛等 28 种乐器演奏地方曲调和曲牌。祭舞，即舞生执凤羽、龠管，采用云步、叠步等传统戏曲舞步。妈祖祖庙祭典，在每年农历三月二十三日妈祖圣诞之日举行，《湄洲祖庙祭典》的行祭地点在湄洲祖庙广场或新殿天后广场。祭典全程规模可分可大可小，但程序始终坚持擂鼓鸣炮，仪仗、仪卫队就位，乐生、舞生就位，主祭人、陪祭人就位，迎神上香，奠帛，诵读祝文，跪拜叩首，行初献之礼、奏《和平之乐》，行亚献之礼、奏《海平之乐》，行终献之礼、奏《咸平之乐》，焚祝文、焚帛，三跪九叩，送神、礼成。相对家庭祭祀复杂而丰富。《湄洲祖庙祭典》的乐舞是围绕三献为中心，分

《迎神》、《初献》、《亚献》、《终献》、《送神》五个乐章，《三献》乐称《海平》、《和平》、《咸平》，由男女歌生合唱。舞备八佾，由男女舞生各32名组成，分别秉羽和执龠，是为古代最高规格之文舞。在澳门。澳门妈祖信仰是聚合着"佛、道、儒"三教教义的主流民间信仰，一般举行的大型妈祖祭祀活动，通常也是按照程序按部就班，先摆放祭品，然后行三拜九叩之礼，再奏乐，演唱地方戏曲、歌舞等，而2007年10月19日，澳门行政长官何厚铧主持的祭祀仪式与往届不同，首次采用道教仪式进行祈福祭奠，体现妈祖信仰的多元性、宽广性和包容性。在台湾，台湾妈祖庙会是每逢农历3月23日，信奉妈祖的善男信女，纷纷从全台涌向北港的朝天宫，掀起盛大的妈祖生日进香活动。进香高潮是农历三月十九、二十日，香客们满怀虔诚，长途跋涉，在不绝于耳的鞭炮声和袅袅升起的香烟中寄托着心中的希冀。整个进香祝寿仪式庄严隆重，热闹非凡，妈祖在"千里眼"将军和"顺风耳"将军的护驾下，绕行于北港的大街小巷，神舆所经之地，家家户户大门敞开，摆满供品，燃放鞭炮，以驱邪逐妖。绕行中各种服装表演紧随其后，令人眼花缭乱，行人水泄不通。

第三，各种祭祀活动持续时间及侧重也有所不同。妈祖庙会通常在每年农历三月二十三日妈祖诞辰和九月初九逝世纪念日举行。但有的持续时间长有的持续时间短，侧重点也不同。如有邀请妈祖参加村社的各种民俗活动，祭祀时房间各家各户恭请妈祖神像参加活动，通常是节庆岁时各家各户进香供奉，以求平安顺遂。再如请妈祖"回娘家"。这是各地建妈祖分灵庙时要捧着神像到祖庙举行"取香灰"分神仪式。妈祖分灵庙每隔一定时期到湄洲祖庙谒祖进香，俗称"回娘家"，不同地区"回娘家"的时间和活动内容也不同，通常选择在农历重要时令节气，如元宵节，端午节之类。届时祖庙妈祖在湄洲岛和妈祖分灵庙巡游，接受膜拜，庙会配以舞龙、舞狮、摆棕轿、耍刀轿、舞凉伞等民俗表演。在澳门、台湾等地，庙会除了岁时节气和地方特色文化等民俗表演外，则侧重举行各种大型的服装表演，也有公司为了宣传本公司业务职责进行的宣传等等。如2016年10月2日在海南举行的千人祭祀妈祖活动，在祈福活动后，现场还举行《中国节·中国梦》汉服文化表演、千人妈祖仪仗队巡游福山、"饮福受胙"百桌妈祖祈福平安宴、书法家现场为寿星送百"福"欢度重阳、妈祖信众请"福"、"寿"书画作品等活动。

第四，妈祖庙会文化折射出南海地区海洋产业、商贸旅游和海上交通运输兼营的产业结构特征。南海海域是发展海洋产业的基地和前言，十分重视海上商业贸易，历代封建统治者曾经在这里开辟贸易港口，历史上就是中国海上丝绸之路的著名港口，如广州、泉州、福州等。因此，保护以开发和利用海上丝绸之路，至今是中国人民的海上丝绸之路梦，许多地方建造妈祖庙以求妈祖的保佑。妈祖庙会在某种程度上推动了南海区域海洋经济、商贸旅游和海上丝绸之路的开发利用，促进了南海诸岛屿产业结构的稳定发展。

三　海神信仰的当代功能

妈祖庙会是古代缘于宗教"敬神"流传下来的，妈祖庙会文化集宗教信仰、文化娱乐和商品交易于一体。在南海各类庙会上，商贾云集，往往演出，曲艺演唱、杂技魔术、跑马上刀山、耍猴玩蛇的应有尽有。庙会文化作为一种民俗文化，不仅具有浓厚的传统习俗色彩，而且还具有鲜明的群众性、参与性和时代性。因此，妈祖庙会活动的内容丰富多彩，生动活泼，引人入胜。随着时代的变迁，妈祖庙会活动的内容已发生了质的变化。由原来的为宗教祭祀、善男信女求神拜佛服务，变成了为群众生产、生活、精神文明需求服务。

第一，民间信仰的心理慰藉。由于生产力低下，面对海洋恶劣自然环境的长期肆虐，民众感到无能为力，只能仰赖于超自然力量的解救，在把一切委任于神灵之后，便可获得一种心理上的平衡。在不尽如人意的现实生活中，民间宗教和信仰在很大程度上是下层民众的精神支柱和心理慰藉。它一经产生，就与民众的日常生活密不可分。它虽然与正规的宗教信仰有所区别，但在各种敬神驱邪的神秘仪式中所得到的精神宣泄，却是一致的，求海神乞子，拜妈祖求财，甚至诅咒他人倒霉，等等这些平时难以启齿的欲望在宗教中得到合理化的宣泄。在一些落后的岛屿，妈祖庙会的信仰功能非常明显，当然也夹杂着许多封建迷信色彩，需要有关部门的正确引导和规制。

第二，促进南海商业贸易。随着社会经济的发展，妈祖庙会逐渐演变为商业行为。澎湖天后宫后殿藏有台湾最早的一块碑刻，上刻"沈有容谕退红毛番韦麻郎等"几个大字。据说 17 世纪初叶，荷兰人利用其经济军事实力，占爪哇，设东印度公司，企图与我国贸易。但当时明朝实行海禁，非朝贡国不得通商。明万历三十二年（1604），荷兰提督韦麻郎用大泥（今泰国境内）华侨潘秀之策，致书明朝疆吏，望允荷通商，因无回音，旋率舰于 7 月 12 日登陆澎湖，以便打探。闽中大吏闻此情，急派都司沈有容往见韦麻郎于妈祖宫（即天后宫），铿锵陈辞，晓以利害。韦麻郎知通商无望，求战亦无胜算，乃于 10 月 25 日灰溜溜离澎而去，书写了中国人不战而屈人之兵的光辉一页。南海区域的传统妈祖庙会在形式上虽然只是供人们游乐和祭祀的香会，但若从经济的视角去看，又有宣传推介的商业意义。王秉成先生在《从经济方面分析北京的庙会》一文中说："每当祭日开庙之时，八方男女杂沓而来，络绎于途。这时，庙宇四围内外市廛栉比，摊贩杂陈，交易百物。且此种临时交易市场除以庙内隙地为中心之外，更及于庙外，甚至延展至邻近市街。故庙会乃为繁荣市面的诱致区，同时也是延展为市集的策源地。"妈祖庙会在这一点上与北京庙会颇为相似。南海地区名目繁多的妈祖庙会迎合了人们在节日喜庆气氛中的"消费冲动"，逛庙会花钱买个乐，成了大多数人的共识。随着妈祖庙会经营活动市场的日渐完善和参与庙会人流的不断增加，庙会周边的商业、餐饮业及服务业也受益非浅。成为扩大对外商业贸易交流，推动"一带一路"深入发展，增加社会效益和经济效益，维护地区稳定的重要路径。

第三，增强文化自信。为给妈祖庙会助兴添彩，群众喜闻乐见的曲艺说唱，舞台戏曲，杂技马戏、套圈摸彩等多种文艺活动也乘机渗入，供人欣赏。在南海地区，商业演出和传媒是庙会中必不可少的项目，实际上反映了当地人民的生活需求。同时，"借佛游春"的民间习俗得到传承和发展。逢妈祖庙会游人如织，摩肩接踵。所售商品门类繁多，地方特色鲜明，有布料、装饰品、饮食小吃，糕点、瓜果，小纪念品等。光绪《合水县志》中记载："凡会必演剧、卖茶……其村中自为祷祈者，多用影戏。冬至前后，农功大毕，各庄合会以报赛田祖。"作为传统的民间节日，妈祖庙会主要是在寺庙或者附近举行的酬神、娱神、求神、娱乐、游冶、集市等群众性集会，人们除了到寺庙进香还愿、祭祀神灵以外，凡农副特产、日用杂货、手工工艺、民俗用品、地方小吃等百货云集，客商纷至，戏剧杂耍助兴，地摊野场卖艺，热闹非凡。庙会期间，男女老少，走亲串友，商贾云集，南来北往，有进庙烧香的，有看戏的，有看马戏杂技的，也有作商业广告和服装秀的等等，在某种程度上增强了地区传统文化的传播和文化自信。

女神信仰·海洋社会·性别伦理

——对水尾圣娘信仰的性别文化考释*

王小蕾**

引　言

水尾圣娘信仰是南海重要的海洋女神信仰：它从海南岛的东北部发端，影响辐射的范围遍及环南中国海周边国家和地区。以往学者们对水尾圣娘信仰的研究，意在考察其历史流变、文化意涵及海外传播的状况。① 遗憾的是，对于围绕水尾圣娘信仰产生的性别议题，他们之中的多数人将其视为分析的附属因素而非核心。

有鉴于此，笔者拟采用长时段的历史视角，从涉海人群的实践行为和心理积淀出发，对各个时期水尾圣娘信仰的性别文化意涵加以深描，概括其在构建南海海洋社会性别伦理中的作用。在考察中，笔者拟从人与神灵、人与自然、人与社会的关系入手，分析不同主体如何利用这一海洋女神信仰制定与性别权力有关的观念、价值及规则，表达对女性的角色期望

*　本文为 2017 年度国家社科基金西部项目"南海诸岛渔民群体的信仰文化研究"（项目编号 17XSH003），2016 年度海南省哲学社会科学规划课题"海南红色女性文化的传播问题研究"〔项目编号：HNSK（ZC）16－15〕的阶段性成果。

**　王小蕾，海南大学马克思主义学院。

① 参见石沧金《马来西亚海南籍华人的民间信仰考察》，载《世界宗教研究》2014 年第 2 期；王翔：《近代南洋琼侨的社团与生活》，载《海南大学学报》（人文社会科学版）2001 年第 3 期；冯子平：《海南侨乡》，天马图书有限公司，2003；〔新〕吴华：《新嘉坡华族会馆志》（第二册），南洋学会，1975；〔澳〕颜清湟：《新马华人社会史》，粟明鲜等译，中国华侨出版公司，1991；苏云峰：《东南亚琼侨移民史》，见氏著《海南历史论文集》，海南出版社，2002。

与社会定位，做出对社会性别关系的制度安排。如此既能够体现性别视角在涉海人群信仰研究中的重要性，又可以彰显出南海海洋文化包容互鉴的本质特征。

一　信仰的发端：南海渔业生产中的性别禁忌

水尾圣娘信仰的发源地是位于海南岛东北部的清澜港。① 因为清澜港系海南岛通往南海诸岛的始发港："自清澜去七连用乾巽兼已亥两线十六更"②；所以南海渔民就成为了这位海洋女神最早的信仰者。尽管当地社会结构、人文生态与渔业生产方式伴随着时代变迁几经变化，然而水尾圣娘的信仰者规模不断扩大，信仰空间的边界也得到了巩固。因为，民间信仰只有达到一定的规模和影响，才会被官修地方志的作者们不吝笔墨加以记录。如康熙《文昌县志》所述：

> 清澜水尾庙 即祀南天夫人。明正德间，有石炉飞来水尾地方，因建庙焉。英显特异。又庙滨海港，当往来之冲，祈祷立应，血食不衰。③

宗教社会学的奠基人涂尔干（Émile Durkheim）曾经说过："任何宗教都是真实的，任何宗教都是对既存的人类生存条件作出的反应，尽管形式有所不同"；"最野蛮最古怪的仪式，以及最奇异的神话，都传载着人类的某些需要以及个体生活和社会生活的某些方面"。④ 通过对水尾圣娘的神话传说加以考察，也可以发现：这一海洋女神信仰传承的过程，亦包含着复杂的文化信息传递。这既是源于南海渔民对海洋知识的积累及对海洋意象的构建，又体现出其对海洋自然与人文生态的适应性。以"水尾圣娘庙"的故事为例：

很久以前，水尾村有一个姓潘的渔民。有一天出海捕鱼，当他拉网时，觉得非常沉重，他认为准是大鱼落网了，非常高兴，加把劲把鱼拉

---

① 今属海南省文昌市。
② 陈永芹抄存：《西南沙更簿》，见韩振华编《我国南海诸岛史料汇编》，东方出版社，1988，第395页。
③ （清）马日炳纂修：康熙《文昌县志》，海南出版社，2003，第46页。
④ 〔法〕爱弥尔·涂尔干：《宗教生活的基本形式》，渠东等译，上海人民出版社，1999，第3页。

起，定眼一看，哪是什么鱼哟？原来是一段大木头。他抱起木头，往下游抛去，重又下网。不久，他重拉网时，又看到那块木头。他觉得太奇怪了，为什么抛到下游的木头，又逆水回来呢？莫非这木头有灵性！他把木头抱到沙滩上，默默的祈祷："木头呀木头，你不要在作弄我了，如果你真有灵性，就帮我的忙，让我满载而归，我将你带回家去，刻成像供奉。"说罢，他又继续下网捕鱼。

说来也奇，从此潘渔户网网丰收，他满载而归。回家后，他决定用那块木头刻神像，造庙供奉。但该造什么神像好呢？倒使他发愁起来，夜不能眠。有一天晚上，潘渔户躺在床上，刚合眼皮，便看见一位头戴金盔、身披银甲，腰佩宝剑的女将前来向他招手："潘叔，娘娘有事请你进宫一谈。"便引导潘渔户走到一个金碧辉煌的殿宇来，潘渔户抬头一看，有位头戴凤冠，身披霞帔，脚穿绣花红鞋，仪容端庄、慈祥的娘娘，高高的坐在銮椅上。她慈祥的对潘渔户说："潘渔家，你想雕神像，建庙宇，只可量力而行。"潘渔户跪地叩拜，感谢娘娘恩典。正要起身回家，只见金光一闪，景物全非，原来只是一场梦。后来他按照梦中情景的形象雕刻神像，并在十月十五日在水尾村盖起一座庙宇供奉，取名为水尾圣娘庙，并把十月十五日定为神诞纪念日。①

在包括渔民在内的涉海人群的主观意识中，海洋不仅是由尾闾、洋流、季风和潮汐构成的动态空间，而且是由客观危险和怪异想象构成的奇异世界。这种判断，实际上也近于真实的历史："涨海崎头，水浅而多磁石，外徼人乘大舶，皆以铁鍱鍱之，至此关，以磁石不得过"；② 吉阳，地多高山……其外，则乌里苏密吉浪之洲，而与占城相对，西则真腊、交趾，东则千里长沙，万里石塘，上下渺茫，千里一色，舟舶往来，飞鸟附其颠颈而不惊"③；"传闻东大洋海，有长沙、石塘数万里，尾闾所泄，沦入九幽，昔尝有舶舟为大西风所引，至于东大海，尾闾之声，震泃天地。"④

---

① 《水尾圣娘庙》，讲述人：潘先伯，记录人：符策超，载《中国民间故事集成·海南卷》，中国 ISBN 中心，2002，第 239～240 页。

② （吴）万震：《南州异物志》，载（宋）李昉《太平御览》，中华书局，1963，第 4372 页。

③ （宋）王象之：《舆地纪胜》，载《我国南海诸岛史料汇编》，第 33 页。

④ （宋）周去非著 杨武泉校注《岭外代答校注》，中华书局，2006，第 36 页。

可见，南海自然生态环境的复杂性是有目共睹的：其间既星罗棋布着数百个大小不一的岛屿、沙洲、暗礁、暗沙，暗滩，又存在着风暴和海盗的袭击。那么，渔民们为什么会依旧选择风险性较高的远洋捕捞业呢？这恐怕不仅是为了按时、按量的缴纳政府所规定的赋税，更多的是出于获取奢侈海产品的需要。毕竟，在广袤的南疆海域，存在着名目繁多的鱼类、海龟、玳瑁、海参、砗磲等："岭南卢宾县涨海中，玳瑁似龟而大"①；"涨海中，得珊瑚洲，洲底有盘石，珊瑚生其上也"② 对于南海渔民而言，捕获奢侈海产品，不但意味着取得超额利润，更是一种对个人价值的认可。这既反映出他们开放进取的文化心态，又从一定程度上折射了海洋社会与农业社会业已存在的差异。

于是，在从事渔业生产的过程中，渔民们既革新了生产和航行的技术，养成了独立自主的精神；又建立了团结协作的关系，以便获取信息、加强社会关系和解决矛盾等。同样的，当对海浪、赤潮、风暴潮、海啸等自然现象有所畏惧时，他们也选择求助带有些许神秘色彩的超自然力量。比如投祭亡魂的习俗便在往来于南海的渔民和商旅中广泛盛行。如《顺风相送》中所载："七州洋：一百二十托水。往回三牲酒澧粥祭孤。贪东鸟多，贪西鱼多。"③ 足见，在与环境互动的过程中，他们的文化观念也随着生存技能的习得而逐渐形成，并寄寓在了神灵信仰中。水尾圣娘信仰的发端，正是得益于这一历史进程。

另外，在两性关系的规范上，渔民们更是有着独到之处。一直以来，他们对渔业生产中的两性分工都具有严格的限定：从事水产捕捞往往被视为男性劳动的注脚，女性对海洋空间的涉足始终未被习俗所接纳和允准，她们进行生产劳动的场域多被限定在岸边或农田："妇女守阃阈，羞见外人。贫家亦时出耕作，而事纫绩、刺绣为多。"④ 原因不难理解，在性别社会化的过程中，两性之间的权力分配方式是导致其地位差异的主要原因。作为男性和女性的责任和规范也会因社会变迁和生理结构差别而呈现出较大不同。由于常年与危险四伏的大海为伴，渔民们拥有胆识和魄力的同

---

① （宋）李昉：《太平御览》，第 3587 页。
② （宋）李昉：《太平御览》，第 3 页。
③ （明）无名氏：《顺风相送》，向达校注《两种海道针经》，中华书局，2000，第 33 页。
④ （清）张嶲纂修：咸丰《文昌县志》，海南出版社，2003，第 53 页。

时，也存在着对海洋的敬畏与妥协。这使他们在性别观念方面的保守性日益明显，目的是为了体现男性在体力和智能上的优势，维系女性在家族传承和人口繁衍中的力量，避免或减少渔业生产中不必要的人员浪费和牺牲。比如在显圣故事中，作为女性神灵的水尾圣娘虽具有民间神灵"有求必应"的普遍性特质，并体现出男性神灵所缺乏的关怀和关爱，但她从未直接现身于南海渔民生产作业的空间，就是其中证明。另外，在人口大规模海外迁移的潮流出现以前，奉祀水尾圣娘的庙宇为什么会集中在海南本岛及附近海域？背后恐怕也反映出了南海渔业生产中的性别隔离与性别禁忌。

不过，在多数与水尾圣娘信仰有关的文献中也显示：这一海洋女神的部分行为实践依旧同南海渔民的主流性别观念有所抵触。比如僭越南海海洋社会对女性活动空间的限定，为从事渔业生产的男性输出经验。那么，由此而产生的争议应当如何处置呢？在韩振华于 20 世纪 70 年代对文昌渔民的调查中可以发现，渔民们尽管不认可女性神灵的性别越界行为，然而对于其身上固有的神秘力量，他们仍旧心存敬畏。所以，当分享自己的神秘体验时，他们往往会避免渲染其中所存在的威胁性，以此进行一种性别规范的构建："说天气恶劣时，桅顶上有一颗星，这时候就要用饭团投入海祭之，以保平安。据说这颗星是女神的化身。相传古代有个女人要去南洋，但船上规定不能带女的，若运载了女的就会运气不好，就会有全船覆没的危险。后来那个女人苦苦哀求，船上总簿心慈，就把她关在箱子里藏起来，送饭给她吃。一次送饭时被船主发现，就把这女人推下海去，女的死后化为神，专门给人指点凶兆。于是，每当天气不好时，桅顶上就有一颗星。"①

这充分说明，在海洋这一兼具开放性与流动性的区域地理空间，涉海人群的性别伦理相较于传统社会规范，具有应变和变通的特点。女性在两性关系及生产生活中既定不变的角色，也会被赋予一种弹性。②据笔者观察，在农历十月十三日至十四日水尾圣娘宝诞——军坡举行的时候，抬水尾圣娘神像巡游的任务多由中青年女性承担。部分资料也显示，其它女性

---

① 《渔民王安庆的口述材料》，见韩振华等编《我国南海诸岛史料汇编》，第 418 页。
② 陈瑛珣：《海洋社会华人女性生活史料运用举隅》，《学术研究》2010 年第 12 期。

对相关祭祀活动的参与同样被习俗所允准：

> 圣娘庙既告落成，以潘家为出身娘家，每年农历元旦后，乡众必奉圣娘家拜年后，方巡游各乡，以保地方安宁。且每隔二年，于农历之十月十三、四、五日，定为圣娘宝诞——"军坡"之期。
>
> "军坡"场所设在东郊外，名为"水尾娘娘坡"，距离圣庙约三里之遥。发"军坡"时，坡上建有高亭一座，亭前设拜坛数行，每行有百多位，供人膜拜之用。……圣诞期间，各地善男信女，扶老携幼，源源而来，拜神求福，真是人山人海，好不热闹。圣娘出游时，阵容浩大，有杂技、花亭参加巡游，乞求圣娘保平安的善男信女，则紧随队伍之后，可以说旌旗蔽日，鼓乐喧天。①

尽管在传统的解释中，女性既与经济生产无涉，又同文化创造无关；然而在仪式进行的过程中，作为女性神灵的水尾圣娘却能作为渔民酬答的对象而存在。这本身就显示出了对女性的尊重，并能够使男女两性共同适应和应对海洋环境风险。同时，女性之所以拥有较高的参神热情，既是为了减缓生活的压力，更是为了借助神圣的力量，建立和维系自身与生活环境之间的情感纽带。因为，无论参神动机如何，女性和这位海洋女神之间都建立了一种巧妙的同性对话机制。这令她们能够充分表达了自身在日常生活中的诉求，从而获得精神上的愉悦感和满足感。此外，这一海洋女神身上所蕴含的对女性本质力量的赞美和肯定不仅激发了她们的自信心，还为打破家庭桎梏，拓展活动空间提供了合理依据。由此，男女两性在共享水尾圣娘所带来的宗教抚慰之余，也使得因渔业生产中的性别隔离制度和男性支配女性的不公正地位而导致的社会矛盾有一种转化和超越的可能。

二 信仰的传承：儒家性别伦理的植入

但是，水尾圣娘信仰毕竟是一个地方性女神信仰，在传承的过程中也难免受到某些强势信仰的挑战。上述现象生成的地域环境多为交通便利，

---

① 雪兰莪琼州会馆编《马来西亚雪兰莪琼州会馆庆祝百周年暨天后宫开幕纪念特刊》，1989，第219页。

多元文化互动频繁的沿海地带或岛屿。华琛（James L. Walson）在讨论香港新界的海洋女神信仰时，曾指出："天后在迁海后地位显赫实际上是吃掉或是消化了更早的神……邓家宣称，有一个更早的神沙江妈曾在沿海一带做主，现在被天后制服……沙江妈或许是被天后消化了，但她不是完全不存在。在厦村每十年的一次'打醮'活动（下面还要谈到）时，沙江妈要与其它不重要的地方神一起短时间露面。"①

不能否认的是，水尾圣娘信仰在植根于海南岛多地的同时，正值妈祖信仰在海南盛行的时期。移民的迁入、海洋贸易的发展与政府的扶持，都使之在当地具有了强势地位。如小叶田淳所述："海南岛最早的天后庙，是元朝时代建立在白沙津和海口的。"② 据王元林等人考证，明清海南岛上共有妈祖庙47座，除了4座是元朝所建外，其余43座均建于明清时期，地域范围遍及海南岛13个州县。③ 另外，在南海的诸多岛屿上，都建有敬奉妈祖的场所，如琛航岛、甘泉岛、太平岛、北岛等。不过，面对妈祖信仰的冲击，水尾圣娘信仰却并没有像有些地方性海洋女神信仰那样呈现出日渐式微的命运。笔者在调查中发现：尽管水尾圣娘在南海渔民神灵谱系中的重要性有所下降，但是海南岛内奉祀水尾圣娘的庙宇却在数量上不断增多，在地域空间分布上也出现了由沿海各渔港向内陆腹地扩展的趋势。海南岛内水尾圣娘庙总计26座，其中：文昌市7座；琼海市5座；海口市3座；屯昌县1座；定安县10座。④

---

① 〔美〕詹姆斯·沃森（华琛）：《神的标准化：在中国南方沿海地区对崇拜天后的鼓励（960~1960年），载〔美〕韦斯谛编《中国大众宗教》，陈仲丹译，江苏人民出版社，2006，第71~72页。

② 〔日〕小叶田淳：《海南岛史》，张迅斋译，台北：学海出版社，1979，第56页。

③ 王元林、邓敏锐：《明清时期海南岛的妈祖信仰》，《海南大学学报》（人文社会科学版）2004年第4期，第383页。

④ 海南岛内各地水尾圣娘庙的存在状况大致如下：海口市：灵山镇权上村水尾圣娘庙、龙泉镇大叠村公庙（合祀）、遵潭镇儒逢五神庙（合祀）；定安县：岭口镇水尾田村水尾圣娘庙、龙湖镇高大昌村白鹤婆庙、雷鸣镇崀坡村水尾圣娘庙、黄竹镇黄竹水尾圣娘庙、雷鸣镇后埇村水尾圣圣娘庙、定城镇龙岭村婆庙、雷鸣镇中果坡村南海娘娘庙、定城镇仙沟泰华庙（合祀）、雷鸣镇雷鸣婆庙（合祀）、龙门镇龙门婆庙（合祀）；屯昌县：乌坡镇乌坡婆庙（合祀）；琼海市：潭门镇社昌村水尾圣娘庙、嘉积镇龙池村水尾圣娘庙、嘉积镇乌石埇水尾圣娘庙、中原镇迈汤水尾圣娘庙、大路镇肇泉圣娘庙（合祀）；文昌市：东郊镇桃李村水尾圣娘庙、冯坡镇文堆村水尾庙、翁田镇下田坡市圣娘庙、锦山镇南坑村南埠庙、抱罗镇杨家坡圣娘庙、罗豆农场田心村火燃圣娘庙、铺前镇七星岭圣娘庙（合祀）。

这种情况，恐怕与多年以来王朝教化与海域边疆复杂互动的契合过程有着密切的联系。特别是到了封建社会后期，为了防范海域边疆在政治与人文生态方面可能存在的安全隐患，国家权力对南疆海域介入和渗透的速度和力度更是前所未有。在封建统治者们看来，面对像水尾圣娘那样在海洋社会中具有广泛信仰基础的神灵，赋予其符合朝廷典章制度和士大夫价值观念的正统性，具有向边远地区传播正统文化，减少中央与地方势力的冲突，减轻士人群体内心矛盾的多重作用。于是，水尾圣娘就曾被嘉庆帝敕封为"南天闪电感应火雷水尾圣娘"。上述做法不仅使水尾圣娘和陆上女神"电母"在神格上实现了融合，继而出现了在民间信仰中罕见的"水火相容"的局面，还将制度化的国家礼仪和民间自然形成的社会规范有机结合。这既奠定了国家政治设计的基础，又以构建文化认同的方式消解了潜在甚至显在的统治危机。由此生成的灵活调偕的政治智慧，体现出维持国家大一统与促进海域边疆社会发展之间的平衡。

官方主流价值的承认，无疑令水尾圣娘信仰在部分有着涉海经验的士人群体中备受认可。他们也希望将自己的思想观念化民成俗，透过礼仪和教化来规范民众的行为。同治朝恩进士符朝选在《新建水尾圣娘桥记》中曾经提到，随着时间的推移，士人群体对水尾圣娘信仰的参与程度日益提高：

> 甲子春，郑君德辉会众于水尾庙，欲甃以石，以计久远。然工程浩大，独力难支，于是，集十二村酌议，分簿劝捐，集腋成裘，艮工于夏，吉竣于秋。

对于水尾圣娘及其背后的海洋文化观，他们同样有着独到的理解：

> 原夫地名水尾，乃众流之所归，前通大海，后据深潭，中祀水尾圣娘昭宇焉。以水而论，水行地上，在《易》为水地比之象……而朝宗于海者也。以地而言，地中有水，于《易》为地水师之义……康芒大路，海涛涨溢，更有潮汐无差临流者，岂能凭卢而渡？欲涉者为之革取唤奈何？况地属水尾，为圣娘出入要津。①

---

① （清）符朝选：《新建水尾圣娘桥记》，清同治三年（1864）。

毫无疑问，士人群体的介入，不仅令水尾圣娘信仰呈现出同儒家伦理相结合的一面，还使之在地域社会的权威性有所提升，并同天后（妈祖）信仰形成了共存和对话的关系。据笔者观察，海南岛内的民众通常将水尾圣娘和妈祖共尊为"婆祖"，意为家中尊贵的女性。然而，在对水尾圣娘信仰的文化象征意义加以解析时，士人们却有选择地忽视了其性别意义。至于其原因，正如彭慕兰（Kenneth Pomeranz）分析的那样：同母性和养育的关联性，是女性神灵取得合法性的基础。而"正统观念的卫道士"时常被一种暧昧的信息困扰，这种信息就是女性神灵所扮演的角色与社会对女性行为规范的定义——即母性和养育——存在矛盾。对于某些具有活力但又存在几分危险力量的女性神灵，他们宁愿将其视为具有超自然冒险经历的女英雄，也不愿把她看作女性应当崇奉的对象。① 是故，尽管早已感受到女性对这一海洋女神信仰的虔诚："凡军期际，会男女所往来，车马所驰驱，水深泥滑"；但在对其价值进行衡量和判读时，他们依旧是以男性和男权价值观作为准绳，没有正视女性对自身处境与社会职责的思考；更忽视了女性的社会感受及宗教参与的激情。长此以往，难免会导致宣谕教化的意图同民间思维范式之间出现裂痕，无法使之起到教化民间，统合社会的作用。

只不过，出于提高神灵地位，为信仰的存续发展提供保障的精神诉求，水尾圣娘的信众们对上述做法还是选择了接纳，并力图将水尾圣娘信仰纳入到以儒家正统为主导的社会结构中。这是主动避免官方推广正统文化的政策与地方性海洋神灵信仰之间产生敌对关系的途径之一。另外，在对水尾圣娘信仰加以改造的过程中，信众们同样展现出了文化自觉与社会包容的统一。他们不但继续为水尾圣娘信仰制造官方化色彩，还不断添加儒家文化的元素。对水尾圣娘信仰承载的性别文化意涵，他们更是进行了创造性的解构和建构。目的是令这位海洋女神的性别气质更加符合期待，消除士人群体对其性别越界行为产生的疑虑，进一步充实水尾圣娘信仰正统化所需的舆论基础。

在以往有关水尾圣娘的传说中，其身世和姓名皆不可考。如此一来，

---

① 〔美〕彭慕兰：《泰山女神信仰中的权力、性别与多元文化》，载〔美〕韦斯谛编《中国大众宗教》，陈仲丹译，第116页。

未免使之难以摆脱怪力乱神的色彩，并成为影响其继续扩展的障碍。为了克服以上不利因素，信众们需要为这位海洋女神编造新的家世。有关定安水尾圣娘的起源传说中就有这样的表述：

> 水尾圣娘本名为莫丽娘，元末明初出生在琼州府定安县梅田峒龙马田村（今属海南省定安县岭口镇）16 岁时，某天去坡地干活，因其被玉皇大帝选中，肉身归天而成神圣。[1]

上文不仅明确了水尾圣娘的家庭归属，更揭示了其由人到神的发展轨迹——因具有创造家庭财富，参与社会经济分工的主动性，从而被男性和男权（即文中提到的"玉皇大帝"）所承认和拣选。由此则无疑实现了女性传统道德要素与神灵权威的有机结合。为了进一步密切二者之间的联系，部分关于这一海洋女神的显圣故事还力图使之直接现身于家庭——这个女性生活的主要场域：

> 迈柳村何客妻王氏居傍有老海棠树。天启二年春，劈开树窝，中结另一木，高尺许，取藏之。家数有蛇异，欲斩之。夜见梦，曰："吾，南天圣母也，向尔取金像耳。"氏知为木妖，因祝曰："果神耶？家中多鼠，为我逐之。"数日，鼠绝迹。祀为香火。[2]

另外，为规避因性别禁忌而带来的风险，合理解释水尾圣娘与海洋这一区域地理空间的联系，信众们也尽可能对这位海洋女神的故事加以附会，使之同封建王权和拥有社会权威的高官名宦发生关联。由于张岳崧[3]曾为水尾圣娘主庙右侧木匾题字："慈云镜海[4]，敬奉水尾圣娘"，因此在水尾圣娘信仰盛行的部分区域，"张岳崧梦遇水尾圣娘"的故事就曾广为流传：

---

① 路曼：《水尾圣娘神迹简述》，载黄宏荫编《马来西亚海南族群史料汇编》，马来西亚海南会馆联合会，2011，第 398 页。

② （清）马日炳纂修：康熙《文昌县志》，第 200～201 页。

③ 张岳崧（1773～1842），海南定安人，是海南明清两代唯一探花，曾任湖北布政使、大理寺封少卿等职。

④ 笔者在调查中了解，"慈云镜海"一词系水尾圣娘主庙重修时为后人重刻，有种说法是张岳崧题字的原文为"慈云圣母"。

据传，当年张岳崧进京应考时，梦遇水尾圣娘对他的启示，便问圣娘如何称呼，圣娘答："我乃琼州水尾圣娘"。他果真按水尾圣娘的启示答题，结果蒙恩高中探花。后来归琼打探查找，亲临圣庙，当即挥毫写下了"慈云圣母"一匾赠献……有一次，张探花回海南故乡探亲，离京之后不久，帝王忽患病垂危，太子就流（应为"派"，笔者注）钦差专使前来海南走报消息……当钦差未到之前，有一夜，张探花在睡梦中，见有一位华贵的老妇人前来叫他称："帝王病危恐不久于人世矣，您要火速束装回京，共商国是。"他惊醒起来，认为水尾圣娘传噩耗定是不祥之兆……随即摒挡束装赶程回京，到京后仅七天，帝王就不幸驾崩了。[1]

同时，在对性别分工的表述上，上文也经由信仰者的主体经验，反映了男女两性在现有性别权力关系中的各自地位。刘正刚等人认为：在海南岛内，国家政权对南疆海域的归化改造和海洋社会特有的族群互化，导致以男尊女卑为核心的儒家性别伦理同以女劳男逸为主的地方性别文化传统有机结合，遂形成女耕男儒这种特殊的性别分工形态。一方面，官方兴文教的举措，令越来越多的男性热衷于通过科举求得功名，继而在国家与地方社会的权力中心占据一席之地。另一方面，尽管女性是家庭劳动的主要承担者，并拥有操持家务、维系亲属关系乃至辅助男性的隐性权力，然基于上升空间的缺失，其社会价值在无形之中被贬斥。[2] 在故事中，水尾圣娘身上贤惠、奉献、守护的女性特质固然是像张岳崧这样的男性士人无法替代且必须敬仰的。不过，这位海洋女神只是充当了皇帝与张岳崧之间信息联络的中介，犹体现出女性服务性与从属性的社会定位。这种两性之间权力博弈的结果则是：在保障女性享有性别自主空间之余，也令男性掌握的显性权力在无形中得以加强。

可见，水尾圣娘的故事在民间的口传、书写和建构中进一步被导向了正统性别伦理引领的价值观。经由信众们的操作、选择乃至实践，水尾圣

---

[1] 雪兰莪琼州会馆编《马来西亚雪兰莪琼州会馆庆祝百周年暨天后宫开幕纪念特刊》，第220页。

[2] 刘正刚、罗彧：《明清边疆社会的习俗互化——以海南女性生活为例》，《中国边疆史地研究》2008年第4期。

娘逐渐具有了被正统文化认可的传统女性角色，她对于性别行为规范的反叛也在一定程度上被有效的遮蔽。这说明了国家制度规约性与民间社会自发性的统一是相互联结的过程，其中也包含着性别权力关系的调整和重构。无论女性认同这种性别建构方式与否，这位海洋女神身上的独有特质：如供养家庭的社会职责、激励男性的独特使命和宽容端慧的女性气质，都在无形之中提供了一种行为引导机制。由此形成的社会舆论，更是成为了正统伦理秩序创造与认同的文化资源。

三　信仰的输出：性别歧视观念的消解

近代以来，南海作为区域互动媒介的作用日益显著，水尾圣娘信仰传播的方式也伴随着信仰者的空间流动而发生了改变。为了缓解本已突出的人地矛盾，降低因基层社会治理体系的崩坏而造成的生存压力，海南文昌、乐会、琼山、琼东等地出现了人口海外迁移的高潮。据统计，在轮船航运时代尚未开启时，每年由清澜港始发或经铺前港前往环南中国海周边国家和地区的帆船有百余艘。其中，赴暹罗者 40 艘、赴交趾北部者 50 艘、南部者 25 艘。至赴星洲者，早期仅十余艘，盛时四十余艘。每船载重千余或一万担（合一百至六百吨），除货物外，每船附载乘客廿余人至百人。①

在跨海迁移的过程中，海南人不仅利用血缘、地缘、业缘关系构建了相对稳固的社会网络，许多发端于当地的神灵也成为了凝聚人群的精神纽带。水尾圣娘正是其中之一。由于自然条件恶劣，加之航行技术落后，每年由海南岛出发的移民在渡海途中溺亡或生死不明者甚多。在族谱等地方文献中，不时出现这样的记载："永煌次子，家元，往番卒"②；"鸿俊三子，倍大。娶妻南墩村王氏。倍出洋未知存亡"。③ 于是，为了减轻因出海危险而带来的心理压力，每艘载有海南籍移民的船只都设有水尾圣娘的神位。当移民们到达目的地后，水尾圣娘信仰也随其迁移流动的轨迹广泛流

---

① 苏云峰：《东南亚琼侨移民史》，载氏著《海南历史论文集》，第 196 页。
② 《杨氏家谱》卷五，弘农郡，戴德堂，1989 年续修，载唐玲玲、陈虹、周伟民编著《海南家谱移民人口史料与研究》上，知识产权出版社，2014，第 463 页。
③ 李科宏、李大琼主修《李氏族谱》卷七，1979 年续修，《海南家谱移民人口史料与研究》上，第 297 页。

布于环南中国海周边国家和地区。

据学者考察："泰国海南人神庙中最盛行奉祀水尾圣娘。这可以从当地海南人建有为数甚多的水尾声娘庙看出。在泰国72府中，凡有海南华人的县市，都有水尾圣娘庙的创立。据考证，泰国海南籍华侨最早创立的神庙，当属清朝道光二十一年（1841年）建立的曼谷三清水尾圣娘庙。"①除了单独供奉的庙宇外，水尾圣娘的神像还附设于海南人在环南中国海周边国家和地区建立的地缘性团体中，并作为妈祖的配祀神灵而存在。据《新加坡琼州会馆/天后宫史料略》记载：

> 考我琼同乡南来侨居本埠，当在新加坡开埠前一八一九年，距今一百七十年前……琼州会馆自此诞生。馆内并设有天后宫，以崇祀天后圣母，水尾圣娘及昭烈一百零八兄弟诸神祇。②

旅居异国的海南人之所以崇奉水尾圣娘，无非是为了"联络乡谊，发挥互助合作之精神"。可见，当身处一个陌生的地域后，他们对带有乡土特质的信仰文化符号存在天然的认同感，为的是从乡土文化的独特性中定义自我身份，获得精神的慰藉和心灵的共鸣，构建相关的价值系统和伦理规范。是故，在实现水尾圣娘信仰的代际传承之余，信众们还依据个体或群体的生命经验，重构了水尾圣娘的性别文化意涵。

首当其冲的，就是对水尾圣娘的显圣传说加以再造。在此，他们借鉴了"挪用"和"叙事化"的手法，将神灵事迹和本族群业已存在的历史记忆和文化符号有机结合，颠覆了这位海洋女神固有的性别身份——不再是以奉献和牺牲为特质的守护者，而是成为与信众们同舟共济的合作者。同时，他们对水尾圣娘神性与神力的膜拜则更多的体现为对女性智慧与力量的承认与礼赞。足见，空间位置的变化，信仰者群体的扩大，使得具有跨国性的水尾圣娘信仰表达了全新的社会性别权力关系：

---

① 石沧金：《马来西亚海南籍华人的民间信仰考察》，《世界宗教研究》2014年第2期，第96页；相关记载还可参见冯子平编著《走向世界的海南人》，中国华侨出版社，1992。第130页。

② 《新加坡琼州会馆/天后宫史略》，载新加坡琼州会馆庆祝一百三十五年纪念特刊委员会：《新加坡琼州会馆庆祝成立一百三十五年纪念特刊》，新加坡琼州会馆庆祝一百三十五年纪念特刊委员会，1989，第101~103页。

早年，乡民出国从清澜港乘帆船，随风逐浪，飘洋过海，朝东南亚方向进发。帆船上安放水尾圣娘神位，保佑旅途平安。民间留传许多水尾圣娘海上显圣的故事。帆船行驶茫茫大海，遇上天气突变，刮风下雨，天黑海暗，狂风骇浪，帆船面临灾难的时候，只要船主率领全船乘客，烧香祷告水尾圣娘，许下心愿，随即雷电交驰，响声四起，颠簸的船身便平稳下来。直到暮夜时分，海上出现一盏明灯，前行导航，舵公把船朝明灯方向驶去，便可抵达避难的安全港口了。①

无独有偶，人们在安排水尾圣娘的信仰空间时，也力图消除男、女两性神灵之间的性别隔阂，使之以平等的身份共享信众们的香火。原因很简单，神话传说和信仰实践之间往往存在着密切联系：信仰实践需要神话传说的证明和支持，神话传说也有赖信仰实践而得以传承、强化，乃至神圣化。石沧金等人在对马来西亚海南籍华人民间信仰的考察中发现：水尾圣娘与他们普遍信奉的男性神灵如大伯公、一百零八兄弟共处同一信仰空间的现象几乎比比皆是。甚至在一些供奉水尾圣娘的庙宇中，这位海洋女神享用的祭祀规格要高于以关公、一百零八兄弟公为代表的男性神灵：

> 2011 年 11 月和 12 月，我们曾两度拜访了位于雪兰莪州适耕庄华人新村的水尾圣娘庙，它可能是全马最大的水尾圣娘庙。该庙主殿供奉水尾圣娘（中）、天后（右），冼夫人（左）、108 兄弟、阴神（左、女性）、阳神（右、男性）、三太子、法主公。右偏殿供奉玄武上帝、后殿为阴府殿，供奉南方财神关公，以及大伯爷、二伯爷、黑白无常。②

上述现象的形成，则离不开信仰者所处的历史文化语境及社会建构的实践。身为海上丝绸之路的交通枢纽，南海以自由航海贸易为支柱，以经济文化交往为主流，包容了形态各异的海洋文化，形成了多元共生的社会秩序。即便是近代以来西方国家的扩张改变了这一区域地理空间的固有和平属性，但是传统时代开放、灵活、圆融的海洋文化精神依旧存在。水尾

---

① 冯子平：《踏访黄袍佛国》，中国华侨出版社，1994，第 243 页。
② 石沧金：《马来西亚海南籍华人的民间信仰考察》，《世界宗教研究》2014 年第 2 期，第 96 页。

圣娘信仰之所以能够成功地消解传统社会的性别歧视观念，正是得益于此。

一方面，由于传统与现代文化的交汇，使之前"视海洋为女性活动禁区"的性别伦理不再是唯一的道德模板。在海洋这一流动性的区域地理空间内，挑战传统女性准则与社会规范的某些因素早已明确凸显。虽然在海南人海外移民潮流开启之初，女性的出洋是被绝对禁止的，理由如下：（一）"男外女内"的空间限制；（二）双向环流的迁移流动模式；（三）男性移民的性嫉妒心理。① 苏尔梦在调查中也发现："有的人认为海南妇女在 20 世纪初以前，不准向外移民，第一批随丈夫下南洋的（海南女性）不得不先到香港并装扮成广州人的模样以逃避检查"，但据某些资料显示："1859 年，一个海南戏班曾到东南亚演出，部分男女演员在当地定居下来。根据这项资料，这些女演员应是海南妇女移居海外的先锋"②。足见，女性的社会地位与涉海人群对两性关系的认知，已然伴随性别观念与文化互动模式的历史性转型而发生了本质的变化。

另一方面，由于海洋同样是文明对话的纽带，故本土与外来文化的碰撞，令民间信仰的生存合法性受到了新的挑战。在水尾圣娘信仰跨海传播的过程中，以基督教为代表的外来宗教在环南中国海国家和地区的影响力同样与日俱增。诚如某些外国传教士记载的那样，由于基督教具有强大的文化渗透和思想启蒙能力，遂成为生活在环南中国海周边国家和地区的海南人构建地域认同与文化认同的又一资源："到海南岛腹地旅行的人（传教士），听到从南洋回来的人用他完全听得懂的英语跟他打招呼，常常会大吃一惊"；"但是近些年来，很多在国外的海南人对福音产生了兴趣，几个受了洗的人回到海南岛"，找到我们的教堂，求教师和传道人到他们家探访，有的人还把妻子送到我们的教会学校。"③ 虽然没有直接证据显示水尾圣娘信仰在其精神生活中的地位有所下降，但由于基督教信仰具有排他性，因此这些具有基督徒身份的涉海人群在皈依基督教后，也不再崇奉水尾圣娘等民间海洋神灵。笔者曾前往部分信仰基督教的涉海人群家中进行

---

① 苏云峰：《东南亚琼侨移民史》，载氏著《海南历史论文集》，第 209 页。
② 〔法〕苏尔梦：《巴厘的海南人：鲜为人知的社群》，载周伟民主编《琼粤地方文献国际学术研讨会论文集》，海南出版社，2002，第 33 页。
③ 〔美〕孟言嘉：《椰岛海南》，辛世彪译，海南出版社，2016，第 30～31 页。

调查并发现：他们之中的一些人除在家中悬挂十字架外，没有奉祀任何的民间海洋神灵。

正是基于以上两种情况，水尾圣娘信仰的性别文化意涵被重构、诠释和反思的过程，与其说是重植传统，不如说体现了社会对女性角色行为及文化现代转型的新要求。由此构建的文化象征体系，也使女性群体获得了无形的社会支持："女性之所以能够通过神权与男权社会相抗衡，是历史给了它合理性，现实给了它合法性。"① 以之为基础，水尾圣娘信仰既实现了与历史文化语境的深层融合，又重新配置了自身附带的神圣资源，并衍生出不容低估的现代价值：促进传统文脉的延续；推动不同文明的交流；维护现实社会的公正。这不但令水尾圣娘信仰的传承继续保持着完整性和独立性，更使之在以多元、开放为特征的南海海洋社会中，成为了寓意丰富的文化纽带。自此，水尾圣娘信仰不仅代表了一种观念、习俗乃至程序化的行为，更在不同国籍、阶层、知识背景的信众之间形成了相对稳固的社会凝聚力。

余　论

总之，历经数百年的历史洗练，水尾圣娘信仰所规范的性别伦理已然深刻的嵌入到南海海洋社会的无意识之中，并体现了民间信仰同社会结构与人文生态变迁之间相互影响、相互促进的关系，彰显了不同主体在精神诉求与文化自觉意识上的差异。

因为，水尾圣娘信仰的性别文化意涵不仅具有明确的指向，而且伴随人与神灵、人与自然、人与社会关系的动态变化发生着意义的转换：首先，水尾圣娘信仰性别文化意涵的形成，源于南海渔业生产中的性别禁忌及涉海人群性别观念的变通性。其次，正统文化与儒家性别价值观的输入，则使得水尾圣娘信仰的性别文化意涵更加符合正统社会伦理。此外，水尾圣娘信仰的性别文化意涵之所以完成由传统到现代的转型，主要得益于信仰者的空间流动及不同海洋文化之间交融与对话。

---

① 程美宝：《女权？神权？绅权？：赤湾天后诞札记》，《华南研究中心资料通讯》1996年第5期，第6页。

可见，在海洋这一特异情境下，水尾圣娘信仰不但反映了社会对女性角色行为的期待，其消解性别歧视观念的功能还随着社会的开放及信仰者思想意识的更新而愈加明显。所以，这一海洋女神信仰既承载了南海海洋社会变迁的历史积淀，又是南海海洋文化包容互鉴的精神象征。对其性别文化意涵的解读，不仅可以体现海洋环境对涉海人群身份定位及社会关系的影响，更能够从自下而上的视角触摸南海海洋文化历久弥新的生活气息。

海南疍家人的民俗文化初探*

黄丽华**

海南岛长时间与祖国大陆隔海相望，相对闭塞的地理环境，使得海南岛形成了许多独具特色的文化，疍家人文化就是海南岛诸多优秀文化中的代表。海南岛三亚海湾很长，港口很多。自古以来，三亚拥有的众多港口就是商船渔船停靠起航之处。历经沧桑的三亚港，在两岸高楼的扩张和挤压中，至今仍保留了质朴的渔港风貌。而这份质朴，很大程度源于几百年来以港为家、以舟为室的疍家人。

疍家人上岸前世代过着以鱼为生、以海为伴、以船为家漂泊不定的生活，男人出海打鱼，女人织补渔网照顾家人，在狭小的船舱生活繁衍着后代，这种生活方式世代传承了几百年。以前的疍家人没有大船，不能远航，只能在近海捕鱼为生，虽在近海捕鱼，因长期与天斗与风浪拼搏，疍家的男人不但练就了劈波斩浪的捕鱼本领，也成为凭风向、云的走向，海水的风浪起伏变化就能判断出是暴风骤雨还是台风来之前骤的渔民气象专家，也铸成了疍家人吃苦耐劳，不怕风吹雨打顽强的性格，也因疍家人世代赖以生存的防止台风船与船紧密相连的生活方式，也使疍家人养成良好的邻里友善，互帮互助，勤劳勇敢，淳朴善良的风俗得以流传下来，令人敬佩。

一　海南疍家人的起源

疍家人的历史，源远流长。疍家人，清光绪《崖州志》称为疍民。

---

*　本文为三亚市哲学社会科学项目（SYKE2015 – 07）。

**　黄丽华，海南热带海洋学院。

"疍民，世居大蛋港、保平港、望楼港濒海诸处。男女罕事农桑，惟辑麻为网罟，以鱼为生。子孙世守其业，税办渔课。间亦有置产耕种者。妇女则兼织纺为业。"疍家人被称为"疍民"，即水上居民。他们以海为伴，以舟为家，以渔为业，长年与风浪搏斗。据《广东通志》上说，因其像浮于饱和盐溶液之上的鸡蛋，长年累月浮于海上，故得名为疍民。

对于疍家人的来历，学术界一直没有定论，大部分研究者认为疍家人是原居于百越人。历史学者罗香林认为"水上人"就是越族后裔。然而，疍民也不一定是单纯的民族，可能在历史不同时期融合了不同人群。还有说法疍家人源于成吉思汗的蒙古族。元朝末年，战乱不断，许多蒙古族士兵被迫南下。当他们流浪到南方沿海时，为当地人所不容，有一批人做了海盗，在附近抢掠为生；而有一批人只得在船上漂泊，以捕鱼为生。

根据沙田疍家人文化博物馆提供的旧照片显示，从元朝至清朝很长的一段时间里，疍民备受欺凌，他们没有部落，没有田地，以海为生。岸上的原住居民有规定"疍民"不准上岸居住，不准读书识字，不准与岸上人家通婚，科举的名册中也从来没有"疍民"的名字。

疍民在很多不明故里的人眼里是被欺凌者的代名词。但正是这样一个弱势族群，用自己勤劳的双手，用简朴的智慧围海造田，造出了滩涂沃野，创造了咸水种植方法，修筑海边基围养虾种植莞草，把陆地从海中一点点"围"出来。

由于靠近大海，大风大浪让疍民的生存时刻受到威胁。打鱼也很难满足生活的基本需要。于是，一部分疍民开始向岸上悄悄发展，演变成为具有新的生活方式的"两栖疍民"。

疍民据人类学家考察分析，证实不属于一个独立民族，而是我国沿海地区水上居民的一个统称，属于汉族。疍民祖籍多为阳江、番禺、顺德、南海等县的水上人家。现在主要分布在广东的阳江、番禺、顺德、南海，广西的北海、防城港，海南三亚、陵水等沿海地区。而海南岛的疍民据传则是由广东和福建等地迁徙而来，后经过发展，形成了独具特色的海南疍家人文化。

二 海南疍家人的主要民俗文化

迄今为止，海南的陵水、三亚疍家人已超过 1.2 万人。疍家人吃住都在船上，常年过着漂泊的生活，人不离船、船不离海是海南疍家人生活状态的写照。海南疍家人经过长时间的发展，形成了独具特色的一些民俗文化，如：咸水歌与疍家婚礼、疍家棚、疍家服饰等，下面本文将主要从这三个方面来具体说明疍家人不同于其它地区的民俗文化：

1. 疍家棚

疍家人是一个在海上生活的群体，过去疍家人以舟为家。海南岛的疍家人他们以艇为家，日常生活均在艇上。疍家艇大多为篷船，篷的大小与船的大小相应，船篷是由竹篾所织造构成，弯成拱形，做成瓦状，漆以桐油，以防水遮阳。船篷一般都有三至五片，船舷两傍，相对立柱四至五对，以竹架起为梁，把船篷架起遮挡风雨或烈日，岭外代答："儿学行，往来篷脊，殊不惊也。"可见疍家人的孩子，小时便能在船篷上走动，习惯了水上生活。船尾用橹，拖着橹为舵。船桨两支，是行船的动力，行船时船桨架在舷柱上支撑，称为"掉桨"，船首有竹篙，在浅水时撑船，叫"撑竹"，也用以定船入埠，称为"迈船头"。晚上疍家人把船篷放下到船舷，便成了休息的窝棚。

后来随着围垦开发，海南疍家人生活地位的提高，被当地居民允许上岸活动，海南疍家人就在水边搭寮居住，他们住的地方叫作"疍家棚寮"，是傍岸临水架设的棚户，竹瓦板壁，陈设简单。疍家人的寮屋一般用原木、竹子、茅草、树皮等为材料建筑而成，墙壁多用树皮或竹编织成围笆围成，屋顶多以茅草、树皮。这种茅屋冬暖夏凉，居住舒适。解放后，政府鼓励疍家上岸居住，疍家人耕种沙田，或组建渔业合作社，疍家人分得土地，他们依海边河涌的高处而居，改住砖瓦房，现在多改建小楼房。

2. 疍家婚礼与咸水歌

海南岛的疍家人在长期的生产生活中，海南疍家人形成自己独特的生活习俗和风土文化。常见的文化活动是唱咸水歌，最具特色的是疍家婚礼。由于海南疍家人过去是以海上生活为主，平时的沟通交流受到环境的影响需要大声呼喊吆喝才能达到说话的目的，所以就慢慢形成了咸水歌。海南疍家人的咸水歌唱法简单而形式多样，不仅可以单人哼唱，还可以有双人对唱和多人合唱的形式，是海南疍家人在口常生活中随意哼唱的小曲，咏男女恋情，感叹生活艰辛，没有固定的歌谱，基本上就一个调。咸水歌的流传方式非常原始，歌曲没有固定的歌谱，也没有专人去教，都是老一辈人口口传唱。与疍家咸水歌不能分离的一个疍家文化，那就是疍家婚礼了。疍民子女结婚虽然遵循父母亲之命、媒妁之言，但有着自己的特色，不乏浪漫的色彩。

海南疍家人结婚的时候，亲朋以制作疍家衣的布匹为贺礼来赠与新婚人。通常是按制作单件的疍家衣来决定送赠的长短，一般是以五尺布制一件上衣。新娘子也会特地选用红色的棉布制作疍家衣来充当新婚礼服。按照当地以前的风俗，每个疍家出嫁女，家人都会送六尺衫布作为嫁妆。结婚前，女的就将这些嫁妆制造成红色的婚衫和有花边的裙子。而男的则是高领空钮扣的上衣，黑色长裤子。

傍晚时分，众多的亲朋戚友各自驾舟齐聚男方家赴喜宴。数十只船艇泊在一起，船头相对，用红布搭起凉棚。口齿伶俐的新娘一边敬茶，一边唱着咸水歌，收取盘茶红包。随后，喜宴开始，沸沸扬扬，欢声笑语，唱歌逗乐，场面热闹，亲朋戚友一直闹至深夜方才摇舟散去。宴席上，无论菜肴多少，"香芋扣肉"一菜绝不可少，而且是特别大碗，要由家庭女长者亲手泡制。海南疍家婚俗中至今保留着新娘面临与父母分离而哭唱几天才出嫁的"叹家姐"曲调和对新郎进行家庭教育的"喃伴郎"两大咸水歌系列接亲过程中"玩媳妇"也独具海卜特色，接亲后娘家人扯着船缆绳挽留新娘、与销公进行"小艇拔河"，舟肖公们在同一小艇上反方向的"对划龙舟"，船公把船摇得左右见荡的"碌艇"等。这些"闹洞房"式的嬉戏把新郎新娘弄得头晕目眩，向人们证明了新郎新娘的海上劳作能力。

纵观这些海南疍家文化，咸水歌其实就是海上劳作的劳动号子，疍家婚俗中的"叹家姐""喃伴郎"咸水歌曲调是一种靠海繁衍生息的抒情。"玩媳妇"也起到教育查家儿女要胜任海上劳作的示范作用。妙趣横生的查家文化实际就是在生产生活中形成的一种职业文化。

3. 疍家服饰

海南疍民的服饰与汉族基本相同，旧时以汉服为主，现在随时代变迁，以时装为主。海南疍民喜欢的首饰也与汉族基本相同，但更偏爱于玉器。玉为湿润而有光泽的美石，是洁白美好的象征。疍家姑娘偏爱的是碧玉和翡翠。以碧玉或翡翠雕成直径为 2 厘米左右大小的单孔圆环，然后配上 3 克左右的细金链作为别具一格的耳坠。疍家姑娘都爱打"脑髻"，金光闪闪的细链条耳坠别在双耳上方，耳朵下方悬挂着绿光闪耀的碧玉式翡翠环。它给飒爽英姿的疍家姑娘增添了媚人的光彩，它象征着纯洁、美好、富有、幸福、吉祥如意。

海南疍家姑娘装饰除偏爱碧玉翡翠之外，所戴竹笠很讲究。她们一年四季皆喜顶戴上高下宽的筒式竹编斗笠——疍家帽，这种用竹篾竹叶做成的斗笠，直径约 40 厘米，帽檐下垂约 5 厘米，帽顶呈六角形，涂以金光油亮的海棠油作为"疍家帽"的保护层，使其不进雨水，避晒防雨两相宜。疍家女子一般还给斗笠配以彩色胶丝及贝壳珠粒编就的四耳笠带，紧系帽带之后。该做法不仅使斗笠不易被吹落，而且还能起到装饰美观的作用。戴上疍家帽，再辅以黑顺的马尾辫，疍家女子更添容颜的秀美。在节日喜庆盛装时，她们还会系上精致讲究的银腰带，以示隆重。

三 海南疍家文化的没落与发展

随着时代的不断发展，疍家人陆续上了岸、上了学、融入了社会发展。因为历史上的社会环境比自然环境更可怕，所以疍家人觉得在船上生活比在陆地上更安全，宁可战天斗地也不敢与权贵斗。如今社会进步了，陆地生活更加方便舒适，加上希望儿女比自己更有出息，所以现代疍家人不再以船为家，船就恢复了用于海上作业的原有功能，并且海洋资源已日渐枯竭，维生未必全靠海，打工经商或者从事其他职业也能步入小康生活。所以现代疍家人上岸安家，上学接受教育，更接近与融入社会发展。疍家人渐渐不再唱咸水歌、不再哭嫁。由于洋节文化正在冲击着中国传统节日文化，加上流行歌曲的强势流行，连京剧、粤剧等一些有较完备理论基础、实践经验与受众群的文化形式开始式微。没有代表作品、没有专人研究的咸水歌更是渐渐没落。加上现代通信工具的普及，疍家人要见个面、说个话也不难，哭嫁也只是走过场、聊表思念的仪式和礼节，传统的疍家人文化正渐渐被淡化。为了使疍家人文化不在未来中国民俗文化中消失不见，我们更应该加强对其的保护与传承，使其焕发勃勃生机，用以丰富中华民族民俗文化。

结　语

疍家人，生活在水上的神秘族群，一直以来被视为除黎族和苗族少数民族之外最早来到海南生活的汉族居民。而时过境迁，代表着原始渔村历史的疍家文化，也在各种新生文化的冲击下，渐渐淡出了人们的视线。如今的三亚城里一派蒸蒸日上之景，却已经很少有人能够了解和熟知这个曾是三亚城市文化原始代表的疍家人的历史和文化，实属可惜。看着自己的族群文化逐渐地消逝，疍家后裔无奈地感慨道："只能说这个城市发展得太快了！"的确，这种原始传统的渔港文化已经很难跟上现今城市日新月异的速度。但谁也无法阻挡住历史车轮的滚滚前行，对于疍家人来说，唯一能做到的就是努力收集和保护好疍家人传统的风物风俗，让子孙后代不要忘记了自己的根祖文化。

其　他

忽必烈的东亚海外政策及禅宗影响

乌云高娃[*]

13 世纪初成吉思汗统一蒙古各部，1206 年建立蒙古汗国。成吉思汗及其子孙三次西征，建立四大汗国，使蒙古势力范围扩大到中亚、欧洲，形成横跨欧亚大陆的大蒙古帝国。蒙元时期东西交通发达，中西方政治、经济、文化交流空前繁荣。忽必烈继位之后，对外采取开放政策，欧洲商人马可波罗等航海来到元大都，使海洋与陆路东西连接，丰富和发展了元代与欧洲各都市的海路交通。尤其是《马可波罗游记》的问世，使欧洲人了解到东方的蒙元帝国，开启了欧洲人航海来中国的热情。

忽必烈注重与西方各国通过海路、陆路通交的同时，非常重视与东亚的高丽、日本建立海上通交。在忽必烈统治时期，蒙古与高丽的关系有了新的变化，两国关系密切，人员往来频繁。忽必烈采纳高丽人的建议，欲与日本建立互通友好关系，多次派使臣诏谕日本。但是，由于日本镰仓幕府深受南宋禅宗影响，拒绝与蒙元交往，忽必烈与日本建交的计划始终未能实现。元朝与高丽联军两次征日本，但因受台风影响，元朝两次征日海战均以失败而告终。

虽说日本与元朝关系并不友好，但是。中日文化交流并未因元朝与日本的交战而中断。由于，忽必烈诏谕日本曾派禅僧为使，这使中日禅宗文化交流有了进一步的发展，可以说，有元一代，中日禅僧的往来是空前繁荣的。

一 忽必烈与高丽的政治联姻

《高丽史》记载："元宗五年五月庚辰，蒙古遣使来诏曰：朝觐诸侯之

---

* 乌云高娃，中国社会科学院历史研究所。

大典也，朕缵承丕绪，于今五年，第以兵兴，有所不暇，近西北诸王，率众款附，拟今岁，朝王公群牧于上都，卿宜乘驲而来，庸修世见之礼。”

1264 年 6 月元宗带着李藏用到了蒙古，在上都觐见忽必烈。《益斋乱稿》记载：“天子所以待遇之，诸侯王莫敢望”。元宗此次到蒙古亲朝，受到蒙古一诸侯的待遇，进一步推进了蒙古与高丽关系的好转。忽必烈与元宗约定蒙古将从高丽撤兵，高丽以三年为期迁出江华岛。忽必烈虽指责高丽不履行出军、助战、输粮、置驿站、设达鲁花赤、籍民户等藩属国应该承担的“六事”，以及延迟迁都之事，但是，在处理高丽内政方面能够采纳高丽人的意见和尊重高丽国王的自主权。

元宗回到高丽之后，开始营建都城，着手迁出江华岛的准备，却遭到大臣们的反对。1269 年 6 月林衍废元宗，立其弟安庆公淐为王。当时忽必烈在上都，世子愖在回国途中听到其父元宗被废之事急忙返回蒙古向忽必烈禀报了国中之变。《元史》记载：“至元六年八月丙申高丽国世子愖奏，其国臣僚擅废国王王禃，立其弟安庆公淐。诏遣斡朵思不花、李谔等往其国详问，条具以闻。”忽必烈派斡朵思不花、李谔与世子愖一同到高丽问详情，在忽必烈的干涉下，元宗重新被立为王。废立事件，促使元宗进一步认识到与蒙古改善关系的重要性，请求与蒙古政治联姻，以便得到蒙古的保护。元宗复位之后，1269 年 12 月 19 日从高丽出发亲朝蒙古。1270 年正月 14 日元宗派使臣向蒙古汇报自己带随从七百人来觐见，忽必烈命带四百人觐见，其余人留在西京。2 月 4 日元宗上书替世子愖（后来的忠烈王）请婚。

《高丽史》记载：“元宗十一年二月甲戌王上书都堂请婚曰：‘往者己未年世子时方始亲朝，适丁登极之际，大加怜恤，而俄闻先臣奄辞，盛代忧惶罔极，乃令臣继修藩职。又于甲子年亲朝宠遇，亦出常钧臣之铭感，竭足形言。今者权臣林衍擅行废立，失位忧瀣，伏蒙圣慈，累遣王人诏诘其由，召以亲朝，以是复位。而进帝眷，优深倍加，喑慰其为感泣天地所知。夫小邦请婚大朝，是为永好之缘，然恐僭越，久不陈请，今既悉从所欲而世子适会来觐，伏望许降公主于世子克成合卺之礼，则小邦万世永倚，供职惟谨。’又请兵曰：‘臣于甲子年亲朝时，奏以旧京出排事及其还国，意在营葺。权臣遮遏，不得毕功，以至于今。伏望许以兵若干人与之俱往，直至旧京，招谕水内臣民尽令出居，因除权臣余皆存抚。’越数日永宁公、康和尚、洪茶丘等来言：'中书省已奏闻其请军马，许令发送。'若请婚则圣旨云：'达旦法通媒合族，真实交亲，敢不许之。然今因他事来请，似乎欲速。待其还国抚存百姓，特遣使来请，然后许之。朕之亲息，皆已适人，议于兄弟，会当许之。'"忽必烈并未同意高丽请婚。过了几年之后，忽必烈才同意公主与世子愖的婚事。

世子愖的随从金汝盂为世子请婚，周旋四年，在世子愖与忽必烈之女成功完婚做出了很大贡献。关于这一点以往的学者并未注意到金坵《止浦集》中的两段记载。

《止浦集》记载："元宗十二年遣子汝盂随世子入元。六月己亥忠烈王以世子入质于元，公之子汝盂，以翰林学士随行，为世子讲婚于元朝，周旋四载，多有勋劳矣。"

金汝盂是金坵之子，于1271年6月7日随从世子愖入元。为促成世子愖与忽必烈之女通婚，高丽与元朝周旋过程中，金汝盂的功劳是不能忽视的。就因为有这般功劳，高丽世子愖与忽都鲁揭里迷失公主成婚，继高丽王位之后，忠烈王给金汝盂赐丹书，以褒奖其功劳。

《止浦集》记载："元宗十五年六月癸亥元宗薨。八月戊辰忠烈王东还即祚。赐汝盂以丹书。其略曰：奥辛未岁，寡人为安社稷入侍天庭，备尝险阻之时，尔国耳忘家，勤劳随从，至于四年，终始一心，辅导寡人，请婚天戚，复整三韩，流荣万国，朕嘉其功，而记其劳。"

根据以上史料可见，高丽王室与元朝公主联姻并不是一帆风顺的，是经过高丽君臣多年的努力及不断周旋，最终才得到忽必烈许可的。此外，高丽方面对王室与元朝公主联姻是非常重视的，所以，忠烈王继位之后，才对请婚元朝有功之臣格外加以奖赏。

1274年5月11日高丽世子愖与忽必烈之女齐国大长公主忽都鲁揭里迷失在大都完婚，成为元朝公主与高丽王室政治联姻的开端。自此，高丽王室娶元朝公主成为惯例，世代相袭。

元丽王室政治联姻皆以政治目的为出发点，元朝出于对高丽怀柔的态度，以公主下嫁作为控制高丽的手段，而高丽以联姻帝室作为内忧外患中力求自保、在蒙元世界秩序中提高自身地位的工具。忠烈王与忽必烈之女成婚之后，忠烈王与公主多次前往元大都、上都觐见忽必烈，忽必烈对忠烈王的诸项请求一一答应，恢复了高丽国王的自主权。高丽受到元朝"驸马国王"的封号，高丽国王在元朝的地位也随着联姻关系的确立而不断提高。

高丽忠烈王成为忽必烈的驸马，在元朝征日过程中起到了重要作用。忠烈王被忽必烈任命为征东行中书省左丞，在忽必烈两次征日过程中高丽担负造船、助兵、出粮饷的任务。虽然，忽必烈第一次征日本时，高丽的态度并不积极。但是，忽必烈第二次征日本时，忠烈王的态度完全不同，他主动请战，要求助征日本。这是因为忽必烈对高丽的政策发生了很大变化，这也影响了忠烈王对第二次征日本的积极态度。高丽助兵元朝攻打日本一方面是受元朝的支配，另一方面高丽也是出于借助蒙古的力量来打击倭寇的目的。金州成为蒙古远征日本的动员基地，也与倭寇海船在这里频繁出现有关。

二　忽必烈诏谕日本及禅宗影响

在忽必烈的高丽政策中也掺杂着日本远征和伐宋问题。1265 年高丽人赵彝向忽必烈进言，日本与高丽接壤，自汉唐以来则与中国有来往。于是，忽必烈想通过高丽为中介与日本建立通交关系。关于忽必烈征日本的问题，有学者认为正如《马可波罗游记》所记载的东方是产金子的地方，一种观点认为忽必烈听说日本是个富庶的地方，所以想占日本的财富为己有，而遣使诏谕日本。另一种观点认为忽必烈是出于征服欲望的驱使，故有此举。也有人认为忽必烈以通商日本为目的而诏谕日本。自 1266 年至1273 年间，忽必烈以高丽人为向导六次派使臣持诏书到日本，但蒙古与高丽的使臣始终未得到日本方面的回应。第一次、第二次征日本失败之后，忽必烈派使臣与日本僧或南宋禅僧一同出使日本，想通过禅宗影响与日本建交，但是，也未得到日本方面的回应。

1266 年 8 月，忽必烈以黑的、殷弘为国信使，派使臣到高丽。11 月黑的、殷弘持两道诏书到达高丽江华岛。其中一封是忽必烈给高丽元宗的文书，另一封是忽必烈给日本国王的诏谕文书。忽必烈在文书中命高丽不要以艰难险阻为理由，不要找任何借口，务必派使臣做蒙古使者的向导一同到日本，完成与日本通好的任务。按照忽必烈的要求，高丽以宋君斐为向导，金赞陪同蒙古使臣黑的、殷弘等一同带着蒙古国书及元宗所附文书出使日本。蒙古与高丽的使臣还未到达日本，刚到达日本对马岛对面的朝鲜南部的巨济岛时就遇到了大风浪。黑的、殷弘等看到对面的风浪，非常担心此次出使日本有危险，并没有渡海，于1267年正月未完成使命而返回。

1267年8月，忽必烈再次派黑的、殷弘等到高丽，命元宗重新派出使臣到日本，必须得到日本的答复，务必完成与日本通好的使命。元宗派潘阜持蒙古、高丽国书第二次出使日本。9月23日潘阜等从高丽出发，1268年正月才到达日本九州岛大宰府，将第一次出使未送达的蒙古国牒状、高丽元宗的国书及潘阜书状一同交给大宰府。这样，蒙古的文书过了一年半的时间才被送到日本。

其文书如下：

> 上天眷命大蒙古国皇帝奉书日本国王。朕惟自古小国之君，境土相接，尚务讲信修睦。况我祖宗，受天明命，奄有区夏，遐方异域，畏威怀德者，不可悉数。朕即位之初，以高丽无辜之民，久瘁锋镝，即令罢兵，还其疆域，反其旄倪。高丽君臣，感戴来朝，义虽君臣，而欢若父子。计王之君臣，亦已知之。高丽朕之东藩也。日本密迩高丽，开国以来，亦时通中国，至于朕躬，而无一乘之使，以通和好。尚恐王国知之未审。故特遣使持书，布告朕志，冀自今以往，通问结
> 好，以相亲睦。且圣人以四海为家，不相通好，岂一家之理哉。
> 至用兵，夫孰所好。王其图之。不宣。至元三年八月 日

忽必烈在文书中表达想与日本建交，日本方面采取了对蒙古不予理睬的态度。这主要与南宋禅宗对日本影响较深有关。日本与南宋通商频繁，南宋禅僧随商船到达日本的人数众多，南宋与日本禅僧往来密切，镰仓幕府非常重视禅宗文化的交流，南宋禅宗文化对镰仓幕府的影响非常深刻。日本对蒙古的了解主要以入宋僧、来日宋僧，或是贸易关系中的商人为中介，主要是从南宋那里得到的情报。而南宋相继受到蒙古的攻略，对蒙古抱有憎恨的态度。根据这些情报及南宋禅僧的影响，镰仓幕府对蒙古并未产生好感，下令加强关西沿海的防备，对蒙古采取不予答复的态度。

1268年9月，忽必烈又派黑的、殷弘等到高丽，命元宗重新派出重要使臣陪同蒙古使臣出使日本。12月元宗以申思佺、陈子厚等为向导，陪同黑的、殷弘等出使日本。1269年3月黑的、申思佺等只到了日本的对马

岛，日本官员拒绝蒙古高丽使臣入日本本土，无奈黑的等在对马岛抓捕了塔二郎、弥二郎二人而返回。

1269 年 7 月蒙古派于娄大带着塔二郎、弥二郎到江华岛来，命高丽派出使臣将二人送回日本。高丽派金有成等出使日本，奉蒙古之命送还塔二郎、弥二郎二人的同时，将大蒙古国中书省的牒及高丽庆尚道按察使的牒文送达日本。

以往的学者并未发现记载大蒙古国中书省牒和高丽国庆尚道按察使牒文内容的史料。2005 年 8 月韩国学者张东翼在《史学杂志》上发表了《1269 年"大蒙古国"中书省的牒及日本方面的对应》一文，重点介绍了日本京都大学文学部图书馆所藏《异国出契》所收 1269 年"大蒙古国"中书省给日本国王的牒等七份文书。对元朝、高丽、日本关系史的研究，提供了极其宝贵的新史料。

1269 年 6 月大蒙古国中书省牒文内容如下：

> 大蒙古国皇帝洪福里，中书省牒日本国王殿下。我国家以神武定天下，威德所及，无思不能。逮皇帝即位，以四海为家，兼爱生灵，同仁一视，南抵六诏、五南，北至于海，西极昆仑，数万里之外，有国有土，莫不畏威怀德，奉币来朝。惟尔日本，国于海隅，汉唐以来，亦当通中国。其与高丽，寔为密迩。皇帝向者，赐高丽国王，遣其臣潘阜持玺书通好。贵国稽留数月，殊不见答。皇帝以为将命者不达，寻遣中宪大夫、兵部侍郎、国信使纪德，中顺大夫、礼部侍郎、国信副使殷弘等，重持玺书，直诣贵国。不意才至彼疆对马岛，坚拒不纳，至兵刃相加，我信使势不获已，聊用相应，生致塔二郎、弥二郎二人以归。皇帝宽仁好生，以天下为度，凡诸国内附者，义虽君臣，欢若父子，初不以远近小大为间。至于高丽，臣属以来，唯岁致朝聘，官受方物。而其国官府土民，安堵如故，及其
>
> 来朝，皇帝所以眷遇树慰者，恩至渥也。贵国邻接，想亦周悉。且兵交使在其寔古今之通义，彼疆场之吏，赴敌舟中，俄害我信使，较之曲直，声罪致讨，义所当然。又虑贵国有所不知，而典封疆者，以慎守固御为常事耳。皇帝犹谓此将吏之过，二人何罪，今将塔二郎致贵国，俾奉牒书以往。其当详体圣天子兼容并包混同无外之意，忻

然效顺，特命重臣，期以来春，奉表阙下，尽畏天

事大之礼。保如高丽国例处之，必无食言。若犹负固恃险，谓莫我何吞无来，则

天威赫怒，命将出师，战舸万艘，径压王城，则将有噬脐无及之悔矣。利害明甚，敢布之殿下。唯殿下，寔重图之，谨牒。

右牒

日本国王殿下

至元六年六月日牒

资政大夫中书左丞

资德大夫中书右丞

荣禄大夫平章政事

荣禄大夫平章政事

光禄大夫中书右丞

表

牒奉
日本国王殿下　　　　　　　中书省封

里

至元六年六月日

忽必烈给日本的两个文书相比较，大蒙古国中书省牒中蒙古的态度要比1266年的国书的语气要严厉。无论从发给者和接受者的任何角度来讲，此处都有一种威胁的口气。牒文中强调如果日本拒绝与蒙古通好的话，将以武力征服。

9月17日金有成等到了日本对马岛伊奈浦，然后到达大宰府，送达大蒙古国中书省牒，并住在大宰府的守护所。大宰府的太政官将中书省和庆尚道按察使的牒文送到镰仓幕府，由幕府传达给京都朝廷。京都朝廷起草了给蒙古中书省的回牒之后，镰仓幕府认为给蒙古回牒是没有用处的，并反对给蒙古和高丽回牒，当时，日本虽然有国王和将军，但实权掌握在幕

府手中。最后京都朝廷在幕府的影响下决定不给蒙古中书省和高丽庆尚道回牒。此次日本方面仍没有答复蒙古和高丽的使臣。

1270 年 12 月忽必烈以赵良弼为国信使到高丽开城。忽必烈命元宗派使臣陪同赵良弼出使日本。1271 年 8 月 11 日赵良弼等离开高丽开城，9 月 6 日在高丽译官徐偁的陪同下从高丽金州出发前往日本。9 月 19 日赵良弼一行一百多人来到日本九州岛今津，赵良弼很快被送达大宰府。赵良弼见到大宰府的少贰资能之后，要求到京都见国王和大将军，亲自将蒙古的国书交给国王和大将军。日本方面并未同意赵良弼的要求，这样，赵良弼没有将国书原件交给大宰府，而是交了国书的副本。赵良弼在书状中也强调想亲自见日本国王和大将军，亲手递交国书并得到回复的愿望。他声称如果蒙古国书由别人递交的话，他就会被斩首。大宰府将赵良弼所带来的国书送到镰仓幕府，幕府决定不给蒙古回复。这样，赵良弼于 1272 年 1 月从对马附近带弥四郎等十二人回到高丽。同年 2 月赵良弼派张铎回蒙古汇报出使日本的情况，并以弥四郎等十二人充当日本使团一起带回蒙古。忽必烈怀疑来使有诈，未允许弥四郎等人觐见。3 月忽必烈命中书省商议归还弥四郎等人事宜。

1272 年 12 月赵良弼与张铎、徐偁再次出使日本。赵良弼在日本呆了很长时间，一心希望能完成与日本通交的使命，但也是徒劳而返。日本方面始终未答复蒙古，也没有同意忽必烈建立通交的要求。赵良弼两次出使日本，都没有得到日本方面的回应。

王启宗认为幕府拒绝与蒙古建交、忽必烈诏谕日本失败的主要原因是因为日本镰仓幕府受禅宗影响较深。禅宗是镰仓时代，从南宋传入日本的新的宗教。由于其教义，多与武士精神相吻合，兼以执权北条时赖的提倡，兴盛一时。幕府的要员均皈依禅法。当时，禅僧多为宋僧或入宋日本僧，他们具有强烈的反蒙古的思想。禅僧反对蒙古的立场是勿庸置疑的，最后禅僧与镰仓武士打成一片，成为镰仓思想界的权威，亦为政府的最高顾问团，其对政府的影响力之大，可想而知。总之，北条政权与南宋有密切的经济关系，幕府上层结成一种亲宋势力，坚决拒绝蒙古的要求，致使忽必烈通好日本的希望以失败而告终。

1273 年 6 月赵良弼回到大都向忽必烈禀报了日本的情况，赵良弼认为日本是个岛国，没有多少可耕种之地，并向忽必烈建议不攻打日本为好。

但这些种种因素都未能使忽必烈打消征日本的计划。

1274 年元朝第一次征日失败后，忽必烈重新派使臣出使日本。但是，镰仓幕府不仅未答复蒙古，还将蒙古所派使臣斩首。

1275 年 2 月忽必烈派礼部侍郎杜世忠、兵部郎中何文著，持国书出使日本。《元史》记载："至元十二年二月庚戌，遣礼部侍郎杜世忠、兵部郎中何文著，赍书使日本国"。3 月杜世忠、何文著等到高丽，高丽方面派译官徐赞陪同杜世忠等出使日本。4 月 15 日杜世忠等到达日本长门国室津。以往的使臣都是先到达大宰府，此次杜世忠等未经过大宰府直奔长门，可能是想避开大宰府官员的阻挠，想直接与京都朝廷或镰仓幕府交涉。8 月杜世忠等被幕府召到镰仓，北条时宗召见杜世忠等。杜世忠等传达了忽必烈诏谕日本之意，其态度不失大国正使的姿态，也没有使日本难堪，但幕府对忽必烈诏谕日本并不满意，于 9 月在竜口斩首杜世忠等四人，而对元朝和高丽封锁了这一消息。镰仓幕府杀死元朝使臣之后，在全国各地进行积极的防御措施。

1279 年 2 月忽必烈灭南宋，接受了南宋的海军力量之后，对海上作战增加了信心，决定再次征日本。忽必烈派遣杜世忠等没有任何消息，南宋降将范文虎派周福、栾忠等与日本僧一同出使日本。《元史》记载："至元十六年八月戊子，范文虎言：'臣奉诏征讨日本，比遣周福、栾忠与日本僧赍诏往谕其国，期以来年四月还报，待其从否，始宜进兵。'"灭南宋之后，介于南宋禅宗对日本镰仓幕府的影响，忽必烈想通过入宋日僧打开与日本通交的关系。

镰仓幕府"兴禅"，南宋时期日僧入宋学习或南宋高僧到日本传道，均得到镰仓幕府的支持。忽必烈灭南宋之后，此次让日本僧陪同周福等出使日本，也许是想通过南宋与日本禅僧的影响改变日本的态度。范文虎是什么时候派周福等出使日本，史料记载不详。周福等大概在 6 月 25 日或 26 日到日本的对马岛。此次，周福等出使日本并未经过高丽国内，也没有高丽人作为向导。7 月 24 日周福等所赍诏书经镰仓幕府送到京都朝廷。经过朝廷的审议，幕府仍如以往不给蒙古答复，并在博多斩首了周福等一行使臣。忽必烈想通过入宋日僧影响镰仓幕府的愿望也未能实现。

蒙古与高丽得知使臣被日本镰仓幕府斩首，元丽联军于 1281 年第二次征日本。但是，忽必烈第二次征日本也以失败而告终。1282 年 3 月忽必烈打算第三次征日本，但是，因天文学家张康用太一法推算认为"南国甫定，民力未苏，且今年太一无算，举兵不利"。忽必烈听从张康的建议在这一年并未出征日本，决定再派使臣诏谕日本，于是派南宋禅僧陪同元朝使臣出使日本。1283 年 8 月忽必烈派提举王君治和浙江普陀寺主持如智赍诏书出使日本，但因遇飓风他们未到达日本，在海上漂流了八个月，又飘回了普陀寺。

如智和王君治所持宣谕日本国诏文曰：

> 上天眷命，皇帝圣旨，谕日本国王，向者彼先遣入觐，朕亦命使相报，已有定言，想置于汝心而不忘也。项因信使执而不返，我是以有舟师进问之役，古者兵交，使在其间，彼辄不交一语，而固拒王师，据彼已当抗敌，于理不宜遣使，兹有补陀禅寺长老如智等陈奏若复兴师致讨多害生灵，彼中亦有佛教文学之化，岂不知大小、强弱之理，如今臣等赍奉圣旨宣谕，则必多救生灵也，彼当自省恳心，归附准奉。今遣长老如智、提举王君治奉诏往彼，夫和好之外，无余善焉，战争之外，无余恶焉。果能审此归顺，即同去使来朝，所以谕乎彼者，朕其祸福之变，天命识之故，诏示想宜知悉。

忽必烈在国书中称日本也是受佛教文化的国家，因此，派如智等出使诏谕日本，如日本归顺来朝的话，可避免战争之祸。王君治和如智并未能将忽必烈的诏谕文书送达日本。1284 年忽必烈再次派浙江普陀寺主持如智和王积翁一同出使日本，还是想通过禅宗的影响来改变元日关系。《元史》记载："二十一年春正月甲戌，遣王积翁赍诏使日本，赐锦衣、玉环、鞍辔；积翁由庆元（今宁波）航海至日本近境，为舟人所害"。这段史料记载表明王积翁是 1284 年正月 25 日航海从宁波出发，到日本国境而被同船的人杀害的。

关于王积翁和浙江普陀寺主持如智一同出使日本的时间问题，《善邻国宝记》中如智的日志记载与《元史》记载有出入。

《善邻国宝记》记载："南海观音宝陀禅寺住持如智海印接待庵记曰：'癸未八月，钦奉圣旨同提举王君治奉使和国，宿留海上八个月，过黑水洋遭飓风云云。半月后，忽飘至寺山之外，幸不葬鱼腹，大士力也。甲申四月，又奉圣旨同参政王积翁再使倭国，五月十三日开帆于鄞，住耽罗十三日，住高丽合浦二十五日，七月十四日舟次倭山对马岛云云。危哉此时也，非大士孰生之云云。至元二十八年岁次辛卯六月日，宣差日本国奉使前住宝陀五乐翁愚溪如智记。'"

根据这段史料中如智的叙述他和王君治是 1283 年 8 月出使日本，在海上漂了八个月，漂回普陀山已经是 1284 年 4 月的事情了，那么，如《元史》中所记载的 1284 年正月如智与王积翁出使日本应该是错误的。《善邻国宝记》所记载的 1284 年四月受命，五月出发应该是正确的。根据《善邻国宝记》记载，王积翁与浙江普陀寺主持如智是 1284 年 5 月 13 日从庆元（宁波）出发，在耽罗住了十三天，随后又到合浦住了二十五天，7 月 14 日到达日本对马岛，旅途非常艰险。而且，王积翁被同船人杀害应该就是在 7 月 14 日到达日本对马岛时的事情。关于王积翁被杀害的原因《元史》记载："至元二十一年，又以其俗尚佛，遣王积翁与补陀僧如智往使。舟中有不愿行者，共谋杀积翁，不果至"。这段史料证明，忽必烈每次所派使臣均被镰仓幕府斩首，王积翁一行出使日本的同行者中定有人担心此次到达日本，也许与前任出使命运相同，也有被镰仓幕府斩首的危险。他们可能也是担心到日本之后像以往忽必烈所派使臣杜世忠等一样被日本斩首。为了保全自身的安危，出于与其被幕府斩首，不如先谋杀使臣而返回国中的考虑，当王积翁一行航海到达日本国境内对马岛，离大宰府一步之遥时，同船的人不愿去日本，合谋杀害了王积翁，如智一行出使日本也未能完成使命而返回。

浙江普陀寺在南宋、元朝均非常有名，普陀寺禅僧与日本的交流非常密切。南宋时期，入宋日僧游历洛阳、西安等地名山古刹之外，主要以南宋首都临安（杭州）为中心学习禅法。浙江名山古刹在宋日禅宗文化交流中有着重要地位。到了元代忽必烈以八思巴为帝师尊崇藏传佛教之外，禅宗在中原、江南影响较大。入元以后，日本禅僧与南宋时一样，游历江南禅刹，不只局限于"五山十刹"，其游历地比南宋时还扩大很多。浙江天目山、普陀寺都成为中日禅宗交流的重要场所。忽必烈两次派浙江普陀寺主持如智出使日本，正是因为普陀寺的地理位置及其在宋日、元日禅宗文化交流中的重要地位，是想利用禅宗来改变日本镰仓幕府对蒙古的态度。但是，忽必烈无论是让入宋日僧，还是南宋禅僧陪同使臣出使日本，所派使臣不是被斩首，就是遇风浪漂回，或使臣被谋害，均无功而返。忽必烈以禅宗影响幕府与日本建交的计划最终未能实现。

三 忽必烈征日本及成宗再派禅僧诏谕日本

忽必烈诏谕日本未果，决定以武力征服日本。虽说忽必烈诏谕日本失败，但是，忽必烈派出的蒙古、高丽使臣对日本的州郡、风土人情等有了了解，这对元朝进攻日本也起到了一定的帮助。1274 年和 1281 年，忽必烈两次派兵出征日本。

1274 年 10 月 3 日蒙古、高丽联军从高丽合浦出发，直奔日本九州的对马岛。东征军由蒙汉军和高丽军组成。蒙汉军以忻都为都元帅、洪茶丘和刘复亨为左右副元帅。高丽军以金方庆为都督使，金侁为左军使，金文庇为右军使。10 月 5 日东征军袭击日本对马岛西海岸的佐须浦。对马的国府八幡宫燃起火焰，国府的人们以为是火灾，但这是幻觉，在对马西海岸的佐须浦出现了元朝的战船四百五十艘，三万人的军队。守护这里的代宗资国率领八十余骑赶到佐须浦。6 日派通事询问蒙古的情况，元军射箭，代宗等迎战，但最终全部战死。14 日东征军侵入壹岐岛，元军的船只到了壹岐岛的西海岸。守护代宗景隆迎战元军，15 日由于东征军的势力强大，日本军防护失守。

日本的竹崎季长绘制的《蒙古袭来绘词》以绘画的形式生动地再现了蒙古与日本官兵的对决，季长本身参加过对抗蒙古的战争，于 1293 年 2 月 9 日完成《蒙古袭来绘词》的绘制。《蒙古袭来绘词》中对少贰景资等对抗蒙古描绘的活灵活现，并对蒙古的阵营，船只绘制的栩栩如生。可以说，是研究元日关系研究，尤其，对研究忽必烈征日本研究提供了新的图象资料。

《蒙古袭来绘词》中"敌阵图"描绘的是蒙古阵营的情况，从图中可以看出蒙古、高丽联军则轻装上阵，在武器方面蒙古军使用弓箭、长矛。

图 1　敌阵图（《蒙古袭来绘词》）

蒙古军与日本军卒相比较，双方在武器和战术方面都有很大的差距，日本军没有对外作战的经验，再加上日本军卒身着繁重的铠甲，而蒙古军轻装，再加上采用集团军的作战法。同时，除弓箭、长矛之外，还有铁炮。蒙古军主要使用弓箭，在海上作战，蒙古军射箭在能够保障远程距离进攻外，其杀伤力也是很大。

从博多湾西部上陆的东征军在赤坂、鸟饲、麁原等地与日本军进行激烈的征战，少贰景资率领骑兵和步兵迎战，射伤元军副元帅刘复亨。但元军占优势获胜，日本军只能退回大宰府水城进行防守。东征军在博多、箱崎街道放火而去。

21 日早晨日本军看见海面上没有了东征军的影子，船只全部不见了。只有一只船留在博多湾志贺岛，船上的元军大多被日本军生擒，在大宰府水城前被斩首。20 日夜晚蒙古、高丽联合军遭到大风暴雨的袭击，战舰多数触到岩壁而破损，东征军撤出日本。

1281 年正月忽必烈下达第二次征日本的动员令，征日本的部队由东路军和江南军组成。江南军与东路军决定在 6 月中旬会合于日本一歧岛。2 月蒙汉军从元朝出发到高丽合浦与高丽军会合。5 月 3 日东路军从合浦出发。东路军在巨济岛驻军半个月，以便侦察日本的防御情况。5 月 25 日东路军袭击对马岛世界村大明浦之后，于 26 日向一歧岛进军，东路军攻破一歧岛之后，6 月 6 日到达博多附近的志贺岛，想从这里攻破博多。东路军在志贺岛与日军进行了激烈的战斗。忻都和洪茶丘等认为东路军军粮所剩不多，江南军又迟迟不来，建议回军。而金方庆认为还有一个月的粮食，等江南军一到，定能攻破日本岛屿。

《蒙古袭来绘词》中"敌船"描绘了元朝军队行船的阵容。这一绘图中很明显，通过发髻可以区分蒙古人与江南汉人的区别，船中戴帽子的明显身着汉人服饰，有可能是江南军或是江南的艄公。蒙古人发髻以蒙古习俗剃了头顶部分，两边为辫发，均手持长矛或弓箭。这对了解当时蒙古人的发髻，服饰研究提供了生动的图象资料。

江南军与东路军决定在 6 月中旬会合于一歧岛，但是，因临出发前总元帅阿剌罕生病，6 月 26 日忽必烈诏阿塔海统率江南军出征日本。起初忽必烈召范文虎、忠烈王等在察罕脑儿商议征日本之事时，决定东路军和江南军在高丽金州会合，后来改为两军在日本的一歧岛会合。5 月征东行省

图2　敌船（《蒙古袭来绘词》）

参议裴国佐等提出两军会合于日本大宰府附近的平户岛的建议。改在平户岛会合是因为平户岛便于停船的缘故。日本船漂流而来者，让他画日本的地图时，发现大宰府附近的平户岛便于屯战舰，又没有防护，因此建议江南军可先占领此岛，然后派人让忻都等东路军到这里来会合。

6月江南军分批从宁波出发，没有前往日本的一岐岛，而是直奔平户岛。6月底江南军到了平户岛，东路军移到平户岛与江南军会师。7月27日东路军和江南军为了便于进攻博多湾而转移到鹰岛，准备对日本进行攻略战。7月30日到润7月1日的夜晚，连续的大风暴雨袭击鹰岛，使蒙古和高丽联合军进入混乱状态，军中损伤严重。5日在博多弯等待时机的日本军，在鹰岛周围集合，向蒙古军进攻，至7日抓获东征军两三万人，将其中蒙汉军与高丽军杀死，江南军俘虏分为奴隶。数日间蒙古军损失大多半，撤回高丽合浦。元朝的两次征日本行动最终都以失败而告终。

图3　现存元寇堡垒 九州西新地区（当时的百道原）

蒙古征日本对东亚高丽、日本在政治、经济、文化方面产生了一定的影响。蒙古征日本对日本在军事防御方面产生了很大影响。元朝第一次征日本之后，1275 年 2 月日本制定了九国轮番防御蒙古的军役，形成了四季轮番分担军役的制度。1276 年 3 月 10 日命在博多湾沿岸，东起香椎、西至今津，约 20 公里长的沿江，修筑高约 2～3 米，底部宽幅为 3 米的，防范蒙古来袭的石头堡垒。这些堡垒被称为"元寇堡垒"。

忽必烈征日本对东亚佛教文化交流产生了一定影响。在元朝尊崇佛教政策影响下，元朝与东亚高丽、日本佛教文化交流密切，僧侣往来比前朝更为繁荣。高丽为元朝驸马国，元朝僧人到高丽或高丽僧人到元朝较为频繁，1290 年高丽 100 多名写经僧应忽必烈之邀请，来到元大都抄写经文。游方求学僧的往来更是络绎不绝。忽必烈征日本之后，中日禅宗文化交流更为频繁。忽必烈两次征日失败后，派禅僧诏谕日本，但是，遇台风或使臣被杀忽必烈的文书并未送达到日本，元日邦交中断。忽必烈决定第三次征日本，但因 1294 年正月忽必烈去世，元朝再次征日本的计划最后中止。继忽必烈之后，元成宗铁穆耳想以和平的方式与日本建交，试图完成忽必烈未能实现的使命。1299 年，成宗派一山一宁持和平国书到日本，也试图诏谕日本，但成宗诏谕日本也以失败而告终。

《元史》记载："大德三年三月癸巳，缅国世子信合八的奉表来谢赐衣，遣还。命妙慈弘济大师、江浙释教总统补陀僧一山赍诏使日本，诏曰：'有司奏陈：向者世祖皇帝尝遣补陀禅僧如智及王积翁等两奉玺书通好日本，咸以中途有阻而还。爰自朕临御以来，绥怀诸国，薄海内外，靡有遐遗，日本之好，宜复通问。今如智已老，补陀宁一山道行素高，可令往谕，附商舶以行，庶可必达。朕特从其请，盖欲成先帝遗意耳。至于惇好息民之事，王其审图之。"

这一文书在日本金泽文库有传抄本。即日本金泽文库所藏"元朝寄日本书"。"元朝寄日本书"被认为是由称名寺僧抄写的。

其文如下：

> 上天眷命大元皇帝致书于日本国王，有司奏陈：向者世祖圣德神功文武皇帝当遣补陀衲僧如智及王积翁等，两奉玺书，通好日本，咸以中途有阻而还，爰自圣上临御以来，绥怀诸国，薄海内外，靡有遐

遗，日本之好，宜复通问。今如智已老，妙慈弘济大师·江浙释教总统补陀宁一山，道行素高，可今往谕，附商舶以行，庶可必达，朕特从其请，盖欲成先皇遗意尔，至于惇好悉民之事，王其审图之。不宣。大德元年三月

《元史》记载成宗派一山一宁出使日本是大德三年之事，而金泽文库所藏"元朝寄日本书"中落款为大德元年。田中健夫在《善邻国宝记》录文中将此处的大德元年改为大德三年。金泽文库文书中的"大德元年"，应该是文书传抄中的误写。

成宗在诏谕日本的文书中强调，忽必烈两次派如智及王积翁出使日本，中途受阻未能到达日本。如今如智已老，派普陀妙慈弘济大师一山一宁，遵照先帝遗愿，复通好日本。一山一宁到达日本博多，经过京都再到达关东。起初因一山一宁带着蒙古诏谕日本的使命，而被镰仓幕府扣押，但是，后来得知一山一宁为元朝高僧，执政的北条贞时迎请他到镰仓的建长寺。在建长寺当了三年住持后，于1302年一山一宁再到圆觉寺，两年后到净智寺。后来宇多上皇敬仰其德风，特招到京都南禅寺。1317年一山一宁在京都的南禅寺去世，享年七十一岁。一山一宁出使日本虽然未完成元日建交的使命，但是，一山一宁先后在日本的圆觉寺、净智寺、南禅寺当主持，在镰仓、京都修行、传佛法近20年，为日本禅宗发展起到了极大的影响。他的弟子繁多，并有多名弟子入元朝游方求学，为元日禅宗文化交流起到了很大作用。

总之，忽必烈与成宗以禅僧诏谕日本，虽然未能与日本建立通交关系，但是，为中日禅宗文化交流奠定了基础。元代中日间的文化交流，主要是通过禅宗僧人的往来实现的。中日禅宗文化交流频繁，入元日僧、赴日元僧之风比南宋时更盛，人数为南宋时的近三倍。据木宫泰彦统计，入元学习的日本禅僧可查姓名的达220多人，游历的地方也比南宋时更广。可以说，忽必烈诏谕日本之后，中日禅宗文化交流更为密切，这也成为有元一代，中日禅宗文化交流得到空前的繁荣的原因之一。

试论翻译的综合性

——以《南海古代航海史》英译为例

李双梅*

引　言

　　翻译伊始就注定了它与文学翻译结下不解之缘，这是历史赋予它的使命。无怪乎，我国翻译界无论是理论还是教学均无一例外地围绕文学翻译进行解读、研讨。诚然，文学翻译在某种意义上的确起到了试金石的作用，能衡量译者的双语功底和文化底蕴，也是时代赋予他的历史使命。但时至今日，倘若人们仍对文学翻译顶礼膜拜，对"信、达、雅"三字经津津乐道，乐此不疲，那只能说明人们思想意识裹足不前，翻译研究后继乏人。严格地讲，一味重视文学而忽视非文学翻译的作用只能是盲人摸象，导致一叶障目不见森林。时下，科技日新月异，多学科融合，跨学科交叉已日益凸现，这也是学科发展的必然结果，如果人们仍陶醉或沉溺于文学翻译而不能自拔势必厚此薄彼，忽略非文学翻译的重要性。研究显示，文学翻译在国内还不到翻译总量的 10%（《文汇报》），而国外却仅占翻译总量的 5%（New Marker, 2015），孰轻孰重不言自明。有鉴于此，本文呼吁国内外理论有机整合，翻译技巧与方法相互作用，深度融合，共同揭示非文学翻译的本质，更加全面深刻地揭示非文学翻译的内涵。

一　翻译文本类型梳理

　　New Marker（2015）在区分文学翻译与非文学翻译时指出，"文学翻

　　*　李双梅，海南大学外国语学院。

译重创造、倾想象，而非文学翻译重客观讲事实。文学翻译以人为叙述对象，而非文学翻译与之相反，以物为其叙述目标"。他在回顾西方翻译史时强调，"西方翻译史经历了一系列演变过程。在 150 年的历史长河中，宗教与法律独占鳌头"。无独有偶，我国翻译史也经历了一系列发展演变过程。如，东汉至唐宋的佛经翻译、明末清初的科技翻译、鸦片战争至五四运动时期的西学翻译、建国初期到七十年代至今的文学翻译（涂兵兰，2013）。显而易见，无论是国外还是国内均不约而同地聚焦文学翻译。究其原因，文学翻译是历史的产物，它与当时生产力水平、科技创新水平高低密切相关，受时代的局限。时下，随着互联网的普及，大数据和云计算的问世，科技日新月异，人们应对非文学翻译引起高度的重视，还非文学翻译应有的公道，深入揭示其本质，探究其内涵。只有这样，人们才无愧于这个时代，无愧于当下。那么非文学文本翻译有什么特点？人们应该如何研究非文学文本翻译，尤其是综合性非文学文本？

其实，学者早已对翻译文本进行了大量的研究，这其中不乏语言学家和翻译理论家，国内是这样，国外也不例外，只是国外先于国内走在了前列。他们根据不同的标准对文本进行分类，如以主题、话题等内容的文本分类，以文本功能为主的文本分类等。也有将文本分为艺术作品和世俗作品，抑或划分为一般目的文本和特殊目的文本，等等。如 Hieronymus 把文本分为圣经类（biblical texts）和非圣经类（non biblical text）（张新红，2001：194）。Reiss（2000）根据文本的特点将文本分成三种类型：①信息功能文本（informative）、②表达功能文本（expressive）、与③呼唤功能文本（vocative）。Martin Joos（1962）则从语体角度提出了五种类型：即（1）庄重体（the frozen style）；（2）正式体；（the formal style）；（3）协商体；（the consultative style）；（4）随意体（the casual style）；（5）亲昵体（the intimate style）（曾传生，2015）。New marker（2015）结合前人的研究成果，将文本笼统分为文学与非文学两大类，并对二者进行了详细叙述。其他还有一些分类，这里不一一赘述。可见，对于文本的分类，学者众说纷纭，仁者见仁智者见智。本文认为，尽管文本类型繁多，学者各执一词，分类有其利，也有其弊。有利的一面是它促进了术业有专攻、学科更精细的发展。不利的一面是它犹如盲人摸象，顾此失彼。尤其是对于多学科融合、跨学科交叉的现象显得苍白无力，爱莫能助。多学科融合、跨学科交叉是学科发展的趋势，理论研究应为之鸣锣开道。然而，现实并不乐观。可见，理论需要有机整合，各种技巧应共同作用。否则，只能导致人们的研究厚此薄彼，抑或只知其一不知其二。正如王崇敏在《南海古代航海史》（阎根齐，2016）序言所称，"虽然航海史简单地说就是人类在海洋上航行的历史，但它涉及的内容非常广泛，如社会、政治、经济、文化、军事、外交、贸易和科学技术等领域"。从这几句话中人们发现，仅用某一种理论或方法只能做到蜻蜓点水，难以做到深度解读。有鉴于此，作者认为，翻译理论与技巧再也不能单打独斗、独领风骚，而要有机整合、形成合力，纳入宏观视阈下加以解读。

《中国古代航海史》开篇有这样一段话："南海，自古便被中国沿海渔民亲切地称为'祖宗海'"，表明了世世代代生活在南海北岸的渔民长期作用于南海的人与自然的关系，这是他们几千年、乃至上万年来以船为家、以海为生的情感写照。所谓"祖宗海"，至少应包括以下概念：我国最早的文献之一《尚书》就有对海进行朝宗的记载："江汉朝宗于海。注云：宗，尊也，有似于朝"（唐徐坚《初学记》卷六）（阎根齐，2016）。南海在渔民心中结下了不解之缘，一代代渔民在南海的哺育下繁衍生息，南海的历史就是一部亲情史、家族史。

二 南海的称谓是亲情概念

南海一词在《南海古代航海史》一书中出现了 801 次，其频率之高实属罕见。为此，按照名从主人的原则人们有必要对南海一词进行重新解读与定位。南海被中国沿海渔民称为祖宗海，它决不仅是一个简单的称谓，而有丰富的内涵。它有以下几个概念：（1）亲情概念。"我国居住在南海北岸的渔民祖祖辈辈依南海而生，因之而死，生命所系，希望所在；他们在海岛上世代居住，无数人用自己的血肉之躯葬身海底；是他们最早发现了这片辽阔无垠的海域和岛屿，终生爱护她，守护她，呵护她，陪伴她；他们视它如神，为它建庙，祭祀它、祈求它保佑出入平安，化险为夷"。（2）地域概念。"祖宗海"包括今天的东南西中沙群岛及其海域，是一体的，不容分割的，就像祖宗完整的身躯一样，谁侵犯了她、侮辱了她，就是对祖宗的侵犯和侮辱。（3）主权概念。"祖宗海"的概念意即"最早发现、最早命名、最早经营开发以及最早连续不断地行政管辖"的领土主权。这种海洋权益在法理上可归入自然法范畴，在国际海洋法上可归入为自然权、历史性权和既得权，不能被后代任何人为的法律规范所剥夺，而是为其所承认和尊重（阎根齐，2016）。（4）文化概念。渔民们千百年在海上辛勤耕耘，如造船、航海、捕鱼，长期的海上生活，使他们之间结下了深厚的感情，也形成了独特的渔民文化。他们除了在海上斗恶风、战险浪外，还数次打败外来侵犯之敌，捍卫了国家的主权。（5）科学概念。南海人在长期的斗争中掌握海洋的自然规律。从郑和船队七次下西洋的出洋和回国时间可以看出，开洋的时间一般在十月至次年正月，回国时间在五月至八月，在这一时间段内，正好是南海秋冬刮东北风，夏季刮西南风，都是来回顺风，昼夜兼程。有民谣为证："朝看东南黑，势急午前雨；暮看西北黑，半夜看风雨"，"早日暮赤，飞沙走石，日没暗红，无雨必风"等，时至今日，当地渔民仍有这种说法。

亲情概念赋予南海生命，这里的渔民与南海相依为命。渔民们在冥冥之中将南海赋予了人和神的化身，这是文学概念。它符合文学源于生活而又高于生活的写作手法，因此，下面这一段应该用文学翻译方法再现其原文风貌。

ST："他们在海岛上世代居住，无数人用自己的血肉之躯葬身海底；是他们最早发现了这片辽阔无垠的海域和岛屿，终生爱护她，守护她，呵护她，陪伴她；他们视它如神，为它建庙，祭祀它、祈求它保佑出入平安，化险为夷"。这一段文学色彩浓厚，人们知道，文学文本有许多表现手法，如托物言志、借景抒情、排比、拟人化手法等等。因此，在翻译时除了要客观、忠实原文外，还需注入情感因素。

TT："They lived on the island for generations. Countless people buried at the sea with their flesh and blood. It was they who first discovered this vast expanse of sea and islands. Since then, they have been caring for her, guarding her, caressing her and accompanying her. They regard her as their Goddess, build temples for her, worship her and pray her for blessing."

译文按照顺句驱动原则，保留了原文的文风，尤其突出了最后一句中的两个排比句，增强了感染力。这样不仅彰显了语言的感召力，也强化了情感因素。鉴于汉语以四字句见长，讲究对仗工整，译文对于"出入平安，化险为夷"两句成语并未一一译出，而是用"blessing"一词一笔带过，这样符合英文特点，更简洁明了。"blessing"一词本身隐含了"出入平安，化险为夷"的意思，因此可以省去，避免累赘冗长。

三 南海的地域概念及其语用、语义特征

南海的命名在先秦文献中就多次出现，虽然地名的定义很多，但都离不开语义与语用。地名使用的特点是其高频率，因此人们命名时就本着措词简洁明了的原则，从这个意义上来说它符合语用学上的经济原则。它同时还符合汉语的构词法，即双音节词。汉语讲究叠音、对仗，这是一种民族情怀，它符合社会和谐原则，如河北、江苏等省的称谓（王洪君，2008）。双音节词便于交际，易于记忆，因此它符合实用性原则。因此，南海、东海、黄海、渤海听起来悦耳动听，有节奏感。而 The South China Sea "南中国海"听起来不仅陌生更令人感到别扭。故此，国人从不把南海称为"南中国海"，因为它是中国的领海，无需在前面加上修饰成分。如果说"中国海"勉强可以接受的话，那么"南中国海"这一称谓断然不能接受，因为它有悖于中国传统命名的文化习惯。

ST："'祖宗海'包括今天的东南西中沙群岛及其海域，是一体的，不容分割的，就像祖宗完整的身躯一样，谁侵犯了她、侮辱了她，就是对祖宗的侵犯和侮辱"。

TT：'Ancestral Sea' including theDongsha, Nansha, Xisha and Zhongsha Islands and their surrounding sea today is an integral and inseparable part like a complete body of the ancestor. Whoever violates her or humiliates her would be a violation of and an insult to the ancestor.

在这一段的处理上，译者将地名全用汉语拼音。这样做有三层涵义：（1）汉语拼音彰显了我国的话语权，也是中国文化特色词的具体表现；（2）汉语拼音的使用标志着作为变体英语即中国英语的崛起（下文还将详叙）；（3）他们均属双音节词，有浓厚的民族情怀，意义深远。在技术处理上，译者采用了合并法，在不改变原意的基础上，将"是一体的，不容分割的"两句合并为一句，这样显得简洁明了，不拖泥带水。

四 南海的文化概念与中国英语

Jenkins, J., Cogo, A., & Dewey, M.（2011）在谈到英语通用语的普及时指出，英语之所以风靡全球、遍及世界各地是因为英语在交际时表现出了良好的合作态度。它具有海纳百川的包容胸怀，因此英语吸纳了大量的外来词，如拉丁语、古希腊、法语乃至部分汉语词汇等，如 yin 和 yang、gongfu 等等。中国英语以其庞大的说英语群体与翻译大国正异军突起，以鲜明的文化特色进入英语行列，这是历史发展到今天的必然结果。严格地讲，中国英语的崛起不仅彰显了中国的话语权，同时也丰富了英语的内涵。这一点，仅从中国人的命名便可见一斑。20 世纪七八十年代，我国的北京周报以及英国的泰晤士报等倾向于用威妥玛式拼音法（Wade - Giles Romanization），按照西方人的习惯将名置于姓氏前，如 En - lai Zhou。后来又改用"邮政式拼音（Postal Spelling System）"，如 Mao Tse - tung。1982 年，国际标准化组织（ISO）决定采用《汉语拼音方案》作为拼写法的国际标准（曾传生，2015），所以现在西方媒体、新闻记者不再将 Mao Zedong 拼写或读成 Mao Tse - tung，而是其对应的汉语拼音。汉语拼音或以汉语命名的中国文化负载词是中国独有的，绝无仅有。考虑到南海（The South China Sea）一词的英译带有浓厚的殖民色彩，译者在随后的章节中一律用拼音即 Nanhai 代替"The South China Sea"。

ST：正因为他们的几千年的辛勤耕耘，如造船、航海、捕鱼，在岛屿上凿井、种树、种田、搭建房屋、建设神庙，探测水温、流速、潮汐、风向、海浪，掌握海洋的自然规律，不断提高利用和驾驭自然的能力，创造出底蕴厚重、丰富多彩的海洋文化，给南海赋予了无穷的魅力。这种中国沿海渔民创造和积累的南海文化从远古到今，世代相传，一脉相承，都贴上了亘古不变的历史标签，成为中华民族的宝贵符号。可以说，没有南海渔民，就没有南海文化，因为文化是人类创造的。虽然他们说不清有多少先辈为了生存和改善生活，也为了索取海洋知识，在与惊涛骇浪、茫茫无际的大海搏斗中献出了生命，付出了无数次血的代价，但他们总是沿着先人的足迹，由沿海而到深海，由视海为"晦"、惧海到敬海，爱海到离不开海，一部厚重的南海发展史便从这里开端。

TT: During their thousands of years of hard work, the fishermen are skilled in shipbuilding, sailing and fishing, sinking, planting trees, farming, and building houses on an island. They have also mastered temple building and the natural law of the ocean such as detecting water temperature, velocity, tide, wind direction, and wave, which enables them to improve access to and ability of controlling nature. In doing so, they have created a deep and colourful ocean culture and bestowed an infinite charm to Nanhai. The fishermen have created and accumulated Nanhai culture from ancient times to present which are handed down from generation to generation. Their labels are affixed with permanent history and now become a precious symbol of China. Arguably, without these fishermen, there would be no Nanhai culture. After all, culture is created by human beings. In the fight against the stormy and boundless sea, to live and improve their lives and also for the sake of marine knowledge, no one can tell how many ancestors laid down their lives and paid a dear price. In spite of this, they follow the footsteps of their forefathers from the coast to the deep sea, change their attitudes from fear of the sea to the revere of the sea, and from love to love – sickness, thus a rich history of Nanhai begins from here.

这一段译者在处理过程中采用了一系列手法，如根据逻辑关系进行重组，对汉语四字句加以整合、省略，运用反译法（如原文是"虽然他们说不清"而译文用"no one can tell"）等等，增强了可读性。

五 后殖民翻译理论与主权概念

ST："祖宗海"的概念意即"最早发现、最早命名、最早经营开发以及最早连续不断地行政管辖"的领土主权。这种海洋权益在法理上可归入自然法范畴，在国际海洋法上可归入为自然权、历史性权和既得权，不能被后代任何人为的法律规范所剥夺，而是为其所承认和尊重。

TT: The concept of 'ancestral sea' means the territorial sovereignty belongs to a nation which "first discovered, first named, first managed and developed and first continuously exercised its administrative jurisdiction." The marine rights and interests in jurisprudence can be classified into the category of natural law.

In international law of the sea, it can be classified as natural and historical right and vested rights. It cannot be deprived by any man – made laws and regulations, but for its recognition and respect.

从上文人们可知，原文属于法律文本。按照 Martin Joos（1962）提出的语体的五种类型，原文属于五种类型之首的庄重体（the frozen style）。它的特点是译文要求具备高度的准确性、严谨性、庄重性。从句子结构来看，这类文体倾向长句与陈述句。与文学作品相反，法律文本不讲究修辞，讲究术语的精准，表达正式、严谨，不允许丝毫的歧义或模棱两可。

从技术层面分析看，译者对原文进行了某些处理。尤其是在主语的处理上，译者从语法学角度加上了主语"nation"一词，因为只有这样才符合英语的表达习惯。严格地讲，在主语的处理上，中西方差异明显。汉语可以在双方已知的情况下将主语省去。而英语则必需有主语（除祈使句外），即便没有真实主语也必须用形式主语加以代替（当然，形式主语还有其它用途，在此不再赘述）。另外，中西方哲学思维也有明显的差别，前者不太重视思维的过程，而更重直觉性感悟，重视思维的结论。西方哲学讲究逻辑推理，注重论证过程（章振邦，1989）。另外从文本本身角度而言，作者在寥寥数句中表达了强烈的爱国情怀，也为南海鸣冤叫屈，还南海以公道。

20 世纪 80 年兴起了后殖民主义翻译研究，它首次揭示了翻译背后的权利与政治及其在翻译中的作用。该理论为翻译本质的研究拓宽了视野，丰富了翻译研究的内涵。该理论较好地揭示了殖民者强权政治，张冠李戴的丑恶行径。因此，人们应借助翻译捍卫自己的话语权，弘扬民族文化，自觉抵制英美文化的侵蚀。人们不应把在翻译研究中被忽略但对翻译活动产生重要影响的因素——权力忽略不计，因为权力揭示了翻译活动中两种文化不平等的关系（弋睿仙，2014）。殖民者在殖民过程中滥用权力或阴谋篡权对被奴役国家造成的灾难至今阴魂未散。最典型的莫过于南海一词的英译。南海自古就是中国固有的领海，南海诸岛，这方我国人民有着特殊"原始性权利"的神圣领土曾几何时竟陷入了激烈的国际争端，南海周边国家纷纷提出地名更易，提出主权要求并肆意侵占，这不得不令人反思。19 世纪，英国踏入南海海域，一开始就带有浓厚的殖民意识，他们按照自己的殖民意图不是任意命名，就是肆意更易地名使得南海命名远远偏离名从主人的国际命名适用原则，成为国际法所不容的殖民地名。今天，某些国家更是无视国际法，企图将南海问题国际化、政治化，以南海问题挑起国际事端以达到其从中渔利、遏制中国、称霸全球的野心。可见，南海一词的英译直接关系着我国主权和领土完整，其意义已超出了翻译层面。因此，译者在面对我国主权、领土完整这类大是大非问题面前不可畏首畏尾，相反应理直气壮、旗帜鲜明。

六　南海的文化特色词与科学概念

《南海古代航海史》涵盖许多中国文化浓郁的特色词汇，其中以人名和地名最为突出。地名的文化内涵则是其内核，它所反映的是其物质世界、文化世界和精神世界（阎根齐，2016）。文化是语言符号系统与物质世界之间的介质，而人名、地名则是两者作用的结果。因此，地名文化积淀丰富，它同时也是语义和语用结合的产物。

ST：南海人在长期的斗争中掌握海洋的自然规律。从郑和船队七次下西洋的出洋和回国时间可以看出，开洋的时间一般在十月至次年正月，回国时间在五月至八月，在这一时间段内，正好是南海秋冬刮东北风，夏季刮西南风，都是来回顺风，昼夜兼程。有民谣为证："朝看东南黑，势急午前雨；暮看西北黑，半夜看风雨"，"早日暮赤，飞沙走石，日没暗红，无雨必风"等，时至今日，当地渔民仍有这种说法。

TT：The people of Nanhai have mastered the natural law of the sea in their long struggle against nature. This can be seen from the time of Zheng He's fleet departure of seven voyages and return. Generally, the departure time is between lunar October and the first month of the coming year and return from May to August. Within this time period, Nanhai is blowing north – easterly winds in winter and autumn while blowing south – westerly winds in summer. It is a ride back and forth around the clock. As it is chanted in the ballad, 'When the southeast is black at dawn, there is potential rain before noon. When the northwest is black at dusk, there is rain at midnight'. 'When early sunset is red, there are flying sand and rolling pebbles. When late sunset is red, there is wind even though no rain'. This view is deeply – rooted in the minds of fishermen till today.

《南海古代航海史》既是一部航海史，同时也是一部海上航海科学史。说它是一部航海历史是因为它揭示了长期生活在南海的渔民对海的探索、挖掘、利用，向世人展现了一部海洋历史画卷。说它是一部海上科技史是因为它叙述了南海渔民为了征服海洋，学会了探测水温、流速、潮汐、风向、海浪，掌握了海洋的自然规律。掌握海洋的自然规律就是科学探索的过程。对于翻译而言，只要人们以科学的态度，尊重客观事实将原文所蕴含的科学、哲理在翻译时不折不扣地再现，不带任何个人感情色彩，这就是一种科学态度。翻译无非是在忠实原文的基础上用目标语规范得体的语言如实再现，这一过程也是一种实事求是的科学态度。因此，作者认为，"忠实"体现了科学精神，对"忠实"孜孜不倦的追求体现了一种科学态度，在"忠实"的基础上对原语进行重组、改写、释义、增减等策略的合理运用就是尊重语言规律，是一种科学方法。Enani（1997）认为，翻译是一门现代科学，它集哲学、语言学、心理学以及社会学等多门学科于一体。Chabban（1984：5）称，翻译是一门精微艺术，因为它不受严谨的科学规范的制约，它允许不同的个性化差异存在（曾传生、李双梅等：2017）。

综上所述，人们应具备海纳百川的胸襟，将对翻译理论的探索置于全球大背景之下加以研究，将多学科融合、跨学科交叉作为其研究的对象，打破人为的界限，从多学科、多视角、全方位出发来揭示翻译的本质。本研究虽然是以《南海古代航海史》这一部著作的英译为例，但它从某种意义上揭示了当下翻译研究的本质，即翻译理论的综合性运用。

参考文献

［1］ Jenkins, J., Cogo, A., & Dewey, M. 2011. Review of developments in research into English as a lingua franca. Language Teaching: Surveys and Studies, 44, 281 – 315.

［2］ Newmark, P. 2005. Non – Literary in the light of Literary Translation. The Journal of Specialised Translation.

［3］ Seidlhofer B. Accommodation and the Idiom Principle in English as a Lingua Franca. Intercultural Pragmatics. 2009, 6 (2): 195 – 215.

［4］涂兵兰：《从三次翻译高潮看我国译者的翻译伦理》，《外语教学》2013 年第 4 期。

［5］王洪君：《汉语非线性音系学——汉语的音系格局与单音字》，北京大学出版社，2008，第 75～76 页。

［6］弋睿仙：《民族高校校名英译的后殖民翻译视角》，《西藏民族学院学报》（哲学社会科学版）2014 年第 2 期。

［7］阎根齐：《南海古代航海史》，海洋出版社，2016。

［8］曾传生、李双梅等：《非文学翻译实战》，北京大学出版社，2017。

［9］曾传生：《英语通用语与同声传译》，北京大学出版社，2015。

［10］张新红：《文本类型与法律文本》，《现代外语》2001，第 2 页。

［11］章振邦：《新编英语语法》，上海译文出版社，1989。

图书在版编目（CIP）数据

　　南海海洋文化研究. 第三卷／王崇敏主编. -- 北京：
社会科学文献出版社，2020.7（2020.11重印）
　　ISBN 978 - 7 - 5201 - 6383 - 5

　　Ⅰ. ①南… 　Ⅱ. ①王… 　Ⅲ. ①南海－文化研究 　Ⅳ.
①K296.6

　　中国版本图书馆 CIP 数据核字（2020）第 038630 号

南海海洋文化研究（第三卷）

主　　编／王崇敏
副 主 编／阎根齐　乌云高娃

出 版 人／谢寿光
责任编辑／范　迎

出　　版／社会科学文献出版社 · 人文分社（010）59367215
　　　　　　地址：北京市北三环中路甲 29 号院华龙大厦　邮编：100029
　　　　　　网址：www. ssap. com. cn
发　　行／市场营销中心（010）59367081　59367083
印　　装／北京建宏印刷有限公司

规　　格／开 本：787mm × 1092mm　1/16
　　　　　　印 张：21.25　字 数：339 千字
版　　次／2020 年 7 月第 1 版　2020 年 11 月第 3 次印刷
书　　号／ISBN 978 - 7 - 5201 - 6383 - 5
定　　价／198.00 元

本书如有印装质量问题，请与读者服务中心（010 - 59367028）联系